全国职业教育财务会计类专业教材

Application of Excel in Finance

Excel在财务中的应用

第二版

张玮 刘连生 主编

杨振宇 周姗颖 张彧玥 张海晓 副主编

东北财经大学出版社 Dongbei University of Finance & Economics Press 大连

图书在版编目（CIP）数据

Excel在财务中的应用 / 张玮，刘连生主编．—2版．—大连：东北财经大学出版社，2024.8．—（全国职业教育财务会计类专业教材）．—ISBN 978-7-5654-5393-9

Ⅰ．F234.4-39

中国国家版本馆CIP数据核字第2024KQ8264号

东北财经大学出版社出版

（大连市黑石礁尖山街217号　邮政编码　116025）

网　　址：http://www.dufep.cn

读者信箱：dufep@dufe.edu.cn

大连图腾彩色印刷有限公司印刷　东北财经大学出版社发行

幅面尺寸：185mm×260mm　字数：436千字　印张：18.25

2024年8月第2版　2024年8月第1次印刷

责任编辑：孙　平　章小北　责任校对：一　心

封面设计：原　皓　版式设计：原　皓

定价：49.80元

教学支持　售后服务　联系电话：（0411）84710309

如有印装质量问题，请联系营销部：（0411）84710711

第二版前言

财务管理人员工作的质量影响着整个企业资金的流动，也直接影响企业的正常运作。根据社会对于财务管理人才的需求，高校应加强对财务管理人才的培养，一方面可以满足社会需求，另一方面可以提高学生的就业率。目前，高等院校围绕财务工作岗位所需知识和职业能力，在财务管理等专业普遍开设了“Excel在财务中的应用”课程，并且作为专业核心课程之一。该门课程的主要教学任务是使学生能够利用Excel电子表格软件中的各种功能，对财务进行分析，对一些投资、筹资进行规划和研究，对各种繁杂的经济指标进行整理对比和调研，通过对Excel软件的使用使财务管理工作简单快速地进行。

本书以图文并茂的方式，结合大量实例和详尽的操作步骤说明，全面地向读者介绍了Excel2016在财务管理中的具体应用，并采用循序渐进的讲解方法，从Excel的基础知识入手，由浅入深地介绍如何利用Excel解决企业财务管理各个环节中的问题，主要包括Excel应用基础、常用财务函数、Excel在筹资分析与决策中的应用、Excel在投资分析与决策中的应用、Excel在成本核算中的应用、Excel在销售与利润管理中的应用、Excel在资产管理中的应用以及Excel在财务报表分析中的应用等内容。本书的出版，有利于解决当前高等院校财务管理教育存在的财务管理信息化和管理会计信息化教育薄弱的问题，符合时代发展对财务管理专业建设的新要求和人才培养的新需要。

党的二十大报告指出，教育是国之大计、党之大计。培养什么人、怎样培养人、为谁培养人是教育的根本问题。教材是人才培养的重要途径，教材建设必须体现时代要求，我们在书中贯彻了立德树人的根本宗旨，融入了党的二十大报告的相关内容。

本书实例丰富、针对性强，既可用作高等院校（包括高等职业院校和应用型本科院校）财务管理、会计、审计及金融等相关专业的教材，又可用作Excel在财务中的应用的培训教材。

本书由财务管理、会计、审计、计算机等专业教师跨专业协作编写，编者都是从事多年教学工作并有丰富实践经验的老师。本书由张玮、刘连生担任主编，杨振宇、周姗颖、张彧玥、张海晓担任副主编。具体编写分工如下：刘连生、杨振宇负责大纲制定和统稿工作，刘连生、张玮编写第1章，童恒编写第2章，胡成鹏编写第3章，周姗颖编写第4章，张彧玥、张玮、张海晓编写第5、6章，陈爽编写第7章，罗艳编写第8章，杨成晨编写第9章，刘悦编写第10章。

在本书的编写过程中，引入了大量的案例和许多专家、学者的观点，参考了相关著作、教材等文献资料，在此向所有作者表示衷心的感谢。由于编者的编写水平有限，书中难免有疏漏与不妥之处，敬请专家、教师和广大读者批评、指正。

编　者

2024年7月

目　录

第1章

总　论

学习目标

通过本章的学习，读者主要应该了解电子表格软件和Excel常用版本，认识Excel 2016的主要功能和新增功能，掌握Excel电子表格与专用财务软件的区别，把握Excel电子表格在财务管理中的应用的必要性。

1.1 电子表格软件

电子表格可以输入输出、显示数据，也可以利用公式计算一些简单的加减法，还可以帮助用户制作各种复杂的表格文档，进行烦琐的数据计算，并能对输入的数据进行各种复杂统计运算后显示为可视性极佳的表格，同时它还能形象地将大量枯燥无味的数据变为多种漂亮的彩色商业图表显示出来，极大地增强了数据的可视性。另外，电子表格还能将各种统计报告和统计图打印出来。

Excel是微软公司推出的一套著名的电子表格软件，其作为通用的办公软件之一，拥有强大的计算、分析、传递和共享功能，可以将复杂的数据转化成可用的信息，已经在世界范围内各行各业中得到了广泛运用。如果能熟练运用Excel软件，将会显著提高工作效率，优化工作效果，创造出更多的价值。Excel软件在财务工作中的应用也日渐成熟，虽然Excel软件并不是专业的财务软件，但由于Excel软件具有财务上的普及性、标准性和兼容性，因此其在公司财务活动中的应用非常普遍。

1.2 Excel常用版本简介

Microsoft Excel是1985年Microsoft为使用Windows和Apple Macintosh操作系统的电脑编写的一款电子表格软件。自诞生之后，以它强大的数据整理与计算能力、数据库管理能力、图形图表制作能力和网络化的数据共享能力，一直处于职场办公中数据处理领域的领先地位。到现在为止，Windows操作系统下的Excel已经有十多个版本了。Excel的版本具有连续性，新的版本兼容旧的版本，而且比旧版本有更多的功能。一般来说，新版本比旧版本更加好用。目前用户常用的版本有如下几种：

1.Excel 2003版本

Excel 2003版本是微软在十几年前发布的版本，虽然很多年过去了，但它仍是非常经典的一版。到现在为止，一些用户仍然舍不得丢弃它。Excel 2003使用户能够通过功能强大的工具将杂乱的数据组织成有用的Excel信息，然后分析、交流和共享所得到的结果。

2.Excel 2007版本

2008年微软推出了Excel 2007版本，采用了全新的界面。很多用户一方面惊艳于它这种全新的设计，另一方面也表示对操作界面有很大的不适应。因为2003版本需要把菜单栏点开之后选择所需要的功能，2007版本及之后的版本只需要在主界面上功能区进行点选就可以了。也就是说，它把所有功能都集成在了主界面上。新事物的出现总会伴随一个磨合期，随着时间的推移，用户越来越发现这种操作界面的魅力所在。

3.Excel 2010版本

由于Excel 2007版本的界面改动非常大，因此它在一些细节方面不可能一下子做到尽善尽美。后来微软又推出了2010版本，很多问题在这个版本里面都得到了完善及改进。2007和2010版本在功能性方面的差异并不是很大，基本上都保持一致，所以有些用户甚至搞不清楚自己使用的是2007还是2010版本。Excel 2010不仅延续了Excel 2007在用户界面、文件格式和诸多功能上的变革，并在增加了一系列新功能的同时，对众多细节进行了优化和提高。

4.Excel 2013版本

微软公司于2012年推出了Microsoft Excel 2013。Excel 2013更加简洁，且大量新增功能有助于绘制更具说服力的数据图。Excel 2013通过新的方法更直接地浏览数据。只需单击一下，即可直观表示、分析和显示结果。

5.Excel 2016版本

该版本是微软公司于2015年推出的办公套件Microsoft Office 2016中的重要成员。Excel 2016作为当前流行的电子表格处理软件，能够创建工作簿和工作表、实现多工作表间计算、利用公式和函数对数据进行处理和分析、修饰表格、创建图标等。

1.3 Excel 2016的功能

1.3.1 Excel 2016的主要功能

Excel 2016是Microsoft Office 2016办公软件中的电子表格软件。用户可以使用Excel创建工作簿，也可以使用Excel跟踪数据、生成数据分析模型、编写公式生成数据进行计算、透视数据以及生成专业图表显示数据等。Excel 2016的主要功能包括以下几个方面：

1.数据的记录与整理

利用Excel 2016可以将数据以表格的形式记录下来并加以整理。

2.数据计算

Excel 2016内置了几百个函数，分为多个类别，用户可以利用不同的函数组合，完成大多数的常规计算任务。

3.数据分析

Excel 2016提供了排序、筛选、分类汇总等数据分析功能，使用这些功能可以合理地对表格中的数据进行归类，便于用户获取信息。

4.图表制作

Excel 2016中的图表图形功能可以帮助用户迅速创建满足各种需求的图表，直观形象地传达信息。

5.其他功能

Excel 2016不仅可以与其他Office组件实现无缝连接，方便用户协同办公，同时，还内置了VBA编程语言，用户可以使用VBA编程语言定制Excel功能。

1.3.2 Excel 2016的新增功能

Excel 2016相比于之前的版本引入了一些新功能和增强功能。以下是Excel 2016的一些显著特点：

（1）实时协作：Excel 2016引入了实时协作功能，允许多个用户同时在一个电子表格上工作。用户可以实时看到彼此的更改，并通过内置的聊天功能进行交流。

（2）快速搜索：Excel 2016的“Tell Me”功能允许用户通过在搜索框中输入关键词或短语来快速找到所需的功能或命令。它提供了一种快速访问各种功能和选项的方式。

（3）洞察力：Excel 2016引入了由必应提供支持的洞察力功能，允许用户直接从网络中获取与其数据相关的信息。用户可以访问定义、图片和其他与数据相关的信息。

（4）新的图表类型：Excel 2016新增了一些图表类型，包括树状图、日照图、瀑布图、直方图和箱线图。这些图表提供了更多的选项，用于可视化和分析数据。

（5）预测功能：Excel 2016引入了内置的预测功能，允许用户根据历史数据生成预测结果。预测功能可用于分析趋势和进行未来预测。

（6）Power Query增强功能：Excel 2016改进了Power Query功能，使用户更容易连接、合并和转换来自各种来源的数据。它引入了新的转换选项，并简化了数据导入过程。

（7）Power Pivot改进：Excel 2016增强了Power Pivot数据建模引擎，可提供更好的性能和可扩展性。它还引入了新的DAX函数，并改进了与Power Query的集成。

（8）获取和转换数据：Excel 2016引入了“获取和转换”功能，将Power Query功能与数据整形和转换能力相结合。它允许用户从各种来源导入、转换和组合数据。

（9）改进的数据透视表功能：Excel 2016对数据透视表进行了多项改进，包括新的分析功能、增强的数据汇总选项以及与Power Pivot的更好集成。

（10）新的函数：Excel 2016引入了一些新的函数，扩展了其功能。这些新函数可以用于更灵活地处理和分析数据。

1.4 Excel在财务中的应用

1.4.1 Excel在财务工作中存在的必要性

随着世界经济的发展，整体的财务环境日益复杂，财务管理工作中应用了大量复杂的数学公式，传统的手工计算已经无法满足财务管理工作的需求。在这种情况下，各种财务软件应运而生，给财务人员带来许多便捷。目前较为常见的财务管理软件包括用友、金蝶和管家婆财务软件等，它们主要通过图形化的管理界面对财政收支、财务收支及经营管理情况进行管理。这些财务软件虽然操作简单，但管理模式较为固定，对于一些较为灵活的财务问题难以采取正确的应对措施。相反，Excel却能克服这些弊端，从中脱颖而出，帮助财务人员更高效地开展工作。

Excel在财务工作中的运用，主要体现为以下几个方面的特点：

1.表格处理功能强大

Excel生成的工作簿，是由若干工作表构成的，每一个工作表划分为若干个单元格，可利用函数在单元格中进行相应的公式预设，系统便会根据关联表格的变化而自动刷新当前表格的数据，方便快捷，实时更新。

2.分析工具多样化

Excel的绘图和图形处理功能也很丰富，将表格、图形、文字三者有机结合，能够使呈现的结果更加立体化、形象化。Excel提供了多种数学模型，如模拟运算表、规划求解、回归分析等模型，能为财务分析、管理和决策提供较大帮助，满足各种个性化需求。

3.可广泛地与外部数据平台建立互联

目前，许多软件导入与导出的数据采用的都是“.xlsx”文件格式。例如，在使用用友软件时，如果需要导入职工工资数据生成当月工资分录，便可使用Excel事先制好企业工资薪金表，然后直接导入系统。再如，企业进行所得税纳税清缴时，需要先在税务端导出纳税清缴模板，这个模板就是用Excel制作的。会计人员需要在模板中完成一系列表单填制，再上传至税务端。总之，Excel的普及率之高，使得企业可以轻松建立与外界数据库的互联，在提高工作效率的同时减少了差错，加强了财务管理工作的便利性。

Excel与财务软件相比存在的优势有以下几个方面：

（1）功能灵活。财务软件能实现的功能都是开发人员预先设置好的，不能随意改动；Excel的使用更灵活方便，Excel提供了专门的财务函数，财务人员针对不同的数据可选择专门的函数进行计算，也可自定义函数。此外，Excel提供了不同格式的表格样式，可对表格进行美化和自定义设置，并可设置数字格式等。

（2）流通性强。目前还没有一款财务软件能满足所有企业的需求；Excel不用考虑企业的规模及所在行业的特征，是应用最广泛的办公软件之一，适用于各个领域的企业。

（3）适用对象广。财务软件只能适用于财务工作，不能用于其他层面的工作；Excel既可以用于财务管理工作，也可以用于非财务管理方面。

（4）对接度高。财务软件各模块功能不匹配，也难以与其他软件对接；Excel能与大多数的数据库对接，可以导入多种来源的数据，各工作簿之间也可以进行数据操作。

（5）可移植性高。财务软件对计算机系统、硬件和数据库有一定的要求；Excel几乎能安装在任何一台计算机上。

（6）成本低。财务软件购置成本高，后期维护和培训费用高；Excel取得成本低，使用方便，简单易学，只要掌握了其基础工具的使用方法就能对数据进行各种操作，大大降低了企业的成本压力。

由此可见，Excel在财务管理工作中的地位是其他软件无法取代的，是财务管理中不可或缺的辅助工具。

1.4.2 使用Excel 2016管理财务数据

企业财务管理的清晰明确是决定公司发展的关键，整理财务资料并对其进行分类，是公司能够正常运行的基础，也是财务人员的职责。财务管理人员需要导入或是输入数据完成报表，并结合平均、总和、最高、最低、函数等功能完成数据统计与分析，为企业的相关决策提供有力支持。对于Excel来说，其能够协助企业财务管理人员更为深刻、客观地了解与分析当前的财务状况，保证企业在后续发展中处于稳定前进的状态。利用Excel形成的统计数据，能够帮助企业完成内部管理的完善与调整，并提升企业规避风险的能力，形成更加合理的、长远的发展战略。

在Excel 2016中，常见的财务数据管理主要包括财务分析、固定资产管理、财务预算和财务决策等。

1.财务分析

使用Excel 2016进行财务分析是指利用财务数据管理方法，并结合其他信息，采用特定的方法对企业当前的财务状况做出的综合评价。

2.固定资产管理

使用Excel 2016可制作固定资产管理相关的单据。通过这些单据可轻松地对固定资产进行累计折旧。

3.财务预算

使用Excel 2016可对销售成本、销售收入、支出费用等财务数据进行财务预算，并为企业经营和发展提供重要依据。

4.财务决策

使用Excel 2016进行财务决策，可以对预算经费的执行情况进行分析，促进预算的合理编制，使企业资金得到合理的使用。

第2章

Excel 2016基础知识

学习目标

本章主要介绍Excel 2016的相关基本操作。通过本章的学习，读者可以了解Excel 2016的基本功能、特点，快速掌握Excel 2016的基本操作，包括：熟悉工作簿、工作表及单元格的各种操作，数据的输入与编辑，以及对工作表进行格式化设置，为以后各章节内容的学习打下基础。

2.1 工作簿的基本操作

2.1.1 工作簿的创建与保存

1.创建工作簿

启动Excel 2016后，系统会自动创建一个名为“工作簿1”的空白工作簿。此外，还可以根据Excel 2016中的模板来创建工作簿。单击“文件”选项卡中的“新建”命令，显示在右下侧页面的即是Excel 2016 支持的默认可用模板窗格，根据需要单击要创建的工作簿类型，并点击“创建”按钮即可创建一个新工作簿，如图2-1所示。

2.保存工作簿

保存工作簿的方法与保存其他文件的方法类似，可直接按“Ctrl+S”组合键保存，或使用快速访问工具栏上的“保存”按钮，或使用“文件”选项卡中的“保存”或“另存为”命令来保存。

为防止因断电等原因造成的数据意外丢失，可对文件进行自动保存时间设置。方法是：在“文件”选项卡中选择“选项”命令，在打开的“Excel选项”对话框中选择“保存”命令，在弹出的“自定义工作簿的保存方法”界面中进行设置，如图2-2所示。系统默认时间间隔为10分钟，可根据需要自行设置时间间隔。

2.1.2 工作簿的保护

财务工作中会涉及一些机密数据，不允许被他人看到，这时可将工作簿加密来保护这些数据。具体操作步骤如下：

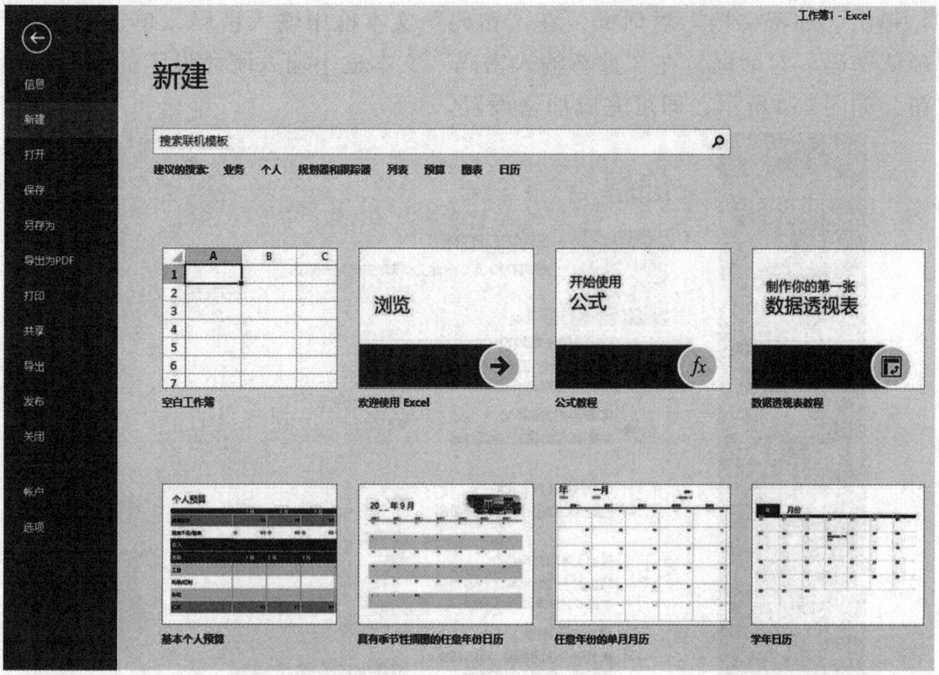

图2-1　新建工作簿界面

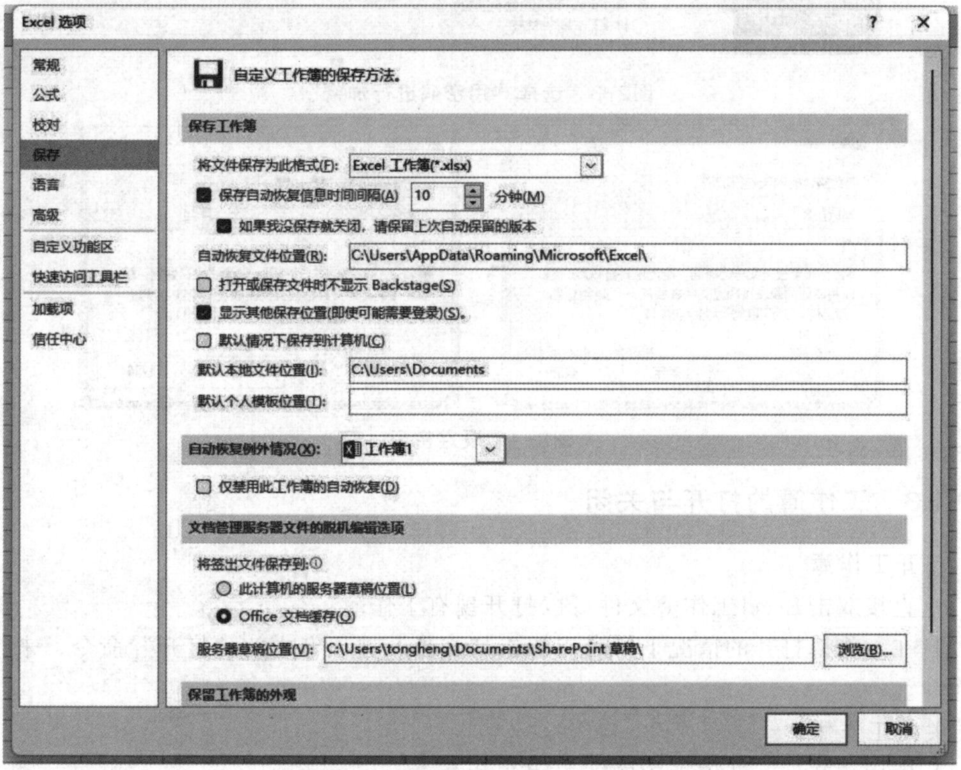

图2-2　工作簿自动定时保存设置

（1）打开“文件”选项卡，选择“信息”命令，在弹出的“信息”界面中单击“保护工作簿”下拉三角按钮，选择“用密码进行加密”命令，如图 2-3所示。

（2）弹出“加密文档”对话框，在“密码”文本框中输入密码，单击“确定”按钮；弹出“确认密码”对话框，在“重新输入密码”文本框中输入刚才设定的密码，单击“确定”按钮，如图2-4所示，即可完成加密设置。

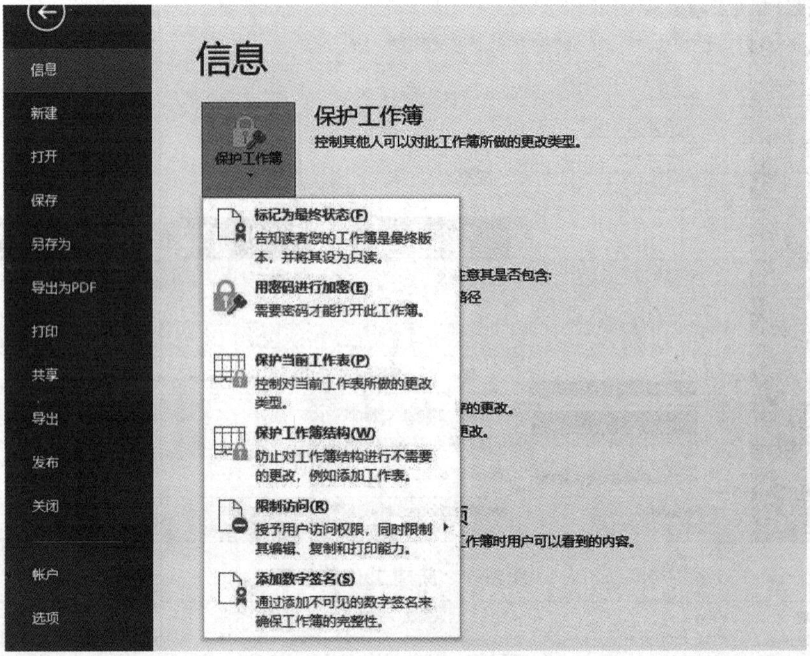

图2-3 选择“用密码进行加密”

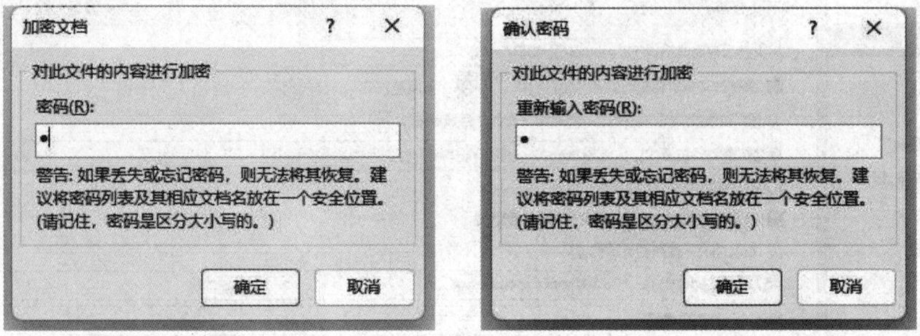

图2-4 设定密码

2.1.3 工作簿的打开与关闭

1.打开工作簿

（1）直接双击Excel工作簿文件可以打开现有工作簿；

（2）在工作簿打开的情况下，可以单击“文件”选项卡中的“打开”命令，来打开其他工作簿。

2.关闭工作簿

（1）使用“文件”选项卡中的“关闭”命令；

（2）使用工作簿右上角的“关闭”按钮或使用“Ctrl+F4”组合键，可直接关闭当前工作簿。

2.2 工作表的基本操作

2.2.1 工作表的选择、切换、添加与删除

1. 工作表的选择

可通过表2-1中所述的操作方法来选择一个或多个工作表。

表2-1　　选择工作表的操作方法

序号	选择工作表	操作方法
1	选择一张工作表	单击工作表标签
2	选择相邻工作表	单击第一个工作表标签，按住Shift键，再单击最后一个工作表标签
3	选择不相邻工作表	单击第一个工作表标签，按住Ctrl键，再分别单击要选定的工作表标签
4	选择全部工作表	右击工作表标签，在弹出的快捷菜单中选择“选定全部工作表”命令
5	取消选定	单击任一未被选定工作表标签，或右击工作表标签，选择“取消组合工作表”命令

2. 切换工作表

一个Excel工作簿中包含多张工作表，可以通过单击工作表标签来快速地切换工作表。若所需工作表不在显示范围内，可单击工作表标签滚动条按钮来显示需要切换的工作表标签，再单击即可。

此外，按“Ctrl+PageUp”组合键，可以往前切换工作表，按“Ctrl+PageDown”组合键，可以往后切换工作表。

3. 添加工作表

一个Excel工作簿默认会包含名为Sheet1、Sheet2、Sheet3的三张工作表，用户可根据实际需求来添加或删除工作表。添加工作表的方法比较简单，直接单击工作表标签中的“插入工作表”按钮，即可在工作表最后添加一张新的工作表。此外，也可通过右击工作表标签，选择“插入…”命令或使用“开始”选项卡中的“插入工作表”命令来添加新的工作表。

4. 删除工作表

删除某个工作表时，首先选中该工作表，再单击“开始”|“单元格”|“删除”|“删除工作表”命令即可，如图2-5所示。或右击鼠标，选择“删除”命令也可删除选定工作表。

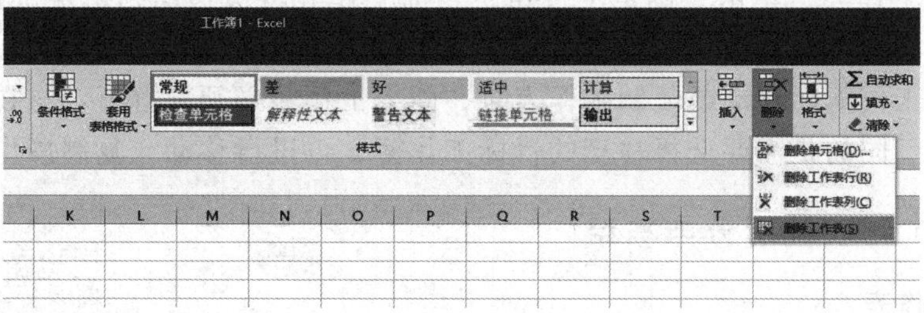

图2-5　使用命令删除工作表

注意：工作簿中至少应包含一张工作表；工作表被删除后无法恢复，若不慎删除，可马上关闭工作簿，在弹出的是否保存对话框中，选择“不保存”按钮，并重新打开工作簿即可。

2.2.2 工作表的重命名、移动与复制

1.重命名工作表

为了便于识别与查看，通常会根据当前工作表中涉及的实际内容来对工作表进行重命名。重命名工作表的方法与重命名文件的方法类似，右击要进行重命名的工作表标签，选择快捷菜单中的“重命名”命令，或鼠标双击工作表标签，进入可编辑状态后，输入新的工作表名称即可。

2.移动或复制工作表

在Excel 2016中，既可以在工作簿内移动或复制工作表，也可以在工作簿间进行操作。

在同一个工作簿内移动或复制工作表，其操作步骤如下：

（1）打开工作簿，选择要移动或复制的工作表。

（2）单击“开始”|“单元格”|“格式”|“移动或复制工作表”命令，或右击鼠标选择“移动或复制”命令，打开“移动或复制工作表”对话框，如图2-6所示。

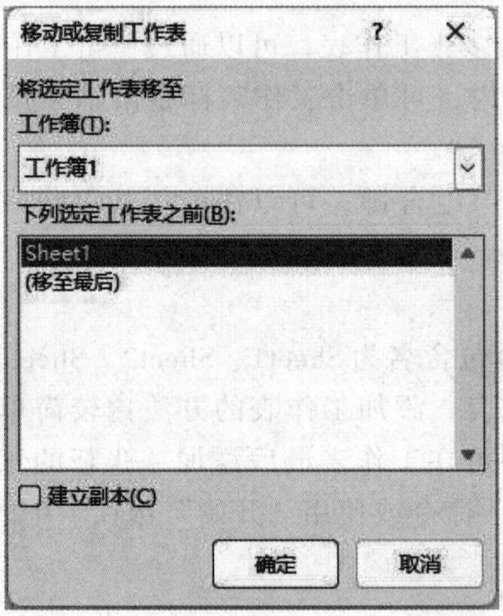

图2-6 “移动或复制工作表”对话框

（3）在“移动或复制工作表”对话框中的“下列选定工作表之前”列表框中选择要移至位置之后的工作表，单击“确定”按钮，当前工作表将被移动到指定位置；若是复制，则选中“建立副本”复选框后，再单击“确定”按钮。

当在不同工作簿间移动或复制工作表时，两个工作簿必须都打开。与在工作簿内移动或复制工作表不同的是需要选择移至的目标工作簿，再进行移动或复制操作。

2.2.3 工作表的拆分与冻结

1.拆分工作表

在财务工作中，经常会遇到数据量较大的表格。我们在编辑某个区域的数据时，有时

需要边编辑边参照其他部位的内容。Excel提供的拆分工作表功能很好地解决了这一问题。

（1）拆分。

①选定作为拆分窗口分割点的单元格位置，如D10单元格。

②选择“视图”|“窗口”|“拆分”命令，如图2-7所示。

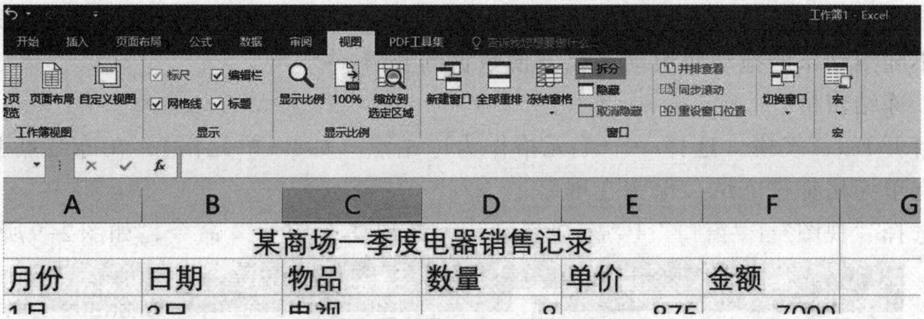

图2-7 选择“拆分”命令

③系统自动在D7单元格的左上角处将工作表窗口拆分为上下左右4个独立的窗格，如图2-8所示。

图2-8 拆分后的工作表窗口

④将光标移动到拆分后分隔条上，鼠标变为双向箭头，拖动鼠标可改变各个窗格的大小；若将分割条拖出表格窗口外，可删除分割条。

注意：拆分时，可选定行号或列标作为分隔处，这样拆分后的窗口就分为上下或左右两个部分；拆分后的工作表可通过鼠标单击来显示工作表中的不同部分。

此外，在垂直滚动条的上端和水平滚动条的右端分别有一个拆分柄，按住鼠标左键拖动拆分柄也可拆分工作表窗口。

（2）取消拆分。

拆分窗口后，再次单击“拆分”命令，或在分割条上双击，均可撤销对工作表窗口的拆分。

2.冻结工作表

对于数据项比较多的工作表，屏幕无法在一页里同时显示标题和数据，Excel 2016提供的冻结窗格功能，可在冻结点处将工作表窗口分为不同部分。其中冻结点左边和上方的部分将不随滚动条的拖动而滚动，以方便数据的查看。

（1）冻结窗格。

①打开Excel表格，选择一个单元格作为冻结点（如B3单元格），在冻结点上方和左边的所有单元格都被冻结，保留在屏幕上。

②选择“视图”|“窗口”|“冻结窗格”|“冻结拆分窗格”命令，如图2-9所示。

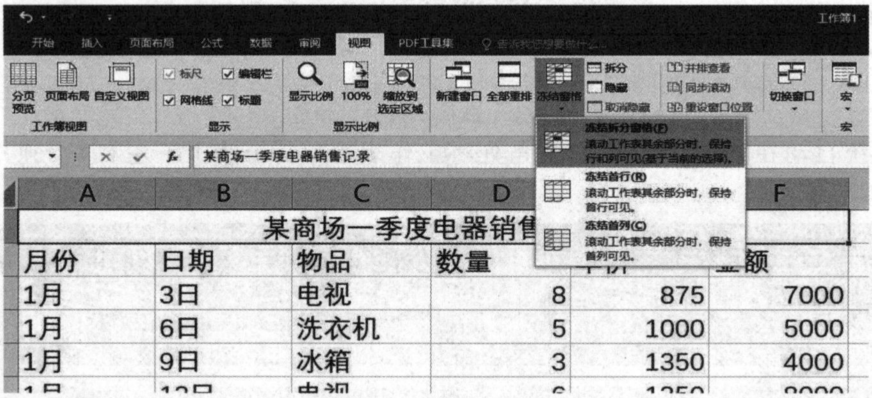

图2-9　选择“冻结拆分窗格”命令

③冻结窗格后，工作表将变为四个部分，当拖动水平和垂直滚动条时，被冻结区域将保持不变，如图2-10所示。

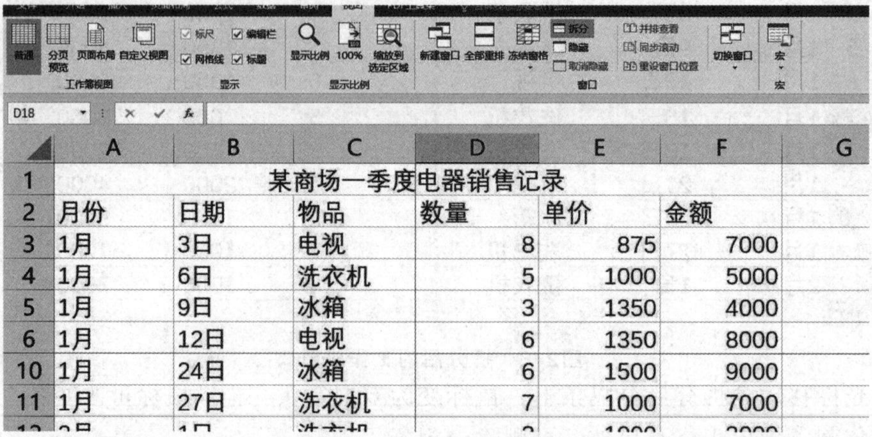

图2-10　冻结后的工作表窗口

（2）冻结首行和首列。

打开工作表，选择“视图”|“窗口”|“冻结窗格”命令，在其下拉菜单中选择“冻结首行”或“冻结首列”命令，即可对当前工作表的首行或首列进行固定。

（3）取消冻结。

选择“视图”|“窗口”|“冻结窗格”|“取消冻结窗格”命令，即可撤销之前的冻结。

2.3 单元格的基本操作

2.3.1 单元格、行或列的选择

在处理Excel表格中的数据时，经常需要选择其中的单元格或单元格区域。在Excel中，你可以选择一个或多个单元格，也可以选择整行、整列或整个工作表，其操作方法如表2-2所示。

表2-2 选择单元格及单元格区域的方法

序号	选择类型	操作方法
1	选择单个单元格	直接单击需要选定的单元格； 在名称框中输入该单元格的地址按Enter键
2	选择连续的单元格区域	选定一个单元格，按住鼠标左键拖动到要选择的右下角的单元格
		先单击要选择的第一个单元格，再按住Shift键单击要选择区域右下角的最后一个单元格
		在名称框中输入单元格区域地址（如A1：D10），按Enter键
3	选择不连续的单元格区域	按住Ctrl键，依次单击或拖动需要选定的单元格或单元格区域
4	选择整行或整列	单击要选择行/列的行号或列标
5	选择连续的多行或多列	在行号或列标上拖动选择多行或多列
		先单击第一行/列的行号/列标，再按住Shift键单击最后一行/列的行号/列标
6	选择不连续的多行或多列	按住Ctrl键，分别单击或拖动要选择的行号/列标
7	选择整张工作表	单击“全选”按钮或按Ctrl+A组合键

2.3.2 单元格、行或列的插入与删除

1. 单元格、行或列的插入

插入单元格的操作步骤如下：

（1）选中需要插入单元格目标位置的下方或右侧单元格，如B6单元格。

（2）选择“开始”|“单元格”|“插入”|“插入单元格”命令，或右击鼠标选择“插入”命令，弹出“插入”对话框。

（3）在弹出的“插入”对话框中，根据需要进行选择。若需要在左侧插入单元格，就选择“活动单元格右移”；若需要在上方插入单元格，就选择“活动单元格下移”。

（4）单击“确定”按钮，即可在B6单元格上方插入一空白单元格，如图2-11所示。

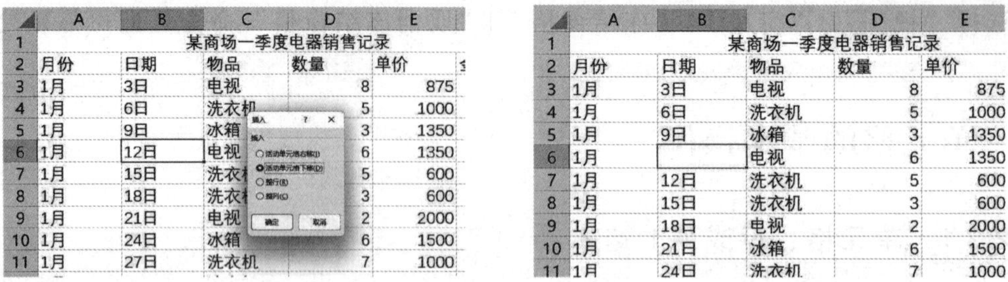

图2-11　插入单元格

若要插入整行或整列，则在“插入”对话框中选择“整行”或“整列”，即可在目标位置插入整行或整列。此外，选中整行或整列，右击鼠标在弹出的快捷菜单中选择“插入”命令，也可完成行或列的插入操作。

Excel会根据选中的单元格数量，来判断插入的单元格数量。若需要插入多个单元格，在选择时就需要选择多个单元格。若需要一次插入多行或多列，则选中多行或多列后，再执行“插入”操作。

2.单元格、行或列的删除

删除Excel单元格也是报表调整、编辑过程中的常见操作，删除单元格既可以删除单元格内的数据，也可以删除单元格本身。

删除单元格与插入单元格方法类似，可使用“开始”|“单元格”|“删除”|“删除单元格”命令，打开“删除”对话框来进行删除。也可右击要删除的单元格，选择“删除”命令来进行删除。

若要删除行或列，则需选中要删除的行或列，再执行“删除”操作即可。

2.3.3　单元格的合并与拆分

1.合并单元格

合并单元格是将两个或两个以上单元格合并为一个单元格，常用于标题的设置和特殊结构的表格。其操作步骤如下：

（1）选择要进行合并的单元格区域。

（2）单击“开始”|“对齐方式”|“合并后居中”按钮右侧的下拉三角按钮，在弹出的下拉菜单中选择一种合并方式，如图2-12所示。

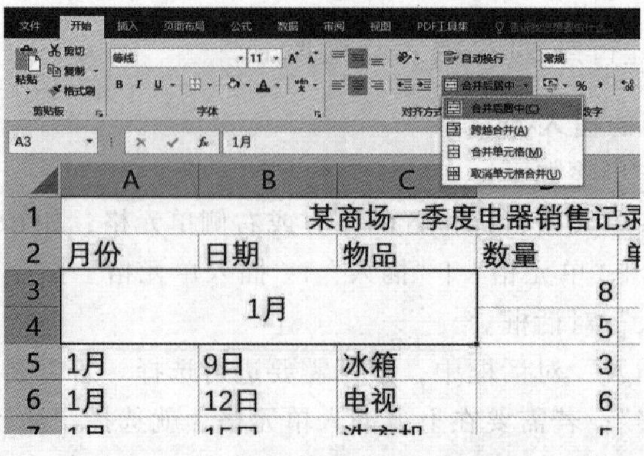

图2-12　选择“合并后居中”命令

（3）执行命令后所选单元格区域被合并为一个单元格。

此外，使用“设置单元格格式”对话框“对齐”选项卡中的“合并单元格”选项，也可完成所选区域单元格的合并。

注意：合并多个单元格时，只有一个单元格的内容会显示在合并单元格中，合并的其他单元格的内容会被删除。

2.拆分单元格

不能拆分单个单元格，只有合并后才可拆分。单元格的合并与拆分是两个相反的操作，可通过取消选中“设置单元格格式”对话框中的“合并单元格”复选框来拆分，也可再次单击“合并后居中”按钮或单击“合并后居中”下拉菜单中的“取消单元格合并”命令来拆分。

2.4 数据的输入与编辑

Excel中单元格是数据的基本载体，在对数据进行处理时，首先需要向单元格中输入数据。规范的数据输入可为后续的数据处理和分析提供便捷，不同类型的数据有不同的输入要求。本节将介绍如何在单元格中输入不同类型的数据，以及如何快速地输入数据，以提高工作效率。

2.4.1 手动输入数据

在Excel 2016中，常见的数据类型有文本型、数字型、日期时间型等。

向单元格内输入数据时，需要掌握以下3种方法：

➢ 单击目标单元格，直接输入数据；

➢ 双击目标单元格，单元格内出现光标，将光标移到所需位置后，输入数据（一般用于数据的修改）；

➢ 单击目标单元格，再单击编辑栏，在编辑栏中输入数据。

1.输入文本

文本是指输入的内容是以字符或文字等组成的数据。不需要进行数值运算、不计数的数字串也是文本，如学号、身份证号码、手机号码和银行卡号等。

默认情况下，单元格中输入的文本靠左对齐，且一个单元格只显示8个字符。当输入文本宽度超过单元格宽度时，若右侧相邻单元格为空，则覆盖到右侧单元格内；若有数据，则超出文本被隐藏，当增大列宽或自动换行后重新显示。若要自动换行，可按“Alt+Enter”组合键或单击“开始”|“对齐方式”|“自动换行”命令按钮来实现。

在输入过程中，文本会同时显示在单元格和编辑栏内，当出现错误时，可使用Backspace键删除光标左边的字符，也可使用Delete键删除整个单元格内的文本。输入完成后，按Enter键或单击编辑栏上的“输入”按钮√确认；若要取消输入，单击编辑栏上的“取消”按钮×，或按Esc键即可，如图2-13所示。

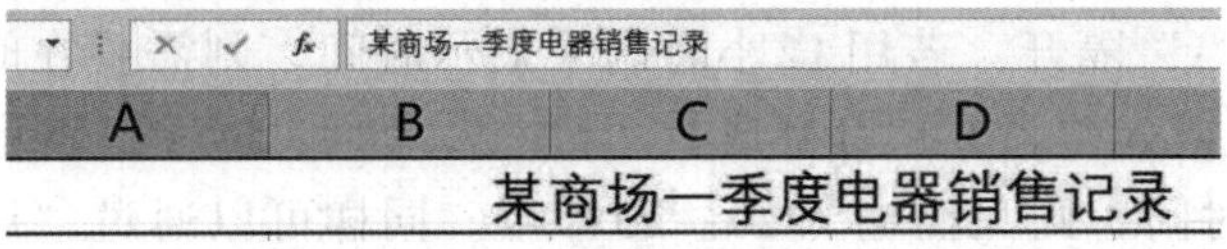

图2-13　输入数据时出现的两个按钮

数据输入完成后，若要选择其他单元格，可通过鼠标单击，按Tab键、Enter键或方向键来选取下一个要输入数据的单元格。

注意：任何输入，若包含数字、字母、汉字及其他符号的组合时，系统自认为是文本型。

2.输入数字

在财务工作中，经常会输入大量的数字内容。Excel 2016作为处理数据的有力工具，其中的数字主要包括整数、小数、分数、货币或百分数等。不同格式的数字，其输入方法也不同，表2-3列出了Excel 2016中各类型数字的输入规则。

表2-3　　输入数字

序号	输入说明	示例
1	当输入数字整数位数超过11位时，将按科学记数法显示数字；若要显示长数字，可将数据类型设为数值型	12346或 1.2346E+04
2	输入正数时，前面的“+”可以省略	2020
3	输入负数时，前面的“-”不能省略，可用（）表示负数	-30或（30）
4	输入纯小数时，可省略小数点前的0	0.34或.34
5	输入分数时，应在分数前加入0和空格	0 2/3表示2/3
6	输入数值时，数值后可加“%”，表示除100	50%表示0.5
7	输入数值时，前面添加货币符号“￥或$”，不影响计算结果	￥235或$235
8	输入数值时，允许输入千位分隔符“，”	123，456，789
9	输入文本格式数字时，可在数字前加单引号“’”或“=’数字串’”，如输入学号“2020001”	’2020001或 =’2020001’
注：输入数字默认右对齐，所有符号均在西文状态下输入，输入数字的具体类型由单元格格式决定		

3.输入日期和时间

在使用Excel 2016制作表格时，经常会涉及日期和时间型数据的输入，日期和时间实际上也是一种数字，只是有特定的格式。下面介绍如何输入特定格式的日期和时间。

（1）输入日期。

默认情况下，年、月、日之间可用斜杠“/”或连字符“-”隔开。通常年份用两位数来表示，如2024年2月3日，可以表示为“24/2/3”或“24-2-3”。若在输入时省略年份，则Excel 2016会以系统年份作为默认值，并以4位数表示年份。

若要设置日期的其他显示格式，选中目标单元格后，选择“设置单元格格式”对话框中的“数字”选项卡，在其“分类”列表框中选择“日期”选项，在“类型”列表框中选择合适的日期类型即可，如图2-14所示。

（2）输入时间。

在单元格中输入时间的方式有两种，一种是12小时制，另一种是24小时制，且时、分、秒之间需要用“:”隔开。若用12小时制来显示时间，则需要在时间数字后面加上一个空格，再输入AM或A（上午），PM或P（下午），如8：20 P，表示下午8时20分。若用24小时制来显示时间，则只需输入20：20即可。同样可以通过“设置单元格格式”对话框中的“时间”选项来设置时间的显示格式。

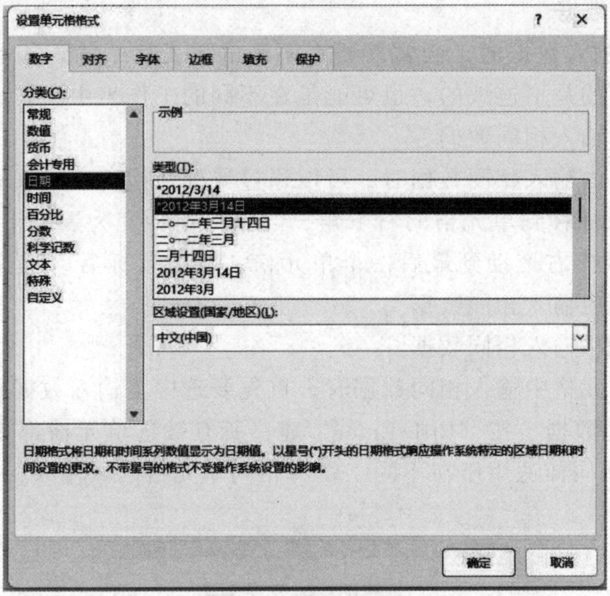

图2-14　设置日期格式

注意：在单元格中既要输入日期又要输入时间时，需用空格将它们隔开；按“Ctrl+;”键可以输入当前系统日期，按“Ctrl+Shift+;”键可以输入当前系统时间。

4. 插入批注

对于一些有特殊意义的数据，可以为其添加批注来帮助理解。给单元格添加批注的方法是：右击要添加批注的单元格，在弹出的快捷菜单中选择“插入批注”命令，在批注框内输入批注内容即可，如图 2-15 所示。

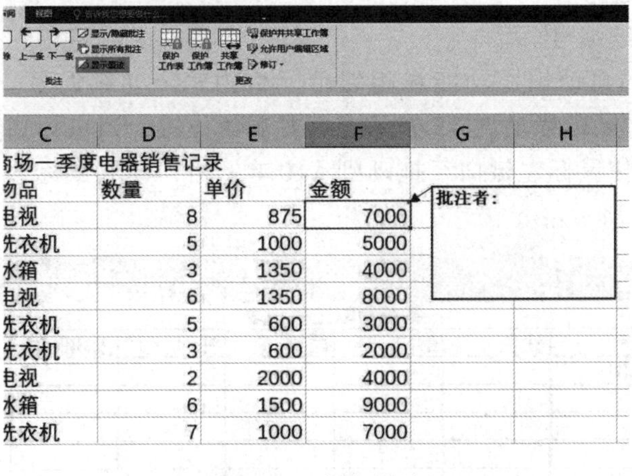

图2-15　插入批注

若要修改批注，可选中添加了批注的单元格，在“审阅”选项卡的“批注”组中单击“编辑批注”按钮，即可进入批注编辑状态。

2.4.2　快速输入数据

财务工作中会涉及大量的数据，掌握快速输入数据的技巧，可以帮助我们节省大量的时间，提升工作效率。

1.快速输入相同数据

在Excel表格中输入数据时，经常需要在不同的单元格中输入相同的数据。这些单元格有的是连续的，有的是不连续的，也可能是在不同的工作表中。

（1）连续单元格输入相同数据。

当在连续单元格内输入相同数据时，可以通过鼠标拖拽的方法来完成。在第一个单元格内输入数据，将鼠标移到单元格的右下角，当鼠标指针变为黑色十字形“填充柄”时，按住鼠标左键向下或向右拖动到最后一个单元格，释放鼠标后，选择“复制单元格”选项，即可在拖动区域内输入相同数据。

（2）不连续单元格输入相同数据。

要在不连续的单元格中输入相同数据时，首先要选中需输入数据的单元格，然后在其中任一单元格中输入数据，按“Ctrl+Enter”键，所有被选单元格都输入相同的数据，如图2-16所示。此方法同样适用于在不同工作簿相同单元格区域输入相同的数据。

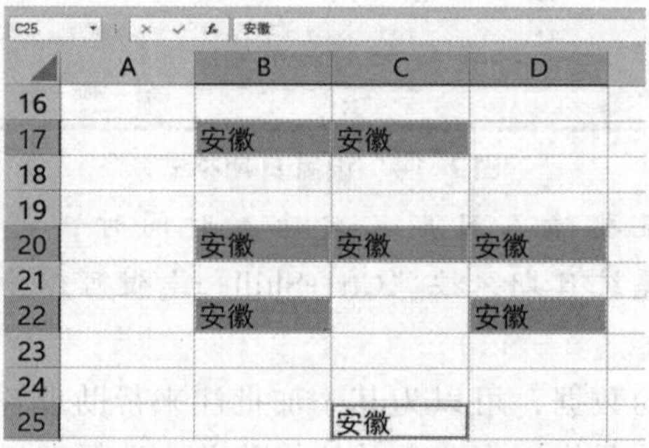

图2-16　输入相同数据

2.快速输入不同数据

（1）快速输入连续编号。

可使用Excel中的自动填充功能在相邻单元格内输入连续编号。例如，选定A3单元格，输入“a001”，将鼠标移动到A3单元格的右下角位置，当鼠标指针显示为黑色十字形的“填充柄”时，按住鼠标左键向下拖动到A10单元格，释放鼠标左键，即可自动完成编号的输入，如图2-17所示。

图2-17　自动填充

自动填充完成后，单元格右下角会显示选项按钮，单击选项按钮右边的下拉三角，会弹出如图2-18所示的快捷菜单，可根据需要从中选择一种方式来改变填充规则。

图2-18　选择填充规则

（2）自动填充日期。

使用Excel处理日常事务时，经常需要输入日期序列。Excel提供了十分便捷的日期填充功能，可以快速输入序列日期。当在多个单元格中输入序列日期时，首先在单元格中输入一个日期（如2019-08-23），再用鼠标右键拖动填充控制点，在打开的快捷菜单中选择日期的填充方式。Excel将按照选择的填充方式，将日期填充到拖动的区域，如图2-19所示。

图2-19　日期的填充方式

Excel中日期的填充方式有四种："以天数填充"是指依次填入以输入日期开始的每一天；"以工作日填充"是指只填充工作日，跳过周六、周日；"以月填充"是指填充每月中的同一天日期；"以年填充"是指填充的日期只改变年份。

（3）自定义填充序列。

Excel提供了很多预定义的填充序列，此外，还可以根据需要来创建填充序列。输入数据时，Excel能够自动识别自定义的填充序列，并将其填充到单元格中。下面介绍在Excel中自定义填充序列的操作方法。

①单击“文件”|“选项”|“高级”命令，在“常规”界面中单击“编辑自定义列表”按钮，如图2-20所示。

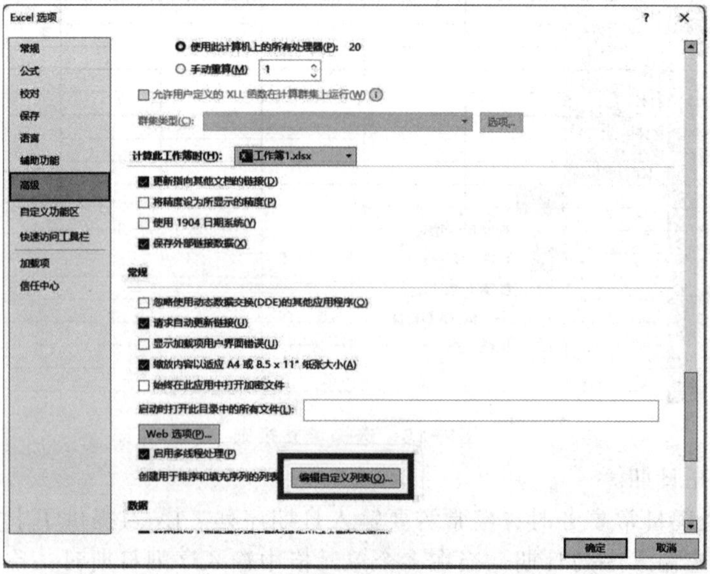

图2-20 “编辑自定义列表”按钮

②打开“自定义序列”对话框，在“输入序列”文本框中输入自定义的序列项，各项之间用回车符分隔，单击“添加”按钮，即可将新的序列添加到“自定义序列”列表框中，如图2-21所示。

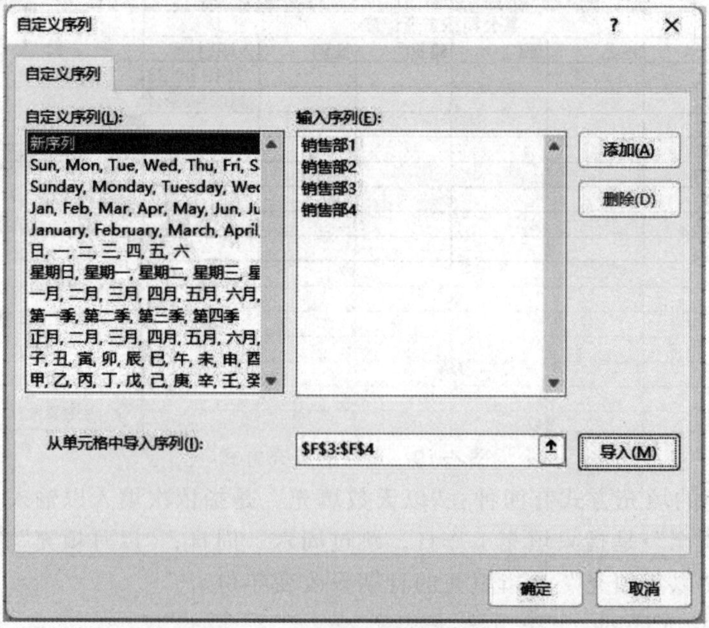

图2-21 设置自定义填充序列

③单击“确定”按钮，返回“Excel选项”对话框，再次单击“确定”按钮，设置生效。此时，在单元格中输入序列中任一值，向下拖动填充柄，将自动填充序列中的其他值。

(4) 设置数据有效性。

用Excel制作表格时，有时会遇到只能填写固定范围内的数据，如输入的数据只能是整数或小数等。设置数据有效性，可以快速而准确地输入数据，下面举例说明如何设置数据有效性。

【例2-1】设置“人民币存款利率表”工作簿中的“年利率”仅可输入小于1的数值，指定数据的有效范围。

具体操作步骤如下：

①打开“人民币存款利率表”工作簿，选择要设置数据验证的单元格区域B3：B4。

②单击“数据”|“数据工具”|“数据验证”按钮，打开“数据验证”对话框，如图2-22所示。

图2-22　选择“数据有效性”命令

③设置验证条件。在“设置”选项卡的“允许”下拉列表中选择“小数”选项，在“数据”下拉列表中选择“小于”选项，在“最大值”文本框中输入数字“1”，如图2-23所示。

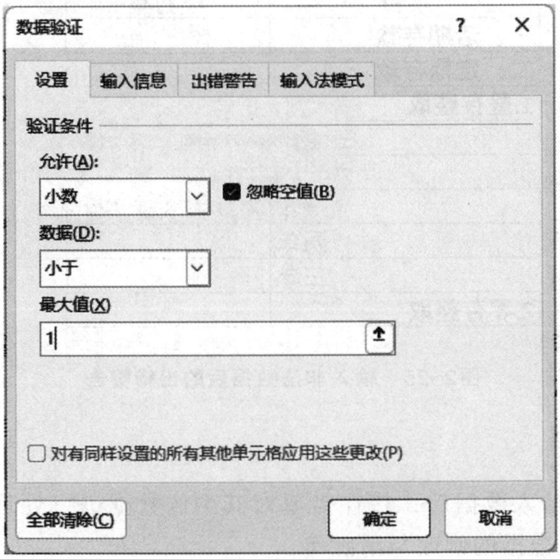

图2-23　设置验证条件

④设置出错警告。单击“出错警告”选项卡，在“样式”下拉列表中选择“停止”选项；在“标题”文本框中输入出错警告标题，如输入“无效数据”；在“错误信息”文本框中输入出错警告的信息，如输入“请输入小于1的小数!”，如图2-24所示。

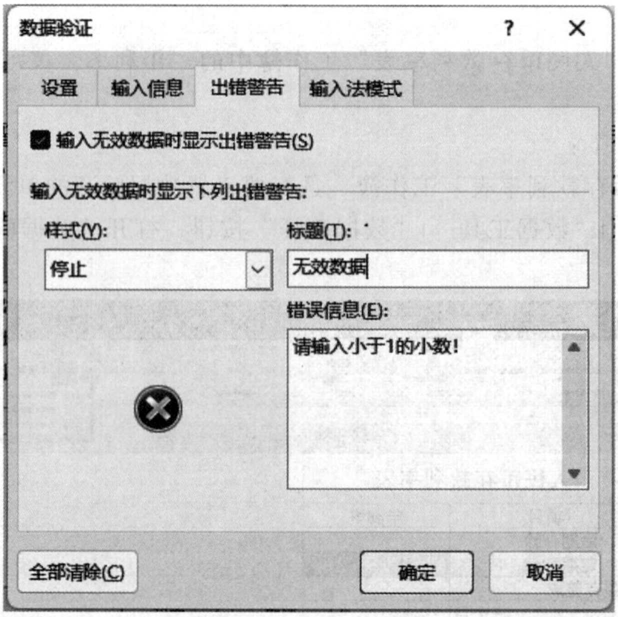

图2-24 设置出错警告

⑤单击“确定”按钮，设置完成。当在B3单元格输入数字5时，按Enter键确认后，会弹出如图2-25所示的消息框。

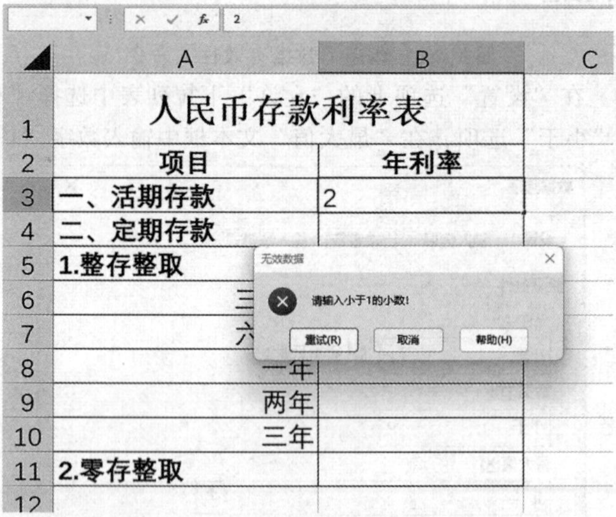

图2-25 输入非法数据后的出错警告

2.4.3 编辑数据

在Excel单元格中输入数据后，往往需要对其中的数据进行处理，包括数据的移动与复制、查找与替换以及数据的修改与清除等。

1.数据的移动与复制

在单元格间移动和复制数据的方法有以下几种：

（1）使用剪切或复制命令。

选择要移动或复制的单元格或单元格区域，单击“开始”选项卡中的“剪切”（Ctrl+X）或“复制”（Ctrl+C）按钮。选中目标单元格或单元格区域，再单击“粘贴”（Ctrl+V）按钮，即可完成数据的移动或复制。另外，右击选定单元格，在弹出的快捷菜单中选择“剪切”或“复制”命令，同样可以完成剪切或复制操作。

（2）使用鼠标拖拽。

选择要移动或复制的单元格或单元格区域，将鼠标指向单元格或单元格区域的外框，当光标变成十字形箭头时（注意与填充柄的区分），按住鼠标左键拖动到目标位置释放即可完成移动操作。按住Ctrl键的同时，用鼠标拖动到目标位置释放即可完成复制操作。

（3）选择性粘贴。

在Excel中有时需要复制单元格内的特定内容，这时可以使用Excel提供的“选择性粘贴”功能来实现。下面举例说明选择性粘贴的使用方法。

【例2-2】将“某公司职工工资表”中所有职工的基本工资上涨10%。

具体操作步骤如下：

①在工作表的任一空白单元格（如M2）中输入数值1.1。

②选中M2单元格，单击“复制”按钮，将数据复制到剪贴板中。

③选择F3：F20区域，右击鼠标选择“选择性粘贴”命令，如图2-26所示。

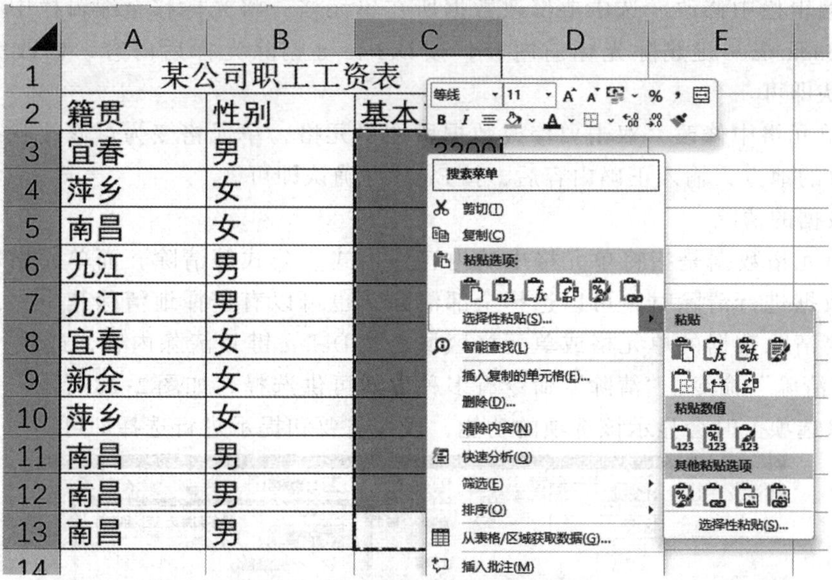

图2-26　选择“选择性粘贴”命令

④打开“选择性粘贴”对话框，在“粘贴”选项组中选中“数值”，在“运算”选项组中选中“乘”，如图2-27所示。

⑤单击“确定”按钮，即可将所有职工的基本工资增加10%。

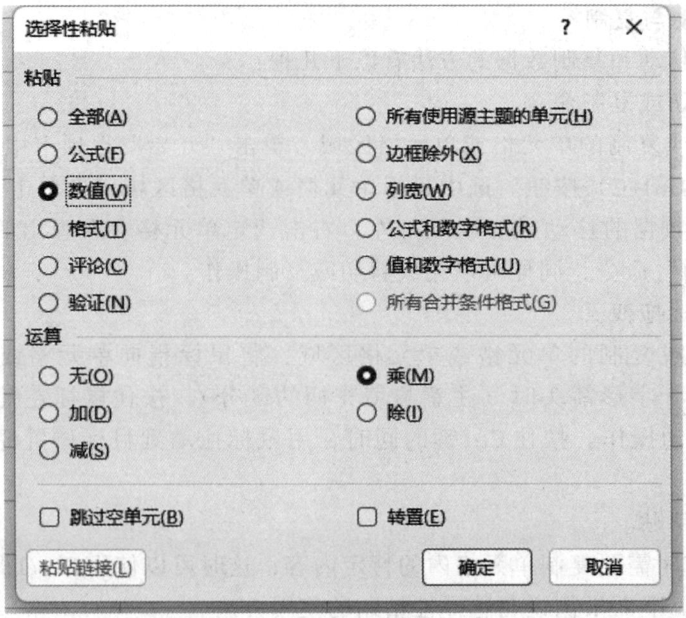

图2-27 “选择性粘贴”对话框

2.数据的修改与清除

（1）数据的修改。

Excel单元格中数据的修改方法有两种：一种是在编辑栏中修改；另一种是在单元格中修改。

① 在编辑栏中修改。选中要修改数据所在单元格，将光标移至编辑栏中，直接进行修改。按Backspace键删除光标前内容，按Delete键删除光标后内容，修改完成后，按Enter键确认即可。

② 在单元格中修改。双击要修改数据所在单元格，单元格变为可修改状态，移动光标至需修改的地方，输入正确内容后，按Enter键确认即可。

（2）数据的清除。

清除单元格数据是指将单元格中的内容、格式、公式等清除，而单元格本身仍然存在。在对数据进行清除时，可以选择全部清除，也可以有选择地清除其中一部分。方法是，选择要清除数据的单元格或单元格区域，按Delete键只清除内容，或执行“开始”|“编辑”|“清除”命令。“清除”命令有多种方式可供选择，如图2-28所示。当鼠标放置在各个清除选项上时会显示该选项的功能，根据需要和提示进行选择即可。

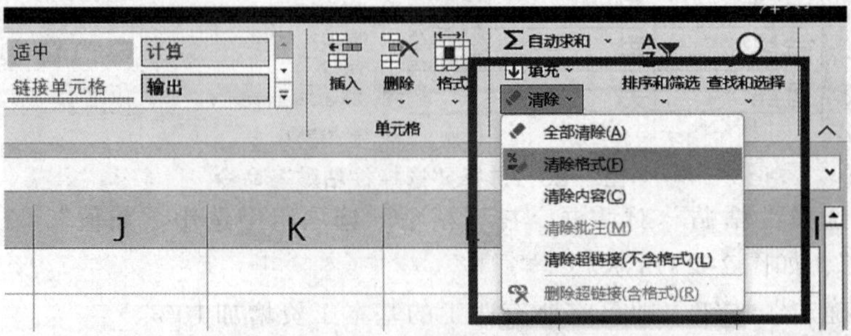

图2-28 清除单元格选项

3.数据的查找与替换

Excel的查找和替换功能可以帮助我们很快查找到需要的数据，且不会遗漏。

(1) 精确查找。

默认情况下，Excel的查找与替换是针对整个工作表的，也可以针对部分单元格区域进行查找与替换。其操作步骤如下：

① 打开需要查找数据所在的工作表，单击“开始”|“编辑”|“查找和替换”|“查找”命令，或按“Ctrl+F”组合键。打开“查找和替换”对话框，并自动切换到“查找”选项卡。

② 在“查找内容”框中输入要查找的内容，单击“查找全部”会将所有符合条件的内容显示在下方列表中，如图2-29所示；若单击“查找下一个”会快速定位到查询数据所在的单元格。

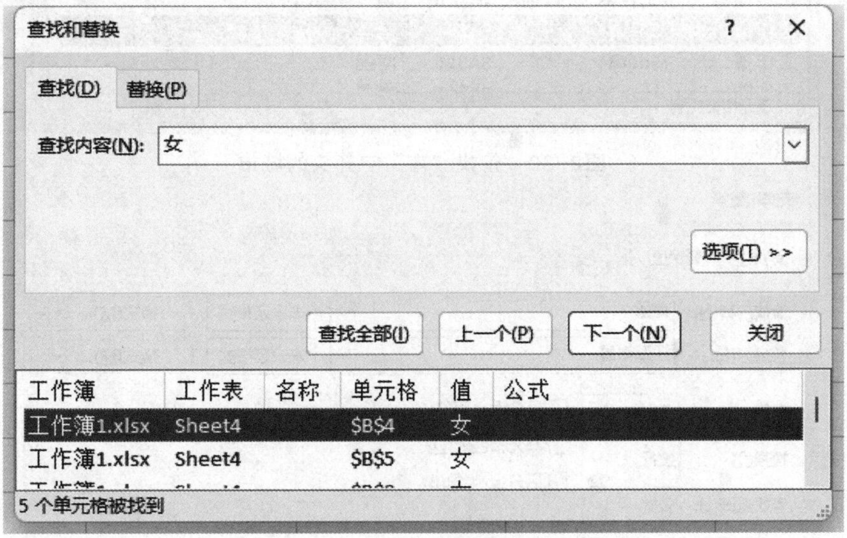

图2-29　“查找和替换”对话框

若要对部分单元格区域进行查找，则需先选择要进行查找操作的单元格区域，然后再执行查找命令即可。此外，单击“选项”按钮，可展开更多与查找有关的选项，可选择范围、区分大小写等；单击“格式”按钮，可对查找对象的格式进行设置。

(2) 模糊查找。

日常工作中，有时不知道要查找数据的全称，只知道部分内容时，可以使用通配符进行模糊查找。Excel中可使用的通配符包括“*”和“?”，“*”代表该位置的多个字符，“?”代表该位置的任意一个字符。例如，要在“某公司职工工资表”中查找所有“南”字开头的城市，其查找内容设置如图2-30所示。

(3) 替换数据。

使用替换功能，可以快速更改需要进行更换的内容。打开需要替换数据所在的工作表，打开“替换”对话框。在“查找内容”框中输入要查找的内容（如“南昌”），在“替换为”框中输入要替换的内容（如“江西南昌”）。单击“全部替换”按钮，可将所有符合条件的内容替换为指定内容。单击“替换”按钮，将逐条进行替换，如图2-31所示。

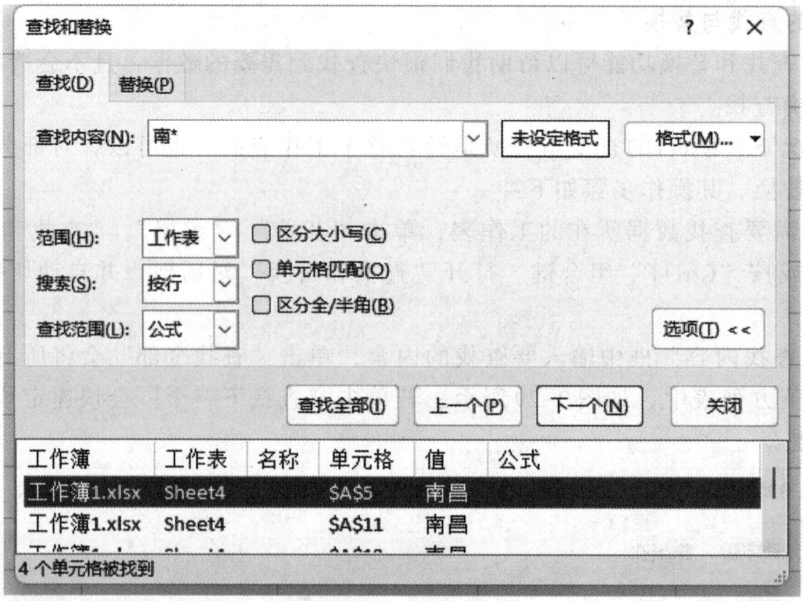

图2-30 查找“南”字开头的城市

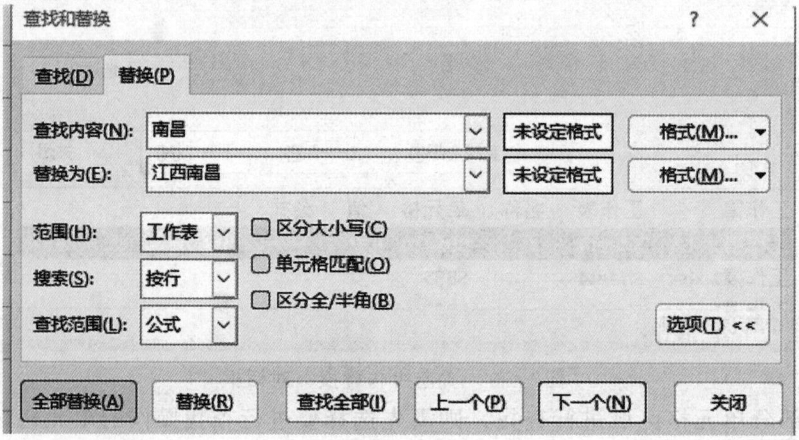

图2-31 “替换”对话框

2.5 工作表的格式化

一个完美的电子表格不仅要有翔实的数据内容，还应有较好的外观。本节将介绍设置数据格式的各种方法，包括设置单元格格式、行和列的格式化、设置条件格式以及套用已有的表格格式等。

2.5.1 设置单元格格式

单元格格式设置是指对单元格或单元格区域的数字格式、字体格式、对齐方式、边框和底纹等进行设置。设置单元格格式的方法比较简单，首先选中需要进行格式设置的单元格或单元格区域；然后在“设置单元格格式”对话框中，或使用“开始”选项卡中的功能按钮进行格式的设置即可。

1.设置数字格式

在单元格中输入的数据，默认情况下是按照常规格式显示的。若要输入特定格式的数据，可通过设置数字格式来实现。Excel 2016中提供了多种数字格式，可在“开始”选项卡中“数字”组提供的数字格式中进行快速设置，如图2-32所示。也可在“设置单元格格式”对话框的“数字”选项卡中进行详细设置。

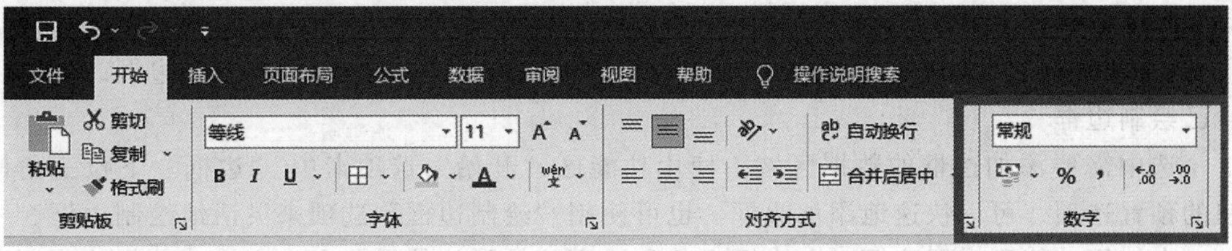

图2-32　设置数字格式的按钮

2.设置对齐方式

默认情况下，输入数据时，文本左对齐，数字右对齐。数据的对齐方式分为水平对齐和垂直对齐两种，其中水平对齐可以设置数据在水平方向上的对齐方式，包括靠左、靠右、居中等，且靠左和靠右均可设置缩进的量；垂直对齐可以设置数据在垂直方向上的对齐方式，包括靠上、靠下、居中、两端对齐等，且可以设置数据在单元格中的旋转角度。

实际应用中，可通过浮动工具栏和功能区命令按钮来进行快速设置，也可在“设置单元格格式”对话框的“对齐”选项卡中进行详细设置，如图2-33所示。

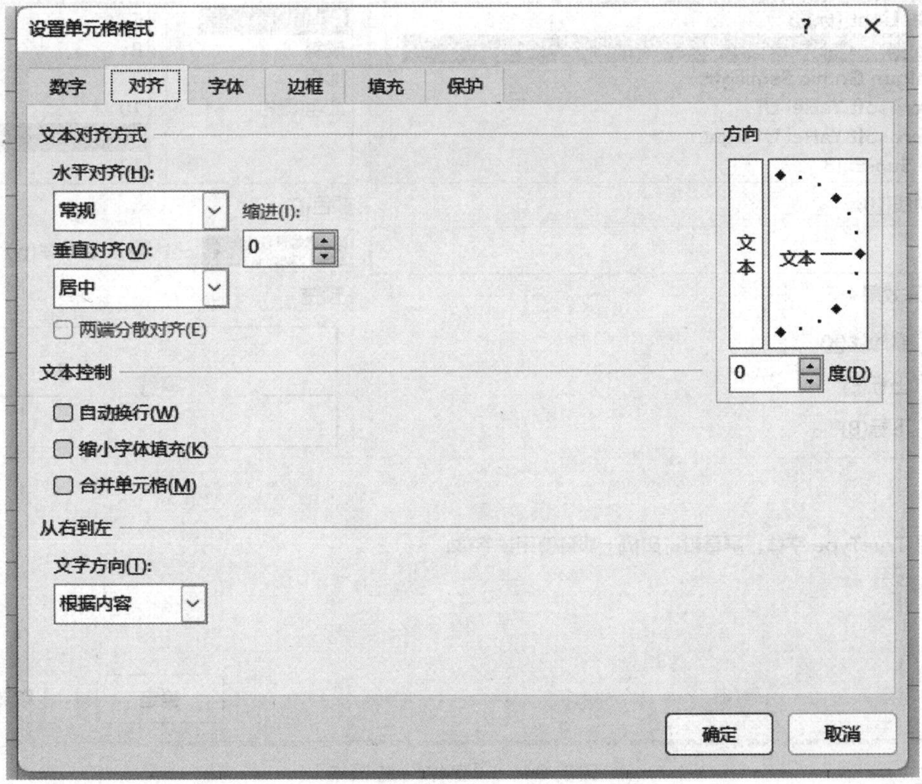

图2-33　文本“对齐”选项卡

3.设置字体格式

默认情况下，输入数据显示为11号宋体字，可根据需要重新设置数据的字体格式。

Excel 2016提供了多种字体格式，可在“设置单元格格式”对话框的“字体”选项卡中对单元格内容的字体、字形、字号、颜色、下划线和特殊效果等进行设置，如图2-34所示。若要进行快速设置，可利用浮动工具栏或“开始”选项卡中的“字体”组来完成。

4.设置单元格边框

Excel 2016提供了多种多样的边框格式，可以使用预置的选项快速添加边框，也可以自己绘制边框。

选中需要添加边框的数据区域，使用功能区“开始”选项卡中“边框”下拉三角按钮的预置选项，可以快速地添加边框。也可使用“绘制边框”选项来灵活地绘制边框。

在使用功能区设置边框时，边框颜色和线型都是默认的黑色和细实线。若想使边框设置更具个性化，可使用“设置单元格格式”对话框中的“边框”选项卡，如图2-35所示。在“样式”列表框中可以设置线条的样式和粗细，在“颜色”下拉列表中可以设置边框的颜色，在“边框”中可以设置表格的边框线。

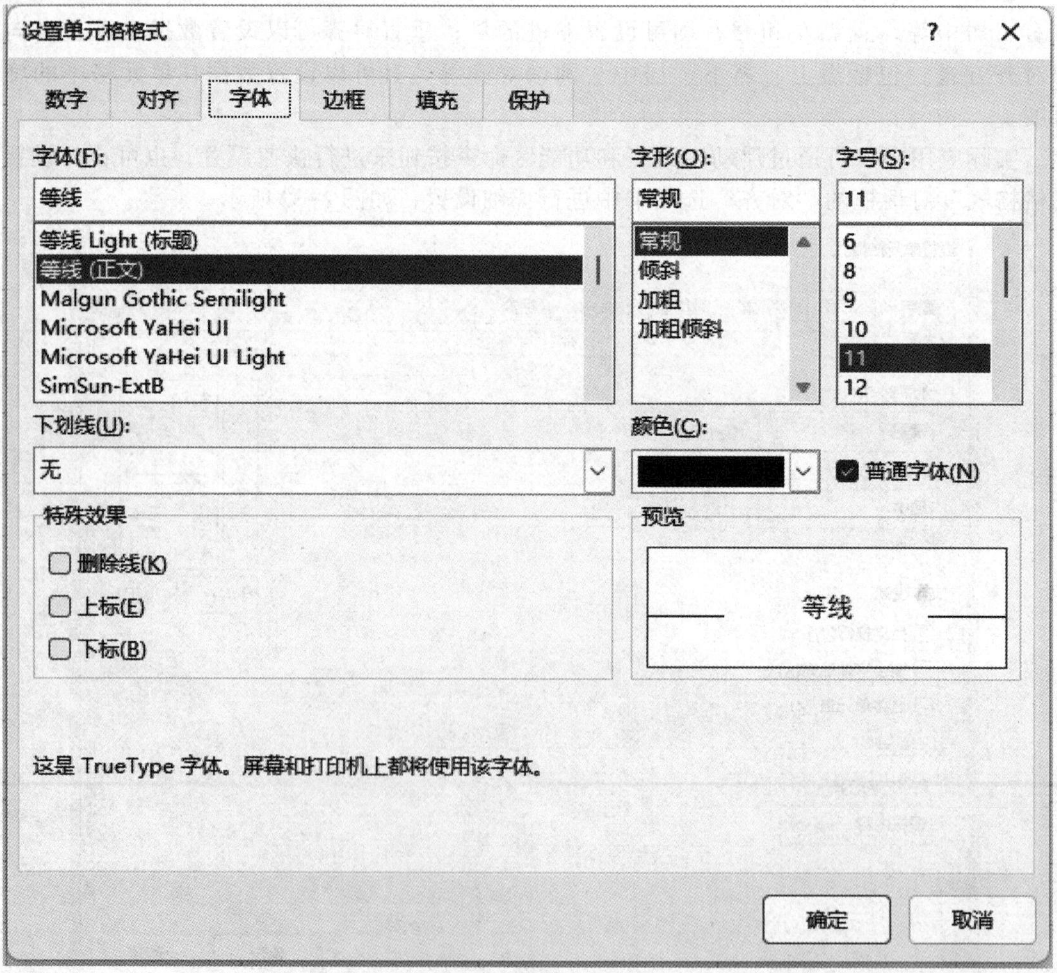

图2-34 “字体”选项卡

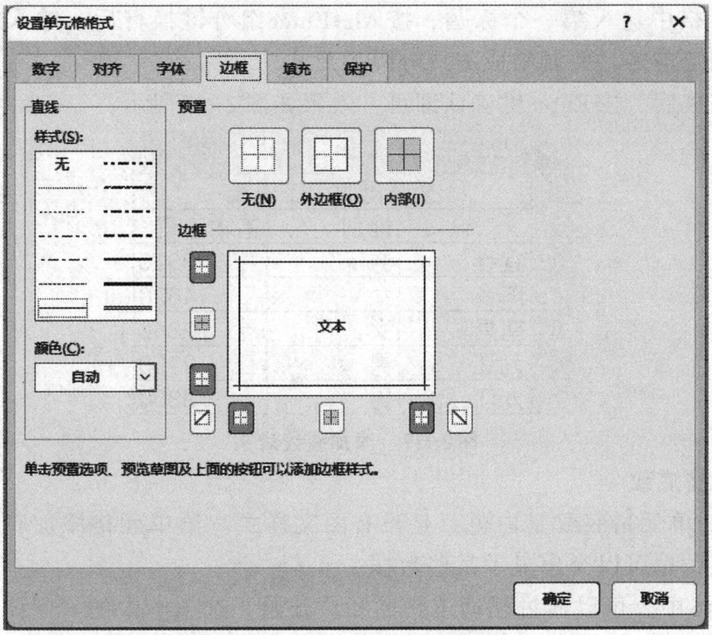

图2-35 “边框”选项卡

5.设置斜线表头

在制作Excel表格时，经常需要在单元格中绘制斜线表头，使用它可以使表格的表头更加详细和清晰。绘制斜线表头的具体操作步骤如下：

（1）选中要绘制斜线表头的单元格，打开“设置单元格格式”对话框。

（2）切换到“边框”选项卡，在“边框”组中单击相应的按钮设置单元格边框和斜线，如图2-36所示。设置完成后，单击“确定”按钮。

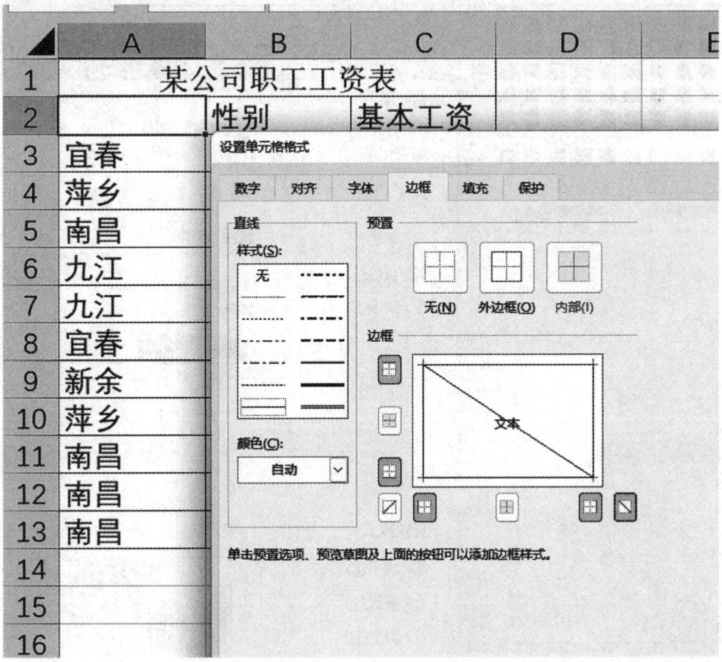

图2-36 “边框”选项卡

（3）在单元格中输入第一个标题，按Alt+Enter组合键换行后，输入第二个标题。在第一个标题前加上空格，并调整成斜线分隔的形式。

（4）设置完成后，按Enter键确认即可，效果如图2-37所示。

	A	B	C
1	某公司职工工资表		
2		性别	基本工资
3	宜春	男	3520
4	萍乡	女	4620
5	南昌	女	2860
6	九江	男	2750
7	九江	男	3300

图2-37　添加斜线表头

6. 设置单元格底纹

Excel默认的单元格底纹是白色，且没有图案样式。给单元格添加底纹，可以改善工作表的视觉效果，也可以突出显示某些数据。

在Excel 2016中，可以通过浮动工具栏和“开始”选项卡中的“字体”组来进行单元格底纹的设置；也可在“设置单元格格式”对话框的“填充”选项卡中进行详细设置，包括单元格的背景色、填充效果、图案颜色及图案样式等，如图2-38所示。

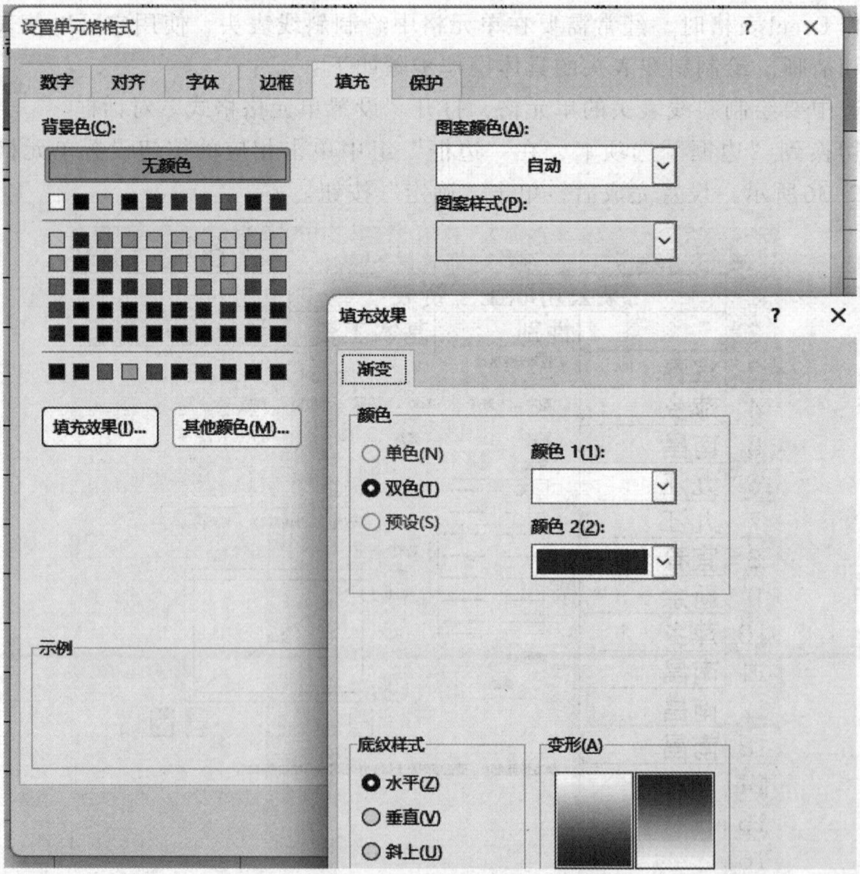

图2-38　“填充”选项卡

2.5.2 格式化行和列

1.调整行高和列宽

在Excel中要改变行高和列宽，既可以通过鼠标进行适当调整，也可以通过菜单进行精确调整。

（1）精确调整。

选中要调整的行或列，右击鼠标选择“行高”或“列宽”命令，打开“行高”或“列宽”对话框，如图2-39所示。在“行高”或“列宽”文本框中输入行高或列宽值，单击“确定”按钮即可。

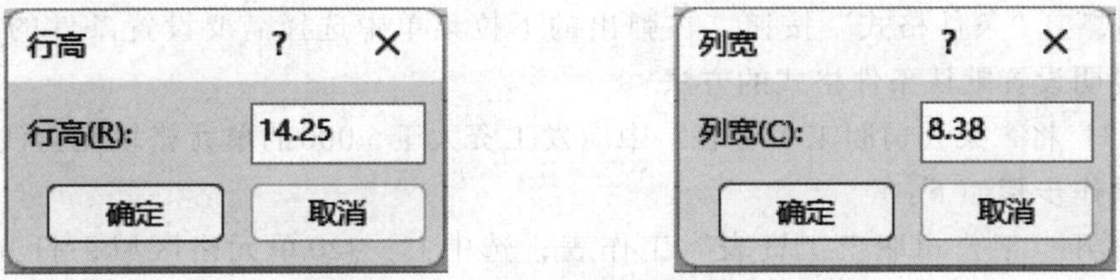

图2-39 “行高”和“列宽”对话框

（2）适当调整。

把鼠标放在需调整的行标签之间或列标签之间，当鼠标呈现双向箭头时，按住鼠标左键上下拖动来调整行高，左右拖动来调整列宽。

（3）自动调整。

选择“开始”|“单元格”|“格式”下拉菜单中的“自动调整行高”或“自动调整列宽”命令，Excel将自动调整行高和列宽，使之适应单元格中内容的高度与宽度。

2.隐藏与取消隐藏

要将某些行或列隐藏起来，首先要选中该行或该列，然后右击鼠标选择“隐藏”命令即可，如图2-40所示。

图2-40 隐藏列

若要取消隐藏，首先要将隐藏的行或列选中，然后右击鼠标选择“取消隐藏”命令即可。

2.5.3 设置条件格式

为便于查看工作表中符合一定条件的数据，可将满足条件的数据用颜色突出显示出来。在Excel 2016中可以使用Excel提供的预设条件格式来设置，也可以根据需要自定义条件规则和格式进行设置。

1. 设置默认条件格式

设置默认条件格式的方法比较简单，选中需要突出显示数据的单元格区域，单击“开始”|“样式”|“条件格式”按钮，在弹出的下拉菜单中选择需要设置条件的方式即可。下面举例说明设置默认条件格式的方法。

【例2-3】将“某公司职工工资表”中应发工资大于5 000的单元格填充为浅红色。

具体操作步骤如下：

(1) 打开“某公司职工工资表”工作表，选中J3：J20单元格区域，打开“条件格式”下拉菜单，选中“突出显示单元格规则”命令，在其子菜单中选择“大于”命令，如图2-41所示。

图2-41 选择“大于”命令

(2) 打开“大于”对话框，在文本框中输入3685，在“设置为”下拉列表中选择“浅红填充色深红色文本”，如图2-42所示。

(3) 单击“确定”按钮，即可完成指定条件格式的设置。

2. 设置自定义条件格式

除直接使用默认条件格式外，还可以根据需要对条件格式进行自定义设置。

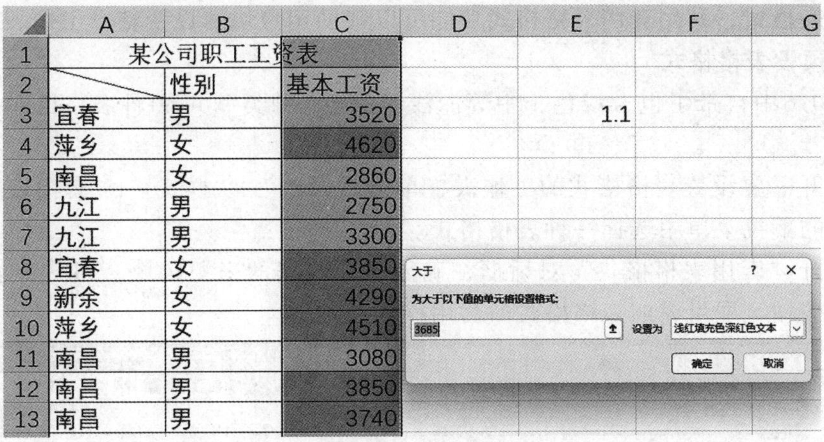

图2-42　设置条件格式

【例2-4】将“某公司职工工资表”中“应发工资”前5的数据格式设置为蓝色填充黄色文本。

具体操作步骤如下：

(1) 打开“某公司职工工资表”工作表，选中J3：J20单元格区域，在“条件格式”的下拉菜单中选择“新建规则”命令，打开“新建格式规则”对话框。

(2) 在“选择规则类型”列表框中选择“仅对排名靠前或靠后的数值设置格式”选项，在下方文本框中输入“5”，如图2-43所示。

图2-43　“新建格式规则”对话框

(3) 单击“格式”按钮，打开“设置单元格格式”对话框，将文本颜色设置为黄色，填充颜色设置为蓝色，单击“确定”返回。

(4) 预览设置效果后，单击“确定”按钮即可。

2.5.4　套用表格格式

在日常工作中，经常会使用一些固定格式的Excel表格。Excel 2016自带了一些比较常见的工作表格式，利用套用表格格式功能可以帮助用户快速设置整个工作表格式。

1.套用预设表格格式

Excel 2016中自带了包含浅色、中等深浅与深色3种类型共60种表格格式。操作步骤如下：

（1）打开需要设置表格格式的工作表，单击“开始”|“样式”|“套用表格格式”按钮，在打开的下拉菜单中选择一种表格格式。

（2）打开“套用表格格式”对话框，确认表格数据的来源区域，如图2-44所示。单击“确定”按钮，即可完成表格格式的套用操作。

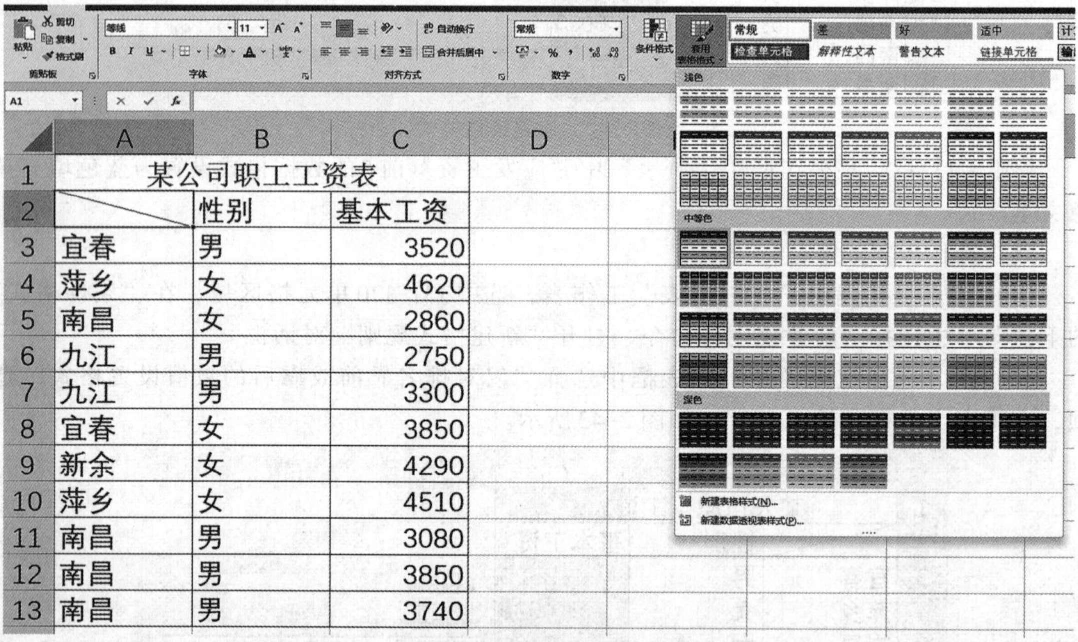

图2-44 套用表格格式

如需更多样式，可以选择使用WPS Office的模板样式库。社区性质的资源库极大地丰富了不同表格设计的要求。这种国产办公自动化软件在使用习惯、界面功能上都与MS Office深度兼容，降低了学生的学习成本，便于学生的知识迁移。其创新功能弘扬了中国智造，有效提高学生对中国智造的兴趣和认知，提升民族自信，推进软件国产化、正版化。

2.自定义表格样式

除了可以套用Excel中预设的表格格式外，也可以根据需要对表格格式进行自定义，然后保存格式，使用时直接应用即可。方法是：单击“套用表格格式”下拉菜单中的“新建表样式”命令，打开“新建表快速样式”对话框。在对话框中对自定义表格样式进行设置，设置完成后，单击“确定”即可。

单元实训

根据资料完成要求的操作：

资料：某公司2022年12月员工工资表如图2-45所示。

员工编号	姓名	部门	基础工资	奖金	补贴	扣除病事假	应付工资
DF001	包宏伟	管理	40600	500	260	230	41130
DF002	陈万地	管理	3500		260	352	3408
DF003	张惠	行政	12450	500	260		13210
DF004	闫朝霞	人事	6050		260	130	6180
DF005	吉祥	研发	6150		260		6410
DF006	李燕	管理	6350	500	260		7110
DF007	李娜娜	管理	10550		260		10810
DF008	刘康锋	研发	15550	500	260	155	16155
DF009	刘鹏举	销售	4100		260		4360
DF010	倪冬声	研发	5800		260	25	6035
DF011	齐飞扬	销售	5050		260		5310
DF012	苏解放	研发	3000		260		3260
DF013	孙玉敏	管理	12450	500	260		13210
DF014	王清华	行政	4850		260		5110
DF015	谢如康	管理	9800		260		10060

图2-45 某公司2022年12月员工工资表

要求：

（1）创建一个名为“某公司2022年员工工资表”的新工作簿，并在“Sheet1”中输入上表中的内容（其中“员工编号”和“部门”列内容不填），将“Sheet1”重命名为“12月员工工资”。

（2）为表格添加标题“某公司2022年12月员工工资表”，宋体、14号、加粗、居中对齐。

（3）以自动填充方式输入“员工编号”，并居中显示；为“部门”列设置数据有效性，并输入。

（4）设置表中所有数据部分为货币格式，保留2位小数，货币符号为“￥”。

（5）为表格添加单实线内边框，双实线外边框。

（6）对“应付工资”高于10 000元的区域用红色显示。

第2章单元实训参考答案

第3章

Excel 2016高级应用

学习目标

Excel 2016是一款非常强大的数据处理软件，其在数据运算、数据分析、数据处理等方面都发挥着重要作用，既包含简单的四则运算，又包含复杂的财务运算和统计分析等。通过本章的学习，读者应该掌握Excel 2016中公式及函数的运用、数据的管理与分析、数据透视表以及Excel中图表的使用，掌握并运用这些高级应用能够极大地提高工作效率。

3.1 Excel中公式的运用

公式是对单元格中数据进行分析与计算的等式，它可以对数据进行加、减、乘、除、比较等运算。

3.1.1 公式概述

Excel 2016的公式遵循一个特定的语法，即公式以“=”起始，后面是参与计算的元素（运算数、运算符等）。通常，一个公式包括的元素有很多，如运算符、单元格引用、数值或常量、函数及其参数、括号等。

1.参数

公式中用于执行操作或计算的数值称为参数。常见的参数类型有数值、文本、单元格引用或单元格名称、函数返回等。

2.常量

常量是不用计算的值。如日期2024/12/27、数字123以及文本“你好”，这些都是常量。公式中的常量不会随着单元格位置的改变而发生变化。

3.运算符

运算符是一个标记或符号，指定公式内执行的运算类型，如算术、文本、比较、逻辑和引用运算符等。

注意：公式中所有的标点符号均为英文输入法状态下的符号。

3.1.2　公式的输入和编辑

1. 公式的输入

通常情况下，公式都是以“=”开始，所以当在一个空白单元格中或编辑栏中输入等号时，系统会默认为用户是在输入一个公式。下面以案例形式介绍如何在Excel表格中输入一个公式，具体操作步骤如下：

（1）启动Excel 2016，如图3-1所示，输入表格中的内容。

	A	B	C	D
1	营业成本汇总表			
2	编制单位：			单位：元
3	项目	2016年	2017年	2018年
4	整装	16,848,000.00	18,304,000.00	20,072,000.00
5	散装	9,396,000.00	10,208,000.00	11,194,000.00
6	幕墙	6,156,000.00	6,688,000.00	7,334,000.00
7	合计			

图3-1　营业成本汇总样表

（2）单击需要输入公式的B7单元格，然后输入“=”，此时光标闪烁，进入编辑状态，如图3-2所示。

	A	B	C	D
1	营业成本汇总表			
2	编制单位：			单位：元
3	项目	2016年	2017年	2018年
4	整装	16,848,000.00	18,304,000.00	20,072,000.00
5	散装	9,396,000.00	10,208,000.00	11,194,000.00
6	幕墙	6,156,000.00	6,688,000.00	7,334,000.00
7	合计	=		

图3-2　进入编辑状态

（3）单元格引用。在公式中引用单元格有两种方式：一种是直接输入需要计算的单元格地址。例如，图中需要计算的单元格为B4、B5、B6三个单元格内的值，则可在“=”后手动输入“B4+B5+B6”。另一种是通过鼠标点击需要引用的单元格。例如，先单击B4单元格，然后输入“+”，再单击B5单元格，此时可以发现，被引用的单元格四周会显示为彩色方框，继续选择需要参与计算的单元格，最后点击的单元格会显示为虚框，同时在编辑栏中也会显示公式的内容，如图3-3所示。

	A	B	C	D
1	营业成本汇总表			
2	编制单位：			单位：元
3	项目	2016年	2017年	2018年
4	整装	16,848,000.00	18,304,000.00	20,072,000.00
5	散装	9,396,000.00	10,208,000.00	11,194,000.00
6	幕墙	6,156,000.00	6,688,000.00	7,334,000.00
7	合计	=B4+B5+B6		

图3-3　单元格引用

（4）公式输入完毕后，按Enter键确认。单元格中将会显示公式的计算结果，但在编辑栏中仍会显示公式的内容，如图3-4所示。

B7 =B4+B5+B6

	A	B	C	D
1	营业成本汇总表			
2	编制单位：			单位：元
3	项目	2016年	2017年	2018年
4	整装	16,848,000.00	18,304,000.00	20,072,000.00
5	散装	9,396,000.00	10,208,000.00	11,194,000.00
6	幕墙	6,156,000.00	6,688,000.00	7,334,000.00
7	合计	32,400,000.00		

图3-4 计算结果

2.公式的编辑

编辑公式的方法与编辑单元格的方法一样，可直接通过双击单元格在单元格内修改，也可以通过单击单元格在编辑栏中修改。若要删除某个参数，可以用鼠标选定要删除的参数，然后按Delete键或Backspace键即可。若替换某个参数，则先选定要替换的参数，再进行修改。

编辑公式时，公式将以彩色方式标识，其颜色与所引用的单元格标识颜色一致，以便于用户跟踪公式，方便查询分析。

3.1.3 单元格引用

单元格引用通常是由该单元格所在的列标和行号组成的，也就是该单元格在工作表中的地址。引用时列标在前，行号在后，如A1、B2、C3等。单元格的引用方式分为相对引用、绝对引用、混合引用和三维引用4种。

1.相对引用

公式中的相对引用单元格是基于包含公式和单元格引用的单元格的相对位置，如A1、B3。如果公式所在的单元格位置发生改变，则引用也随之发生改变。例如，在B7单元格中输入公式“=B4+B5+B6”，当向右复制公式时，公式中引用的单元格的地址也会相应地发生变化。当公式复制到D7单元格时，编辑栏中公式的地址变为“=D4+D5+D6”，如图3-5所示。

D7 =D4+D5+D6

	A	B	C	D
1	营业成本汇总表			
2	编制单位：			单位：元
3	项目	2016年	2017年	2018年
4	整装	16,848,000.00	18,304,000.00	20,072,000.00
5	散装	9,396,000.00	10,208,000.00	11,194,000.00
6	幕墙	6,156,000.00	6,688,000.00	7,334,000.00
7	合计	32,400,000.00	35,200,000.00	38,600,000.00

图3-5 相对引用

2.绝对引用

单元格中的绝对引用总是在指定位置引用单元格。如果公式所在单元格的位置改变，绝对引用保持不变；如果多行或多列地复制公式，绝对引用将不作调整。在Excel中，绝对引用的格式是在单元格的列标和行号前添加“$”符号。如$A$1，即表示绝对引用A1单元格，无论将其所在公式复制到什么位置，公式内总是引用A1单元格里的值。例如，在B7单元格里输入公式“=$B$4+$B$5+$B$6”，当向右复制公式时，公式中绝对引用的单元格地址不会发生改变，编辑栏显示D7单元格里公式引用的地址仍然为“=$B$4+$B$5+$B$6”，如图3-6所示。

D7　=$B$4+$B$5+$B$6

	A	B	C	D
1	营业成本汇总表			
2	编制单位：			单位：元
3	项目	2016年	2017年	2018年
4	整装	16,848,000.00	18,304,000.00	20,072,000.00
5	散装	9,396,000.00	10,208,000.00	11,194,000.00
6	幕墙	6,156,000.00	6,688,000.00	7,334,000.00
7	合计	32,400,000.00	32,400,000.00	32,400,000.00

图3-6　绝对引用

3.混合引用

混合引用是指在一个单元格地址引用中，既有相对地址引用，也有绝对地址引用。例如，在B7单元格中输入公式“=$B$4+$B$5+B6”，当向右复制公式时，由于第一个和第二个参数是绝对引用，第三个参数是相对引用，所以复制公式后，第一个和第二个参数保持不变，第三个参数随着公式位置而改变，如图3-7所示。

D7　=$B$4+$B$5+D6

	A	B	C	D
1	营业成本汇总表			
2	编制单位：			单位：元
3	项目	2016年	2017年	2018年
4	整装	16,848,000.00	18,304,000.00	20,072,000.00
5	散装	9,396,000.00	10,208,000.00	11,194,000.00
6	幕墙	6,156,000.00	6,688,000.00	7,334,000.00
7	合计	32,400,000.00	32,932,000.00	33,578,000.00

图3-7　混合引用

4.三维引用

三维引用表示要引用同一工作簿不同工作表或不同工作簿之间的单元格或单元格区域。

（1）引用同一工作簿内不同工作表中的单元格。

表达方式为：=工作表名称！单元格地址

例如，在营业成本汇总表中，在Sheet2工作表的B6单元格中输入公式“=Sheet1！B7+Sheet1！C7+Sheet1！D7”，此公式表示在Sheet2工作表的B6单元格中计算Sheet1工作表中B7、C7、D7三个单元格数值的和，即2016年至2018年3年的总合计，如图3-8所示。

D7 =D4+D5+D6

	A	B	C	D
1	营业成本汇总表			
2	编制单位：			单位：元
3	项目	2016年	2017年	2018年
4	整装	16,848,000.00	18,304,000.00	20,072,000.00
5	散装	9,396,000.00	10,208,000.00	11,194,000.00
6	幕墙	6,156,000.00	6,688,000.00	7,334,000.00
7	合计	32,400,000.00	35,200,000.00	38,600,000.00

B6 =Sheet1!B7+Sheet1!C7+Sheet1!D7

	A	B	C	D	E	F
1						
2						
3						
4						
5						
6	3年总合计	106,200,000.00				

图3-8　同一工作簿中不同工作表中的单元格引用

（2）引用不同工作簿中的单元格

除了引用同一工作簿中不同工作表中的单元格外，还可以引用不同工作簿中的单元格。这种引用方式分为两种情况：

第一种情况：被引用的工作簿已经打开。其表达方式如下：

=［工作簿名称］工作表名称！单元格地址

例如，在“营业成本汇总表.xlsx”的Sheet2工作表的B6单元格中有相应数据，那么在当前打开的工作簿“示例1.xlsx”的Sheet1工作表的A1单元格中输入公式“=［营业成本汇总表.xlsx］Sheet2！B6*5”，如图3-9所示。

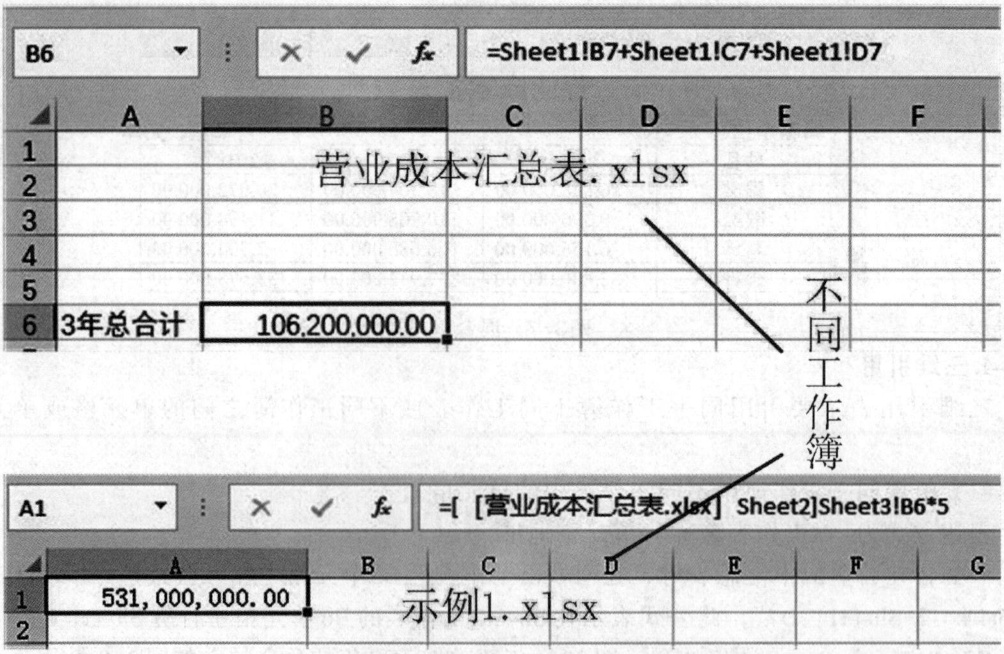

图3-9　已打开要引用的工作簿

第二种情况：被引用的工作簿未打开。其表达方式如下：

=' 工作簿存放目录［工作簿名称］工作表名称'！单元格地址

例如，被引用的工作簿“营业成本汇总表 .xlsx”存放位置为 D 盘目录下 Excel 2016 文件夹内。在当前工作簿“示例 1.xlsx”的 Sheet1 工作表的 A1 单元格中输入公式为“='D:\Excel2016\［营业成本汇总表 .xlsx］Sheet2'！B6*5”，如图 3-10 所示。

图3-10　未打开要引用的工作簿

3.1.4　认识公式中的错误

当输入的公式不能正确地运行时，单元格中显示的并不是计算结果，而是错误值。可根据错误值的提示来对单元格中的公式进行修改，下面将分别进行介绍：

- #DIV/0!：表示输入公式时，所输入的值被 0 除。
- #NULL!：表示使用了不正确的单元格引用。
- #N/A：表示在输入的公式中缺少函数参数。
- #NAME?：表示使用的参数操作类型出错，或删除了正在运行公式的名称。
- #####：表示输入的公式过长，超过了单元格所能包含的长度。
- #NUM!：表示在需要使用数字参数的函数中使用了无法识别的参数。
- #REF!：表示引用了一个无效的单元格。
- #VALUE!：表示公式中含有错误类型的参数。

3.2　Excel 中常用函数的运用

在 Excel 中，函数的概念和数学中函数的概念类似，它是一些预定义的公式，这些公式使用一些称为参数的特定数值按特定的顺序或结构进行计算。本节主要介绍 Excel 2016 中的常用函数。

3.2.1　函数概述

函数是根据数据的统计、处理和分析的实际需要，事先在软件中预定义的公式，可以把函数引入到工作表中进行简单或者复杂的运算，所有的函数必须以等号“=”开始。

在定义函数时，需要指定函数名，并且指定一些参数（或变量）和参数之间的运算规则。给这些参数赋予一定的值并且按照确定的规则进行计算就可以得到函数的返回值，当参数发生变化时，返回值也会随之变化。

1.函数的结构

函数的一般结构为："=函数名（参数1，参数2，…）"，它由3部分组成，分别是等号、函数名和参数。函数名是函数的名称，每一个函数都有自己唯一的函数名称。函数中的参数可以是数字、文本、逻辑值、表达式、引用、数组甚至是其他函数或公式。对于参数的数量，需要根据具体的函数进行分析。例如，=AVERAGE（A1，B2，C3，D4），该函数表示求A1、B2、C3、D4这四个单元格的平均值。

注意：在使用函数时，函数名与其后的括号之间不能有空格；当有多个参数时，参数之间用逗号","分隔；函数中的逗号、引号等都是半角字符。

2.函数的类型

为了方便用户使用，Excel 2016提供了大量函数。根据函数的功能，可以分为常用函数、财务函数、时间与日期函数、数学与三角函数、统计函数、查找与引用函数、数据库函数、文本函数、逻辑函数、信息函数、工程函数、多维数据集函数和兼容性函数等。

3.函数的插入

在工作表中插入函数有两种比较常见的办法：一种是直接手动输入；另一种是通过"插入函数"对话框输入。

（1）手动输入函数。

手动插入函数的前提是用户对该函数非常熟悉，包括函数的名称、函数的参数及参数类型等。例如，求A1、B1、C1三个单元格内值的和。直接在D1单元格中输入"=SUM（A1：C1）"，如图3-11所示。输入完成后，按Enter键确认。

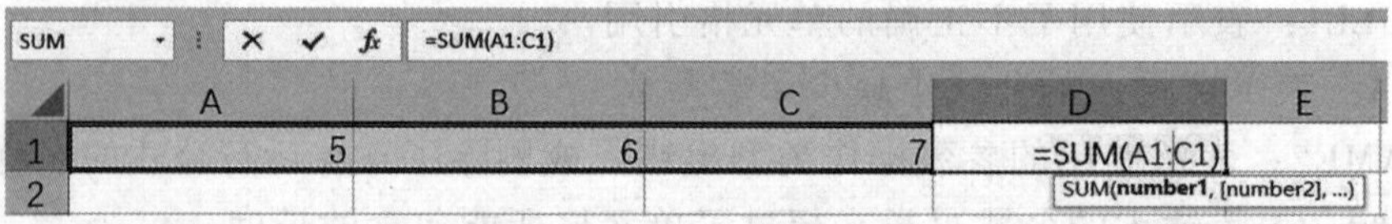

图3-11 输入SUM函数

（2）使用"插入函数"对话框。

若不能确定函数的拼写及函数的参数，可使用"插入函数"对话框来插入函数。以上述示例为例，具体操作步骤如下：

①先选中需要插入函数的D1单元格，选择"公式"选项卡，单击"函数库"选项组中的"插入函数"按钮，打开"插入函数"对话框；或者先选中D1单元格，再点击编辑栏左侧的"fx"按钮，打开"插入函数"对话框，如图3-12所示。

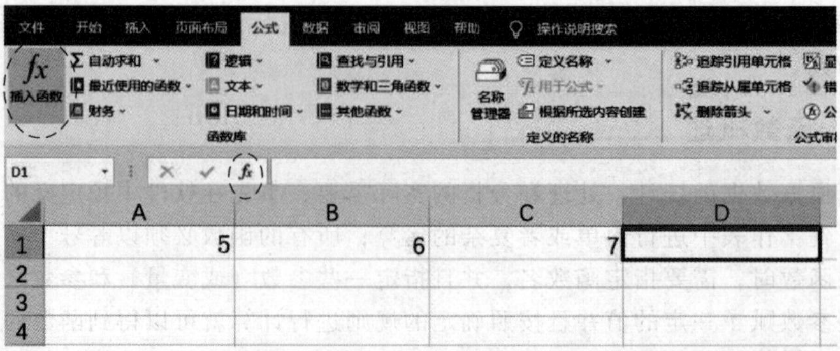

图3-12 单击"插入函数"按钮

②在“插入函数”对话框中的“或选择类别”下拉列表中选择“常用函数”选项，在“选择函数”列表框中选中SUM函数，如图3-13所示。

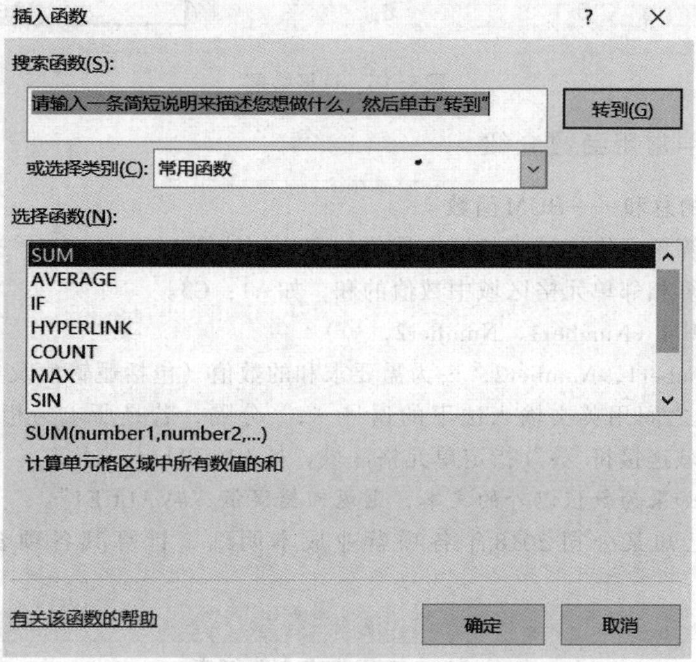

图3-13　“插入函数”对话框

注意：如果不知道函数的名称或者类别，可以在“搜索函数”文本框中输入一条简明的说明或描述来搜索需要的函数。

③在弹出的“函数参数”对话框中可以设置各个参数值，同时该对话框中还将显示出参数值设定后的运算结果。在Number1中输入“A1：C1”，如图3-14所示。

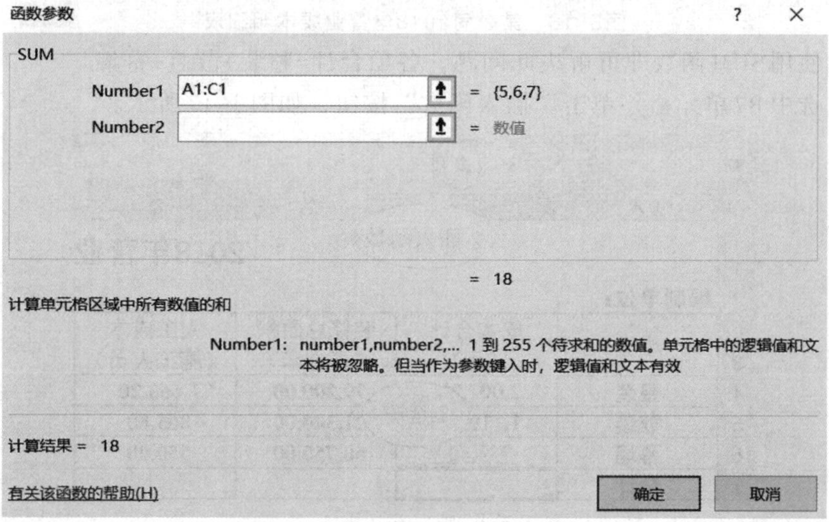

图3-14　“函数参数”对话框

④单击“确定”按钮，完成插入函数过程。此时D1单元格会显示函数运算结果，公式编辑栏中会显示函数内容，如图3-15所示。

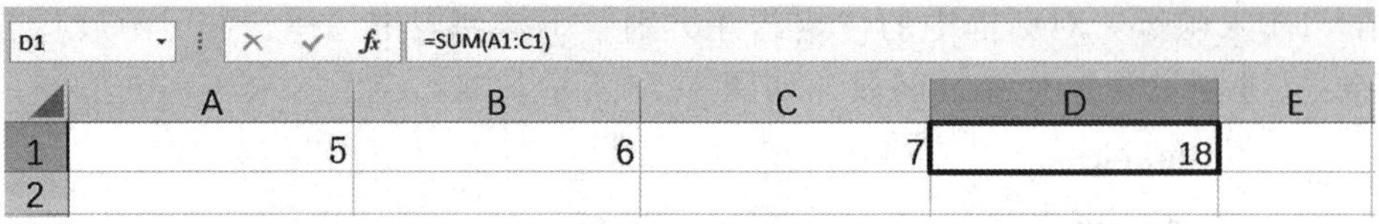

图3-15　运算结果

3.2.2　几种常用函数介绍

1.计算数值的总和——SUM函数

➢ 功能：计算单元格区域中的所有数值的和。如计算A1、B1和C1三个单元格中数值的和，也可以计算相邻单元格区域中数值的和，如A1：C3。

➢ 语法：=SUM（Number1，Number2，…）

➢ 参数：Number1，Number2，…为需要求和的数值（包括逻辑值及文本表达式）、区域或引用。参数之间用英文输入法下的逗号“，”分隔，若是所求为相邻单元格数值之和，可以使用区域连接符“：”指定单元格区域，如A1：D1。

注意：参数如果为数值以外的文本，则返回错误值“#VALUE!”。

【例3-1】已知某公司2018年各项营业成本明细，计算其各项合计，如图3-16所示。

	A	B	C	D	E	F	G	H
1	2018年营业成本明细表							
2	编制单位：							单位：万元
3	小类	成本合计（元）	装修总面积（平方米）	人工成本（施工人员）	人工成本（管理人员）	物料消耗	设备耗能	设备折旧
4	整装	2,007.20	79,200.00	1,663.20	160.40	79.20	79.40	25.00
5	散装	1,119.40	21,340.00	863.80	153.20	25.50	61.90	15.00
6	幕墙	733.40	68,750.00	550.00	94.40	34.30	44.70	10.00
7	合计							

图3-16　某公司2018年营业成本明细表

解析：使用SUM函数即可解决此问题，各项合计=整装+散装+幕墙。

（1）先选中B7单元格，单击“插入函数”按钮，如图3-17所示。

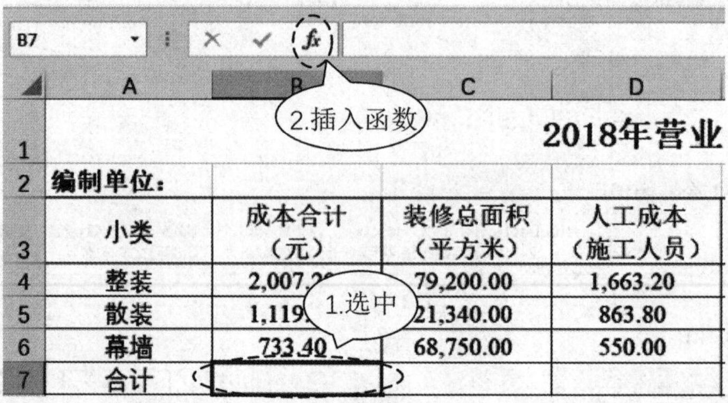

图3-17　插入函数

（2）在弹出的“插入函数”对话框中，选择SUM函数，点击“确定”按钮，如图3-18所示。

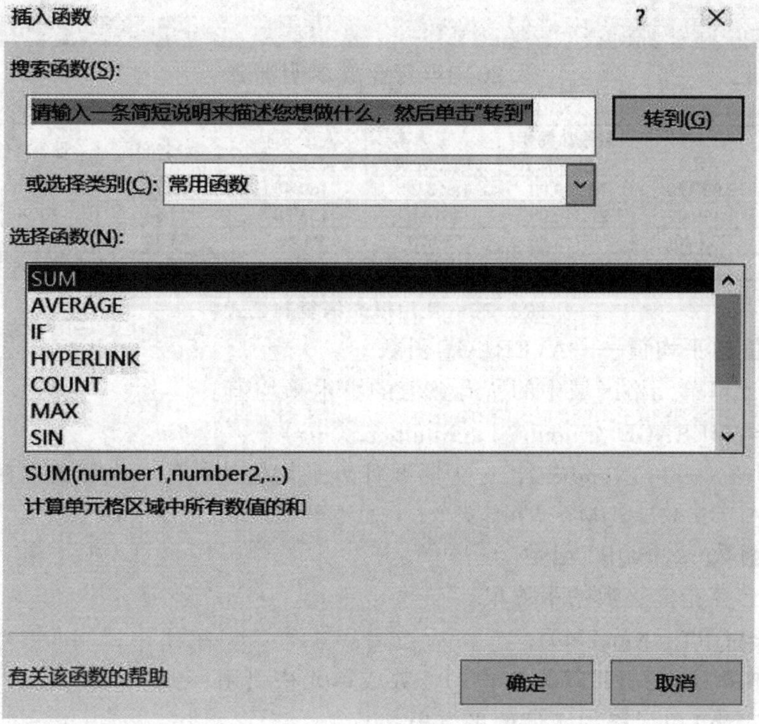

图3-18　选择SUM函数

（3）在弹出“函数参数”对话框状态下，用鼠标左键选中B4至B6单元格区域“B4：B6”，并点击“确定”按钮，如图3-19所示。

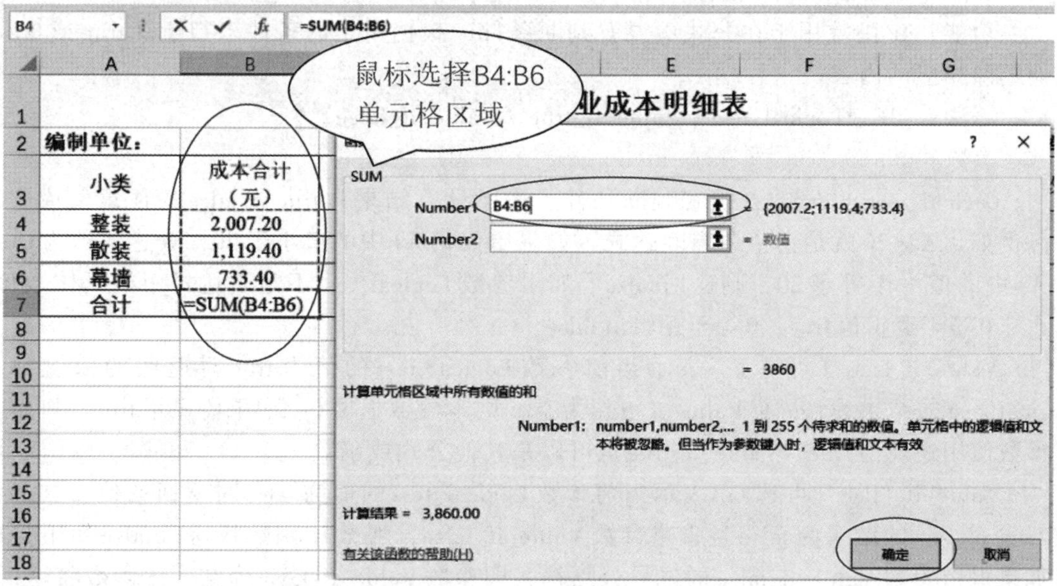

图3-19　输入参数

（4）选中B7单元格，使用填充柄功能向右拖动鼠标复制函数，完成合计的计算，如图3-20所示。

B7 =SUM(B4:B6)

	A	B	C	D	E	F	G	H
1	2018年营业成本明细表							
2	编制单位：							单位：万元
3	小类	成本合计（元）	装修总面积（平方米）	人工成本（施工人员）	人工成本（管理人员）	物料消耗	设备耗能	设备折旧
4	整装	2,007.20	79,200.00	1,663.20	160.40	79.20	79.40	25.00
5	散装	1,119.40	21,340.00	863.80	153.20	25.50	61.90	15.00
6	幕墙	733.40	68,750.00	550.00	94.40	34.30	44.70	10.00
7	合计	3,860.00	169,290.00	3,077.00	408.00	139.00	186.00	50.00

图3-20　使用填充柄复制公式

2.计算数值的平均值——AVERAGE函数

➢ 功能：计算单元格区域中的所有数值的算术平均值。

➢ 语法：=AVERAGE（Number1，Number2，…）

➢ 参数：Number1，Number2，…为需要计算平均值的数值、区域或引用。

注：AVERAGE函数与SUM函数用法类似，这里不举例说明了。

3.平方根函数——SQRT函数

➢ 功能：计算指定正数的平方根。

➢ 语法：=SQRT（Number）

➢ 参数：Number为要计算平方根的正数或单元格引用。

【例3-2】求A1单元格内数值的平方根。

解析：输入函数=SQRT（A1），即可求得A1中数值的平方根。

注意：参数Number中值只能为非负数，否则会提示出错。

4.条件判断函数——IF函数

➢ 功能：IF函数用于在公式中设置判断条件，根据指定的条件来判断其true或false，从而返回相应的内容。

➢ 语法：=IF（Logical_test，Value_if_true，Value_if_false）

➢ 参数：

• Logical_test（必选）：设置判断条件，表示计算结果为true或false的任意值或表达式。例如，A1<20就是一个逻辑表达式，如果单元格A1中的值小于20，表达式即为true，若A1中的值大于等于20，则返回false。如果参数Logical_test不是表达式而是具体数值，那么非0等于逻辑值true，0等于逻辑值false。

• Value_if_true（可选）：表示当前参数Logical_test的值为true时返回的值。如果Logical_test的结果为true而Value_if_true为空，则本参数返回0。如果要显示true，则请为本参数使用逻辑值true。Value_if_true也可以是其他公式或函数。

• Value_if_false（可选）：表示当前参数Logical_test的值为false时返回的值。如果参数Logical_test的结果为false且省略参数Value_if_false，那么IF函数将返回false而不是0，但如果保留参数Value_if_false的逗号分隔符，即参数Value_if_false为空，IF函数将返回0而不是false。如IF（A1=10，“等于”，）即在参数Value_if_true的后面保留一个逗号。

【例3-3】如图3-21所示为某班级期末成绩表，需要根据学生的期末成绩评定总评分，其判定标准为成绩大于等于60分，则总评分为合格，否则将评为不及格。

	A	B	C
1	某班级期末成绩表		
2	姓　名	成绩	总评分
3	李华文	70	
4	林宋权	85	
5	高玉成	60	
6	陈青	62	
7	李忠	59	
8	张小林	92	
9	林帆	83	
10	备注:成绩大于等于60分为合格，小于60分为不及格		

图3-21　某班级期末成绩表

解析：根据题意首先设定判断条件，参数Logical_test中判定成绩是否大于等于60分，如果判断条件成立，则Value_if_true的返回值为合格，如果判断条件不成立，则Value_if_false的返回值为不及格。

此时可在C3单元格中输入函数：=IF（B3>=60，"合格"，"不及格"），并向下使用填充柄，完成公式复制，如图3-22所示。

C3　=IF(B3>=60,"合格","不及格")

	A	B	C
1	某班级期末成绩表		
2	姓　名	成绩	总评分
3	李华文	70	合格
4	林宋权	85	合格
5	高玉成	60	合格
6	陈青	62	合格
7	李忠	59	不及格
8	张小林	92	合格
9	林帆	83	合格
10	备注:成绩大于等于60分为合格，小于60分为不及格		

图3-22　某班级期末成绩表总评分

思考：如果参数Logical_test中判断成绩是否小于60分，则函数各参数应该怎么写？

【例3-4】如图3-23所示为某班级期末成绩表，需要根据学生的期末成绩评定总评分，其判定标准为成绩大于等于85分，则总评分为优秀，成绩大于等于60分且小于85分为良好，成绩小于60分为不及格。

	A	B	C
1	某班级期末成绩表		
2	姓　名	成绩	总评分
3	李华文	70	
4	林宋权	85	
5	高玉成	60	
6	陈青	62	
7	李忠	59	
8	张小林	92	
9	林帆	83	
10	备注:成绩大于等于85分为优秀，大于等于60分且小于85分为良好，小于60分为不及格		

图3-23　某班级期末成绩表

解析：这里涉及LF函数的嵌套使用，在进行参数Logical_test判断时，需先判断成绩单元格的值是否大于等于85分，如果为true，则返回值“优秀”，如果为false，则再进行一次条件判断，判断成绩单元格的值是否大于等于60分，如果为true，则返回“良好”，如果依然为false，则直接返回“不及格”。

此时可在C3单元格中输入函数：=IF（B3>=85，"优秀"，IF（B3>=60，"良好"，"不及格"）），并向下使用填充柄，完成公式复制，如图3-24所示。

C3 =IF(B3>=85,"优秀",IF(B3>=60,"良好","不及格"))

	A	B	C
1	某班级期末成绩表		
2	姓　名	成绩	总评分
3	李华文	70	良好
4	林宋权	85	优秀
5	高玉成	60	良好
6	陈青	62	良好
7	李忠	59	不及格
8	张小林	92	优秀
9	林帆	83	良好
10	备注：成绩大于等于85分为优秀，大于等于60分且小于85分为良好，小于60分为不及格		

图3-24　IF函数的嵌套

5.**按条件求和——SUMIF函数**

➢ 功能：按给定条件对指定单元格求和。

➢ 语法：SUMIF（Range，Criteria，Sum_range）

➢ 参数：

• Range：表示用于条件判断的单元格区域。

• Criteria：表示为确定哪些单元格将被相加的条件。

• Sum_range：表示需要求和的实际单元格。

【例3-5】如图3-25所示为2月份新华书店各门店图书销量情况表，求各图书的总销量。

	A	B	C	D
1	2月份新华书店各门店图书销量情况表			
2	序号	门店	图书名称	销售量
3	1	三孝口店	MS office基础应用	152
4	2	三孝口店	数据基础	296
5	3	三孝口店	网络基础知识	262
6	4	三孝口店	会计基础	129
7	5	肥西店	MS office基础应用	52
8	6	肥西店	数据基础	47
9	7	肥西店	网络基础知识	86
10	8	肥西店	会计基础	26
11	9	五里墩店	MS office基础应用	105
12	10	五里墩店	数据基础	116
13	11	五里墩店	网络基础知识	70
14	12	五里墩店	会计基础	30
15	13	长江中路店	MS office基础应用	155
16	14	长江中路店	数据基础	202
17	15	长江中路店	网络基础知识	124
18	16	长江中路店	会计基础	104
19	MS office基础应用销量合计			
20	数据库基础销量合计			
21	网络基础知识销量合计			
22	会计基础销量合计			

图3-25　2月份新华书店各门店图书销量情况表

解析：根据题意可知，要求各图书的总销量，需先选定图书名称列，从中查找相对应的图书名称，再将其对应的销量相加。

（1）选中D19单元格，再点击“插入函数”按钮，并选择SUMIF函数，如图3-26所示。

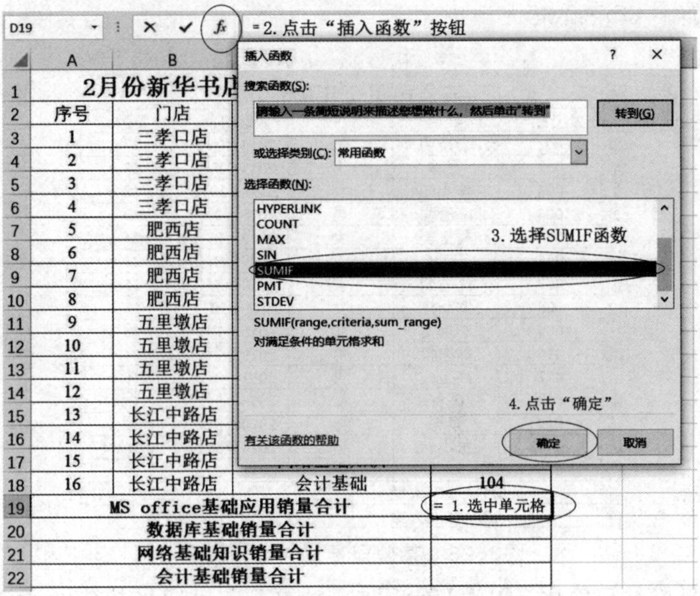

图3-26　插入SUMIF函数

（2）根据题意设置参数值。Range表示用于条件判断的区域，所以选定图书名称列（C3：C18）；Criteria表示设定的条件，所以设置为对应的图书名称“MS office基础应用”；Sum_range为实际需要相加的区域，即D3：D18区域，如图3-27所示。

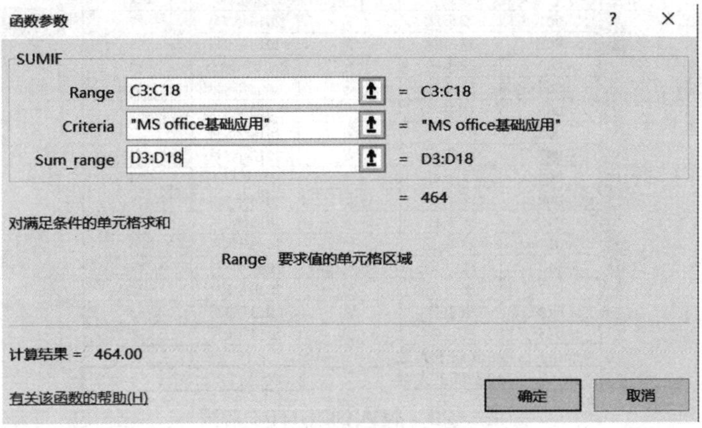

图3-27　设置函数参数

（3）单击“确定”按钮，即可计算出“MS office基础应用”的月总销量。用同样的方法计算出其他各图书的月总销量。

6. 求符合指定条件的单元格的个数——COUNTIF函数

➢ 功能：用于对指定区域中符合指定条件的单元格计数的一个函数。

➢ 语法：COUNTIF（Range，Criteria）

➢参数：

• Range：要计算其中非空单元格数目的区域。

• Criteria：以数字、表达式或文本形式定义的条件。

【例3-6】已知某公司员工年龄情况表，要求使用COUNTIF函数计算出25岁以下和40岁以上的人数，如图3-28所示。

	A	B	C	D	E
1	某公司员工年龄情况表				
2	员工编号	姓名	性别	入职时间	年龄
3	001	李小明	男	2015年7月	27
4	002	赵林	男	2013年9月	28
5	003	李小敏	女	2010年10月	32
6	004	陈维强	男	2005年8月	40
7	005	林玉美	女	2019年8月	24
8	006	陈山	男	2019年8月	23
9	007	江苏明	女	2018年5月	25
10	008	罗小楠	女	2018年10月	24
11	009	李华文	女	2016年7月	28
12	010	林宋权	男	2019年7月	24
13	011	高玉成	男	2003年8月	46
14	012	陈青	女	2006年6月	43
15	013	李忠	男	2010年8月	32
16	014	张小林	男	2013年3月	33
17	015	林帆	男	2014年8月	30
18	25岁以下人数				
19	40岁以上人数				

图3-28　某公司员工年龄情况表

解析：根据题意可知使用COUNTIF函数，计算E3：E17区域中小于25和大于40的个数即可，如图3-29所示。

=COUNTIF(E3:E17,">40")

	A	B	C	D	E
1	某公司员工年龄情况表				
2	员工编号	姓名	性别	入职时间	年龄
3	001	李小明	男	2015年7月	27
4	002	赵　林	男	2013年9月	28
5	003	李小敏	女	2010年10月	32
6	004	陈维强	男	2005年8月	40
7	005	林玉美	女	2019年8月	24
8	006	陈　山	男	2019年8月	23
9	007	江苏明	女	2018年5月	25
10	008	罗小楠	女	2018年10月	24
11	009	李华文	女	2016年7月	28
12	010	林宋权	男	2019年7月	24
13	011	高玉成	男	2003年8月	46
14	012	陈　青	女	2006年6月	43
15	013	李　忠	男	2010年8月	32
16	014	张小林	男	2013年3月	33
17	015	林　帆	男	2014年8月	30
18	25岁以下人数			4	
19	40岁以上人数			=COUNTIF(E3:E17,">40")	

图3-29　输入COUNTIF函数

（1）在D18单元格中输入函数“=COUNTIF（E3：E17，"<25"）”。

（2）在D19单元格中输入函数“=COUNTIF（E3：E17，">40"）”。

计算可得小于25岁的有4人，大于40岁的有2人。

7.在数据区域的列中查找数据——VLOOKUP函数

➢功能：用于在表格或数值数组的首列查找指定的数值，并由此返回表格或数组当前行中指定列处的数值。

➢语法：VLOOKUP（Lookup_value，Table_array，Col_index_num，Range_lookup）

➢参数：

• Lookup_value：表示要查找的值，它必须位于自定义查找区域的最左列。可以是数值、引用或文字串。

• Table_array：表示查找的区域，用于查找数据的区域，上面的查找值必须位于这个区域的最左列。可以使用对区域或区域名称的引用。

• Col_index_num：为相对列号。Table_array参数中必须返回的匹配值的列号。该参数为1时，返回第一列中的值，该参数为2时，返回第二列中的值，依此类推。

• Range_lookup：此参数为一逻辑值，指明函数查找是精确匹配还是近似匹配。如果为true或省略，则表示返回近似匹配项；如果为false，则返回精确匹配项。

【例3-7】如图3-30所示为某公司项目奖金发放表，根据不同的项目类型，奖金比例也有所不同。使用VLOOKUP函数查找不同项目类型对应的奖金比例，并计算应得奖金。

	A	B	C	D	E	F	G	H
1	某公司项目奖金发放表							
2	姓名	项目类型	项目金融	奖金比例	应得奖金		项目类型	奖金比例
3	李华文	建筑工程	¥1, 700, 000				建筑工程	10%
4	林宋权	物流运输	¥180, 000				网页制作	3%
5	高玉成	软件开发	¥325, 000				物流运输	5%
6	陈　青	网页制作	¥120, 000				软件开发	2%
7	李　忠	建筑工程	¥650, 000					
8	张小林	软件开发	¥70, 000					
9	林　帆	物流运输	¥90, 000					
10								

图3-30　VLOOKUP函数的使用

解析：根据题意可知，不同的项目类型对应不同的奖金比例，所以使用VLOOKUP函数，在右边的比例表里搜索对应的项目类型。

（1）选中D3单元格，点击“插入函数”，选择VLOOKUP函数。

（2）设置参数。参数Lookup_value为当前这行对应的项目类型；参数Table_array为对应的比例表区域（G3：H6）；参数Col_index_num为返回参数Table_array中区域的第几列，根据题意返回第二列“奖金比例”列的值；参数Range_lookup设置为0（false）表示近似匹配，如图3-31所示。

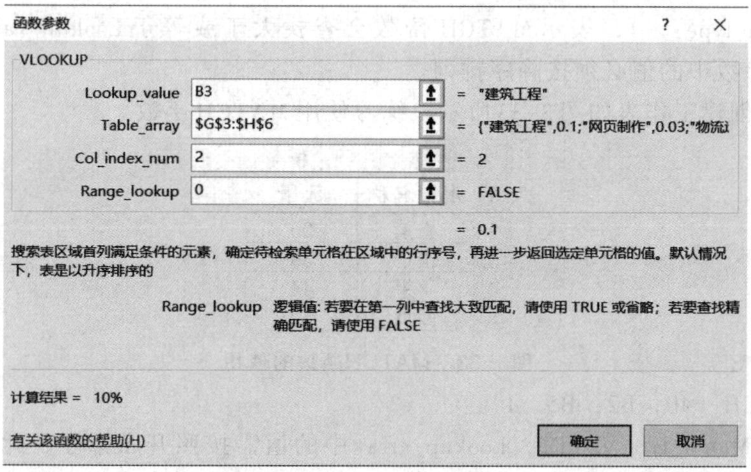

图3-31　参数设置

注意：因为参数Table_array中的固定区域在题目中需要被多次引用，所以需要使用绝对引用，选择G3：H6参数，按下F4键，为其添加上绝对符号。

（3）向下使用填充柄复制函数，再根据公式：应得奖金=项目金额×奖金比例，完成例题，如图3-32所示。

E3 =C3*D3

	A	B	C	D	E	F	G	H
1	某公司项目奖金发放表							
2	姓名	项目类型	项目金融	奖金比例	应得奖金		项目类型	奖金比例
3	李华文	建筑工程	¥1, 700, 000	10%	¥170,000		建筑工程	10%
4	林宋权	物流运输	¥180, 000	5%	¥9,000		网页制作	3%
5	高玉成	软件开发	¥325, 000	2%	¥6,500		物流运输	5%
6	陈　青	网页制作	¥120, 000	3%	¥3,600		软件开发	2%
7	李　忠	建筑工程	¥650, 000	10%	¥65,000			
8	张小林	软件开发	¥70, 000	2%	¥1,400			
9	林　帆	物流运输	¥90, 000	5%	¥4,500			

图3-32　复制公式完成计算

8.确定列表中某个值的位置——MATCH函数

➢ 功能：返回指定数值在指定数组区域中的位置。

➢ 语法：MATCH（Lookup_value，Lookup_array，［Match_type］）

➢ 参数：

• Lookup_value：需要在Lookup_array中查找的值。可以为值（数字、文本或逻辑值）或对数字、文本或逻辑值的单元格引用。例如，如果要在电话簿中查找某人的电话号码，则应该将姓名作为查找值，但实际上需要的是电话号码。

• Lookup_array：要搜索的单元格区域。

• Match_type：可选参数，数字-1、0或1。Match_type参数指定Excel如何在Lookup_array中查找Lookup_value的值。默认参数为1。

（1）Match_type：1或省略，表示MATCH函数会查找小于或等于Lookup_value的最大值。Lookup_array参数中的值必须按升序排列。

（2）Match_type：0，表示MATCH函数会查找等于Lookup_value的第一个值。Lookup_array参数中的值可以按任何顺序排列。

（3）Match_type：-1，表示MATCH函数会查找大于或等于Lookup_value的最小值。Lookup_array参数中的值必须按降序排列。

【例3-8】创建工作表如图3-33所示，练习使用MATCH函数。

	A	B
1	水果名称	数量
2	香蕉	25
3	橙子	39
4	苹果	44
5	西瓜	52

图3-33　MATCH函数的使用

（1）MATCH（40，B2：B5，1）。

解析：当Match_type为1时，Lookup_array中的值需按照升序排序，此时会查找小于或等于Lookup_value的最大值。由于此处无精确匹配项，因此函数会返回单元格区域B2：

B5中最接近的下一个最小值（39）的位置。

返回结果为：2

（2）MATCH（52，B2：B5，0）。

解析：当Match_type为0时，表示查找等于Lookup_value的第一个值，因此函数会返回单元格区域B2：B5中值52的位置。

返回结果为：4

（3）MATCH（44，B2：B5，-1）。

解析：当Match_type为-1时，Lookup_array参数中的值必须按降序排列，由于单元格区域B2：B5中的值不是按降序排列，因此返回错误。

返回结果为：#N/A

9.返回表或区域中的值或值的引用——INDEX函数

➢ 功能：返回表或区域中的值或值的引用。函数INDEX（）有两种形式：数组形式和引用形式。数组形式通常返回数值或数值数组；引用形式通常返回引用。

（1）数组形式。

语法：INDEX（Array，Row_num，Column_num）

参数：

• Array：单元格区域或数组常量。

• Row_num：选择数组中的某行，函数从该行返回数值。如果省略Row_num，则必须有Column_num。

• Column_num：选择数组中的某列，函数从该列返回数值。如果省略Column_num，则必须有Row_num。

注意：①如果同时使用了Row_num和Column_num参数，INDEX将返回Row_num和Column_num交叉处单元格中的值。

②如果将Row_num或Column_num设置为0（零），INDEX将分别返回整列或整行的数组。

③Row_num和Column_num必须指向数组中的某个单元格；否则，INDEX将返回#REF！错误值。

【例3-9】如图3-34所示为某公司一季度销售额情况，使用INDEX函数返回陈维强3月份的销售额。

	A	B	C	D
1	一季度销售额			
2	姓名	1月份	2月份	3月份
3	李小明	350	370	190
4	赵　林	210	240	310
5	李小敏	180	120	330
6	陈维强	200	210	230

图3-34　INDEX数组形式

解析：陈维强3月份的销售额在列表B3：D6区域中的第四行第三列，所以输入函数=INDEX（B3：D6，4，3），返回值为230。

（2）引用形式。

语法：INDEX（Reference，Row_num，Column_num，Area_num）

参数：

• Reference：对一个或多个单元格区域的引用。

• Row_num：引用中某行的行号，函数从该行返回一个引用。

• Column_num：引用中某列的列标，函数从该列返回一个引用。

• Area_num：选择引用中的一个区域，以从中返回Row_num和Column_num的交叉区域。选中或输入的第一个区域序号为1，第二个为2，依此类推。如果省略Area_num，则函数INDEX使用区域1。例如，如果引用描述的单元格为（A1：B4，D1：E4，G1：H4），则Area_num1为区域A1：B4，Area_num2为区域D1：E4，而Area_num3为区域G1：H4。

注意：①如果为引用输入一个不连续的区域，必须将其用括号括起来。

②如果引用中的每个区域只包含一行或一列，则相应的参数Row_num或Column_num分别为可选项。例如，对于单行的引用，可以使用函数INDEX（Reference，Column_num）。

3.3 数据管理与分析

Excel 2016与其他数据管理软件一样，有强大的数据管理和分析功能，能够对工作表的数据进行排序、筛选等操作，充分利用这些功能可以大大提高工作效率。

3.3.1 排序数据

Excel 2016允许对字符、数字等数据按顺序进行升序或降序排序，要进行排序的字段称为关键字。

1.排序规则

排序是对数据进行重新组织安排的一种方式，在Excel 2016中同种类型数据的排序规则如下：

• 数值：按数值的大小排序。

• 字母：按字母的先后顺序排序。

• 日期：按日期的先后排序。

• 汉字：按汉语拼音的顺序或按笔画顺序排序。

• 逻辑值：升序时false排在true前面，降序时相反。

• 空格：总是排在最后。

2.关键字排序

对指定的数据按关键字进行排序可使数据结构更加清晰、便于查找。下面以“某班学生成绩表”按“总分”升序排序为例，介绍关键字排序的操作。

已知某班级学生成绩表，现要求根据总分升序排序。

（1）先选择数据区域中要进行排序的任意单元格，选择“数据”选项卡，单击“排序和筛选”选项组中的“排序”按钮，弹出“排序”对话框，如图3-35所示。

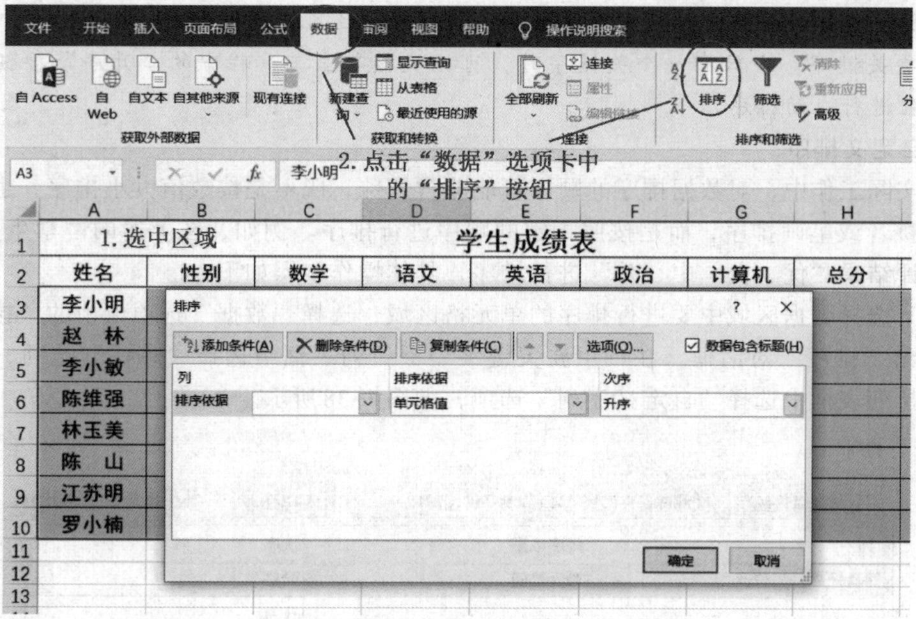

图3-35　学生成绩表

（2）在“主要关键字”下拉列表框中选择要排序的关键字（总分）。排序依据“数值”，次序“升序”，如图 3-36 所示。

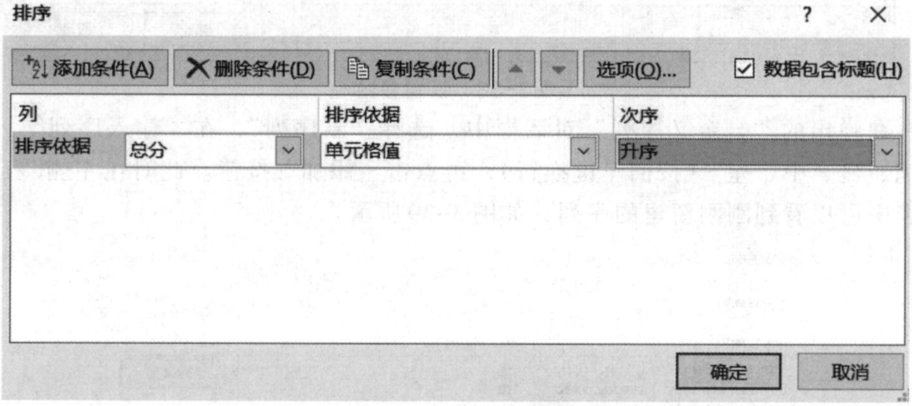

图3-36　设置排序参数

（3）设置完成后，单击“确定”按钮，数据就按照总分升序排序了，如图 3-37 所示。

	A	B	C	D	E	F	G	H	I
1	学生成绩表								
2	姓名	性别	数学	语文	英语	政治	计算机	总分	总评
3	陈　山	男	72	66	57	83	67	345	差
4	陈维强	男	68	58	78	68	85	357	中
5	林玉美	女	66	71	58	78	94	367	中
6	江苏明	男	87	79	72	75	62	375	中
7	赵　林	男	68	73	82	83	74	380	良
8	罗小楠	女	60	67	73	88	96	384	良
9	李小明	男	70	93	93	78	74	407	优
10	李小敏	女	93	88	90	95	81	447	优

图3-37　完成排序

注意：在“排序”对话框中除了主要关键字外，还可以通过单击“添加条件”按钮来添加次要关键字。当只有一个关键字时，可以直接单击工具栏中的“升序”按钮或“降序”按钮进行自动排序。

3.自定义排序

在实际工作中，对数据排序的顺序可能非常特殊，既不是按数值大小排序，也不是按汉字的拼音或笔画排序，而是按照指定的顺序进行排序。例如，在上述的“学生成绩表”中以总评结果“优、良、中、差”进行排序，具体操作步骤如下：

（1）选择数据区域中要进行排序的单元格区域，选择“数据”选项卡中的“排序”按钮，弹出“排序”对话框。在“主要关键字”下拉列表框中选择“总评”选项，在“次序”下拉列表框中选择“自定义序列”选项，如图3-38所示。

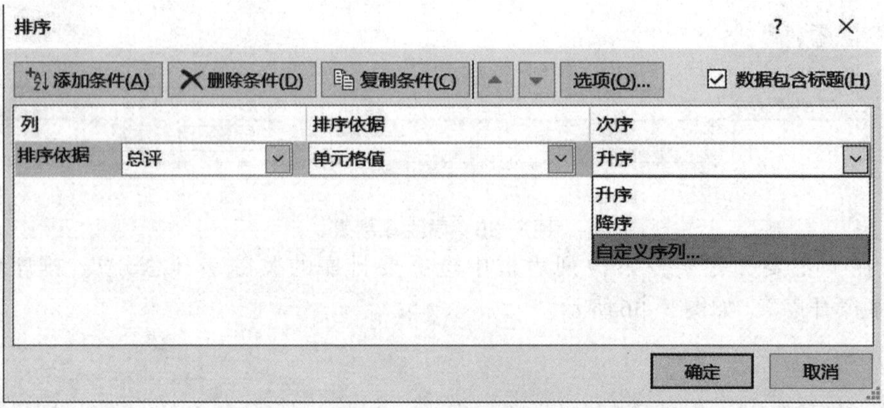

图3-38　设置参数

（2）在弹出的“自定义序列”对话框中，选择“新序列”，在“输入序列”列表框中输入“优、良、中、差”（按回车键换行），再点击“添加”按钮。此时在左侧“自定义序列”列表中可以看到刚刚新建的序列，如图3-39所示。

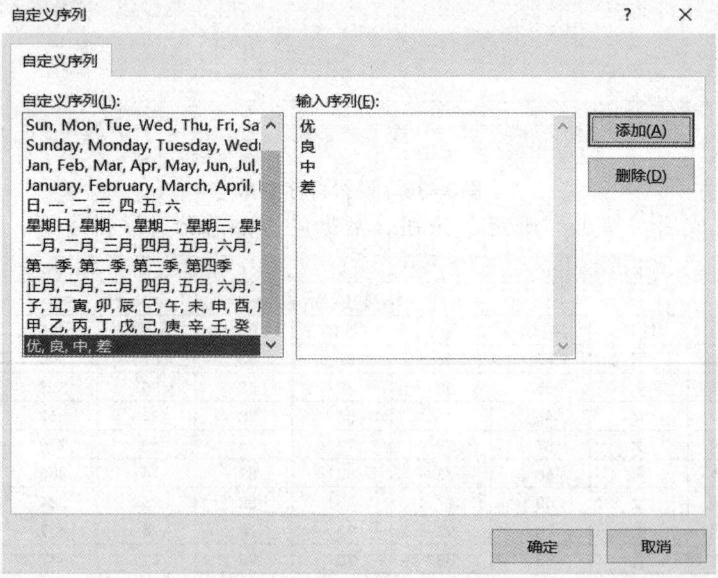

图3-39　输入自定义序列

（3）点击“确定”按钮，完成自定义排序，如图3-40所示。

	A	B	C	D	E	F	G	H	I
1	学生成绩表								
2	姓名	性别	数学	语文	英语	政治	计算机	总分	总评
3	李小明	男	70	93	93	78	74	407	优
4	李小敏	女	93	88	90	95	81	447	优
5	赵　林	男	68	73	82	83	74	380	良
6	罗小楠	女	60	67	73	88	96	384	良
7	陈维强	男	68	58	78	68	85	357	中
8	林玉美	女	66	71	58	78	94	367	中
9	江苏明	男	87	79	72	75	62	375	中
10	陈　山	男	72	66	57	83	67	345	差

图3-40　按总评“优、良、中、差”排序

3.3.2　数据筛选

Excel 2016提供了强大的数据筛选功能。数据筛选是指把原数据清单中所有不满足条件的数据记录隐藏起来，只显示满足条件的数据。使用数据筛选功能可以快速找到众多数据行中需要的数据，从而提高工作效率。

1. 自动筛选

自动筛选提供了快速检索数据清单的方法，通过简单的操作，就能筛选出需要的数据。利用自动筛选功能查找数据的具体操作步骤如下：

（1）选中数据的标题区域，单击“数据”选项卡中“筛选”按钮，即可看到表格中每一列数据的标题右侧都添加了一个下拉按钮，如图3-41所示。

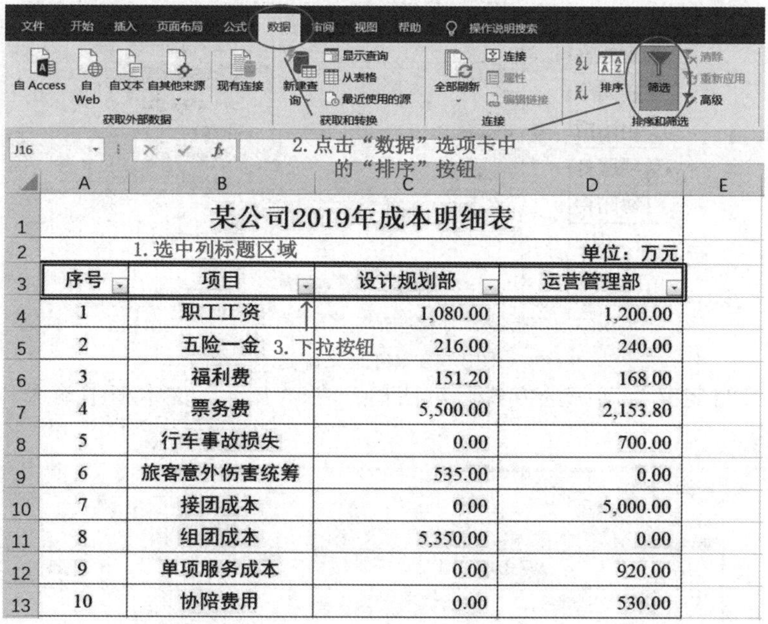

	A	B	C	D	E
1	某公司2019年成本明细表				
2				单位：万元	
3	序号	项目	设计规划部	运营管理部	
4	1	职工工资	1,080.00	1,200.00	
5	2	五险一金	216.00	240.00	
6	3	福利费	151.20	168.00	
7	4	票务费	5,500.00	2,153.80	
8	5	行车事故损失	0.00	700.00	
9	6	旅客意外伤害统筹	535.00	0.00	
10	7	接团成本	0.00	5,000.00	
11	8	组团成本	5,350.00	0.00	
12	9	单项服务成本	0.00	920.00	
13	10	协陪费用	0.00	530.00	

图3-41　添加筛选功能

（2）根据需要，单击需要筛选显示所对应列的下拉按钮，在弹出的列表中勾选相应选项。如现在需要筛选出“接团成本”和“组团成本”所在的数据行，先单击“项目”标题右侧的下拉按钮，勾选“接团成本”“组团成本”两项，点击“确定”即可完成筛选，如

图3-42所示。

图3-42　筛选“接团成本”和“组团成本”

若要取消对某一列的筛选，可以单击该列标题右侧的下拉按钮，从弹出的下拉列表中选择“从×××（对应列标题名）中删除筛选”即可。

2.自定义筛选

使用自定义筛选功能，用户可根据具体条件对各列进行设置。例如，要筛选出上面例题中“设计规划部”中费用大于1 000万元的数据，其具体操作步骤如下：

（1）单击表格中“设计规划部”右侧的下拉按钮，从弹出的下拉列表中选择“数字筛选”|“大于”命令，如图3-43所示。

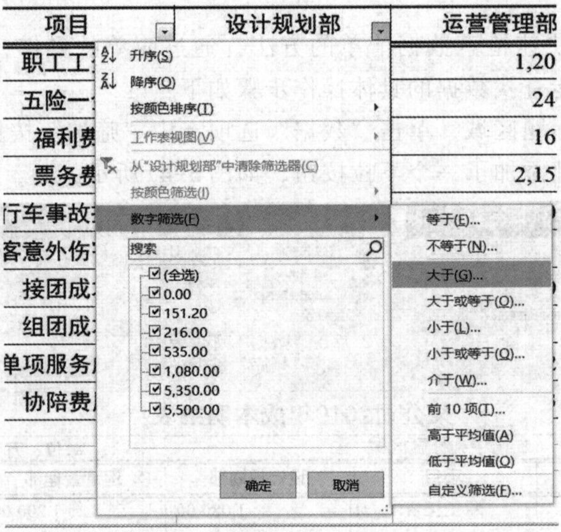

图3-43　自定义筛选

（2）弹出“自定义自动筛选方式”对话框，在“大于”文本框中输入“1 000”，如图3-44所示。

图3-44　自定义自动筛选方式

（3）单击“确定”按钮，即可筛选出符合条件的数据，如图3-45所示。

	A	B	C	D
1	某公司2019年成本明细表			
2				单位：万元
3	序号	项目	设计规划部	运营管理部
4	1	职工工资	1,080.00	1,200.00
7	4	票务费	5,500.00	2,153.80
11	8	组团成本	5,350.00	0.00

图3-45 显示筛选结果

注意：取消自定义自动筛选方式与取消自动筛选方式相同。

3.高级筛选

高级筛选可以使用较多的条件来对数据清单进行筛选，这些条件可以是“与”条件、“或”条件、“与或”条件、“或与”条件的组合使用，还可以使用计算条件。这些组合条件常常是放在一个被称为条件区域的单元格区域中，条件区域的设置方法如下：

（1）在一个空白单元格区域的第一行输入字段名作为条件名。条件名要求和数据区域中的字段名完全一致。

（2）在字段名的下一行开始输入条件。

【例3-10】如图3-46所示为某超市销售人员季度销售额情况表，现要求筛选出满足第一季度销售额大于10 000，同时第二季度销售额小于5 000的人员信息；或者直接筛选出第三季度销售额大于100 000的人员信息。

	A	B	C	D	E	F
1	某超市销售人员季度销售额情况表					
2	姓名	性别	第一季度	第二季度	第三季度	第四季度
3	陆培生	女	4578	7553	13410	12588
4	戚中则	女	8240	4120	65560	15106
5	盖乘风	男	8240	20599	134100	13733
6	汤 和	男	20141	6866	65560	5035
7	史克西	女	4578	17624	53640	10071
8	石 清	男	2060	15106	40230	2755
9	龙 谦	男	4120	18310	14900	13733
10	刘桃红	女	12360	2289	29800	13733
11	宁可秀	女	12588	4578	93870	81950
12	陆 三	男	12360	11444	53640	14900
13	汤 天	男	5035	4120	49170	44700
14	尹 威	男	13733	2518	14900	32780
15	石 慧	女	12588	15106	59600	59600
16	于 琪	男	5035	4120	178800	32780

图3-46 销售额情况表

解析：“与”条件表示同时满足这些条件的记录，需放在同一行中输入；“或”条件表示满足任何一个条件的记录，需在不同行输入。

（1）选择空白单元格为条件区域，输入相应条件。先填入列标题名，然后在标题名下方输入对应的条件，“与”条件放在同一行，“或”条件放在下一行对应位置。这里我们选定H2：J4区域为条件区域，如图3-47所示。

第一季度	第二季度	第三季度
>10000	<5000	
		>100000

图3-47 条件区域的设定

（2）点击“数据”选项卡中“排序和筛选”选项组中的“高级”按钮，打开“高级筛选”对话框。方式选为“将筛选结果复制到其他位置”，列表区域选择为$A$2：$F$16，条件区域选择为$H$2：$J$4，复制到Sheet1！$A$19单元格。点击“确定”按钮，即可显示筛选结果，如图3-48所示。

A19　　×　✓　fx　姓名

	A	B	C	D	E	F	G	H	I	J
1	某超市销售人员季度销售额情况表									
2	姓名	性别	第一季度	第二季度	第三季度	第四季度		第一季度	第二季度	第三季度
3	陆培生	女	4578	7553	13410	12588		>10000	<5000	
4	戚中则	女	8240	4120	65560	15106				>100000
5	盖乘风	男	8240	20599	134100	13733				
6	汤　和	男	20141	6866	65560	5035				
7	史克西	女	4578	17624	53640	10071				
8	石　清	男	2060	15106	40230	2755				
9	龙　谦	男	4120	18310	14900	13733				
10	刘桃红	女	12360	2289	29800	13733				
11	宁可秀	女	12588	4578	93870	81950				
12	陆　三	男	12360	11444	53640	14900				
13	汤　天	男	5035	4120	49170	44700				
14	尹　威	男	13733	2518	14900	32780				
15	石　慧	女	12588	15106	59600	59600				
16	于　琪	男	5035	4120	178800	32780				
17										
18										
19	姓名	性别	第一季度	第二季度	第三季度	第四季度				
20	盖乘风	男	8240	20599	134100	13733				
21	刘桃红	女	12360	2289	29800	13733				
22	宁可秀	女	12588	4578	93870	81950				
23	尹　威	男	13733	2518	14900	32780				
24	于　琪	男	5035	4120	178800	32780				

图3-48　高级筛选结果

3.3.3　数据的分类汇总

在对数据进行分析时，将数据根据指定的类别以指定的方式进行统计，这就是数据的分类与汇总。通过这种方式，可以快速地将大型表格中的数据进行汇总与分析，以获得想要的统计数据。

1. 创建分类汇总

在对数据进行分类汇总之前，应注意首先必须对要汇总的关键字进行排序，这样才能进行分类汇总的操作，否则数据会比较混乱。

【例3-11】如图3-49所示为某年级3个班级的成绩表，现需要通过分类汇总功能显示每个班级的平均成绩。

	A	B	C	D
1	某年级学生成绩表			
2	学号	姓名	班号	成绩
3	951001	李小明	1班	76
4	951002	赵　林	2班	87
5	951003	李小敏	3班	85
6	951004	陈维强	3班	50
7	951005	林玉美	2班	53
8	951006	陈　山	1班	96
9	951007	江苏明	2班	85
10	951008	罗小楠	1班	67
11	951009	李华文	1班	88
12	951010	林宋权	1班	92
13	951011	高玉成	2班	79
14	951012	陈　青	2班	85
15	951013	李　忠	1班	91
16	951014	张小林	3班	59
17	951015	林　帆	3班	69

图3-49　某年级学生成绩表

（1）根据题意，首先以“班号”为关键字进行升序排序。排序结果如图3-50所示。

	A	B	C	D
1	某年级学生成绩表			
2	学号	姓名	班号	成绩
3	951001	李小明	1班	76
4	951006	陈　山	1班	96
5	951008	罗小楠	1班	67
6	951009	李华文	1班	88
7	951010	林宋权	1班	92
8	951013	李　忠	1班	91
9	951002	赵　林	2班	87
10	951005	林玉美	2班	53
11	951007	江苏明	2班	85
12	951011	高玉成	2班	79
13	951012	陈　青	2班	85
14	951003	李小敏	3班	85
15	951004	陈维强	3班	50
16	951014	张小林	3班	59
17	951015	林　帆	3班	69

图3-50　以“班号”为关键字升序排序

（2）选中表格中数据区域（A2：D17），点击“数据”选项卡中“分级显示”选项组中的“分类汇总”按钮，打开“分类汇总”对话框。其中“分类字段”即关键字“班号”，汇总方式更改为“平均值”，选定汇总项为“成绩”，如图3-51所示。

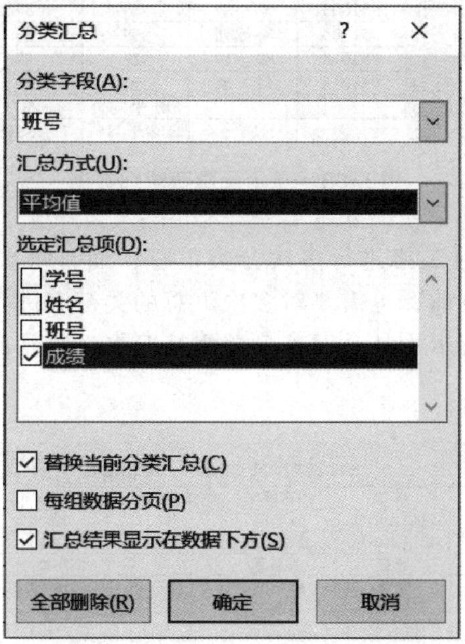

图3-51　打开“分类汇总”对话框

（3）设置完毕后，单击“确定”按钮，即出现分类汇总的结果，如图3-52所示。

对数据进行分类汇总后，在行标题的左侧出现了一些新的按钮，被称为分组显示符号，它主要用于显示或隐藏分类汇总后的某些明细数据。

在分组显示视图中，单击行级符号1，则仅显示总计列标志；单击行级符号2，则仅显示分类汇总与总计；单击行级符号3，则会显示所有的明细数据。

某年级学生成绩表			
学号	姓名	班号	成绩
951001	李小明	1班	76
951006	陈　山	1班	96
951008	罗小楠	1班	67
951009	李华文	1班	88
951010	林宋权	1班	92
951013	李　忠	1班	91
		1班 平均值	85
951002	赵　林	2班	87
951005	林玉美	2班	53
951007	江苏明	2班	85
951011	高玉成	2班	79
951012	陈　青	2班	85
		2班 平均值	77.8
951003	李小敏	3班	85
951004	陈维强	3班	50
951014	张小林	3班	59
951015	林　帆	3班	69
		3班 平均值	65.75
		总计平均值	77.4666667

图3-52　分类汇总结果

单击左侧“隐藏明细数据”按钮-，表示将当前级的下一级明细数据隐藏起来；单击“显示明细数据”按钮+，表示将当前级的下一级明细数据显示出来，如图3-53所示。

某年级学生成绩表			
学号	姓名	班号	成绩
		1班 平均值	85
		2班 平均值	77.8
951003	李小敏	3班	85
951004	陈维强	3班	50
951014	张小林	3班	59
951015	林　帆	3班	69
		3班 平均值	65.75
		总计平均值	77.4666667

图3-53　显示及隐藏明细数据

2.嵌套式分类汇总

嵌套式分类汇总就是对表格进行多次分类汇总，而且每次分类汇总的关键字都不一样。在创建嵌套式分类汇总前，也需要对多次汇总的关键字进行排序。

【例3-12】如图3-54所示为某公司某日销售情况表，以“商品”和“销售区域”为关键字进行嵌套式分类汇总。

某公司某日销售情况表					
销售日期	商品	销售区域	销售量（台）	销售额（元）	销售员
2019/9/20	笔记本电脑	政务区	12	78000	李华文
2019/9/21	笔记本电脑	滨湖新区	8	52000	林宋权
2019/9/22	冰箱	瑶海区	14	70000	高玉成
2019/9/23	空调	庐阳区	9	28800	陈　青
2019/9/24	洗衣机	政务区	17	44200	李文华
2019/9/25	洗衣机	滨湖新区	9	23400	李　忠
2019/9/26	冰箱	瑶海区	1	5000	高玉成
2019/9/27	空调	庐阳区	6	19200	陈　青
2019/9/28	洗衣机	瑶海区	11	28600	张小林
2019/9/29	洗衣机	庐阳区	9	23400	林　帆
2019/9/30	冰箱	政务区	7	35000	王　楠
2019/10/1	笔记本电脑	滨湖新区	14	91000	林宋权
2019/10/2	笔记本电脑	滨湖新区	8	52000	李　忠
2019/10/3	冰箱	庐阳区	5	25000	陈　青
2019/10/4	空调	政务区	4	12800	王　楠

图3-54　某公司某日销售情况表

（1）首先选择A2：F17数据区域，点击“数据”选项卡中的“排序”按钮，在弹出的“排序”对话框中，设置“主要关键字”为“销售区域”，如图3-55所示。

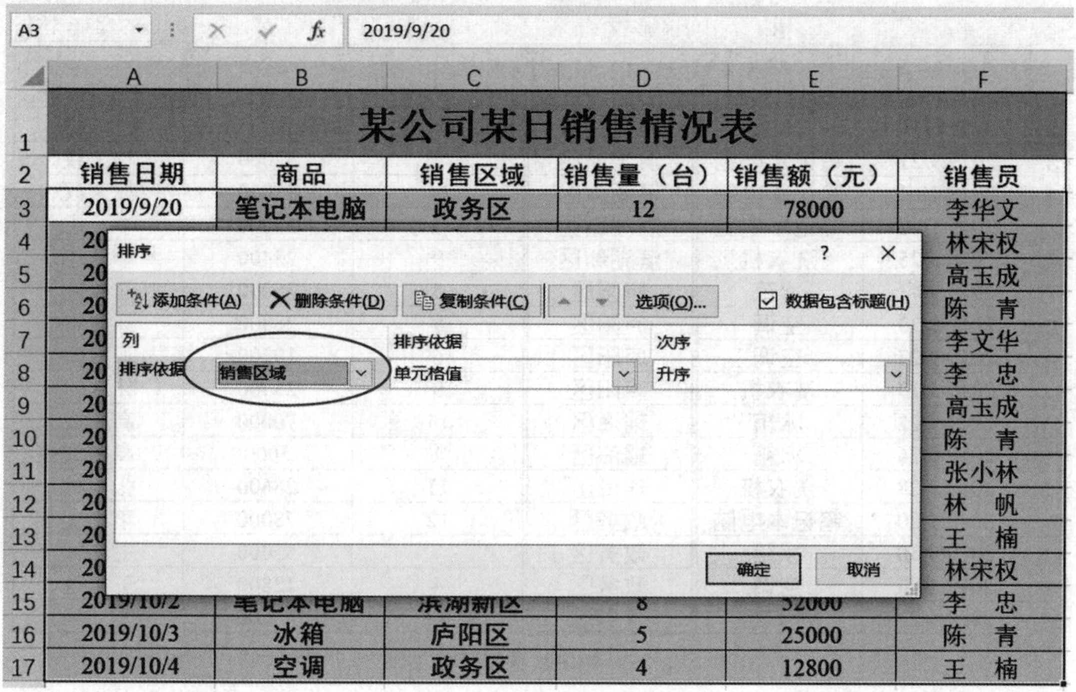

图3-55　设置“主要关键字”

（2）单击“排序”对话框左上角的“添加条件”按钮，添加“次要关键字”，并选择为“商品”，如图3-56所示。

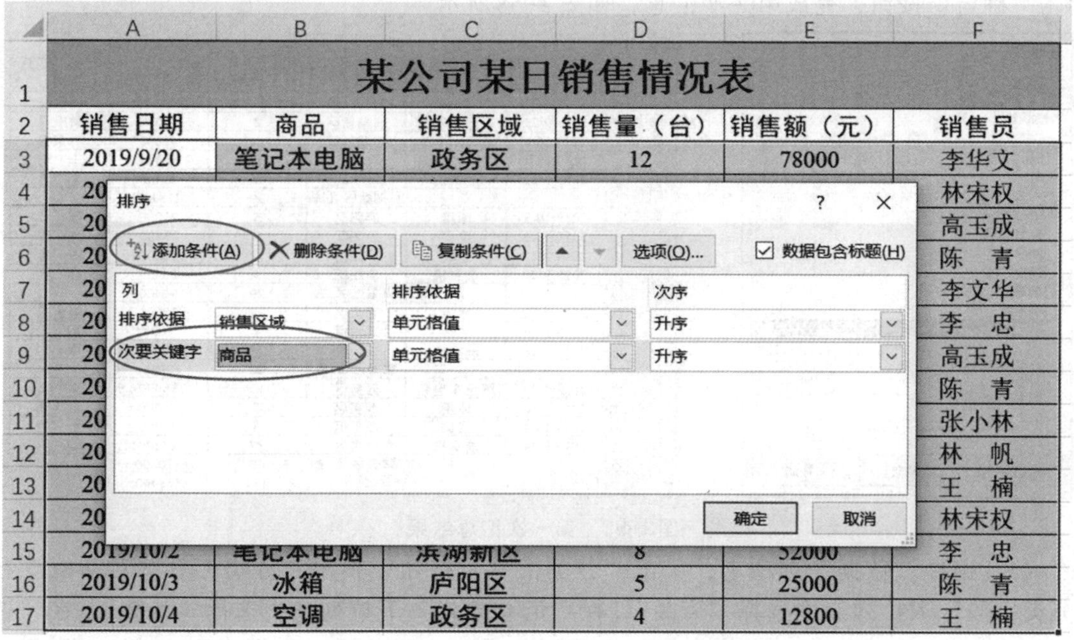

图3-56　添加“次要关键字”

（3）点击“确定”按钮，返回工作表，此时可以看到数据表已按主要关键字“销售区域”和次要关键字“商品”进行了排序，如图3-57所示。

某公司某日销售情况表

销售日期	商品	销售区域	销售量（台）	销售额（元）	销售员
2019/9/21	笔记本电脑	滨湖新区	8	52000	林宋权
2019/10/1	笔记本电脑	滨湖新区	14	91000	林宋权
2019/10/2	笔记本电脑	滨湖新区	8	52000	李　忠
2019/9/25	洗衣机	滨湖新区	9	23400	李　忠
2019/10/3	冰箱	庐阳区	5	25000	陈　青
2019/9/23	空调	庐阳区	9	28800	陈　青
2019/9/27	空调	庐阳区	6	19200	陈　青
2019/9/29	洗衣机	庐阳区	9	23400	林　帆
2019/9/22	冰箱	瑶海区	14	70000	高玉成
2019/9/26	冰箱	瑶海区	1	5000	高玉成
2019/9/28	洗衣机	瑶海区	11	28600	张小林
2019/9/20	笔记本电脑	政务区	12	78000	李华文
2019/9/30	冰箱	政务区	7	35000	王　楠
2019/10/4	空调	政务区	4	12800	王　楠
2019/9/24	洗衣机	政务区	17	44200	李文华

图3-57　按主次关键字排序后

（4）选择“数据”选项卡，单击“分级显示”选项组中的“分类汇总”按钮，弹出“分类汇总”对话框。在“分类字段”下拉列表中选择“销售区域”，在“汇总方式”下拉列表中选择“求和”，在“选定汇总项”列表框中选中“销售量”和“销售额”复选框，单击“确定”按钮，完成第一次汇总，如图3-58所示。

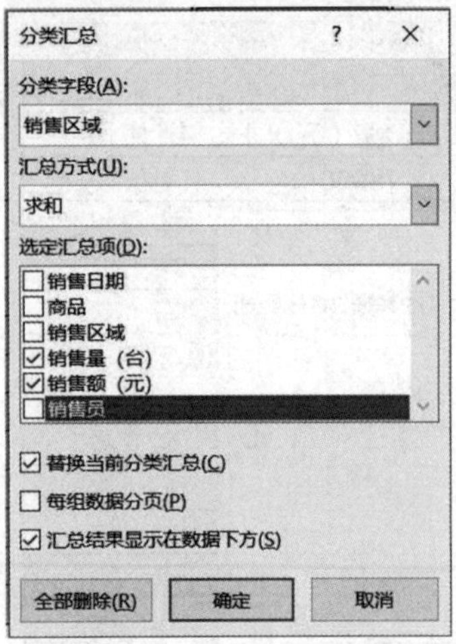

某公司某日销售情况表

销售日期	商品	销售区域	销售量（台）	销售额（元）	销售员
2019/9/21	笔记本电脑	滨湖新区	8	52000	林宋权
2019/10/1	笔记本电脑	滨湖新区	14	91000	林宋权
2019/10/2	笔记本电脑	滨湖新区	8	52000	李　忠
2019/9/25	洗衣机	滨湖新区	9	23400	李　忠
		滨湖新区 汇总	39	218400	
2019/10/3	冰箱	庐阳区	5	25000	陈　青
2019/9/23	空调	庐阳区	9	28800	陈　青
2019/9/27	空调	庐阳区	6	19200	陈　青
2019/9/29	洗衣机	庐阳区	9	23400	林　帆
		庐阳区 汇总	29	96400	
2019/9/22	冰箱	瑶海区	14	70000	高玉成
2019/9/26	冰箱	瑶海区	1	5000	高玉成
2019/9/28	洗衣机	瑶海区	11	28600	张小林
		瑶海区 汇总	26	103600	
2019/9/20	笔记本电脑	政务区	12	78000	李华文
2019/9/30	冰箱	政务区	7	35000	王　楠
2019/10/4	空调	政务区	4	12800	王　楠
2019/9/24	洗衣机	政务区	17	44200	李文华
		政务区 汇总	40	170000	
		总计	134	588400	

图3-58　第一次汇总结果

（5）选择“数据”选项卡，单击“分类汇总”按钮，弹出“分类汇总”对话框。在“分类字段”下拉列表中选择“商品”，在“汇总方式”下拉列表中选择“计数”，在“选定汇总项”列表框中选中“销售员”复选框，单击“确定”按钮，完成第二次汇总，如图3-59所示。

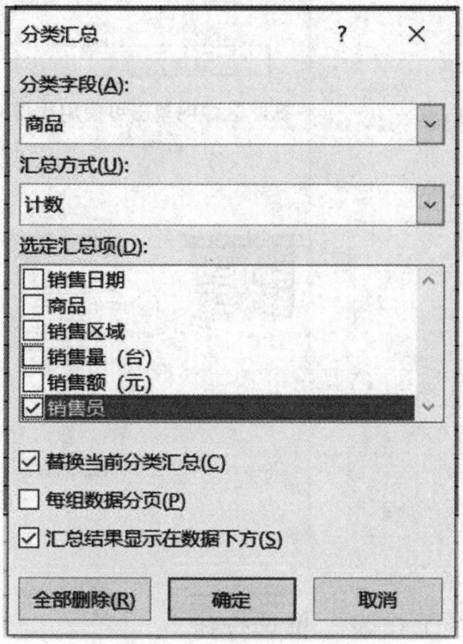

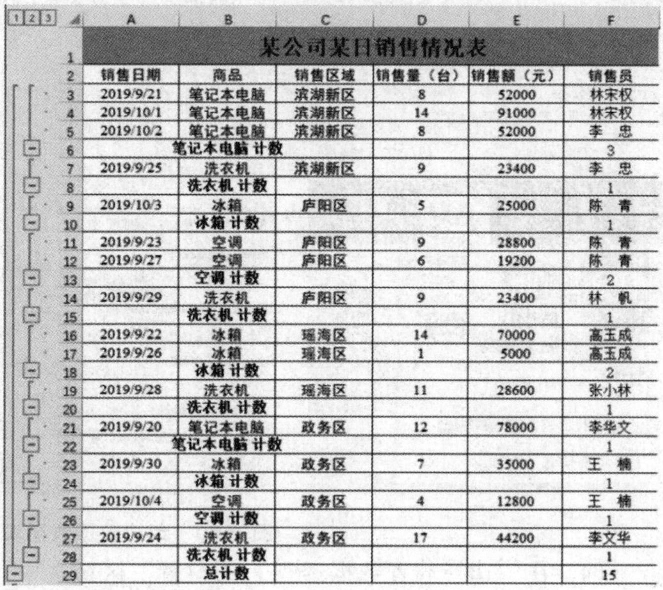

	A	B	C	D	E	F
1	某公司某日销售情况表					
2	销售日期	商品	销售区域	销售量（台）	销售额（元）	销售员
3	2019/9/21	笔记本电脑	滨湖新区	8	52000	林宋权
4	2019/10/1	笔记本电脑	滨湖新区	14	91000	林宋权
5	2019/10/2	笔记本电脑	滨湖新区	8	52000	李　忠
6		笔记本电脑 计数				3
7	2019/9/25	洗衣机	滨湖新区	9	23400	李　忠
8		洗衣机 计数				1
9	2019/10/3	冰箱	庐阳区	5	25000	陈　青
10		冰箱 计数				1
11	2019/9/23	空调	庐阳区	9	28800	陈　青
12	2019/9/27	空调	庐阳区	6	19200	陈　青
13		空调 计数				2
14	2019/9/29	洗衣机	庐阳区	9	23400	林　帆
15		洗衣机 计数				1
16	2019/9/22	冰箱	瑶海区	14	70000	高玉成
17	2019/9/26	冰箱	瑶海区	1	5000	高玉成
18		冰箱 计数				2
19	2019/9/28	洗衣机	瑶海区	11	28600	张小林
20		洗衣机 计数				1
21	2019/9/20	笔记本电脑	政务区	12	78000	李华文
22		笔记本电脑 计数				1
23	2019/9/30	冰箱	政务区	7	35000	王　楠
24		冰箱 计数				1
25	2019/10/4	空调	政务区	4	12800	王　楠
26		空调 计数				1
27	2019/9/24	洗衣机	政务区	17	44200	李文华
28		洗衣机 计数				1
29		总计数				15

图3-59　第二次汇总结果

3.删除分类汇总

如果不再需要分类汇总结果，需先选中已被分类汇总的区域，再点击“数据”选项卡中的“分类汇总”按钮，打开“分类汇总”对话框，单击“全部删除”按钮，即可删除分类汇总。

3.4 数据透视表

数据透视表是一种对大量数据快速汇总和建立交叉列表的交互式动态表格，能帮助用户分析、组织数据。创建数据透视表后，可以对数据透视表重新安排，以便从不同的角度查看数据，从而将繁杂的数据转化为有价值的信息，以供研究和决策所用。总之，合理运用数据透视表进行计算与分析，能使许多复杂的问题简单化并极大地提高工作效率。

3.4.1 创建数据透视表

在Excel 2016中，可以使用数据透视表和数据透视图向导来创建数据透视表。首先选择要创建数据透视表的数据区域以及放置的位置，在此基础上创建数据透视表模板。然后再根据要分析的要点，勾选要在数据透视表中显示的字段。

1.选择数据源和位置

数据透视表必须是基于某个已经存在的数据区域而创建的。因此，在创建数据透视表之前，需要先建立好原始的数据区域，然后再创建数据透视表，如图3-60所示。

（1）在“插入”选项卡下的“表格”选项组中单击“数据透视表”按钮。

（2）从下拉列表中单击“表格和区域”选项。

（3）在弹出的“创建数据透视表”对话框中单击“表/区域”引用按钮，选择原始数据所在区域。

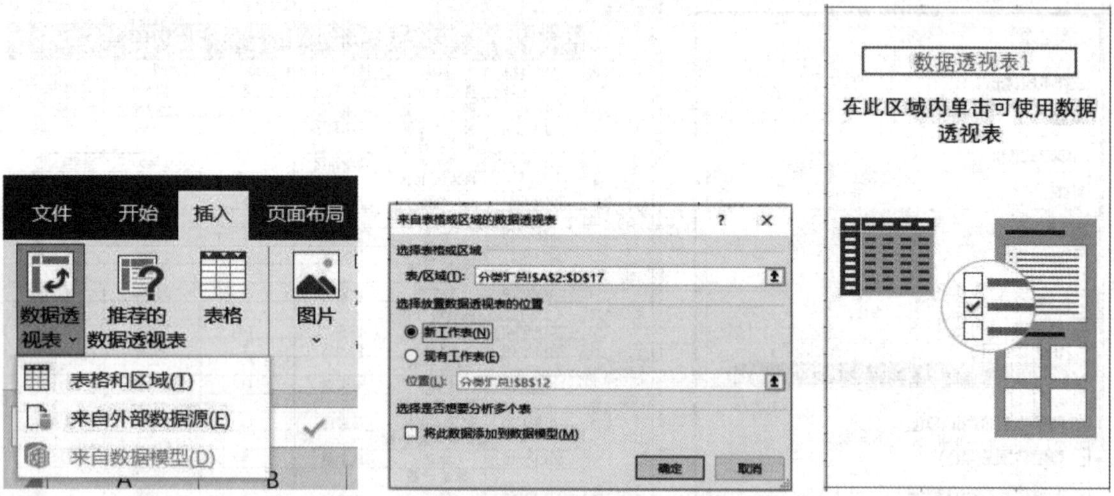

图3-60　创建数据透视表模板

（4）在“选择放置数据透视表的位置”区域选中“新工作表”单选按钮。

（5）单击“确定”按钮，之后Excel会自动插入一个新工作表并在该工作表中创建数据透视表模板。

如果希望创建的数据透视表位于已有的工作表中，则在“选择放置数据透视表的位置”区域选择“现有工作表”单选按钮即可。

2. 向数据透视表添加字段

创建好数据透视表模板后，需要向数据透视表中添加字段，才能创建出有数据的数据透视表。添加字段的方法通常有两种：一是直接拖动法；二是右键菜单选择法。我们以图3-61某公司2019年人工成本明细表为例来介绍如何向数据透视表中添加字段。

	A	B	C	D	E	F	G
1	某公司2019年人工成本明细表						
2							单位:元
3	部门	编制	平均月薪	年薪合计	五险一金	福利费	年度人工成本
4	市场推广部	80	6000	5760000	1152000	806400	7718400
5	综合办公室	25	5000	1500000	300000	210000	2010000
6	财务管理部	20	4000	960000	192000	134400	1286400
7	设计规划部	150	6000	10800000	2160000	1512000	14472000
8	运营管理部	250	4000	12000000	2400000	1680000	16080000
9	合计	525		31020000	6204000	4342800	41566800

图3-61　某公司2019年人工成本明细表

（1）在“数据透视表字段列表”中拖动“部门”字段至“行标签”区域。

（2）右击“编制”字段，从弹出的快捷菜单中单击“添加到列标签”命令。

（3）拖动“年度人工成本”字段至“值”区域。

（4）这样，我们就得到一个具有数据的数据透视表，分别按部门和编制统计了年度人工成本，如图3-62所示。

图3-62　为数据透视表添加字段

3. 在数据透视表区域间移动字段

在数据透视表中添加完字段后，还可以在报表区间移动字段。例如，将行标签区域的字段移动至列标签区域等。移动字段的方式通常也有两种：一种是直接拖动字段从一个区域至另一个区域；另一种是单击字段的下拉按钮，从下拉列表中选择对应的选项来完成。

4. 删除数据透视表中的字段

在创建好数据透视表后，如果暂时不想以某个字段进行分析，可以将它从数据透视表中删除。方法有两种：一种是直接将要删除的字段拖动至“数据透视表字段列表”以外的区域；另一种是使用字段下拉列表中“删除字段”命令。

5. 应用数据透视表样式

在创建数据透视表后，可以为数据透视表应用样式，使数据透视表更加美观。

（1）单击选中数据透视表中的任意单元格激活数据透视表工具。

（2）在“数据透视表工具”|“设计”选项卡下的“数据透视表样式”选项组中选择一种合适的样式单击，数据透视表会应用选择的样式，如图 3-63 所示。

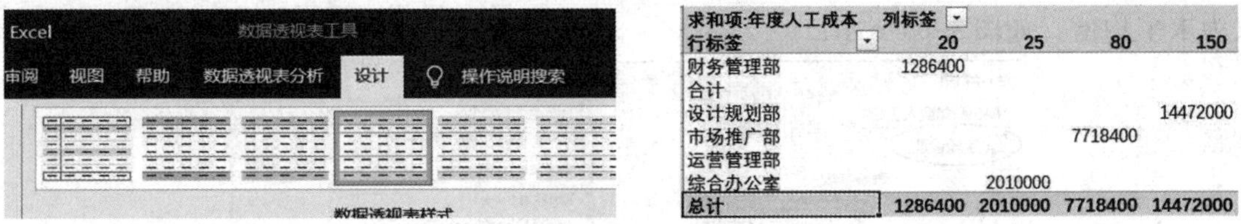

图3-63　数据透视表样式

3.4.2　数据透视表字段设置

在数据透视表中，可以更改活动字段、更改字段值汇总方式、更改字段值显示方式以及更改字段名称等。

1.更改活动字段

当前选中的或正在操作的字段称为活动字段，在数据透视表中，可以任意更改活动字段。

（1）在已创建好的数据透视表中单击编制字段中的任意数据单元格，“数据透视表工具”|“数据透视表分析”选项卡下“活动字段”选项组中的“活动字段”框中会显示字段名为“编制”。

（2）单击选中部门字段中的任意单元格，此时活动字段框会自动更改显示为“部门”字段。

（3）当单击选中“年度人工成本”字段中的任意单元格，活动字段框中会自动更改显示为“求和项：年度人工成本”，如图3-64所示。

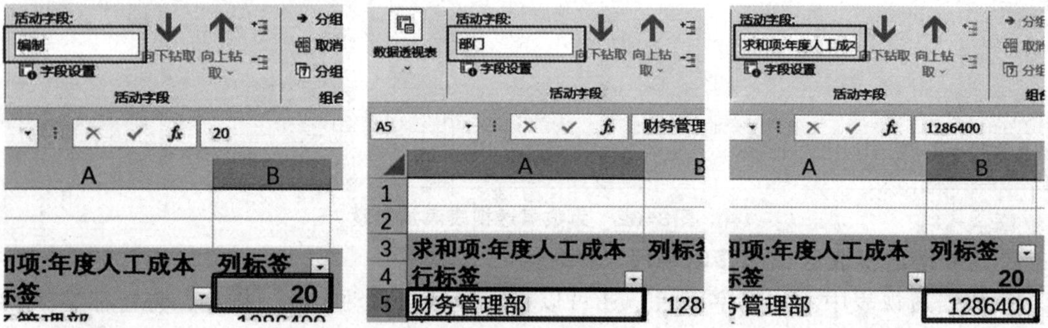

图3-64　更改活动字段

2.更改字段值汇总方式

字段值汇总方式是指数据透视表中对值字段的汇总方式，常见的汇总方式有：求和、计数、平均值、最大值、最小值、乘积等。在默认情况下，Excel 2016的汇总方式为“求和”，用户可以根据实际需要更改字段值的汇总方式。

（1）单击选中值字段所在区域的任意单元格。

（2）在“数据透视表工具”|“数据透视表分析”选项卡下的“活动字段”选项组中单击“字段设置”按钮。

（3）在弹出的“值字段设置”对话框的“值汇总方式”选项卡下的“计算类型”列表框中选择“平均值”。

（4）单击“确定”按钮，此时数据透视表中对“年度人工成本”值字段的汇总方式更改为求平均值，如图3-65所示。

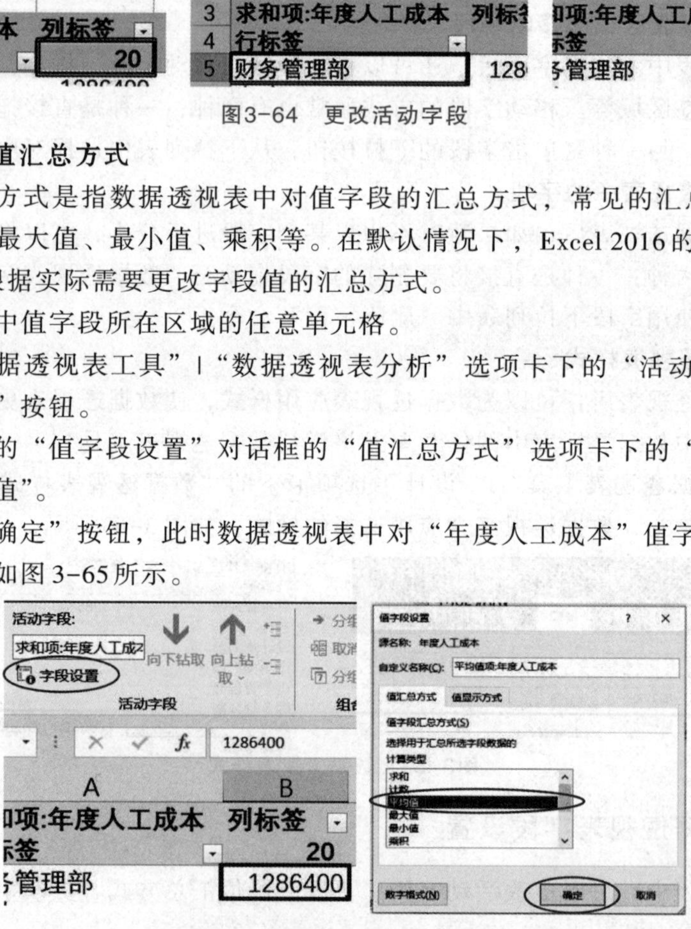

图3-65　更改字段值汇总方式

3.更改字段值显示方式

在数据透视表中，值的显示方式也有很多种，如无计算、全部汇总百分比、列汇总的百分比、行汇总的百分比、百分比、父行汇总的百分比、父列汇总的百分比、差异、差异百分比、按某一字段汇总、按某一字段汇总的百分比、升序排列、降序排列等。用户可以根据数据分析的需要，选择不同的值显示方式来得到不同角度的分析结果。

4.更改字段名称

用户可以根据需要更改字段的名称，使数据透视表的内容的含义更加直观和简洁明了。在数据透视表中更改字段名称的方法通常有三种：

（1）在“活动字段”中更改。

选中需要更改名称的字段，在“数据透视表工具”|“数据透视表分析”选项卡下的“活动字段”选项组中，直接在“活动字段”框中输入新的字段名称即可。

（2）直接在单元格中更改。

直接在字段名称的单元格或者编辑栏中更改。

（3）在“值字段设置”对话框中更改。

使需要更改名称的字段成为活动字段，在“活动字段”选项组中单击“字段设置”按钮，打开“值字段设置”对话框，在“自定义名称”文本框中输入新的字段名称，再点击“确定”按钮即可。

3.4.3　在数据透视表中排序和筛选

在Excel 2016中，还可以在数据透视表中对数据进行排序和筛选。排序可以使数据透视表中的数据更有规律地进行组织，而筛选可以在数据透视表中暂时只显示需要关注的数据。

1.在数据透视表中排序

在数据透视表中排序的方法与普通表格排序的方法相类似，同样分为升序和降序排序。

（1）选中数据透视表中需要排序的字段（以例题中求和项：年度人工成本为例）中的任意单元格。

（2）在“数据”选项卡下的“排序和筛选”选项组中单击“排序”按钮。

（3）在打开的“按值排序”对话框中，“排序选项”选择升序按钮，“排序方向”选择从上到下。

（4）单击“确定”按钮，数据透视表会依据“求和项：年度人工成本”按升序从上到下排序，如图3-66所示。

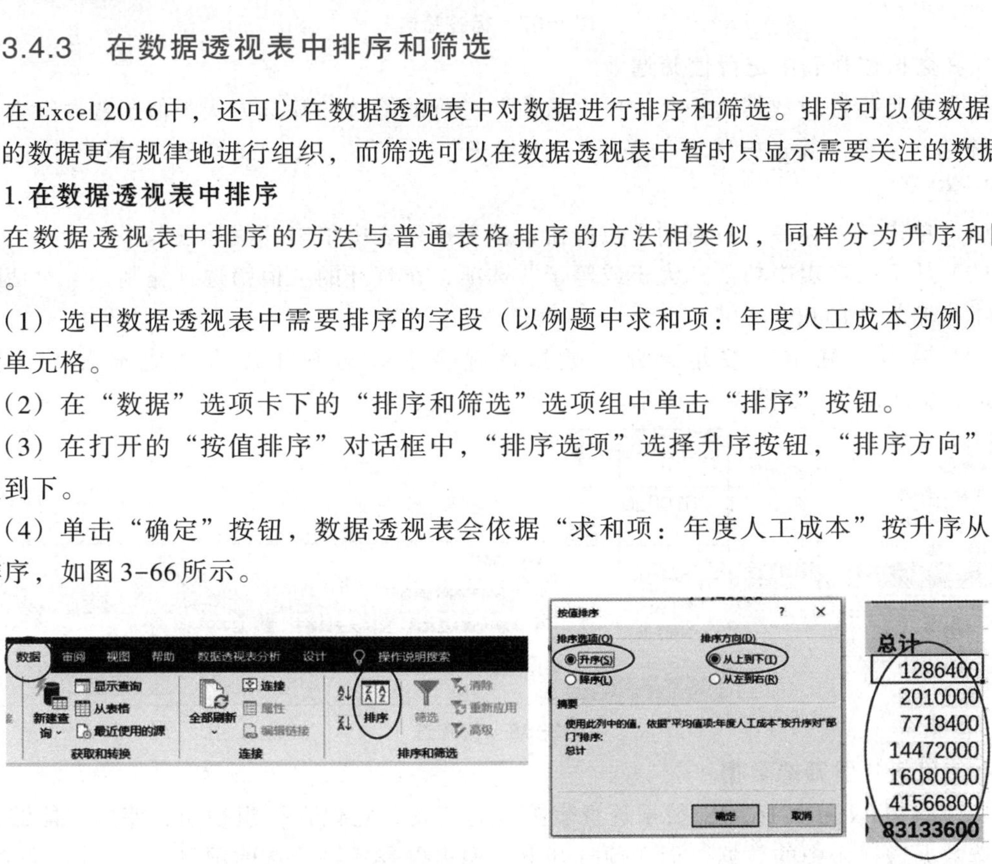

图3-66　数据透视表的排序

2.在数据透视表中进行标签筛选

标签筛选是指对数据透视表中的行标签或列标签进行筛选，筛选方式有“等于”“不等于”“开头是”“开头不是”等，与Excel 2016中普通筛选中的文本筛选类似。

（1）单击“行标签”右侧的下拉按钮，从下拉列表中单击“标签筛选”。

（2）从下级列表中单击“开头是”选项，在打开的“标签筛选（部门）”对话框中的文本框输入“市场”。

（3）单击“确定”按钮，此时数据透视表中只显示以“市场”开头的部门数据，如图3-67所示。

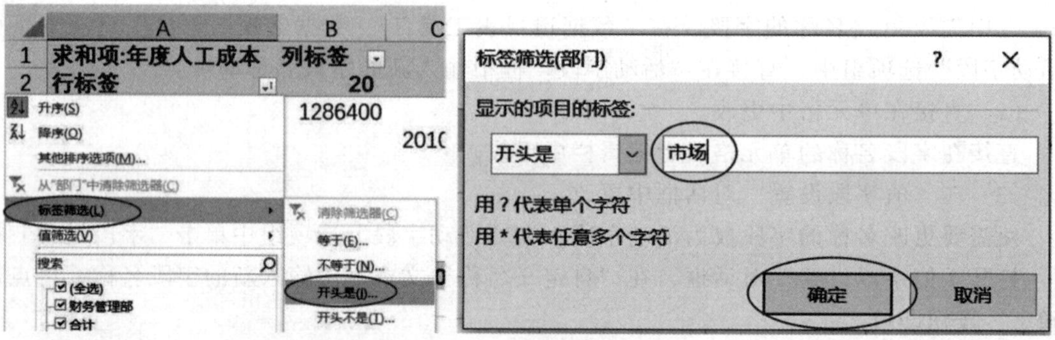

图3-67 标签筛选

3.在数据透视表中进行值筛选

值筛选是指针对数据透视表中的“数值”进行的筛选，筛选方式类似于普通筛选中的数值筛选，主要的筛选方式有“等于”“不等于”“大于”“大于或等于”“小于”“小于或等于”等。

（1）单击“列标签”右侧的下拉按钮，从下拉列表中单击“值筛选”。

（2）从下级列表中单击“大于或等于”选项，在打开的“值筛选（编制）”对话框中的文本框输入“10 000 000”。

（3）单击“确定”按钮，此时数据透视表中只显示年度人工成本大于或等于10 000 000的部门，如图3-68所示。

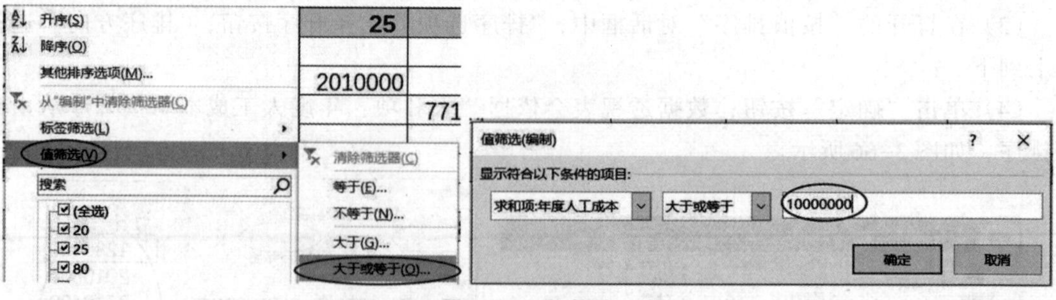

图3-68 值筛选

4.使用切片器筛选数据

切片器是Excel 2016用于数据透视表筛选的工具，它包含一组按钮，使用户能够快速地筛选数据透视表中的数据，而无须打开下拉列表以查找要筛选的项目。

（1）插入切片器。

①打开“2019 年人工成本明细表”工作簿，并创建数据透视表，在“数据透视表工具”|“数据透视表分析”选项卡中，单击“筛选”组中的“插入切片器”按钮。

②在打开的“插入切片器”对话框中，选中要进行筛选的字段，这里选择“部门”字段，如图 3-69 所示。

图3-69　打开“插入切片器”对话框

③单击“确定”按钮，即可在数据透视表中插入切片器，如图 3-70 所示。

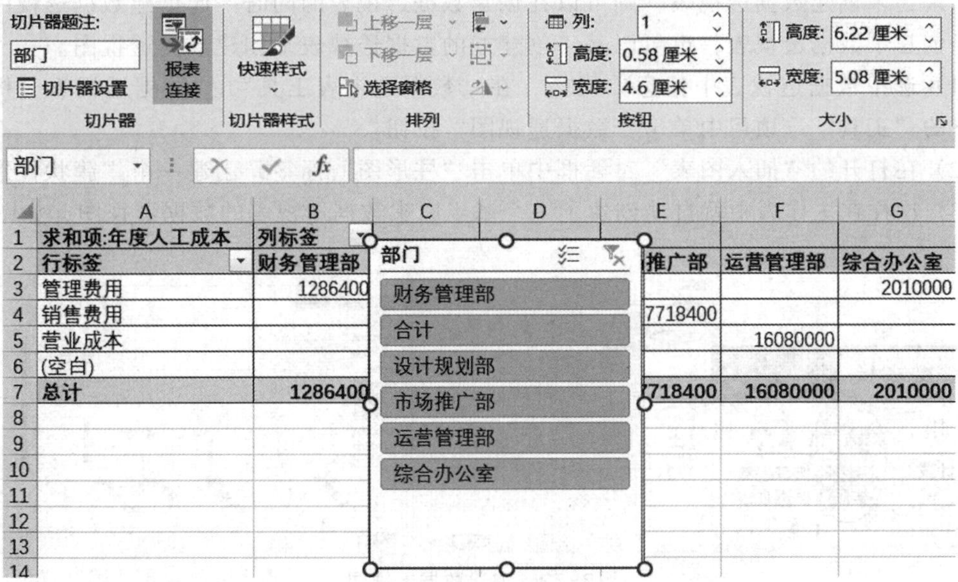

图3-70　插入切片器

（2）使用切片器筛选数据。

在插入的切片器中，选择要查看的部门，如单击“市场推广部”按钮，即可筛选出“市场推广部”的年度人工成本，如图 3-71 所示。用同样的方法可以查看其他部门的年度人工成本。

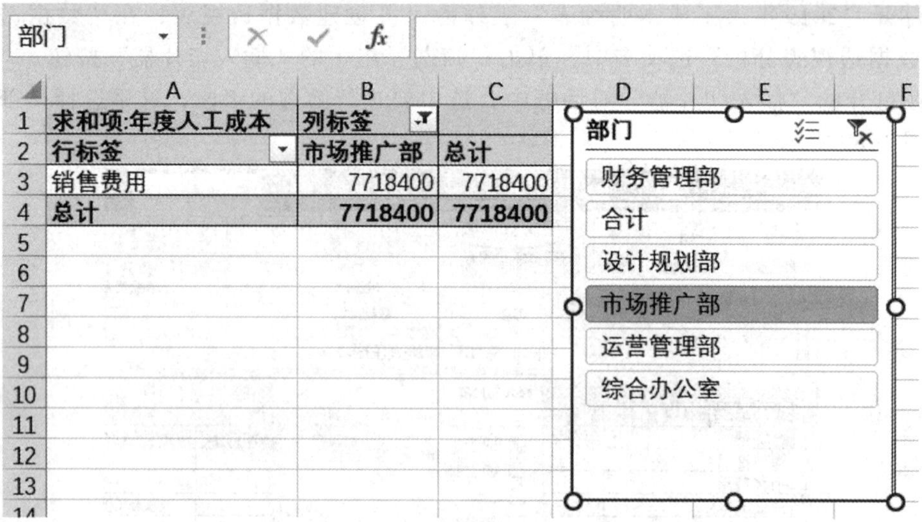

图3-71　筛选“市场推广部”年度人工成本

当用户使用切片器筛选所需数据后，若想显示全部数据，只需单击“切片器”右上角的“清除筛选器”按钮即可。

另外，在选择切片器后，在“切片器工具”的“分析”选项卡中可以使用有关的命令对切片器的外观样式、大小和项目显示列数等进行设置。

3.4.4　创建数据透视图

如果还未创建数据透视表，则可以在创建数据透视表的同时一起创建数据透视图；如果已经创建了数据透视表，也可以基于创建好的数据透视表来创建数据透视图。

（1）选中数据透视表中任意单元格，在“数据透视表工具”|“数据透视表分析”选项卡下的“工具”选项组中单击“数据透视图”按钮。

（2）在打开的“插入图表”对话框中单击“柱形图”标签，创建一个“簇状柱形图”。

（3）这样在工作表中就自动创建了一个基于原来数据透视表的数据透视图，如图3-72所示。

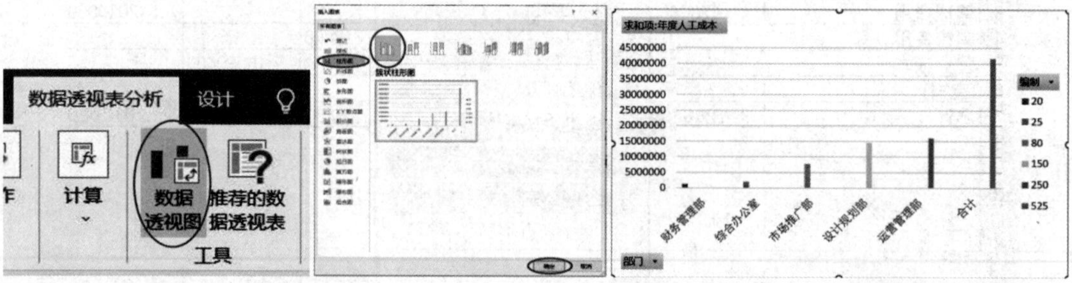

图3-72　创建数据透视图

3.5　图表的使用

图表可以更加直观、明了地展现出数据的分布特点，便于我们分析问题和解决问题。Excel 2016中提供大量图表，本节就常见的柱形图、饼图、散点图、折线图和迷你图在财务中的应用做简单的介绍。

【例3-13】某公司2019年每月销售额如表3-1所示。

表3-1　　某公司2019年每月销售额统计表

月份	销售额（万元）	利润率	净利润（万元）
1月	8 000	5%	400
2月	9 500	8%	760
3月	7 500	4%	300
4月	9 700	6%	582
5月	12 000	8%	960
6月	15 000	7%	1 050
7月	7 000	6%	420
8月	8 200	6%	492
9月	9 900	8%	792
10月	11 000	7%	770
11月	13 500	5%	675
12月	12 000	6%	720
合计	123 300		7 921

3.5.1　柱形图

柱形图一般用于显示一段时期内数据的变化或者各项之间的比较关系。

1.录入数据

将例题中某公司2019年每月销售额统计表中的数据录入到工作表中，根据所有数据列生成柱形图。

2.生成图表

选择数据区域A2：D14，单击“插入”选项卡下“图表”选项组中的“柱形图”，选择“三维簇状柱形图”，如图3-73所示。

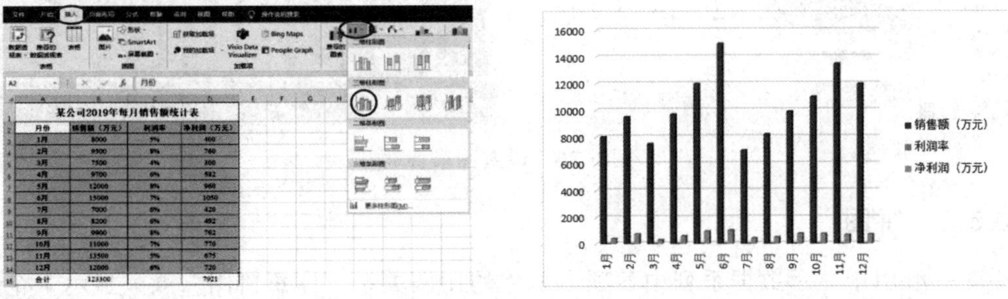

图3-73　插入柱形图

3.设置图表格式

鼠标右键点击柱形图，选择“设置图表区域格式”，选择“填充”|“渐变填充”，如图3-74所示。

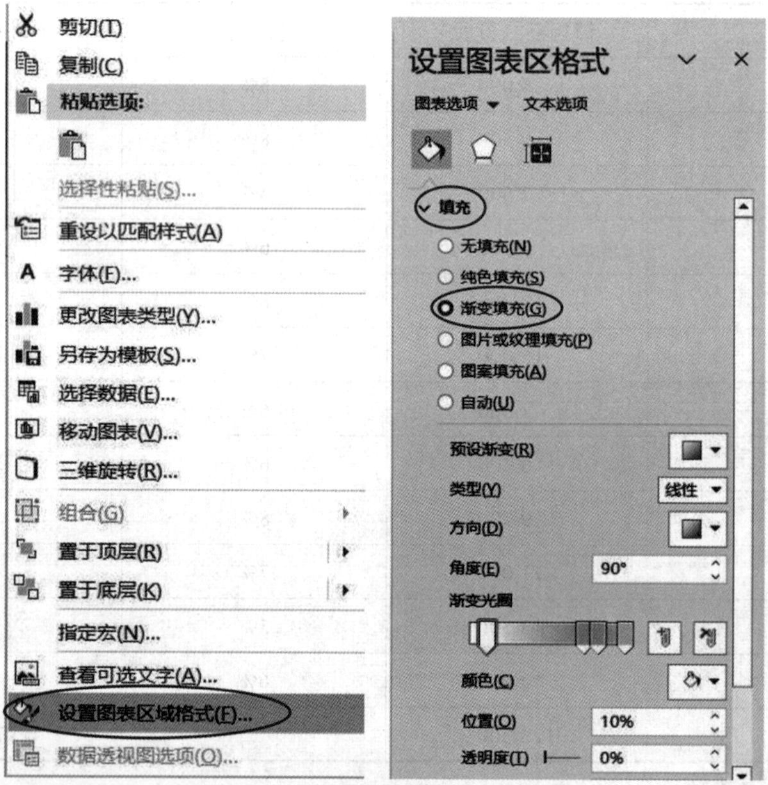

图3-74 设置图表填充颜色

单击选中图表，再点击“图表工具”|“图表设计”选项卡下“图表布局”选项组中的“添加图表元素”按钮，选择在“图表上方”添加图表标题。此时，图表上方会出现文本框，填入标题“某公司2019年每月销售额统计图”，如图3-75所示。

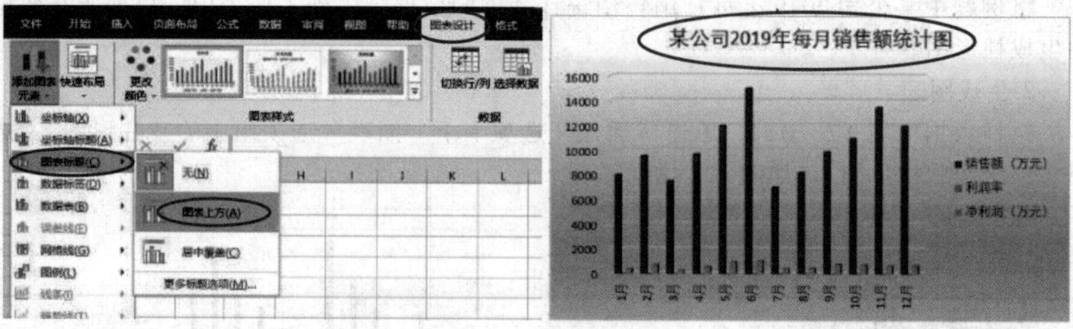

图3-75 设置图表标题

3.5.2 饼图

饼图一般用于显示数据系列中各项占总体的比例关系，注意饼图一般只显示一个数据系列。

1. 录入数据

将例题中某公司2019年每月销售额统计表中的数据录入工作表中，根据月份和销售额列制作饼图。

2. 生成图表

选择数据区域A2：B14，单击“插入”选项卡下“饼图”按钮，选择“三维饼图”，如图3-76所示。

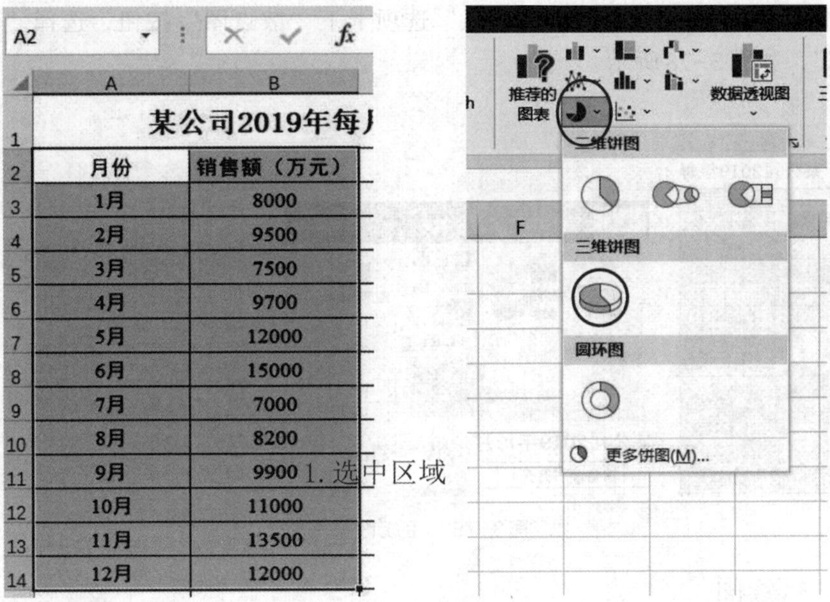

图3-76　插入饼图

3. 设置饼图格式

选中生成的饼图，单击“图表工具”|“图表设计”选项可以对饼图进行格式设计，如图3-77所示。

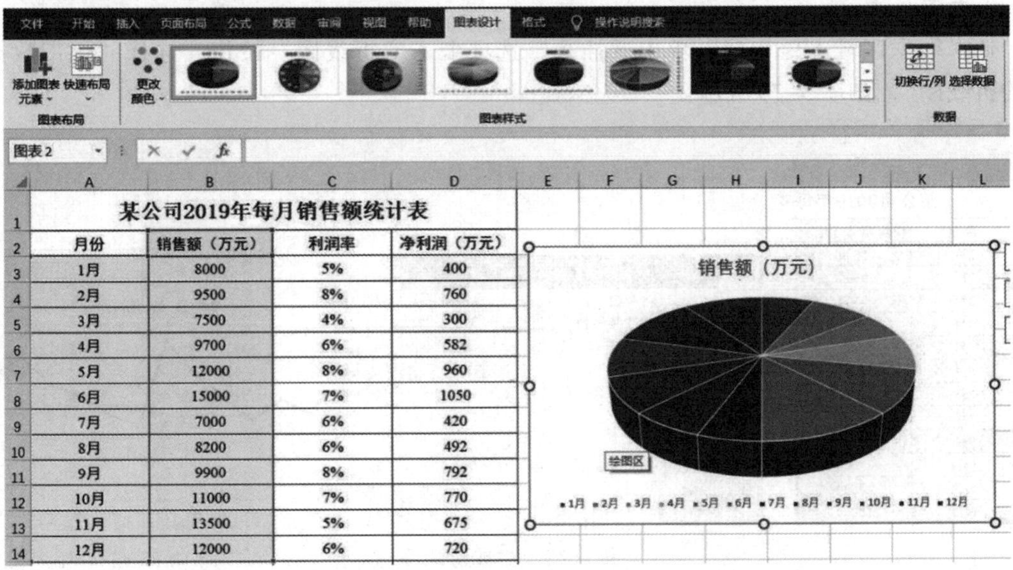

图3-77　设置饼图格式

3.5.3 散点图

1.录入数据

将例题中某公司2019年每月销售额统计表中数据录入工作表中，根据月份和销售额列生成散点图。

2.生成图表

选择数据区域A2：B14，单击“插入”选项卡下“散点图”按钮，选择“仅带数据标记的散点图”，如图3-78所示。

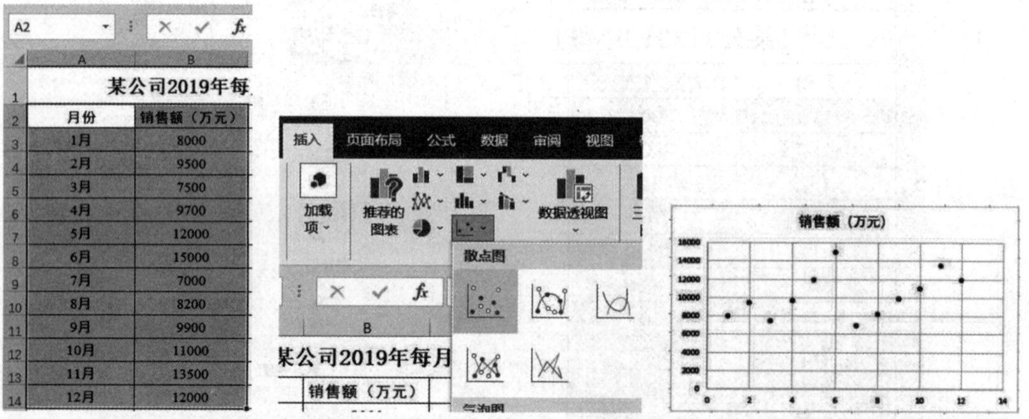

图3-78 生成散点图

3.5.4 折线图

1.录入数据

将例题中某公司2019年每月销售额统计表中数据录入工作表中，根据月份和销售额列生成折线图。

2.生成图表

选择数据区域A2：B14，单击“插入”选项卡下“折线图”按钮，选择“仅带数据标记的折线图”，如图3-79所示。

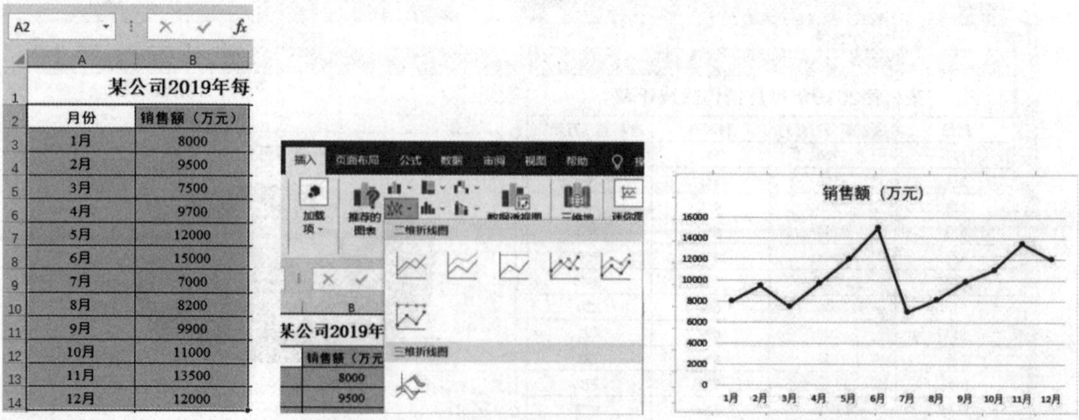

图3-79 生成折线图

3.5.5　迷你图

Excel 2016拥有绘制迷你图功能，它是单元格中的微型图表，可以直观显示数据。在工作表中的数据旁插入迷你图，可以以清晰简明的图形表现相邻数据的变化趋势，同时迷你图在工作表中不会占有大量的空间。Excel 2016提供了折线迷你图、柱形迷你图和盈亏迷你图三种形式。

【例3-14】下面以某公司2019年每月销售额统计表为例来介绍如何插入迷你图。

（1）将例题中某公司2019年每月销售额统计表中数据录入工作表中，并选中任一单元格；在“插入”选项卡的“迷你图”选项组中选择一种类型，这里单击“折线图”按钮，打开“创建迷你图”对话框。

（2）在“创建迷你图”对话框的“数据范围”文本框中输入数据源的单元格地址，在“位置范围”文本框中输入放置迷你图的单元格地址，如图3-80所示。

图3-80　设置数据范围和位置范围

（3）单击“确定”按钮，在E5单元格中显示迷你折线图，如图3-81所示。

某公司2019年每月销售额统计表			
月份	销售额（万元）	利润率	净利润（万元）
1月	8000	5%	400
2月	9500	8%	760
3月	7500	4%	300
4月	9700	6%	582
5月	12000	8%	960
6月	15000	7%	1050
7月	7000	6%	420
8月	8200	6%	492
9月	9900	8%	792
10月	11000	7%	770
11月	13500	5%	675
12月	12000	6%	720
合计	123300		7921

图3-81　在单元格中创建迷你图

此外，可在“迷你图工具”选项卡的“迷你图”组中对已创建的迷你图的数据源和放置位置进行编辑，也可对迷你图的格式进行编辑。

单元实训

某商场2019年3月销售情况如图3-82所示。

	A	B	C	D	E	F	G	H
1	某商场2019年3月销售情况表							
2	门店	商品名称	销量	销售额（元）	销售员		商品名称	单价（元）
3	长江中路店	电视机	80		李华文		电视机	4300
4	大西门店	电视机	73		高玉成		洗衣机	3500
5	滨湖店	洗衣机	60		林荣权		笔记本电脑	7200
6	政务区店	洗衣机	64		陈　青		空调	2500
7	瑶海区店	笔记本电脑	120		李　忠		冰箱	9200
8	大西门店	空调	30		林　帆			
9	滨湖店	电视机	58		李华文			
10	长江中路店	洗衣机	59		李华文			
11	瑶海区店	空调	25		李　忠			
12	政务区店	冰箱	60		张小林			
13	瑶海区店	冰箱	89		李　忠			
14	政务区店	笔记本电脑	155		陈　青			
15	滨湖店	冰箱	70		林荣权			
16	大西门店	洗衣机	92		高玉成			
17	长江中路店	笔记本电脑	215		林荣权			
18	电视机合计							
19	洗衣机合计							
20	笔记本电脑合计							
21	空调合计							
22	冰箱合计							
23	总计							

图3-82　某商场2019年3月销售情况

根据该图完成以下练习：

（1）请新建Excel 2016工作表，并在表中录入所有数据，同时修改单元格格式使其变得更加美观。

（2）使用VLOOKUP函数及公式计算销售额，并填入D列相应位置。

（3）使用SUMIF函数计算各商品的销量、销售额合计；使用SUM函数计算其总计，并填入表中相应位置。

（4）使用高级筛选功能，筛选出长江中路店销售员李华文和政务区店陈青两人的销售情况，并将结果复制到A25单元格显示。

（5）根据A2：E17区域，在新工作表中创建数据透视表，以门店为行标签，商品名称为列标签，计数项为销售额。

（6）以门店为关键字进行分类汇总。

第3章单元实训参考答案

第4章

常用财务函数简介

学习目标

通过本章的学习，读者应该学会投资计算函数、折旧计算函数和偿还率计算函数等常用财务函数的使用方法，为以后学习财务决策等其他知识打下基础。

4.1 投资计算函数

投资计算函数是用于计算投资与收益的函数，可帮助解决日常财务中的累计、贴现等问题，本节中涉及的常见投资计算函数有终值函数FV（）、现值函数PV（）、年金函数PMT（）、本金函数PPMT（）、利息函数IPMT（）、期数函数NPER（）等。

4.1.1 终值函数FV（）

终值（Future Value），又称将来值或本利和，是指现在一定量的资金在未来某一时点上的价值。终值函数FV（）的功能是基于固定利率及等额分期付款方式，返回某项投资的未来值。

在日常工作与生活中，我们经常会遇到要计算某项投资的未来值的情况，此时利用终值函数FV（）进行计算后，可以帮助我们进行一些有计划、有目的、有效益的投资。

终值函数FV（）的公式为：=FV（Rate，Nper，Pmt，Pv，Type）

各参数的含义：

（1）Rate：各期利率；

（2）Nper：总投资期；

（3）Pmt：各期应支付的金额；

（4）Pv：从该投资开始计算时已经入账的款项，即本金，若省略Pv，则假设值为0；

（5）Type：数字0或1，用以指定各期的付款时间是在期初还是期末，0表示期末，1表示期初，若省略Type，则假设值为0。

【例4-1】某公司向银行借款1 000万元，期限5年，年利率为5%，复利计息，该公司5年后应向银行偿还的本利和是多少？

解析：本题是已知现值计算终值，可采用FV（）函数计算，其中：Rate =5%，

Nper =5，Pmt =0，Pv =1 000，Type =0。

操作步骤如下：

（1）创建FV（）函数模型。启动Excel 2016，新建一个工作簿，在工作表中根据题目已知输入，并设置好单元格格式，如图4-1所示。

B4 fx

	A	B	C	D
1	现值（万元）	1000		
2	期限（年）	5		
3	年利率	5%		
4	五年后本利和（万元）			

图4-1　创建函数计算模型

（2）设置公式计算本利和。在单元格B4中输入公式“=FV（B3，B2，0，-B1，0）”，按下Enter键后，计算结果为1 276.28万元，如图4-2所示，即该公司5年后应向银行偿还的本利和为1 276.28万元。

B4 fx =FV(B3,B2,0,-B1,0)

	A	B	C	D
1	现值（万元）	1000		
2	期限（年）	5		
3	年利率	5%		
4	五年后本利和（万元）	¥1,276.28		

图4-2　输入公式

【例4-2】某夫妇在银行存入一笔教育基金，期初将50 000元存入银行，以后每年年末存入5 000元，假设按照年利率3%复利计息，那么10年后该笔教育基金的本利和是多少？

操作步骤如下：

（1）创建FV（）函数模型。启动Excel 2016，新建一个工作簿，在工作表中根据题目已知输入，并设置好单元格格式，如图4-3所示。

B5 fx

	A	B	C	D
1	期初存款（元）	50000		
2	期限（年）	10		
3	每年存款（元）	5000		
4	年利率	3%		
5	十年后本利和（元）			

图4-3　创建函数计算模型

（2）设置公式计算本利和。在单元格B5中输入公式“=FV（B4，B2，-B3，-B1，0）”，按下Enter键后，计算结果为124 515.22元，如图4-4所示，即10年后该笔教育基金的本利和是124 515.22元。

B5 fx =FV(B4,B2,-B3,-B1,0)

	A	B	C	D
1	期初存款（元）	50000		
2	期限（年）	10		
3	每年存款（元）	5000		
4	年利率	3%		
5	十年后本利和（元）	¥124,515.22		

图4-4　输入公式

4.1.2　现值函数 PV（）

现值（Present Value）是如今和将来（或过去）的一笔支付或支付流在当今的价值。或理解为：成本或收益的价值以今天的现金来计量时，称为现值。现值函数PV（）的功能是返回某项投资的现值。

现值函数PV（）的公式为：=PV（Rate，Nper，Pmt，Fv，Type）

各参数的含义：

（1）Rate：各期利率；

（2）Nper：总投资期；

（3）Pmt：各期应支付的金额；

（4）Fv：最后一次支付后希望得到的现金余额，即终值，若省略Fv，则假设值为0；

（5）Type：数字0或1，用以指定各期的付款时间是在期初还是期末，0表示期末，1表示期初，若省略Type，则假设值为0。

【例4-3】张某计划5年后购买一辆价值20万元的汽车，假定银行存款年利率为5%，按年复利计息，张某现在应至少一次性存入银行多少钱？

解析：本题是已知终值计算现值，可采用现值函数PV（）计算，其中：Rate=5%，Nper=5，Pmt=0，Fv=200 000，Type=0。

操作步骤如下：

（1）创建PV（）函数模型。启动Excel 2016，新建一个工作簿，在工作表中根据题目已知输入，并设置好单元格格式，如图4-5所示。

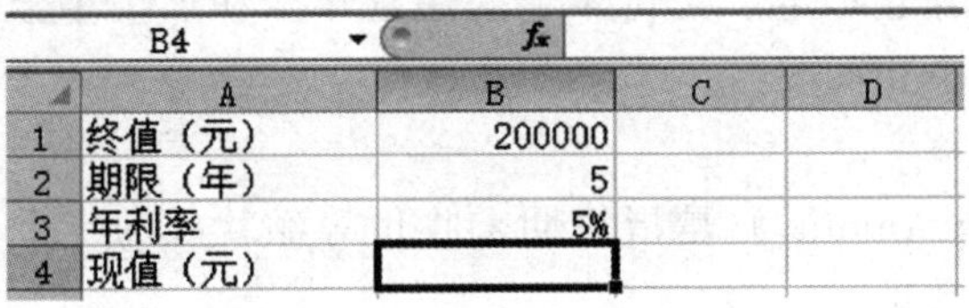
B4

	A	B	C	D
1	终值（元）	200000		
2	期限（年）	5		
3	年利率	5%		
4	现值（元）			

图4-5　创建函数计算模型

（2）设置公式计算现值。在单元格B4中输入公式“=PV（B3，B2，0，-B1，0）”，按下Enter键后，计算结果为156 705.23元，如图4-6所示，即张某现在应至少一次性存入银行156 705.23元。

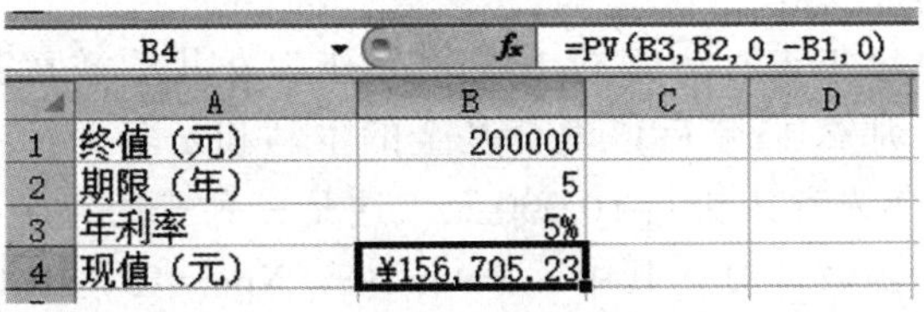
B4　=PV(B3,B2,0,-B1,0)

	A	B	C	D
1	终值（元）	200000		
2	期限（年）	5		
3	年利率	5%		
4	现值（元）	¥156,705.23		

图4-6　输入公式

【例4-4】某人想通过贷款进行一项投资，其能承受的每月还款额为5 000元，贷款年利率为4.9%，贷款期限为10年，计算其最多能承受的贷款的总额。

解析：本题是已知各期应支付的金额，求现值，可采用现值函数PV（）计算，其中：Rate=4.9%，Nper=10，Pmt=5 000，Fv=0，Type=0。

操作步骤如下：

（1）创建PV（）函数模型。启动Excel 2016，新建一个工作簿，在工作表中根据题目已知输入，并设置好单元格格式，如图4-7所示。

B4 fx

	A	B	C	D
1	每月还款额（元）	5000		
2	贷款利率	4.90%		
3	贷款年限	10		
4	贷款总额（元）			

图4-7 创建函数计算模型

（2）设置公式计算现值。在单元格B4中输入公式“=PV（B2，B3，-B1，0，0）”，按下Enter键后，计算结果为38 796.86元，如图4-8所示，即其最多能承受的贷款的总额为38 796.86元。

B4 fx =PV(B2,B3,-B1,0,0)

	A	B	C	D
1	每月还款额（元）	5000		
2	贷款利率	4.90%		
3	贷款年限	10		
4	贷款总额（元）	¥38,796.86		

图4-8 输入公式

4.1.3 终值函数FV（）和现值函数PV（）在年金中的应用

年金（Annuity）是指一定时期内每次等额收付的系列款项，通常用A来表示。年金的形式包括保险费、养老金、直线法下计提的折旧、租金、等额分期收款、等额分期付款等，年金具有等额性和连续性特点，但年金的间隔期不一定是一年。按照收付时点和方式的不同可以将年金分为普通年金、先付年金、递延年金和永续年金等四种，各种年金的终值和现值的计算方法各不相同。

1.普通年金

普通年金（Ordinary Annuity）是指每期末收付等额款项的年金，也称后付年金。这种年金在日常生活中最为常见。

（1）普通年金终值。

普通年金终值是指最后一次支付时的本利和，它是每次支付的复利终值之和。按复利换算到最后一期期末的终值，然后加总，就是该年金终值。可以使用FV（）函数计算，此时参数Pv=0，参数Type=0。

【例4-5】李先生每年年末存入银行10 000元作为女儿的教育基金，若银行存款利率为5%，按年复利计息，那么15年后该教育基金的本利和是多少？

解析：李先生每年年末存入银行10 000元，这是一种普通年金，该题要求计算普通年金的终值，采用FV（）函数计算，其中：Rate=5%，Nper=15，Pmt=10 000，Pv=0，Type=0（Pv、Type参数可省略）。

操作步骤如下：

①创建FV（）函数模型。启动Excel 2016，新建一个工作簿，在工作表中根据题目已知输入，并设置好单元格格式，如图4-9所示。

B4 fx

	A	B	C	D
1	普通年金（元）	10000		
2	期限（年）	15		
3	年利率	5%		
4	年金终值（元）			

图4-9　创建函数计算模型

②设置公式计算终值。在单元格B4中输入公式“=FV（B3，B2，-B1，0，0）”或“=FV（B3，B2，-B1）”，按下Enter键后，计算结果为215 785.64元，如图4-10所示，即15年后该教育基金的本利和是215 785.64元。

B4 fx =FV(B3,B2,-B1,0,0)

	A	B	C	D
1	普通年金（元）	10000		
2	期限（年）	15		
3	年利率	5%		
4	年金终值（元）	¥215,785.64		

图4-10　输入公式

（2）普通年金现值。

普通年金现值是一定时期内按相同时间间隔在每期期末收付的相等金额折算到第一期初的现值之和。即现金流量发生在每期期末，现值按发生第一笔现金流量那一期的期初计算。可以使用PV（）函数计算，此时Fv=0，Type=0。

【例4-6】某公司计划今后10年中每年年末从银行留取10万元用于人才培训，如果银行存款年利率为5%，现在应一次性存入银行多少钱？

解析：该公司每年年末从银行留取10万元，这是一种普通年金，该题要求计算普通年金的现值，采用PV（）函数计算，其中：Rate=5%，Nper=10，Pmt=100 000，Fv=0，Type=0（Fv、Type参数可省略）。

操作步骤如下：

①创建PV（）函数模型。启动Excel 2016，新建一个工作簿，在工作表中根据题目已知输入，并设置好单元格格式，如图4-11所示。

B4 fx

	A	B	C	D
1	普通年金（元）	100000		
2	期限（年）	10		
3	年利率	5%		
4	年金现值（元）			

图4-11　创建函数计算模型

②设置公式计算现值。在单元格B4中输入公式“=PV（B3，B2，-B1，0，0）”或“=PV（B3，B2，-B1）”，按下Enter键后，计算结果为772 173.49元，如图4-12所示，即该公司现在应一次性存入银行772 173.49元。

B4 fx =PV(B3,B2,-B1,0,0)

	A	B	C	D
1	普通年金（元）	100000		
2	期限（年）	10		
3	年利率	5%		
4	年金现值（元）	¥772,173.49		

图4-12　输入公式

2.先付年金

先付年金（Annuity Due）又称预付年金、即付年金、期初年金，指在每期期初支付的年金。

（1）先付年金终值。

先付年金终值是指某一时期内各期期初连续发生的一系列相等数额的收付款的复利终值之和，可以使用FV（）函数计算，此时参数Pv=0，参数Type=1。

【例4-7】李先生每年年初存入银行10 000元作为女儿的教育基金，若银行存款年利率为5%，按年复利计息，那么15年后该教育基金的本利和是多少？

解析：李先生每年年初存入银行10 000元，这是一种先付年金，该题要求计算先付年金的终值，采用FV（）函数计算，其中：Rate=5%，Nper=15，Pmt=10 000，Pv=0，Type=1。

操作步骤如下：

①创建FV（）函数模型。启动Excel 2016，新建一个工作簿，在工作表中根据题目已知输入，并设置好单元格格式，如图4-13所示。

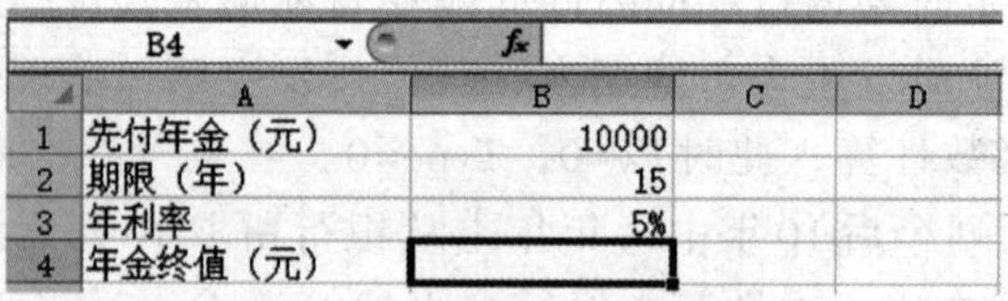

B4

	A	B	C	D
1	先付年金（元）	10000		
2	期限（年）	15		
3	年利率	5%		
4	年金终值（元）			

图4-13　创建函数计算模型

②设置公式计算终值。在单元格B4中输入公式“=FV（B3，B2，-B1，0，1）”，按下Enter键后，计算结果为226 574.92元，如图4-14所示，即15年后该教育基金的本利和是226 574.92元。

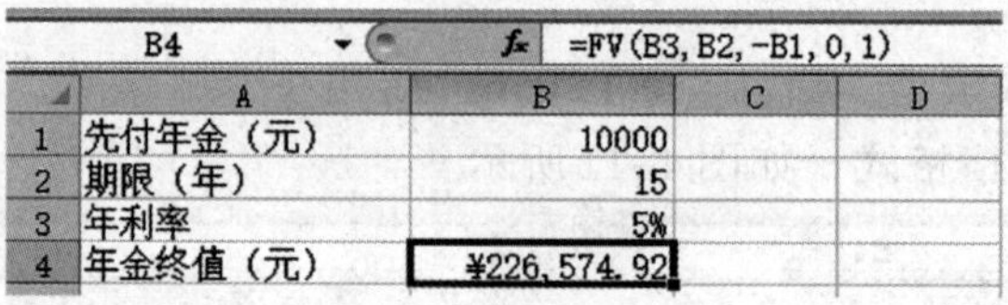

B4　=FV(B3,B2,-B1,0,1)

	A	B	C	D
1	先付年金（元）	10000		
2	期限（年）	15		
3	年利率	5%		
4	年金终值（元）	¥226,574.92		

图4-14　输入公式

（2）先付年金现值。

先付年金现值是一定时期内按相同时间间隔在每期期初收付的相等金额折算到第一期初的现值之和。即现金流量发生在每期期初，现值按发生第一笔现金流量那一期的期初计算。可以使用PV（）函数计算，此时Fv=0，Type=1。

【例4-8】某公司计划今后10年中每年年初从银行留取10万元用于人才培训，如果银行存款年利率为5%，现在应一次性存入银行多少钱？

解析：该公司每年年初从银行留取10万元，这是一种先付年金，该题要求计算先付年金的现值，采用PV（）函数计算，其中：Rate=5%，Nper=10，Pmt=100 000，Fv=0，Type=1。

操作步骤如下：

①创建PV（）函数模型。启动Excel 2016，新建一个工作簿，在工作表中根据题目已

知输入，并设置好单元格格式，如图4-15所示。

B4　　f_x

	A	B	C	D
1	先付年金（元）	100000		
2	期限（年）	10		
3	年利率	5%		
4	年金现值（元）			

图4-15　创建函数计算模型

②设置公式计算现值。在单元格B4中输入公式“=PV（B3，B2，-B1，0，1）”，按下Enter键后，计算结果为810 782.17元，如图4-16所示，即该公司现在应一次性存入银行810 782.17元。

B4　　f_x　=PV(B3,B2,-B1,0,1)

	A	B	C	D
1	先付年金（元）	100000		
2	期限（年）	10		
3	年利率	5%		
4	年金现值（元）	¥810,782.17		

图4-16　输入公式

3.**递延年金**

递延年金（Deferred Annuity）又称延期年金，是指在最初若干期没有收付款项的情况下，后面若干期等额的系列收付款项，它是普通年金的特殊形式。

（1）递延年金终值。

递延年金终值是指前M期没有年金，M+N时期内各期期末连续发生的一系列相等数额的收付款的复利终值之和，即假设前M期没有年金，从M+1到M+N期有年金，共计N期普通年金，则M+N期期末的终值可以按照N期的普通年金终值公式计算，可以使用FV（）函数计算。

【例4-9】李先生3年后每年年末存入银行10 000元作为女儿的教育基金，若银行存款年利率为5%，按年复利计息，那么存款15年后该教育基金的本利和是多少？

解析：李先生3年后每年年末存入银行10 000元，这是一种递延年金，该题要求计算递延年金的终值，采用FV（）函数计算，其中：Rate=5%，Nper=15，Pmt=10 000，Pv=0，Type=0。

操作步骤如下：

①创建FV（）函数模型。启动Excel 2016，新建一个工作簿，在工作表中根据题目已知输入，并设置好单元格格式，如图4-17所示。

B5　　f_x

	A	B	C	D
1	年金（元）	10000		
2	年金期数N（年）	15		
3	递延期数M（年）	3		
4	年利率	5%		
5	递延年金终值（元）			

图4-17　创建函数计算模型

②设置公式计算终值。在单元格B5中输入公式“=FV（B4，B2，-B1，0，0）”，按下Enter键后，计算结果为215 785.64元，如图4-18所示，即李先生存款15年后该教育基金的本利和是215 785.64元。

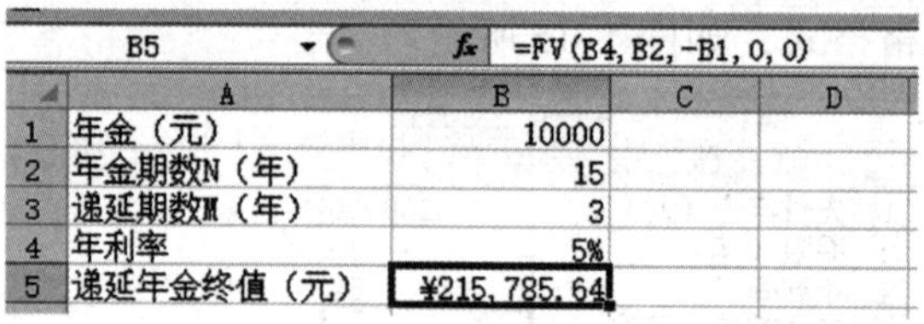

B5　=FV(B4, B2, -B1, 0, 0)

	A	B	C	D
1	年金（元）	10000		
2	年金期数N（年）	15		
3	递延期数M（年）	3		
4	年利率	5%		
5	递延年金终值（元）	¥215,785.64		

图4-18　输入公式

（2）递延年金现值。

递延年金现值的计算方法有两种：

第一种方法：把递延年金视为N期普通年金，求出递延期末的现值，然后再将现值调整到第一期期初（递延M期）。

第二种方法：假设递延期也进行收付，先求出（M+N）期的年金现值，然后扣除实际并未收付的递延期（M）的年金现值，即可得出最终结果。

采用这两种方法进行计算，均可使用PV（）函数。

【例4-10】某公司计划在5年后的连续10年中每年年末从银行留取10万元用于人才培训，如果银行存款年利率为5%，现在应一次性存入银行多少钱？

解析：根据题目已知条件，要求计算递延年金的现值，其中：递延期M=5年，N=10年，年金为10万元，年利率为5%。用上述两种方法分别计算如下：

第一种方法：

操作步骤如下：

①创建PV（）函数模型。启动Excel 2016，新建一个工作簿，在工作表中根据题目已知输入，并设置好单元格格式，如图4-19所示。

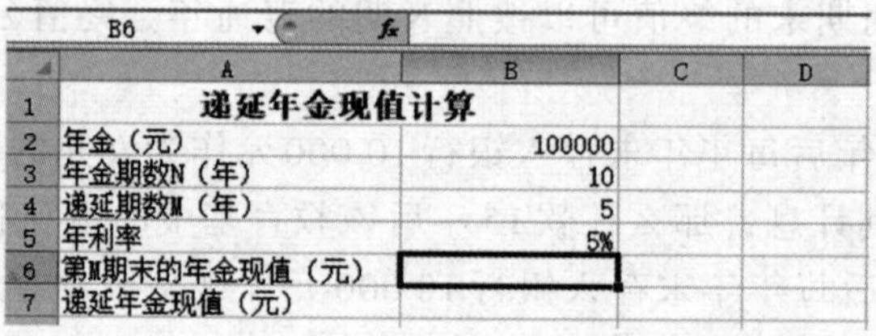

B6

	A	B	C	D
1	递延年金现值计算			
2	年金（元）	100000		
3	年金期数N（年）	10		
4	递延期数M（年）	5		
5	年利率	5%		
6	第M期末的年金现值（元）			
7	递延年金现值（元）			

图4-19　创建函数计算模型

②设置公式计算第5年年末年金现值。在单元格B6中输入公式“=PV（B5，B3，-B2，0，0）”或“=PV（B5，B3，-B2）”，按下Enter键后，计算结果为772 173.49元，如图4-20所示。

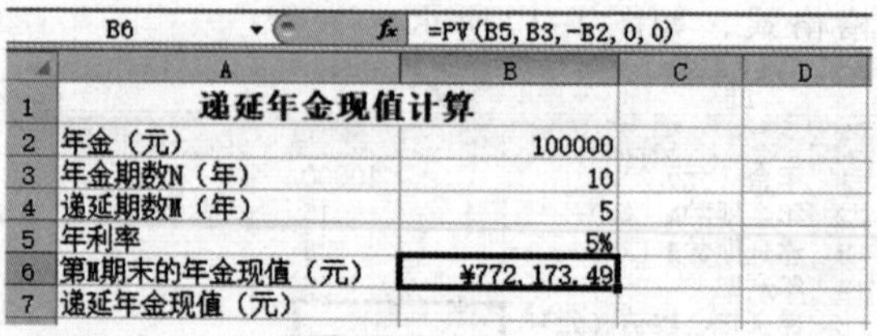

B6　=PV(B5, B3, -B2, 0, 0)

	A	B	C	D
1	递延年金现值计算			
2	年金（元）	100000		
3	年金期数N（年）	10		
4	递延期数M（年）	5		
5	年利率	5%		
6	第M期末的年金现值（元）	¥772,173.49		
7	递延年金现值（元）			

图4-20　输入公式

③设置公式计算递延年金现值。在单元格B7中输入公式“=PV（B5，B4，0，-B6，0）”，按下Enter键后，计算结果为605 018.14元，如图4-21所示。

B7　f_x　=PV(B5, B4, 0, -B6, 0)

	A	B	C	D
1	递延年金现值计算			
2	年金（元）	100000		
3	年金期数N（年）	10		
4	递延期数M（年）	5		
5	年利率	5%		
6	第M期末的年金现值（元）	¥772,173.49		
7	递延年金现值（元）	¥605,018.14		

图4-21　输入公式

计算时，可将两步骤合并，使用函数嵌套，直接在单元格B7输入公式“=PV（B5，B4，0，-PV（B5，B3，-B2），0）”，即可得到相同的结果。

第二种方法：

操作步骤如下：

①创建PV（）函数模型。启动Excel 2016，新建一个工作簿，在工作表中根据题目已知输入，并设置好单元格格式，如图4-22所示。

	A	B	C	D
1	递延年金现值计算			
2	年金（元）	100000		
3	年金期数N（年）	10		
4	递延期数M（年）	5		
5	年利率	5%		
6	M+N期年金现值（元）			
7	M期年金现值（元）			
8	递延年金现值（元）			

图4-22　创建函数计算模型

②设置公式计算15年普通年金现值。在单元格B6中输入公式“=PV（B5，B3+B4，-B2，0，0）”或“=PV（B5，B3+B4，-B2）”，按下Enter键后，计算结果为1 037 965.80元，如图4-23所示。

B6　f_x　=PV(B5, B3+B4, -B2, 0, 0)

	A	B	C	D
1	递延年金现值计算			
2	年金（元）	100000		
3	年金期数N（年）	10		
4	递延期数M（年）	5		
5	年利率	5%		
6	M+N期年金现值（元）	¥1,037,965.80		
7	M期年金现值（元）			
8	递延年金现值（元）			

图4-23　输入公式

③设置公式计算5年普通年金现值。在单元格B7中输入公式“=PV（B5，B4，-B2，0，0）”或“=PV（B5，B4，-B2）”，按下Enter键后，计算结果为432 947.67元，如图4-24所示。

B7　f_x　=PV(B5, B4, -B2, 0, 0)

	A	B	C	D
1	递延年金现值计算			
2	年金（元）	100000		
3	年金期数N（年）	10		
4	递延期数M（年）	5		
5	年利率	5%		
6	M+N期年金现值（元）	¥1,037,965.80		
7	M期年金现值（元）	¥432,947.67		
8	递延年金现值（元）			

图4-24　输入公式

④计算递延年金现值。在单元格B8中输入公式“=B6-B7”，按下Enter键后，计算结果为605 018.14元，如图4-25所示。

B8　=B6-B7

	A	B	C	D
1	递延年金现值计算			
2	年金（元）	100000		
3	年金期数N（年）	10		
4	递延期数M（年）	5		
5	年利率	5%		
6	M+N期年金现值（元）	¥1,037,965.80		
7	M期年金现值（元）	¥432,947.67		
8	递延年金现值（元）	¥605,018.14		

图4-25　输入公式

计算时，也可将三个步骤合并，直接在单元格B8输入公式“=PV（B5，B3+B4，-B2）-PV（B5，B4，-B2）”，即可得到相同的结果。

4.永续年金

无限期定额收付的年金，称为永续年金（Perpetual Annuity），永续年金没有终止的时间，也就没有终值。永续年金的现值可以通过普通年金推导，即永续年金现值=年金/年利率，故在计算永续年金时，只需要在某一单元格直接输入计算公式即可。

【例4-11】某企业计划设立一项教育基金，用于在职职工的培训，预计每年的培训费用支出50 000元，假设年利率为5%，计算该企业现在应一次性存入银行多少钱？

解析：根据题目已知条件，要求计算永续年金的现值，直接根据年金/年利率即可得出。在单元格B4中输入公式“= B2/B3”即可得到永续年金的现值为1 000 000元，如图4-26所示，即该企业现在应一次性存入银行1 000 000元。

B4　=B2/B3

	A	B	C	D
1	永续年金现值计算			
2	年金（元）	50000		
3	年利率	5%		
4	永续年金现值（元）	1000000		

图4-26　永续年金现值计算

4.1.4　净现值函数NPV（）

净现值函数NPV（）是指通过使用贴现率以及一系列未来支出（负值）和收入（正值），返回一项投资的净现值。

净现值函数NPV（）公式为：=NPV（Rate，Value1，Value2，…）

各参数的含义：

（1）Rate：各期折现率，是固定值；

（2）Value1，Value2，…：代表一系列支出及收入的参数值，支出为负数，收入为正数。

说明：Value1，Value2，…所属各期间的长度必须相等，且支付及收入的时间都发生在期末。

【例4-12】某公司有一投资项目，假定第一年年末投资20 000元，在投资后的5年的预计收益分别为78 000元、100 000元、159 000元、182 000元、180 000元，假设年利率为5%，求该投资项目的净现值。

操作步骤如下：

（1）创建NPV（）函数模型。启动Excel2016，新建一个工作簿，在工作表中根据题目已知输入，并设置好单元格格式，如图4-27所示。

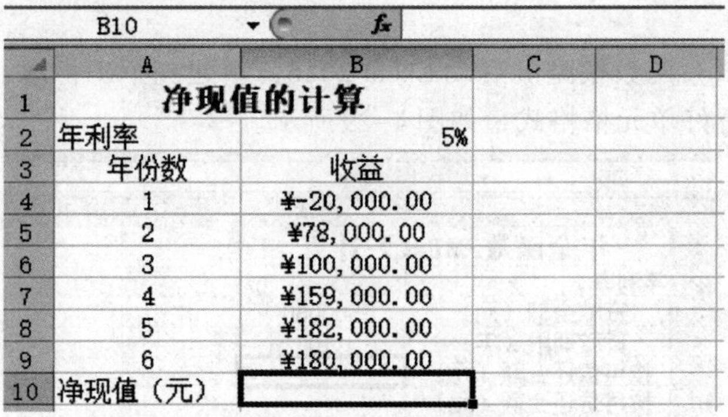

	A	B	C	D
1	净现值的计算			
2	年利率	5%		
3	年份数	收益		
4	1	¥-20,000.00		
5	2	¥78,000.00		
6	3	¥100,000.00		
7	4	¥159,000.00		
8	5	¥182,000.00		
9	6	¥180,000.00		
10	净现值（元）			

图4-27　创建函数计算模型

（2）设置公式计算净现值。在单元格B10中输入公式“=NPV（B2，B4，B5，B6，B7，B8，B9）”，按下Enter键后，计算结果为545 814.67元，如图4-28所示，即该投资项目的净现值为545 814.67元。

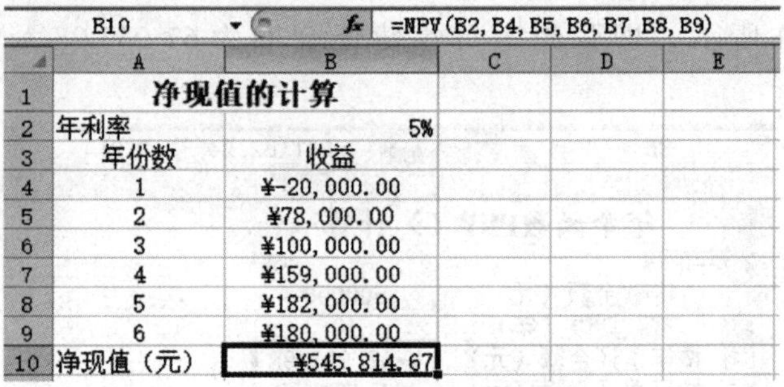

B10　=NPV(B2,B4,B5,B6,B7,B8,B9)

	A	B	C	D	E
1	净现值的计算				
2	年利率	5%			
3	年份数	收益			
4	1	¥-20,000.00			
5	2	¥78,000.00			
6	3	¥100,000.00			
7	4	¥159,000.00			
8	5	¥182,000.00			
9	6	¥180,000.00			
10	净现值（元）	¥545,814.67			

图4-28　输入公式

4.1.5　年金函数PMT（）

PMT函数即年金函数，该函数是基于固定利率及等额分期付款方式，返回投资或贷款的每期付款额。

年金函数PMT（）的公式为：= PMT（Rate，Nper，Pv，Fv，Type）

各参数的含义：

（1）Rate：各期利率（期利率）；

（2）Nper：该项投资或贷款的付款总期数（总年数或还租期数）；

（3）Pv：现值，或一系列未来付款的当前值的累积和，也称为本金；

（4）Fv：为未来值（余值），或在最后一次付款后希望得到的现金余额，如果省略Fv，则假设其值为0，也就是一笔贷款的未来值为0；

（5）Type：数字0或1，用以指定各期的付款时间是在期初还是期末，0表示期末，1表示期初，若省略Type，则假设值为0。

【例4-13】张先生向中国建设银行贷款50万元，贷款期限为10年，贷款年利率为6%，现要求计算每年和每月偿还金额。

解析：根据题目已知条件，要求计算每年和每月偿还金额，可以使用PMT（）函数计算，其中：计算每年偿还金额Rate=6%，Nper=10，Pv=500 000，Fv=0，Type=0；计算每月偿还金额Rate=6%/12，Nper=10*12，Pv=500 000，Fv=0，Type=0。

操作步骤如下：

（1）创建PMT（）函数模型。启动Excel 2016，新建一个工作簿，在工作表中根据题目已知输入，并设置好单元格格式，如图4-29所示。

B5 fx

	A	B	C	D
1	年金函数PMT（）计算			
2	年利率	6%		
3	贷款金额（元）	500000		
4	贷款期限（年）	10		
5	按年偿还金额（元）			
6	按月偿还金额（元）			

图4-29 创建函数计算模型

（2）设置公式计算按年偿还金额和按月偿还金额。在单元格B5中输入公式“=PMT（B2，B4，B3，0，0）”，按下Enter键后，计算结果为67 933.98元；在单元格B6中输入公式“=PMT（B2/12，B4*12，B3，0，0）”，按下Enter键后，计算结果为5 551.03元，如图4-30、图4-31所示，即张先生每年偿还金额为67 933.98元，每月偿还金额为5 551.03元。

B5 fx =PMT(B2, B4, B3, 0, 0)

	A	B	C	D
1	年金函数PMT（）计算			
2	年利率	6%		
3	贷款金额（元）	500000		
4	贷款期限（年）	10		
5	按年偿还金额（元）	¥-67,933.98		
6	按月偿还金额（元）	¥-5,551.03		

图4-30 输入公式（一）

B6 fx =PMT(B2/12, B4*12, B3, 0, 0)

	A	B	C	D	E
1	年金函数PMT（）计算				
2	年利率	6%			
3	贷款金额（元）	500000			
4	贷款期限（年）	10			
5	按年偿还金额（元）	¥-67,933.98			
6	按月偿还金额（元）	¥-5,551.03			

图4-31 输入公式（二）

4.1.6 本金函数PPMT（）

本金函数PPMT（）指根据定期定额支付和固定利率计算的年金在给定期间内的本金偿付额。

本金函数PPMT（）公式为：=PPMT（Rate，Per，Nper，Pv，Fv，Type）

其中参数Per是用于计算其本金数额的期数，它必须介于1和付款总次数Nper之间，其他参数的含义与PMT（）函数的参数含义相同。

【例4-14】承接【例4-13】资料，计算前10个月每月还款的本金。

操作步骤如下：

（1）创建PPMT（）函数模型。启动Excel 2016，新建一个工作簿，在工作表中根据题目已知输入，并设置好单元格格式，如图4-32所示。

B15　　f_x

	A	B	C	D
1	本金函数PPMT（）计算			
2	年利率	6%		
3	贷款金额（元）	500000		
4	贷款期限（年）	10		
5	月份	本金（元）		
6	1			
7	2			
8	3			
9	4			
10	5			
11	6			
12	7			
13	8			
14	9			
15	10			

图4-32　创建函数计算模型

（2）设置公式计算前10个月每月偿还本金。在单元格B6中输入公式“=PPMT（$B$2/12，A6，$B$4*12，$B$3，0，0）”，按下Enter键后，计算结果为3 051.03元；使用填充柄将B6单元格中的公式依次向下填充至B15单元格，如图4-33所示。

B6　　f_x　=PPMT($B$2/12,A6,$B$4*12,$B$3,0,0)

	A	B	C	D	E	F
1	本金函数PPMT（）计算					
2	年利率	6%				
3	贷款金额（元）	500000				
4	贷款期限（年）	10				
5	月份	本金（元）				
6	1	¥-3,051.03				
7	2	¥-3,066.28				
8	3	¥-3,081.61				
9	4	¥-3,097.02				
10	5	¥-3,112.50				
11	6	¥-3,128.07				
12	7	¥-3,143.71				
13	8	¥-3,159.43				
14	9	¥-3,175.22				
15	10	¥-3,191.10				

图4-33　输入公式计算本金

4.1.7　利息函数IPMT（）

利息函数IPMT（）指定根据定期定额支付和固定利率计算的年金在给定期间内的利息偿付额。

利息函数IPMT（）公式为：=IPMT（Rate，Per，Nper，Pv，Fv，Type）

其参数的含义与PPMT（）函数的参数含义相同。

【例4-15】承接【例4-13】资料，计算前10个月每月还款的利息。

操作步骤如下：

（1）创建IPMT（）函数模型。启动Excel 2016，新建一个工作簿，在工作表中根据题目已知输入，并设置好单元格格式，如图4-34所示。

B15 fx

	A	B	C	D
1	利息函数 IPMT（ ）计算			
2	年利率	6%		
3	贷款金额	500000		
4	贷款期限	10		
5	月份	利息（元）		
6	1			
7	2			
8	3			
9	4			
10	5			
11	6			
12	7			
13	8			
14	9			
15	10			

图4-34　创建函数计算模型

（2）设置公式计算前10个月每月偿还利息。在单元格B6中输入公式“=IPMT（$B$2/12，A6，$B$4*12，$B$3，0，0）”，按下Enter键后，计算结果为2 500元；使用填充柄将B6单元格中的公式依次向下填充至B15单元格，即可得出结果，如图4-35所示。

B6 fx =IPMT($B$2/12,A6,$B$4*12,$B$3,0,0)

	A	B	C	D	E	F
1	利息函数 IPMT（ ）计算					
2	年利率	6%				
3	贷款金额	500000				
4	贷款期限	10				
5	月份	利息（元）				
6	1	¥-2,500.00				
7	2	¥-2,484.74				
8	3	¥-2,469.41				
9	4	¥-2,454.01				
10	5	¥-2,438.52				
11	6	¥-2,422.96				
12	7	¥-2,407.32				
13	8	¥-2,391.60				
14	9	¥-2,375.80				
15	10	¥-2,359.93				

图4-35　输入公式计算利息

4.1.8　期数函数NPER（）

NPER函数（）的功能是基于固定利率及等额分期付款方式，返回某项投资或贷款的总期数。

期数函数NPER（）公式为：=NPER（Rate，Pmt，Pv，Fv，Type）

其参数的含义与PMT（）函数等的参数含义相同。

【例4-16】某公司向银行贷款300万元，贷款年利率为6%，若该公司采取每年年末等额还款方式，每年年末还款50万元，计算该公司需要多少年才能全部偿还该笔贷款。

操作步骤如下：

（1）创建NPER（）函数模型。启动Excel 2016，新建一个工作簿，在工作表中根据题目已知输入，并设置好单元格格式，如图4-36所示。

B5 fx

	A	B	C	D
1	期数函数NPER（）计算			
2	年利率	6%		
3	贷款金额（元）	3000000		
4	每年年末偿还金额（元）	500000		
5	偿还期数（年）			

图4-36 创建函数计算模型

（2）设置公式计算偿还期数。在单元格B5中输入公式“=NPER（B2，-B4，B3，0，0）”，按下Enter键后，计算结果为7.66年，如图4-37所示，即该公司全部偿还该笔贷款需7.66年。

B5 fx =NPER(B2,-B4,B3,0,0)

	A	B	C	D
1	期数函数NPER（）计算			
2	年利率	6%		
3	贷款金额（元）	3000000		
4	每年年末偿还金额（元）	500000		
5	偿还期数（年）	7.66		

图4-37 输入公式计算期数

4.2 折旧计算函数

企业在生产经营过程中使用固定资产而使其损耗导致价值减少仅余一定残值，其原值与残值之差在其使用年限内分摊的固定资产耗费是固定资产折旧。确定固定资产的折旧范围是计提折旧的前提。固定资产折旧计算方法主要有年限平均法、双倍余额递减法、年限总额法等。Excel 2016的财务函数中专门提供了一类折旧函数，用于计算不同折旧方法下的资产折旧值，主要包括SLN（）函数、DB（）函数、DDB（）函数、VDB（）函数和SYD（）函数。

4.2.1 SLN（）函数

年限平均法，又称直线法，是按固定资产的使用年限平均计提折旧的方法。按此计算方法所计算的每年的折旧额是相同的，因此，在每年使用资产情况相同时，采用直线法比较恰当。在Excel2016中，可以采用SLN（）函数计算折旧额。

SLN（）函数公式为：=SLN（Cost，Salvage，Life）

各参数含义：

（1）Cost：资产原值；

（2）Salvage：资产在折旧期末的价值（有时也称为资产残值）；

（3）Life：资产的折旧期数（有时也称作资产的使用寿命）。

【例4-17】某企业购进一台价值1 000万元的大型设备，该设备使用期限为10年，预计净残值为50万元，该企业采用年限平均法计提折旧，计算该设备的年折旧额。

解析：本题是计算年限平均法下的年折旧额，可以采用SLN（）函数计算，其中：Cost=10 000 000，Salvage=500 000，Life=10。

操作步骤如下：

（1）创建SLN（）函数模型。启动Excel 2016，新建一个工作簿，在工作表中根据题目已知输入，并设置好单元格格式，如图4-38所示。

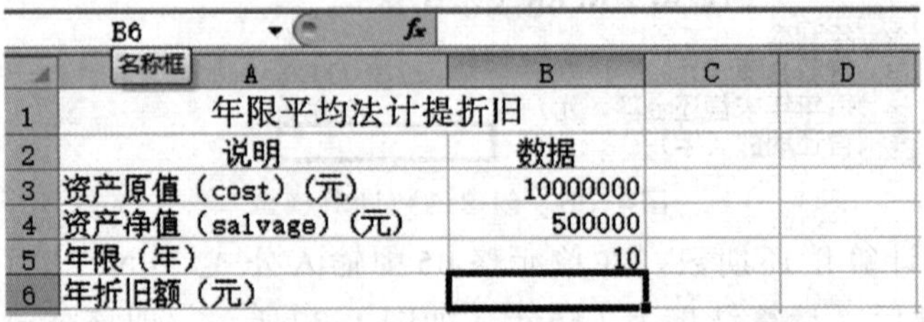

	A	B	C	D
1	年限平均法计提折旧			
2	说明	数据		
3	资产原值（cost）（元）	10000000		
4	资产净值（salvage）（元）	500000		
5	年限（年）	10		
6	年折旧额（元）			

图4-38　创建函数计算模型

（2）设置公式计算年折旧额。在单元格B6中输入公式“=SLN（B3，B4，B5）”，按下Enter键后，如图4-39所示，即年限平均法下该设备的年折旧额为950 000元。

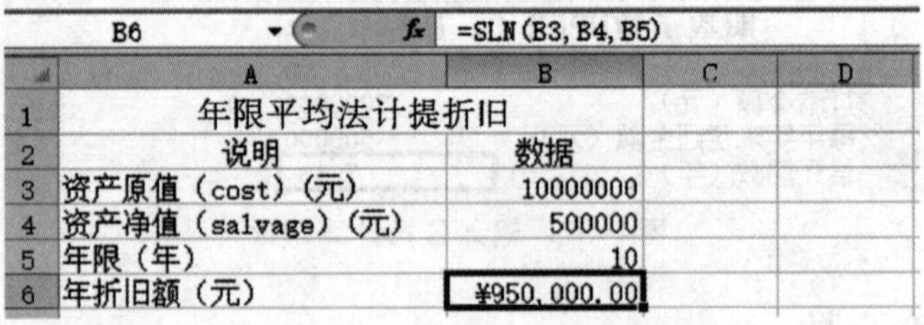

	A	B	C	D
1	年限平均法计提折旧			
2	说明	数据		
3	资产原值（cost）（元）	10000000		
4	资产净值（salvage）（元）	500000		
5	年限（年）	10		
6	年折旧额（元）	¥950,000.00		

图4-39　输入公式计算折旧额

4.2.2　DB（）函数

固定余额递减折旧法指在预计使用年限内，将后期折旧的一部分移到前期，使前期折旧额大于后期折旧额，是加速折旧法的一种。在Excel 2016中，可以采用DB（）函数计算固定余额递减折旧法下的折旧额。

DB（）函数公式为：=DB（Cost，Salvage，Life，Period，Month）

各参数含义：

（1）Period：需要计算折旧值的期间，Period必须使用与Life相同的单位；

（2）Month：为第一年的月份数，如省略，则假设为12。

其余参数的含义与SLN（）函数的参数含义相同。

【例4-18】承接【例4-17】资料，该企业采用固定余额递减法计提折旧，要求计算该设备每年折旧额。

解析：本题要求计算固定余额递减法下的折旧额，可以采用DB（）函数计算，其中：Cost=10 000 000，Salvage=500 000，Life=10，Month=12。

操作步骤如下：

（1）创建DB（）函数模型。启动Excel 2016，新建一个工作簿，在工作表中根据题目已知输入，并设置好单元格格式，如图4-40所示。

B7　fx

	A	B	C	D
1	**固定余额递减法计提折旧**			
2	资产原值（cost）（元）	10000000		
3	资产净值（salvage）（元）	500000		
4	使用年限（life）（年）	10		
5	第一年使用月份（月）	12		
6	年份	折旧额（元）		
7	1			
8	2			
9	3			
10	4			
11	5			
12	6			
13	7			
14	8			
15	9			
16	10			

图4-40　创建函数计算模型

（2）设置公式计算年折旧额。在单元格B7中输入公式“=DB（$B$2，$B$3，$B$4，A7，$B$5）”，按下Enter键后，计算结果为2 590 000元，如图4-41所示，即固定余额递减法下该设备第一年的折旧额为2 590 000元。

B7　fx　=DB($B$2, $B$3, $B$4, A7, $B$5)

	A	B	C	D
1	**固定余额递减法计提折旧**			
2	资产原值（cost）（元）	10000000		
3	资产净值（salvage）（元）	500000		
4	使用年限（life）（年）	10		
5	第一年使用月份（月）	12		
6	年份	折旧额（元）		
7	1	¥2,590,000.00		
8	2			
9	3			
10	4			
11	5			
12	6			
13	7			
14	8			
15	9			
16	10			

图4-41　输入公式计算第一年折旧额

（3）复制公式，使用填充柄将B7单元格中的公式依次向下填充至B16单元格，计算出固定余额递减法下该设备其余年份的折旧额，如图4-42所示。

B16　fx　=DB($B$2, $B$3, $B$4, A16, $B$5)

	A	B	C	D
1	**固定余额递减法计提折旧**			
2	资产原值（cost）（元）	10000000		
3	资产净值（salvage）（元）	500000		
4	使用年限（life）（年）	10		
5	第一年使用月份（月）	12		
6	年份	折旧额（元）		
7	1	¥2,590,000.00		
8	2	¥1,919,190.00		
9	3	¥1,422,119.79		
10	4	¥1,053,790.76		
11	5	¥780,858.96		
12	6	¥578,616.49		
13	7	¥428,754.82		
14	8	¥317,707.32		
15	9	¥235,421.12		
16	10	¥174,447.05		

图4-42　输入公式计算各年折旧额

4.2.3 DDB（）函数

双倍余额递减法，是在固定资产使用年限最后两年的前面各年，用年限平均法折旧率的两倍作为固定的折旧率乘以逐年递减的固定资产期初净值，得出各年应提折旧额；在固定资产使用年限的最后两年改用年限平均法，将倒数第二年年初的固定资产账面净值在这两年平均分摊。双倍余额递减法是加速折旧法的一种，是假设固定资产的服务潜力在前期消耗较大，在后期消耗较少，为此，在使用前期多提折旧，后期少提折旧，从而相对加速折旧，此方法下，年折旧率=2÷预计的折旧年限×100%。在Excel 2016中，可以采用DDB（）函数计算双倍余额递减法下的折旧额。

DDB（）函数公式为：=DDB（Cost，Salvage，Life，Period，Factor）

其中参数Factor为余额递减率，若该参数被省略，则默认为2，此时采用双倍余额递减法。

其余参数的含义与DB（）函数的参数含义相同。

【例4-19】承接【例4-17】资料，现采用双倍余额递减法计算各年折旧额。

解析：本题要求计算双倍余额递减法下的折旧额，可以采用DDB（）函数计算，其中：Cost=10 000 000，Salvage=500 000，Life=10，Factor=2。

操作步骤如下：

（1）创建DDB（）函数模型。启动Excel2016，新建一个工作簿，在工作表中根据题目已知输入，并设置好单元格格式，如图4-43所示。

（2）设置公式计算年折旧额。在单元格B7中输入公式“=DDB（$B$2，$B$3，$B$4，A7，$B$5）”，按下Enter键后，计算结果为2 000 000元，如图4-44所示，即双倍余额递减法下该设备第一年的折旧额为2 000 000元。

（3）复制公式，使用填充柄将B7单元格中的公式依次向下填充至B14单元格，计算出双倍余额递减法下该设备最后两年前面各年的折旧额。单元格B15、B16中均输入=（9500000-B7-B8-B9-B10-B11-B12-B13-B14）/2，计算出该设备最后两年的折旧额，如图4-45所示。

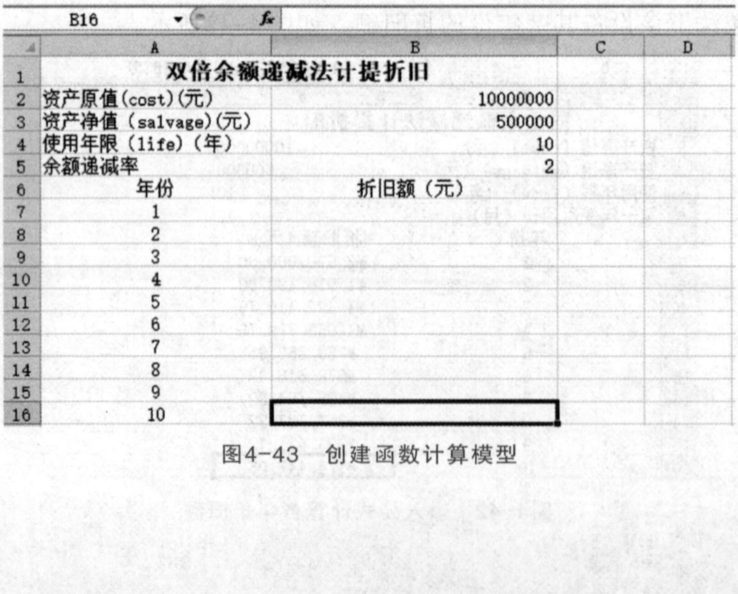

	A	B	C	D
1	双倍余额递减法计提折旧			
2	资产原值(cost)(元)	10000000		
3	资产净值（salvage)(元)	500000		
4	使用年限（life）(年)	10		
5	余额递减率	2		
6	年份	折旧额（元）		
7	1			
8	2			
9	3			
10	4			
11	5			
12	6			
13	7			
14	8			
15	9			
16	10			

图4-43 创建函数计算模型

B7　=DDB($B$2, $B$3, $B$4, A7, $B$5)

	A	B	C	D
1	双倍余额递减法计提折旧			
2	资产原值(cost)(元)	10000000		
3	资产净值（salvage)(元)	500000		
4	使用年限（life)（年)	10		
5	余额递减率	2		
6	年份	折旧额（元）		
7	1	¥2,000,000.00		
8	2			
9	3			
10	4			
11	5			
12	6			
13	7			
14	8			
15	9			
16	10			

图4-44　输入公式计算第一年折旧额

B16　=(9500000-B7-B8-B9-B10-B11-B12-B13-B14)/2

	A	B	C	D	E	F
1	双倍余额递减法计提折旧					
2	资产原值(cost)(元)	10000000				
3	资产净值（salvage)(元)	500000				
4	使用年限（life)（年)	10				
5	余额递减率	2				
6	年份	折旧额（元）				
7	1	¥2,000,000.00				
8	2	¥1,600,000.00				
9	3	¥1,280,000.00				
10	4	¥1,024,000.00				
11	5	¥819,200.00				
12	6	¥655,360.00				
13	7	¥524,288.00				
14	8	¥419,430.40				
15	9	588860.80				
16	10	588860.80				

图4-45　输入公式计算各年折旧额

4.2.4　VDB（）函数

可变余额递减折旧法是指以不同的余额递减法计算一个时期内折旧额的方法。在Excel2016中，可采用VDB（）函数计算可变余额递减折旧法下的折旧额。

VDB（）函数公式为：=VDB（Cost，Salvage，Life，Start_ period，End_ period，Factor，No_ switch）

各参数含义：

（1）Start_period：为进行折旧计算的起始期间，Start_ period必须与Life的单位相同。

（2）End_ period：为进行折旧计算的截止期间，End_ period必须与Life的单位相同。

（3）No_ switch：为逻辑值，指定当折旧值大于余额递减计算值时，是否转用直线折旧法；如果No_ switch为true，即使折旧值大于余额递减计算值，Excel 2016也不转用直线折旧法；如果No_ switch为false或被忽略，且折旧值大于余额递减计算值，Excel2016将转用直线折旧法。

其余参数的含义与DDB（）函数的参数含义相同。

【例4-20】承接【例4-17】资料，现采用可变余额递减折旧法计提折旧，要求计算第一天折旧额、第151天至第458天折旧额、第一个月的折旧额、第一年的折旧额，第六个月至第二十四个月的折旧额。

解析：本题要求计算可变余额递减折旧法下的折旧额，可以采用VDB（）函数计算，其中：Cost=10 000 000，Salvage=500 000。

操作步骤如下：

（1）创建VDB（）函数模型。启动Excel 2016，新建一个工作簿，在工作表中根据题目已知输入，并设置好单元格格式，如图4-46所示。

B10

	A	B	C	D
1	可变余额递减法计算折旧额			
2	资产原值(cost)(元)	10000000		
3	资产净值（salvage)(元)	500000		
4	使用年限（life）(年)	10		
5	计算项目	折旧额（元）		
6	第一天折旧额			
7	第151天至第458天折旧额			
8	第一个月的折旧额			
9	第一年的折旧额			
10	第六个月至第二十四个月的折旧额			

图4-46　创建函数计算模型

（2）设置公式计算折旧额。在单元格B6中输入公式“=VDB（B2，B3，B4*365，0，1）”，按下Enter键后，计算结果为5 479.45元；在单元格B7中输入公式“=VDB（B2，B3，B4*365，151，458）”，按下Enter键后，计算结果为1 425 690.14元；在单元格B8中输入公式“=VDB（B2，B3，B4*12，0，1）”，按下Enter键后，计算结果为166 666.67元；在单元格B9中输入公式“=VDB（B2，B3，B4，0，1）”，按下Enter键后，计算结果为2 000 000元；在单元格B10中输入公式“=VDB（B2，B3，B4*12，6，24）”，按下Enter键后，计算结果为2 360 109.15元，如图4-47所示。

B10　=VDB(B2, B3, B4*12, 6, 24)

	A	B	C	D
1	可变余额递减法计算折旧额			
2	资产原值(cost)(元)	10000000		
3	资产净值（salvage)(元)	500000		
4	使用年限（life）(年)	10		
5	计算项目	折旧额（元）		
6	第一天折旧额	¥5,479.45		
7	第151天至第458天折旧额	¥1,425,690.14		
8	第一个月的折旧额	¥166,666.67		
9	第一年的折旧额	¥2,000,000.00		
10	第六个月至第二十四个月的折旧额	¥2,360,109.15		

图4-47　输入公式计算折旧额

4.2.5　SYD（）函数

年限总和法，是指用固定资产原值减去预计残值后的净额，乘以一个逐年递减的分数（称为折旧率），计算折旧额的一种加速折旧的方法，又称总和年限法、折旧年限积数法、年数比率法、级数递减法或年限合计法。在Excel2016中，可以采用SYD（）函数计算年限总和法下的折旧额。

SYD（）函数公式为：=SYD（Cost，Salvage，Life，Per）

其中参数Per为需要计算折旧值的期间，Per必须使用与Life相同的单位。

其余参数的含义与SLN（）函数的参数含义相同。

【例4-21】承接【例4-17】资料，现采用年限总和法计算每年折旧额。

解析：本题要求计算年限总和法下的折旧额，可以采用SYD（）函数计算，其中：

Cost=10 000 000，Salvage=500 000，Life=10，Factor=2。

操作步骤如下：

（1）创建SYD（）函数模型。启动Excel 2016，新建一个工作簿，在工作表中根据题目已知输入，并设置好单元格格式，如图4-48所示。

B15　fx

	A	B	C	D
1	年限总和法计算折旧额			
2	资产原值(cost)(元)	10000000		
3	资产净值（salvage)(元)	500000		
4	使用年限（life)（年）	10		
5	年份	折旧额（元）		
6	1			
7	2			
8	3			
9	4			
10	5			
11	6			
12	7			
13	8			
14	9			
15	10			

图4-48　创建函数计算模型

（2）设置公式计算折旧额。在单元格B6中输入公式“=SYD（$B$2，$B$3，$B$4，A6）”，按下Enter键后，计算结果为1 727 272.73元，如图4-49所示，即年限总和法下该设备第一年的折旧额为1 727 272.73元。

B6　fx　=SYD($B$2, $B$3, $B$4, A6)

	A	B	C	D
1	年限总和法计算折旧额			
2	资产原值(cost)(元)	10000000		
3	资产净值（salvage)(元)	500000		
4	使用年限（life)（年）	10		
5	年份	折旧额（元）		
6	1	¥1,727,272.73		
7	2			
8	3			
9	4			
10	5			
11	6			
12	7			
13	8			
14	9			
15	10			

图4-49　输入公式计算第一年折旧额

（3）复制公式，使用填充柄将B6单元格中的公式依次向下填充至B15单元格，计算出年限总和法下该设备其余年份的折旧额，如图4-50所示。

B15 =SYD($B$2, $B$3, $B$4, A15)

	A	B	C	D
1	年限总和法计算折旧额			
2	资产原值(cost)(元)	10000000		
3	资产净值 (salvage)(元)	500000		
4	使用年限 (life) (年)	10		
5	年份	折旧额 (元)		
6	1	¥1,727,272.73		
7	2	¥1,554,545.45		
8	3	¥1,381,818.18		
9	4	¥1,209,090.91		
10	5	¥1,036,363.64		
11	6	¥863,636.36		
12	7	¥690,909.09		
13	8	¥518,181.82		
14	9	¥345,454.55		
15	10	¥172,727.27		

图4-50 输入公式计算各年折旧额

4.3 偿还率计算函数

偿还率计算函数主要用来计算内部收益率，主要包括利率函数RATE（）、内含报酬率函数MIRR（）和修正内含报酬率函数IRR（）等。

4.3.1 利率函数RATE（）

RATE（）函数基于等额分期付款的方式，返回某项投资或贷款的实际利率。RATE（）函数通过迭代法计算得出结果，并且可能无解或有多个解。如果在进行20次迭代计算后，RATE函数的相邻两次结果没有收敛于0.0000001，RATE（）函数将返回错误值#NUM!。

RATE（）函数公式为：=RATE（Nper，Pmt，Pv，Fv，Type，Guess）

各参数含义：

（1）Nper：年金的付款总期数。

（2）Pmt：各期所应支付的金额，其数值在整个年金期间保持不变。通常，Pmt包括本金和利息，但不包括其他费用或税款。如果省略Pmt，则必须包含Fv参数。

（3）Pv：现值，即一系列未来付款现在所值的总金额。

（4）Fv：未来值，或在最后一次付款后希望得到的现金余额。如果省略Fv，则假设其值为0（例如，一笔贷款的未来值即为0）。

（5）Type：数字0或1，用以指定各期的付款时间是在期初还是期末，0表示期末，1表示期初，若省略Type，则假设值为0。

（6）Guess：预期利率，如果省略预期利率，则假设该值为10%；如果RATE（）函数不收敛，则需修改Guess的值再试。通常当Guess位于0到1之间时，RATE（）函数是收敛的。

【例4-22】假设某房产的价格为600 000元，首付3成，银行提供15年按揭贷款，每月月初还款3 600元，计算相应的贷款利率。

解析：楼宇按揭是房地产信贷中的一种抵押担保方式，从计算角度分析，这也是一个分期偿还贷款的问题，可以采用利息函数RATE（）计算，其中：Nper=15*12=180，Pmt=-3 600，Pv=600 000*70%，Fv=0，Type=1。

操作步骤如下：

（1）创建RATE（）函数模型。启动Excel 2016，新建一个工作簿，在工作表中根据题目已知输入，并设置好单元格格式，将B7、B8单元格设置成百分比且保存四位小数，如图4-51所示。

B8 fx

	A	B	C	D
1	**按揭贷款利率计算**			
2	房屋全价（元）	600000		
3	按揭比例	70%		
4	每期还款（pmt)(元)	-3600		
5	贷款期限（nper)(月)	180		
6	还款方式	每月月初		
7	按揭贷款月利率			
8	按揭贷款年利率			

图4-51 创建函数计算模型

（2）设置公式计算按揭贷款利率。在单元格B7中输入公式“= RATE（B5，B4，B2*B3，0，1）”，按下Enter键，计算结果为0.5273%，在单元格B8中输入公式“=B7*12”，按下Enter键，计算结果为6.3277%，如图4-52所示，即按揭贷款的月利率为0.5273%，年利率为6.3277%。

B7 fx =RATE(B5, B4, B2*B3, 0, 1)

	A	B	C	D
1	**按揭贷款利率计算**			
2	房屋全价（元）	600000		
3	按揭比例	70%		
4	每期还款（pmt)(元)	-3600		
5	贷款期限（nper)(月)	180		
6	还款方式	每月月初		
7	按揭贷款月利率	0.5273%		
8	按揭贷款年利率	**6.3277%**		

图4-52 输入公式计算按揭贷款利率

4.3.2 内含报酬率函数IRR（）

IRR（）函数是返回由数值代表的一组现金流的内含报酬率。这些现金流不一定为均衡的，但作为年金，它们必须按固定的间隔发生。

IRR（）函数公式为：=IRR（Values，Guess）

各参数含义：

（1）Values：为数组或单元格的引用，必须包括至少一个正数和一个负数，以计算内含报酬率；函数IRR（）根据数值的顺序来解释现金流的顺序，故应确定按需要的顺序输入了支付和收入的数值；如果数组或引用包含文本、逻辑值或空白单元格，这些数值将被忽略。

（2）Guess：对IRR（）函数计算结果的估计值，Excel 2016使用迭代法计算IRR（）函数，从Guess开始，IRR（）函数进行循环计算，直至结果的精度达到0.00001%。如果IRR（）函数经过20次迭代仍未找到结果，则返回错误值#NUM!；在大多数情况下，并不需要为IRR（）函数的计算提供Guess值；如果省略Guess，假设它为0.1（10%）；如果IRR（）函数返回错误值#NUM!，或结果没有靠近期望值，可用另一个Guess值再试一次。

【例4-23】假设某一项目期初投资额1 500 000元，预计第一年的净收入为400 000元，第二年的净收入为500 000元，第三年的净收入为600 000元，第四年的净收入为700 000元，第五年的净收入为860 000元，要求计算该项目每年的内含报酬率。

解析：已知期初项目投资额及各期净收入，要求计算各年内含报酬率，可以采用内含报酬率函数IRR（）计算。

操作步骤如下：

（1）创建IRR（）函数模型。启动Excel 2016，新建一个工作簿，在工作表中根据题目已知输入，并设置好单元格格式，如图4-53所示。

D7 fx

	A	B	C	D	E
1		内含报酬率计算			
2	期初投资额（元）	-1500000			
3	第一年净收入（元）	400000	投资一年后的内含报酬率		
4	第二年净收入（元）	500000	投资二年后的内含报酬率		
5	第三年净收入（元）	600000	投资三年后的内含报酬率		
6	第四年净收入（元）	700000	投资四年后的内含报酬率		
7	第五年净收入（元）	860000	投资五年后的内含报酬率		

图4-53 创建函数计算模型

（2）设置公式计算第一年内含报酬率。在单元格D3中输入公式“=IRR（B2：B3，-50%）”，按下Enter键，计算结果为-73.33%，如图4-54所示。

D3 fx =IRR(B2:B3,-50%)

	A	B	C	D	E
1		内含报酬率计算			
2	期初投资额（元）	-1500000			
3	第一年净收入（元）	400000	投资一年后的内含报酬率	-73.33%	
4	第二年净收入（元）	500000	投资二年后的内含报酬率		
5	第三年净收入（元）	600000	投资三年后的内含报酬率		
6	第四年净收入（元）	700000	投资四年后的内含报酬率		
7	第五年净收入（元）	860000	投资五年后的内含报酬率		

图4-54 输入公式计算第一年内含报酬率

说明：因为第一年内含报酬率的值远小于系统默认的Guess值10%，所以必须输入一个Guess值，此处的Guess值设为50%。

（3）设置公式计算各年内含报酬率。在单元格中D4中输入公式“=IRR（B2：B4）”，单元格D5中输入公式“=IRR（B2：B5）”，单元格D6中输入公式“=IRR（B2：B6）”，单元格D7中输入公式“=IRR（B2：B7）”，分别按下Enter键，计算得出结果，如图4-55所示，即可得到该项目每年的内含报酬率。

D7 =IRR(B2:B7)

	A	B	C	D	E
1	内含报酬率计算				
2	期初投资额（元）	-1500000			
3	第一年净收入（元）	400000	投资一年后的内含报酬率	-73.33%	
4	第二年净收入（元）	500000	投资二年后的内含报酬率	-27.41%	
5	第三年净收入（元）	600000	投资三年后的内含报酬率	0.00%	
6	第四年净收入（元）	700000	投资四年后的内含报酬率	15.62%	
7	第五年净收入（元）	860000	投资五年后的内含报酬率	25.45%	

图4-55　输入公式计算各年内含报酬率

4.3.3　修正内含报酬率函数MIRR（）

修正内含报酬率函数MIRR（）是计算某一连续期间内现金流的修正内含报酬率，该函数同时考虑了投资的成本和现金再投资的收益率。

MIRR（）函数公式为：=MIRR（Values，Finance_rate，Reinvest_rate）

各参数含义：

（1）Values：一个数组或对包含数字的单元格的引用，这些数值代表着各期的一系列支出（负值）及收入（正值）；Values必须至少包含一个正值和一个负值，才能计算修正后的内含报酬率，否则MIRR（）函数会返回错误值；若数组或引用参数包含文本、逻辑值或空白单元格，则这些值将被忽略，但包含零值的单元格将计算在内。

（2）Finance_rate：现金流中使用的资金支付的利率。

（3）Reinvest_rate：将现金流再投资的收益率。

说明：MIRR（）函数根据输入值的次序来解释现金流的次序，所以，务必按照实际的顺序输入支出和收入数额，并使用正确的正负号（现金流入为正值，现金流出为负值）。

【例4-24】假设某公司从银行以10%的年利率贷款100 000元用于投资某一项目，预计该项目第一年至第五年的净收益分别为30 000元、25 000元、20 000元、35 000元、46 000元，期间又将所获得的净收益用于再投资，每年的投资报酬率为12%，分别计算该公司的三年后投资和五年后投资的内含报酬率、修正报酬率。

操作步骤如下：

（1）创建MIRR（）函数模型。启动Excel 2016，新建一个工作簿，在工作表中根据题目已知输入，并设置好单元格格式，如图4-56所示。

B13

	A	B	C	D
1	修正内含报酬率计算			
2	期初投资额（元）	-100000		
3	第一年净收益（元）	30000		
4	第二年净收益（元）	25000		
5	第三年净收益（元）	20000		
6	第四年净收益（元）	35000		
7	第五年净收益（元）	46000		
8	贷款年利率	10%		
9	再投资收益的年利率	12%		
10	三年后投资的内含报酬率			
11	三年后投资的修正内含报酬率			
12	五年后投资的内含报酬率			
13	五年后投资的修正内含报酬率			

图4-56　创建函数计算模型

（2）设置公式计算内含报酬率。在单元格B10中输入公式“=IRR（B2：B5）”，按下Enter键后，计算结果为-13.94%，即该公司的三年后投资的内含报酬率为-13.94%。在单元格B12中输入公式“=IRR（B2：B7）”，按下Enter键后，计算结果为15.40%，即该公司的五年后投资的内含报酬率为15.40%，如图4-57所示。

B12 | fx =IRR(B2:B7)

	A	B	C	D
1	**修正内含报酬率计算**			
2	期初投资额（元）	-100000		
3	第一年净收益（元）	30000		
4	第二年净收益（元）	25000		
5	第三年净收益（元）	20000		
6	第四年净收益（元）	35000		
7	第五年净收益（元）	46000		
8	贷款年利率	10%		
9	再投资收益的年利率	12%		
10	三年后投资的内含报酬率	-13.94%		
11	三年后投资的修正内含报酬率			
12	五年后投资的内含报酬率	15.40%		
13	五年后投资的修正内含报酬率			

图4-57　输入公式计算内含报酬率

（3）设置公式计算修正内含报酬率。在单元格B11中输入公式“=MIRR（B2：B5，B8，B9）”，按下Enter键后，计算结果为-5.04%，即该公司的三年后投资的修正内含报酬率为-5.04%。在单元格B13中输入公式“=MIRR（B2：B7，B8，B9）”，按下Enter键后，计算结果为14.01%，如图4-58所示，即该公司的五年后投资的修正内含报酬率为14.01%。

B13 | fx =MIRR(B2:B7,B8,B9)

	A	B	C	D
1	**修正内含报酬率计算**			
2	期初投资额（元）	-100000		
3	第一年净收益（元）	30000		
4	第二年净收益（元）	25000		
5	第三年净收益（元）	20000		
6	第四年净收益（元）	35000		
7	第五年净收益（元）	46000		
8	贷款年利率	10%		
9	再投资收益的年利率	12%		
10	三年后投资的内含报酬率	-13.94%		
11	三年后投资的修正内含报酬率	-5.04%		
12	五年后投资的内含报酬率	15.40%		
13	五年后投资的修正内含报酬率	14.01%		

图4-58　输入公式计算修正内含报酬率

单元实训

1. 3年后想得到10 000元，银行利率为12%，那么现在应一次性存入多少钱？

2. 假定将来5年内每年偿还10 00元，贴现率为4.5%，现在需一次存入多少钱？

3. 现在每年年初存入1 000元，银行利率为10%，10年后到期能收回多少钱？

4. 现在将10 000元存入银行，银行利率为10%，4年后能收回多少钱？

5. 向银行贷款200 000元购买商品房，期限为10年，银行贷款利率为8%，每月应还贷款多少钱？

6. 假设投资一个项目，期初投资25万元，之后4年每年可以回收的现金流量分别为5.5万元、9.5万元、14万元、18.5万元，贴现率为12%，计算净收益现值。

7. 假设投资一个项目，期初投资25万元，之后4年每年可以回收的现金流量分别为5.5万元、9.5万元、14万元、18.5万元，贴现率为12%，计算4年后的内含报酬率。

8. 固定资产原值12 000元，估计使用年限为8年，预计净残值1 200元，按直线法计算每年折旧额。

9. 固定资产原值12 000元，估计使用年限为5年，预计净残值1 200元，按年限总和法计算每年折旧额。

10. 假设每月支付2 000元偿还金，年利率为8%，贷款总额为200 000元，计算付清这笔贷款需要多长时间。

第4章单元实训参考答案

第5章

Excel在筹资决策分析中的应用

学习目标

本章主要介绍筹资分析与决策的内容与方法。通过本章的学习，读者应该熟练运用Excel 2016设计销售百分比法模型和资金习性法模型，并运用销售百分比法和资金习性法进行资金需要量的预测分析；掌握使用Excel 2016设计长期借款基本模型、长期借款单变量决策分析模型、长期借款双变量决策分析模型、租赁筹资分析模型、债券筹资分析模型等，进行长期借款筹资分析、租赁筹资分析以及债券筹资分析。

同时，筹资分析与决策关乎企业社会责任、税收合规、企业文化等问题，读者应了解如何在商业活动中承担社会责任，遵守法律法规，维护公司文化和形象，为国家的经济发展和企业的可持续发展贡献人才力量。

5.1 筹资决策概述

筹资决策是指为满足企业融资的需要，对各种筹资方式进行比较分析，从而确定一个最优资金结构。筹集资金是企业财务活动的起点，筹资活动是企业生存、发展的基本前提，没有资金企业将难以生存，也不可能发展。所以，企业应科学合理地进行筹资活动，及时、有效地筹集和集中企业所需的资金，从而实现企业价值和利润最大化。

目前，我国企业筹资方式主要有以下几种：吸收直接投资、发行股票、发行债券、银行借款、融资租赁、商业信用等。不同方式筹措的资金成本不同，风险也不同。企业筹资一定要诚信合规，数量适当，来源合理，筹措及时，方式经济。筹集资金要有足够的偿还能力，重合同守信用，不得非法集资，不得为了达到融资目的弄虚作假。筹资时要对筹资方式慎重分析，比较资金成本的高低与风险的大小，拒绝成本过高的筹资，如非法网贷、黑贷等。本章将介绍如何利用Excel中的函数和工具进行筹资决策分析。

5.2 资金需要量的预测分析

资金需要量预测是指企业根据生产经营的需要，对未来所需资金的估计和推测。企业筹集资金，首先要对资金需要量进行预测，即对企业未来组织生产经营活动的资金需要量进行估计、分析和判断，它是企业制订融资计划的基础。

资金需要量预测的方法主要有销售百分比法、资金习性法等。

5.2.1 销售百分比法

销售百分比法是一种在分析报告年度资产负债表有关项目与销售额关系的基础上，根据市场调查和销售预测取得的资料，确定资产、负债和所有者权益的有关项目占销售额的百分比，然后依据计划期销售额及假定不变的百分比关系预测计划期资金需要量的一种方法。运用销售百分比法预测资金需要量的具体步骤如下：

(1) 对资产负债表上的项目进行分类。根据资产负债表上的项目与销售收入之间的依存关系，将其分为敏感性项目和非敏感性项目两大类。敏感性项目是指资产负债表中随着销售收入的变动而变动的项目。敏感性项目有敏感资产项目，如库存现金、应收账款、存货等；敏感负债项目，如应付账款、其他应付款等。非敏感性项目是指短期内不随销售收入的变动而变动的项目，如非流动资产、非流动负债、实收资本等。

(2) 计算敏感资产项目和敏感负债项目占销售收入的百分比。

(3) 计算企业预计资金追加额。其公式为：预计资金追加额=预计筹资资产总额-本年度资产总额。

(4) 计算预计外部融资需求量。其公式为：预计外部融资需求量=预计筹资资产总额-预计负债总额-预计所有者权益总额。

【例 5-1】华安公司2022年简易资产负债表资金需要量的计算如图 5-1所示。

华安公司资金需要量预测表			
项目	2021年资产负债表数据	销售百分比	2022年预计金额
流动资产	7800		
长期资产	4200		
资产合计	12000		
短期借款	360		
应付票据	30		
应付账款	1056		
预提费用	54		
长期负债	4860		
负债合计	6360		
实收资本	600		
资本公积	96		
留存收益	4944		
所有者权益合计			
2021年实际销售额		18000	
2022年预计销售额		22000	
2021年销售净利率（适用于2022年）		4.50%	
预计2022年的股利支付率		30.00%	
预计2022年资金追加量			
预计2022年外部融资需求量			

图5-1 销售百分比法

操作步骤如下：

(1) 创建一个新的工作簿，命名为“筹资决策”，在工作簿中新建工作表，命名为“资金需要量预测销售百分比法”，在工作表中设计表格，并录入相关数据，如图 5-2所示。

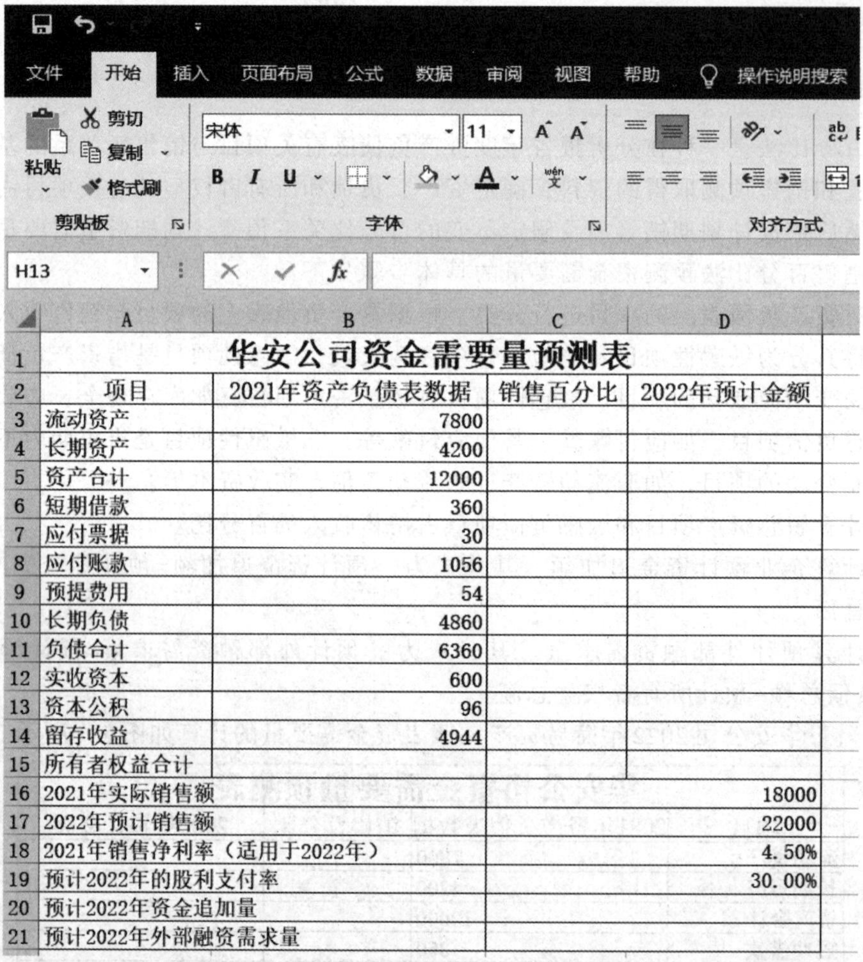

	A	B	C	D
1	华安公司资金需要量预测表			
2	项目	2021年资产负债表数据	销售百分比	2022年预计金额
3	流动资产	7800		
4	长期资产	4200		
5	资产合计	12000		
6	短期借款	360		
7	应付票据	30		
8	应付账款	1056		
9	预提费用	54		
10	长期负债	4860		
11	负债合计	6360		
12	实收资本	600		
13	资本公积	96		
14	留存收益	4944		
15	所有者权益合计			
16	2021年实际销售额			18000
17	2022年预计销售额			22000
18	2021年销售净利率（适用于2022年）			4.50%
19	预计2022年的股利支付率			30.00%
20	预计2022年资金追加量			
21	预计2022年外部融资需求量			

图5-2 创建“资金需要量预测销售百分比法”工作表

（2）选中C3：C15单元格区域，右键选择快捷菜单“设置单元格格式”，在弹出的“设置单元格格式”对话框中选择“数字”选项卡，在“分类”列表框中单击“百分比”，并设置“小数位数”为“2”，单击“确定”，选中D3：D15单元格区域和D20：D21，右键选择快捷菜单“设置单元格格式”，在弹出的“设置单元格格式”对话框中选择“数字”选项卡，在“分类”列表框中单击“数值”，并设置“小数位数”为“2”，单击“确定”，如图5-3所示。

（3）计算资产负债表中敏感性项目占销售收入的百分比。在C3单元格中输入公式“=B3/C16”，在C8单元格中输入公式“=B8/C16”，在C9单元格中输入公式“=B9/C16”，如图5-4所示。

（4）计算预计筹资资产总额。在D3单元格中输入公式“=C17*C3”，在D4单元格中输入公式“=B4”，单元格D5中输入公式“=D3+D4”，如图5-5所示。

（5）计算预计负债。在D6单元格中输入公式“=B6”，在D7单元格中输入公式“=B7”，在D8单元格中输入公式“=C17*C8”，在D9单元格中输入公式“=C17*C9”，在D10单元格中输入公式“=B10”，在D11单元格中输入函数“=SUM（D6：D10）”，如图5-6所示。

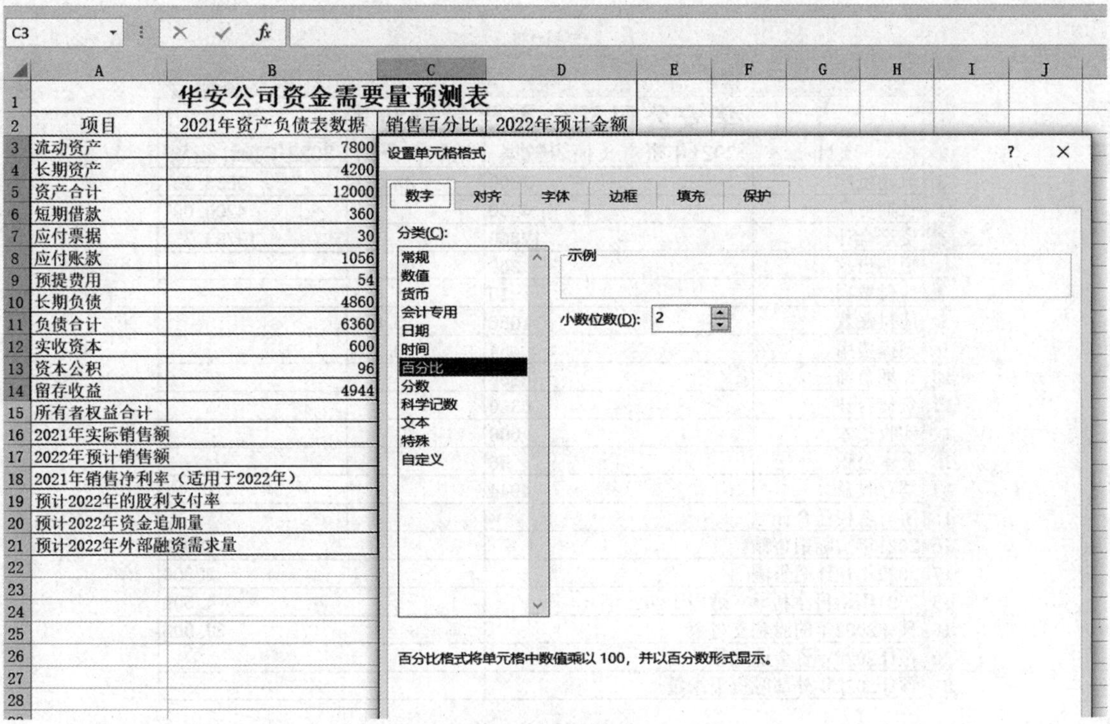

图5-3　设置单元格格式

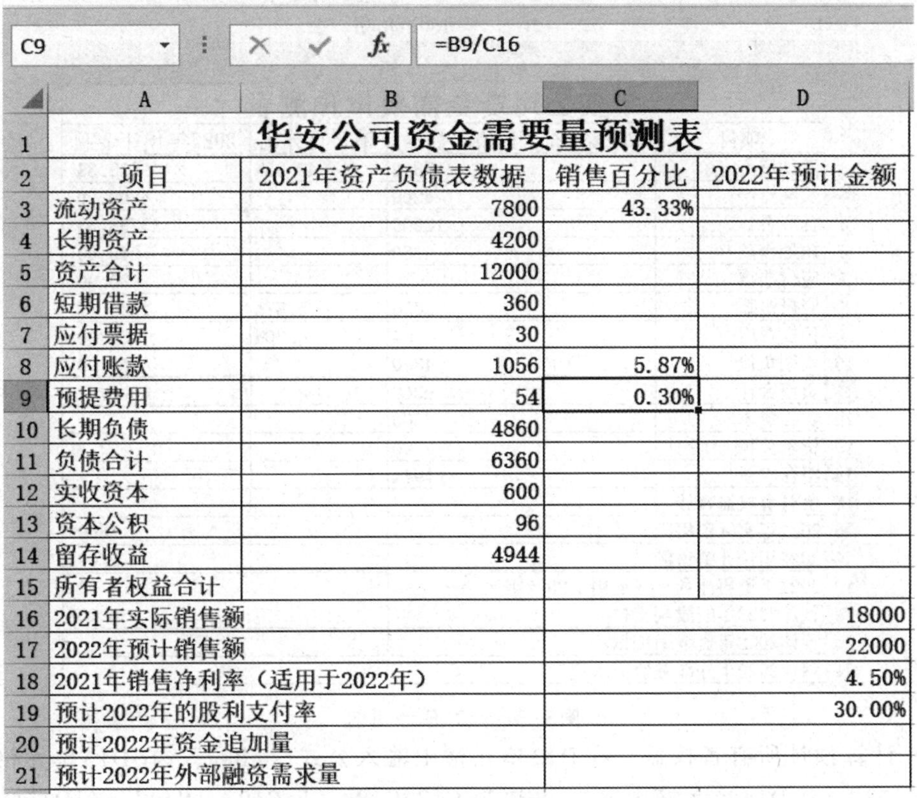

C9　=B9/C16

	A	B	C	D
1	华安公司资金需要量预测表			
2	项目	2021年资产负债表数据	销售百分比	2022年预计金额
3	流动资产	7800	43.33%	
4	长期资产	4200		
5	资产合计	12000		
6	短期借款	360		
7	应付票据	30		
8	应付账款	1056	5.87%	
9	预提费用	54	0.30%	
10	长期负债	4860		
11	负债合计	6360		
12	实收资本	600		
13	资本公积	96		
14	留存收益	4944		
15	所有者权益合计			
16	2021年实际销售额			18000
17	2022年预计销售额			22000
18	2021年销售净利率（适用于2022年）			4.50%
19	预计2022年的股利支付率			30.00%
20	预计2022年资金追加量			
21	预计2022年外部融资需求量			

图5-4　计算敏感性项目占销售收入的百分比

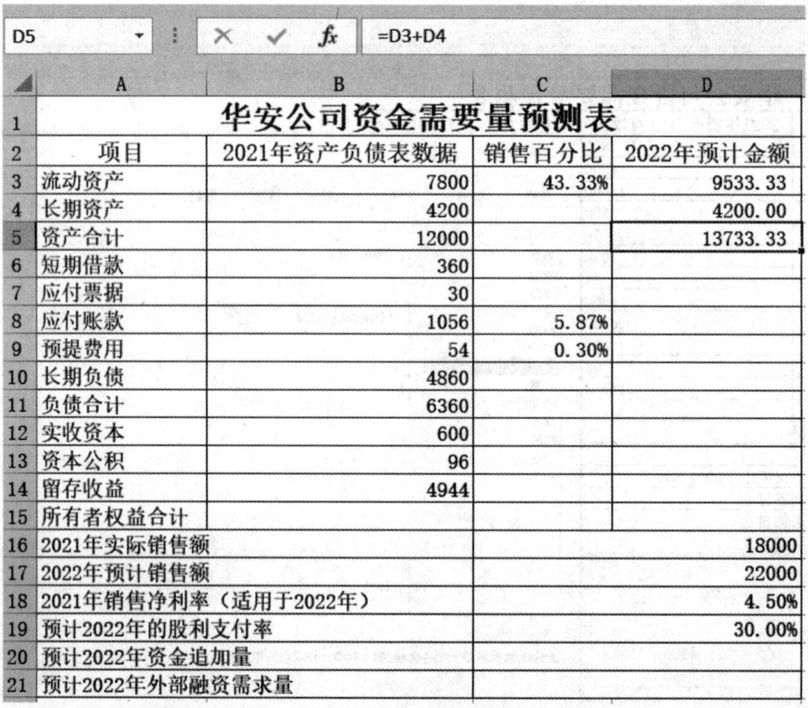

D5 =D3+D4

	A	B	C	D
1	华安公司资金需要量预测表			
2	项目	2021年资产负债表数据	销售百分比	2022年预计金额
3	流动资产	7800	43.33%	9533.33
4	长期资产	4200		4200.00
5	资产合计	12000		13733.33
6	短期借款	360		
7	应付票据	30		
8	应付账款	1056	5.87%	
9	预提费用	54	0.30%	
10	长期负债	4860		
11	负债合计	6360		
12	实收资本	600		
13	资本公积	96		
14	留存收益	4944		
15	所有者权益合计			
16	2021年实际销售额			18000
17	2022年预计销售额			22000
18	2021年销售净利率（适用于2022年）			4.50%
19	预计2022年的股利支付率			30.00%
20	预计2022年资金追加量			
21	预计2022年外部融资需求量			

图5-5　计算预计筹资资产总额

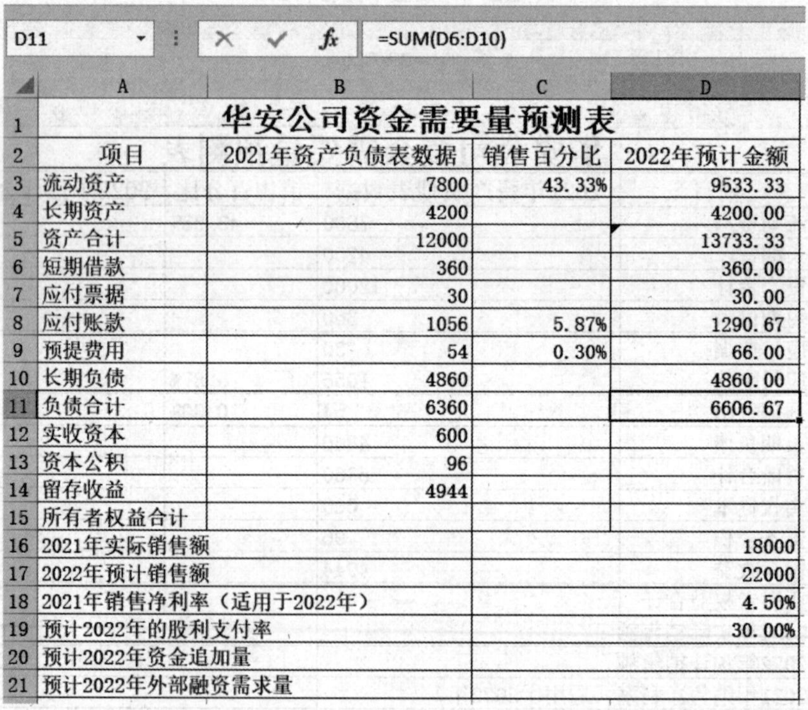

D11 =SUM(D6:D10)

	A	B	C	D
1	华安公司资金需要量预测表			
2	项目	2021年资产负债表数据	销售百分比	2022年预计金额
3	流动资产	7800	43.33%	9533.33
4	长期资产	4200		4200.00
5	资产合计	12000		13733.33
6	短期借款	360		360.00
7	应付票据	30		30.00
8	应付账款	1056	5.87%	1290.67
9	预提费用	54	0.30%	66.00
10	长期负债	4860		4860.00
11	负债合计	6360		6606.67
12	实收资本	600		
13	资本公积	96		
14	留存收益	4944		
15	所有者权益合计			
16	2021年实际销售额			18000
17	2022年预计销售额			22000
18	2021年销售净利率（适用于2022年）			4.50%
19	预计2022年的股利支付率			30.00%
20	预计2022年资金追加量			
21	预计2022年外部融资需求量			

图5-6　计算预计负债

（6）计算预计所有者权益。在D12单元格中输入公式“=B12”，在D13单元格中输入公式“=B13”，在D14单元格中输入公式“=C17*C18*（1-C19）+B14”，在D15单元格中输入函数“=SUM（D12：D14）”，如图5-7所示。

D15　=SUM(D12:D14)

	A	B	C	D
1	华安公司资金需要量预测表			
2	项目	2021年资产负债表数据	销售百分比	2022年预计金额
3	流动资产	7800	43.33%	9533.33
4	长期资产	4200		4200.00
5	资产合计	12000		13733.33
6	短期借款	360		360.00
7	应付票据	30		30.00
8	应付账款	1056	5.87%	1290.67
9	预提费用	54	0.30%	66.00
10	长期负债	4860		4860.00
11	负债合计	6360		6606.67
12	实收资本	600		600.00
13	资本公积	96		96.00
14	留存收益	4944		5637.00
15	所有者权益合计			6333.00
16	2021年实际销售额			18000
17	2022年预计销售额			22000
18	2021年销售净利率（适用于2022年）			4.50%
19	预计2022年的股利支付率			30.00%
20	预计2022年资金追加量			
21	预计2022年外部融资需求量			

图5-7　计算预计所有者权益

（7）计算企业预计资金追加额。在C20单元格中输入公式“=D5-B5”，按Enter键得出结果，如图5-8所示。

C20　=D5-B5

	A	B	C	D
1	华安公司资金需要量预测表			
2	项目	2021年资产负债表数据	销售百分比	2022年预计金额
3	流动资产	7800	43.33%	9533.33
4	长期资产	4200		4200.00
5	资产合计	12000		13733.33
6	短期借款	360		360.00
7	应付票据	30		30.00
8	应付账款	1056	5.87%	1290.67
9	预提费用	54	0.30%	66.00
10	长期负债	4860		4860.00
11	负债合计	6360		6606.67
12	实收资本	600		600.00
13	资本公积	96		96.00
14	留存收益	4944		5637.00
15	所有者权益合计			6333.00
16	2021年实际销售额			18000
17	2022年预计销售额			22000
18	2021年销售净利率（适用于2022年）			4.50%
19	预计2022年的股利支付率			30.00%
20	预计2022年资金追加量			1733.33
21	预计2022年外部融资需求量			

图5-8　计算企业预计资金追加额

（8）计算预计外部融资需求量。在C21单元格中输入公式“=D5-D11-D15”，按Enter键得出结果，如图5-9所示。

C21 =D5-D11-D15

	A	B	C	D
1	华安公司资金需要量预测表			
2	项目	2021年资产负债表数据	销售百分比	2022年预计金额
3	流动资产	7800	43.33%	9533.33
4	长期资产	4200		4200.00
5	资产合计	12000		13733.33
6	短期借款	360		360.00
7	应付票据	30		30.00
8	应付账款	1056	5.87%	1290.67
9	预提费用	54	0.30%	66.00
10	长期负债	4860		4860.00
11	负债合计	6360		6606.67
12	实收资本	600		600.00
13	资本公积	96		96.00
14	留存收益	4944		5637.00
15	所有者权益合计			6333.00
16	2021年实际销售额			18000
17	2022年预计销售额			22000
18	2021年销售净利率（适用于2022年）			4.50%
19	预计2022年的股利支付率			30.00%
20	预计2022年资金追加量			1733.33
21	预计2022年外部融资需求量			793.67

图5-9 计算预计外部融资需求量

5.2.2 资金习性法

资金习性法是根据资金变动同销售额（或产销量）变动之间的依存关系来预测资金需要量的一种方法。采用资金习性法，首先需要按照资金同销售额之间的依存关系，将资金划分为固定资金和变动资金。固定资金是指在一定范围内，不随销售量变动而变动的那部分资金。变动资金是指随销售量成正比例变动的那部分资金。

资金习性法具体包括高低点法、散布图法和回归分析法。

根据资金变动的原理，我们将预测资金需要量的数学模型设为：

$y=a+bx$

式中：y为预测资金需要量；x为销售额；a为固定资金；b为单位变动资金。

1.高低点法

高低点法是指在一定相关范围内，选择最高销售量和最低销售量两个时点所对应的资金占用，将这两组数据代入y=a+bx，推算出固定资金及单位变动资金，进而推测出资金需要量的一种方法。

a和b的计算公式为：

a=最低点资金占用量-单位变动资金×最低点销售量

b=（最高点资金占用量-最低点资金占用量）/（最高点销售量-最低点销售量）

【例 5-2】华安公司2018—2022年销量及资金占用量如图5-10所示，试计算计划销量160件的预计资金需要量。

序号	年度	销量x（件）	资金占用量y（万元）
1	2018	110	210
2	2019	120	232
3	2020	130	240
4	2021	140	251
5	2022	150	255

图5-10　华安公司2018—2022年销量及资金占用量

操作步骤如下：

（1）在“筹资决策”工作簿中新建工作表，命名为“资金需要量预测高低点法”，在工作表中设计表格，并录入相关数据，如图5-11所示。

	A	B	C
1	资金需要量预测表		
2	年度	销量x（件）	资金占用量y（万元）
3	2018	110	210
4	2019	120	232
5	2020	130	240
6	2021	140	251
7	2022	150	255
8	单位变动资金b		
9	固定资金a		
10	计划销量x		
11	预计资金需要量y		

图5-11　创建“资金需要量预测高低点法”工作表

（2）计算单位变动资金b和固定资金a。在B8单元格中输入公式“=（MAX（C3：C7）-MIN（C3：C7））/（MAX（B3：B7）-MIN（B3：B7））”，在B9单元格中输入公式“=MAX（C3：C7）-B8*MAX（B3：B7）”，结果如图5-12所示。

B9　=MAX(C3:C7)-B8*MAX(B3:B7)

	A	B	C
1	资金需要量预测表		
2	年度	销量x（件）	资金占用量y（万元）
3	2018	110	210
4	2019	120	232
5	2020	130	240
6	2021	140	251
7	2022	150	255
8	单位变动资金b	1.125	
9	固定资金a	86.25	
10	计划销量x		
11	预计资金需要量y		

图5-12　计算单位变动资金b和固定资金a

（3）在B10单元格中输入计划销量x“=160”，在B11单元格中输入公式“=B9+B8*B10”，按Enter键，得出预计资金需要量y，如图5-13所示。

B11 =B9+B8*B10

	A	B	C
1	资金需要量预测表		
2	年度	销量x（件）	资金占用量y（万元）
3	2018	110	210
4	2019	120	232
5	2020	130	240
6	2021	140	251
7	2022	150	255
8	单位变动资金b	1.125	
9	固定资金a	86.25	
10	计划销量x	160	
11	预计资金需要量y	266.25	

图5-13　计算预计资金需要量y

2.散布图法

散布图法是指根据若干时期的历史资料，将其资金占用量和销售量数据逐一在坐标图上标注，形成若干个散布点，再通过目测的方法尽可能画出一条接近所有坐标点的直线，再根据这条直线求出a、b的值，从而预测资金需要量的一种方法。

【例5-3】根据上例的数据，绘制散点图，并据此求出a、b的值。

操作步骤如下：

(1) 在“筹资决策”工作簿中新建工作表，命名为“资金需要量预测散布图法”，在工作表中设计表格，并录入相关数据，如图5-14所示。

	A	B	C
1	年度	销量x（件）	资金占用量y（万元）
2	2018	110	210
3	2019	120	232
4	2020	130	240
5	2021	140	251
6	2022	150	255

图5-14　创建“资金需要量预测散布图法”工作表

(2) 选中B2：C6单元格区域，打开“插入”选项卡，在“图表”组点击“散点图”，如图5-15所示。插入的“资金需要量预测散点图”如图5-16所示。

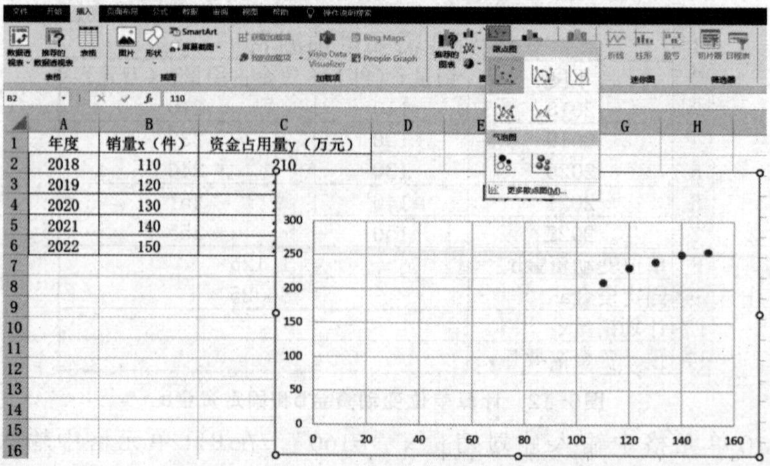

图5-15　插入“仅带数据标记的散点图”

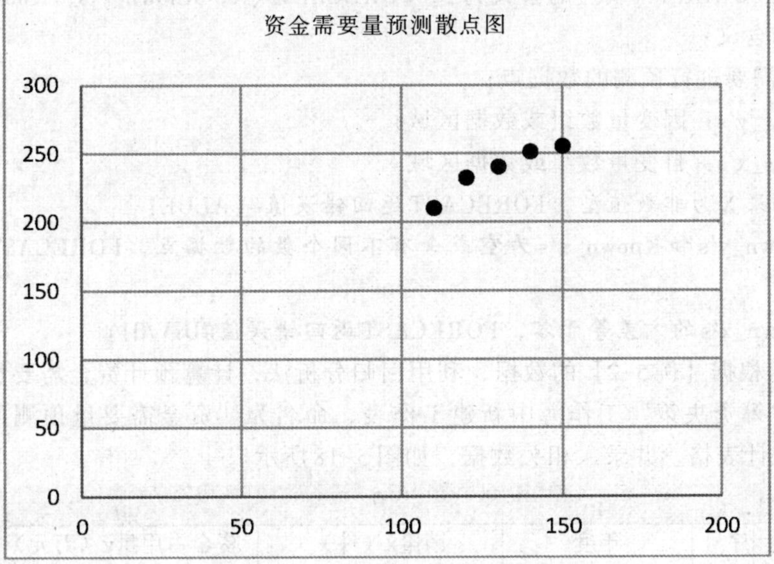

图5-16　资金需要量预测散点图

（3）依据散点图的分布目测，打开“插入”选项卡，在“插图”组点击“形状”，在下拉菜单选择“直线”，然后在各点之间绘制一条直线，尽可能使图上各点均匀坐落于直线附近，如图5-17所示。

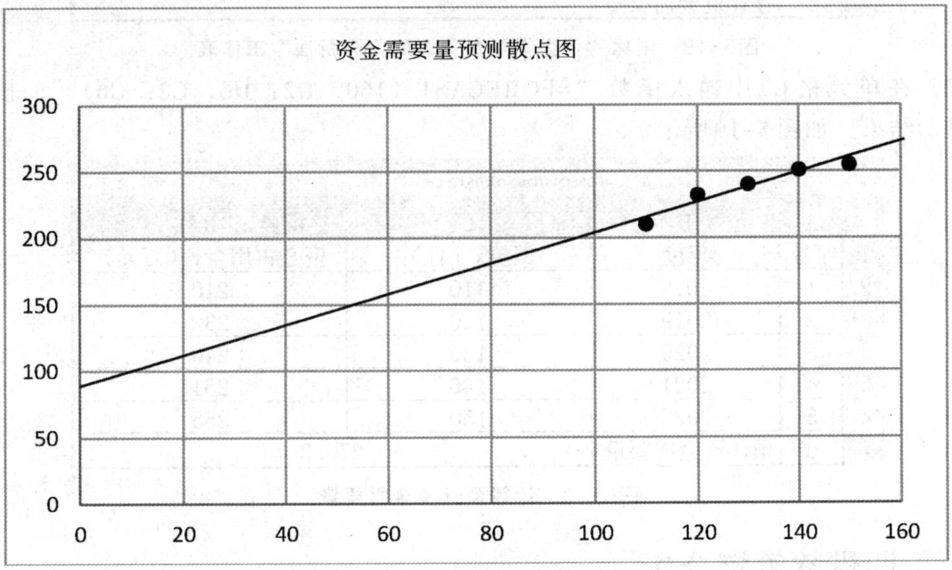

图5-17　绘制直线

（4）由图5-17可知，所作直线与y轴的交点为90万元左右，即为所求的a值。利用图5-14中2022年的数据，又可求出b=（255-150）/90=1.17。计算得知：a=90，b=1.17。因此，计划销量160件的预计资金需要量为：y=90+1.17×160=277.2（万元）。

3.回归分析法

回归分析法主要是利用回归函数FORECAST（）根据给定的数据计算或者预测资金需要量的一种方法。

回归函数FORECAST（）的公式为：=FORECAST（X，Known_y′s，Known_x′s）

各参数的含义：

（1）X：需要进行预测的数据点；

（2）Know_y′s：因变量数组或数据区域；

（3）Know_x′s：自变量数组或数据区域。

注意：如果X为非数值型，FORECAST返回错误值#VALUE!。

如果Known_y′s和Known_x′s为空或含有不同个数的数据点，FORECAST返回错误值#N/A。

如果Known_x′s的方差等于零，FORECAST返回错误值#DIV/0!。

【例5-4】根据【例5-2】的数据，利用回归分析法，计算预计资金需要量。

（1）在“筹资决策”工作簿中新建工作表，命名为“资金需要量预测回归分析法”，在工作表中设计表格，并录入相关数据，如图5-18所示。

	A	B	C	D
1	序号	年度	销量x（件）	资金占用量y（万元）
2	1	2018	110	210
3	2	2019	120	232
4	3	2020	130	240
5	4	2021	140	251
6	5	2022	150	255
7	6	预计资金需要量		

图5-18 创建“资金需要量预测回归分析法”工作表

（2）在单元格C7中输入函数“=FORECAST（160，D2：D6，C2：C6）”，按Enter键，显示结果，如图5-19所示。

C7 =FORECAST(160,D2:D6,C2:C6)

	A	B	C	D
1	序号	年度	销量x（件）	资金占用量y（万元）
2	1	2018	110	210
3	2	2019	120	232
4	3	2020	130	240
5	4	2021	140	251
6	5	2022	150	255
7	6	预计资金需要量	270.3	

图5-19 计算预计资金需要量

5.3 长期借款筹资分析

长期借款是企业筹资的一种重要方式。长期借款是指企业向金融机构和其他单位借入的偿还期限在一年以上（不包含一年）或超过一年的一个营业周期以上的债务。目前，我国股份制企业的长期借款主要是向金融机构借入的各项长期性借款，如从各商业银行取得的贷款。除此之外，还包括向财务公司、投资公司等金融企业借入的款项。

建立长期借款筹资分析模型就是利用Excel对贷款金额、贷款利率、贷款期限和归还期等多个因素进行测算，在多种方案中选择一种最适合企业的贷款方案。

5.3.1　长期借款基本模型

【例5-5】华安公司2022年1月15日向银行申请了5万元的长期借款，借款年利率为9%，借款期限为5年，按月还本付息。要求：利用长期借款基本模型确定月均还款额、总利息额及还款总额。

操作步骤如下：

（1）在“筹资决策”工作簿中新建工作表，命名为“长期借款基本模型”，在工作表中设计表格，并录入相关数据，如图5-20所示。

	A	B
1	借款金额（元）	50000
2	借款年利率	9%
3	借款年限（年）	5
4	还款方式	按月
5	总还款次数（次）	
6	月还款本金（元）	
7	月还款利息（元）	
8	月均还款额（元）	
9	总利息额（元）	
10	总还款额（元）	

图5-20　创建“长期借款基本模型”工作表

（2）在B5单元格中输入公式“=B3*12”，按Enter键计算总还款次数。

（3）选择B6单元格，单击 插入函数，弹出“插入函数”对话框，在“或选择类别”下拉列表中选择“财务”，然后在“选择函数”列表框里选择PPMT（）函数，如图5-21所示。

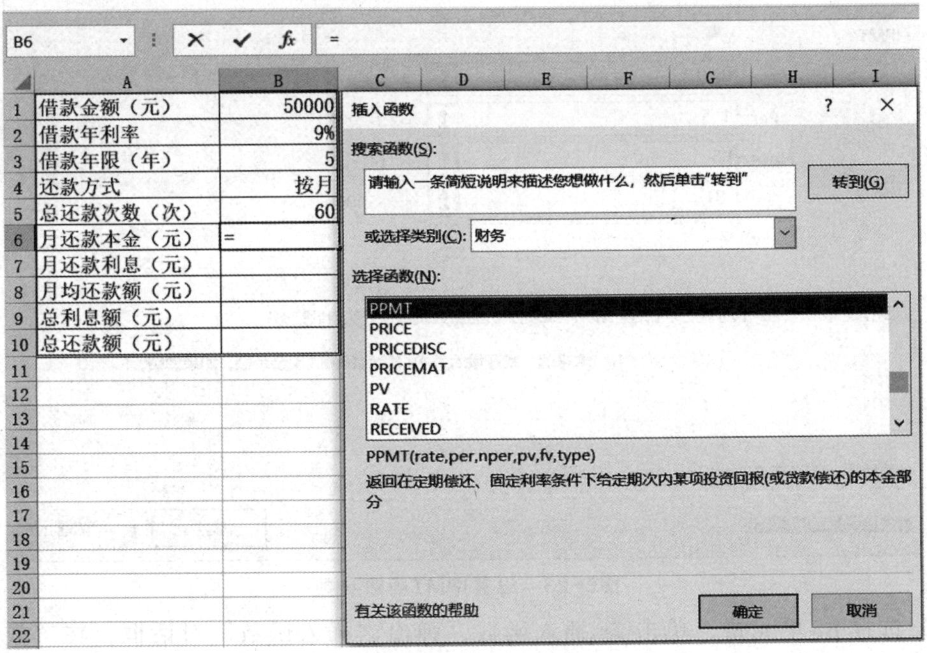

图5-21　插入PPMT函数

（4）在“函数参数”对话框，设置PPMT（）函数的参数，如图5-22所示，点击“确定”，计算出月还款本金为662.92元。

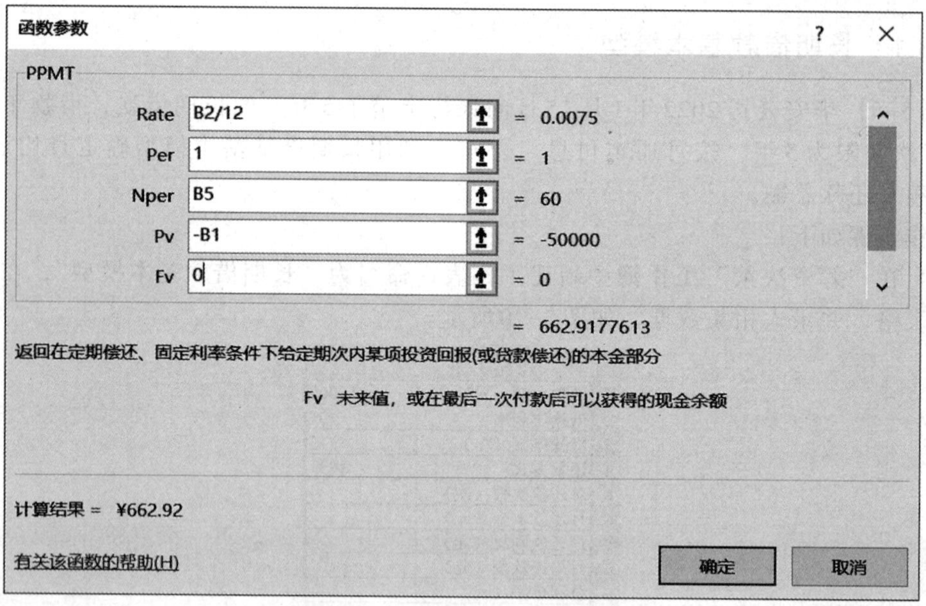

图5-22 设置PPMT函数参数

（5）选择B7单元格，单击 插入函数，弹出“插入函数”对话框，在“或选择类别”下拉列表中选择“财务”，然后在“选择函数”列表框里选择IPMT（）函数。

（6）在“函数参数”对话框，设置IPMT（）函数的参数，如图5-23所示，点击“确定”，计算出月还款利息为375.00元。

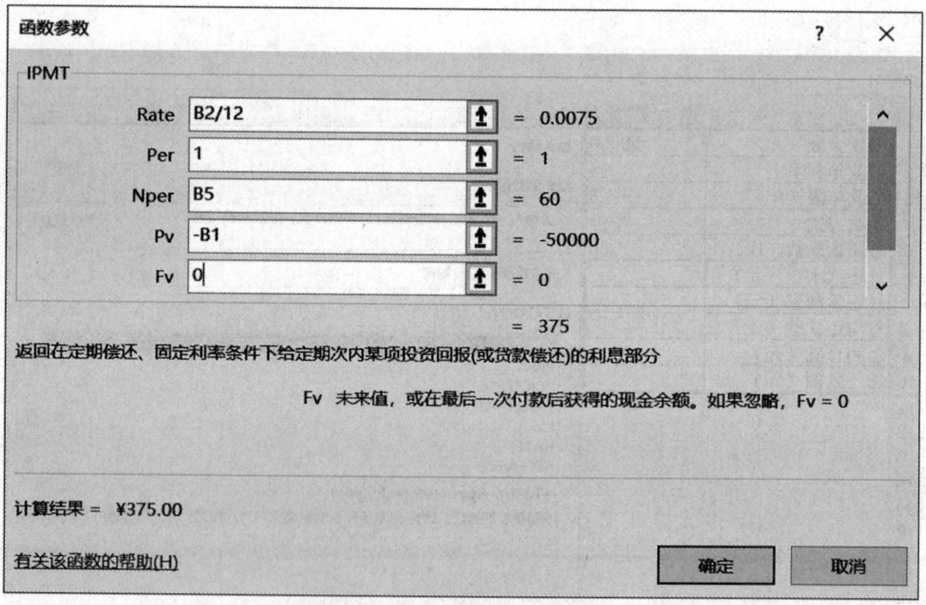

图5-23 设置IPMT函数参数

（7）选择B8单元格，单击 插入函数，弹出“插入函数”对话框，在“或选择类别”下拉列表中选择“财务”，然后在“选择函数”列表框里选择PMT（）函数。

（8）在“函数参数”对话框，设置PMT（）函数的参数，如图5-24所示，点击“确定”，计算出月均还款额为1 037.92元。

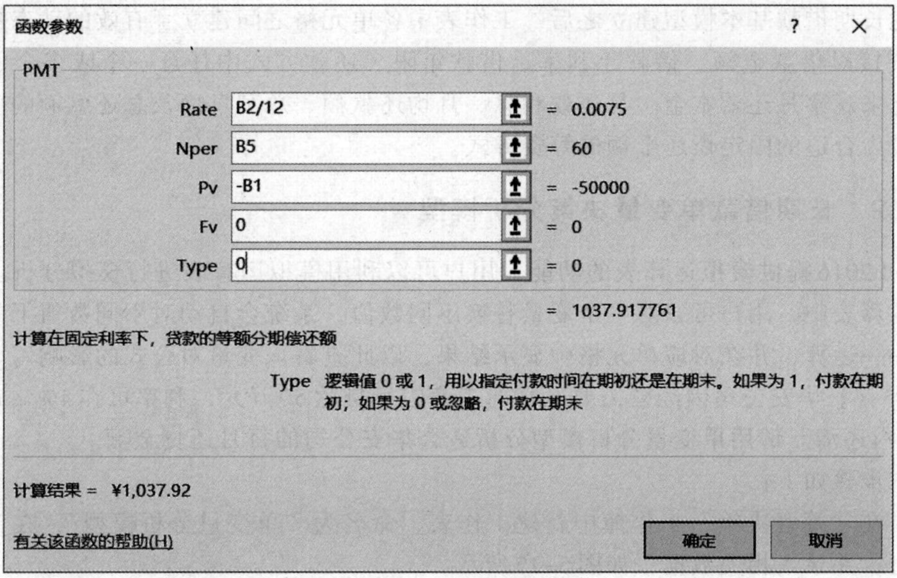

图5-24　设置PMT函数参数

（9）在B9单元格中输入公式“=B7*B5”，按Enter键，计算应还总利息，如图5-25所示。

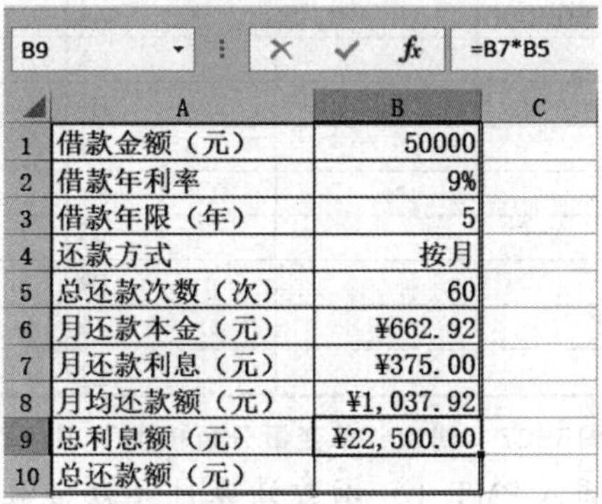

B9　=B7*B5

	A	B	C
1	借款金额（元）	50000	
2	借款年利率	9%	
3	借款年限（年）	5	
4	还款方式	按月	
5	总还款次数（次）	60	
6	月还款本金（元）	¥662.92	
7	月还款利息（元）	¥375.00	
8	月均还款额（元）	¥1,037.92	
9	总利息额（元）	¥22,500.00	
10	总还款额（元）		

图5-25　计算应还总利息

（10）在B10单元格中输入公式“=B1+B9”，按Enter键，计算总还款额，如图5-26所示。

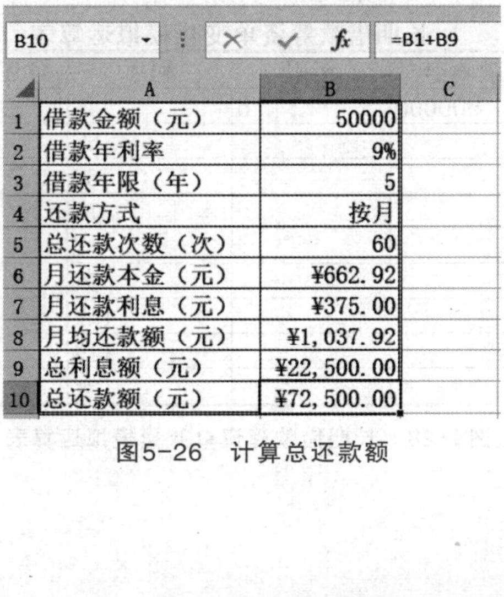

B10　=B1+B9

	A	B	C
1	借款金额（元）	50000	
2	借款年利率	9%	
3	借款年限（年）	5	
4	还款方式	按月	
5	总还款次数（次）	60	
6	月还款本金（元）	¥662.92	
7	月还款利息（元）	¥375.00	
8	月均还款额（元）	¥1,037.92	
9	总利息额（元）	¥22,500.00	
10	总还款额（元）	¥72,500.00	

图5-26　计算总还款额

上述长期借款基本模型建立之后，工作表中各单元格之间建立了有效的动态链接，用户可以直接对借款金额、借款年利率、借款年限、还款方式中任意一个或多个值进行输入，以此来观察月还款本金、月还款利息、月均还款额、总利息额及总还款额的变化，选择一种最为合适的固定偿还金额的筹资方式。

5.3.2 长期借款单变量决策分析模型

Excel 2016提供模拟运算表的功能，用户可以利用模拟运算表进行模拟分析。在单变量模拟运算表中，用户可以对一个变量替换不同数值，系统会自动对不同数值下的各个公式进行一一运算，并在对应单元格中显示结果，以此查看该变量对公式的影响。

【例5-6】华安公司因经营需要，欲向工商银行贷款50万元，利率可在4%～12%中选择，5年内还清。请用单变量分析模型分析适合华安公司的每月还贷金额。

操作步骤如下：

（1）在“筹资决策”工作簿中新建工作表，命名为“单变量分析模型”，在工作表中设计表格，并录入相关数据，如图5-27所示。

	A	B	C	D
1	长期借款筹资单变量模拟运算表			
2	贷款本金	年限	利率	月还款金额
3	500000	5	4%	
4			5%	
5			6%	
6			7%	
7			8%	
8			9%	
9			10%	
10			11%	
11			12%	

图5-27 创建“单变量分析模型”工作表

（2）选择D3单元格，插入PMT（）函数计算月还款金额，如图5-28所示。PMT（）函数的参数设置如图5-29所示。

D3 =PMT(C3/12,B3*12,-A3,0,0)

	A	B	C	D
1	长期借款筹资单变量模拟运算表			
2	贷款本金	年限	利率	月还款金额
3	500000	5	4%	9208.26
4			5%	
5			6%	
6			7%	
7			8%	
8			9%	
9			10%	
10			11%	
11			12%	

图5-28 长期借款筹资单变量模拟运算表

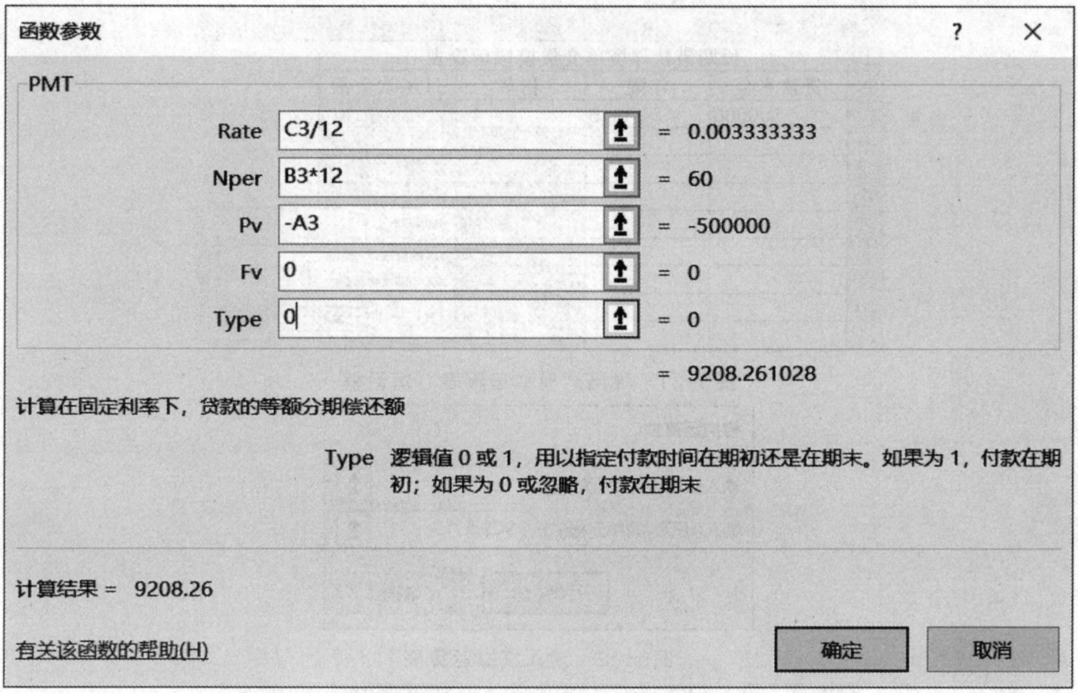

图5-29　设置PMT函数参数

（3）选中C3：D11单元格区域，打开“数据”选项卡，在“预测”组点击“模拟分析”，在下拉菜单中选择“模拟运算表”，如图5-30所示。弹出“模拟运算表”对话框，如图5-31所示。

图5-30　插入“模拟运算表”

（4）在“输入引用列的单元格”栏中单击C3单元格，如图5-32所示。单击“确定”，完成模拟运算，如图5-33所示。

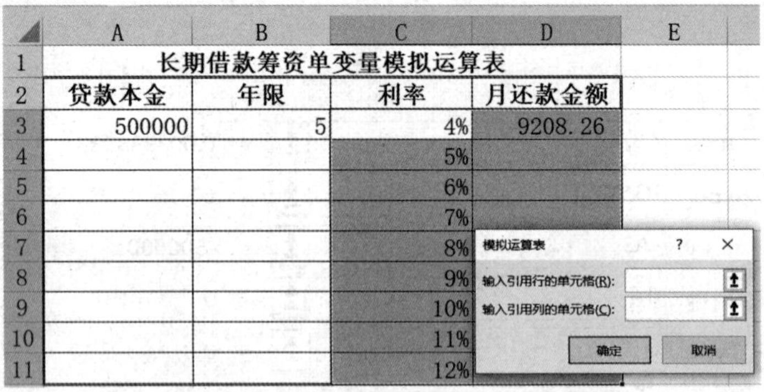

图5-31　弹出“模拟运算表”对话框

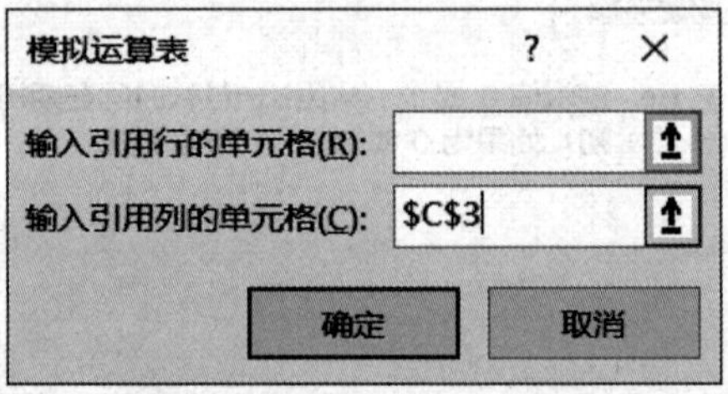

图5-32　键入模拟运算表

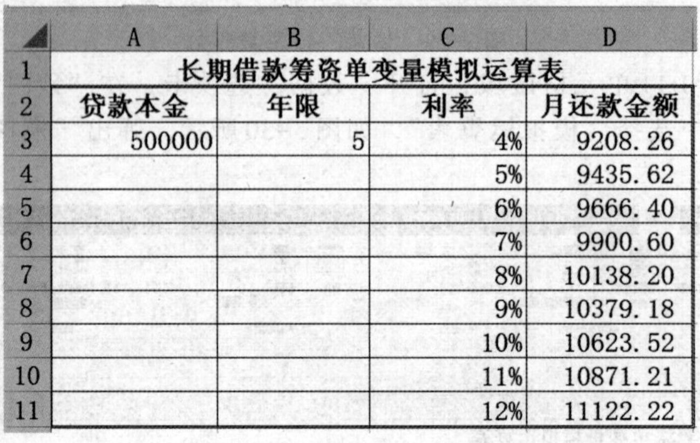

	A	B	C	D
1	长期借款筹资单变量模拟运算表			
2	贷款本金	年限	利率	月还款金额
3	500000	5	4%	9208.26
4			5%	9435.62
5			6%	9666.40
6			7%	9900.60
7			8%	10138.20
8			9%	10379.18
9			10%	10623.52
10			11%	10871.21
11			12%	11122.22

图5-33　完成模拟运算

5.3.3　长期借款双变量决策分析模型

在实际工作中，借款期限的长短、借款利率的变动都会影响长期借款分析决策，因此，用户常常需要分析这两个因素同时变动对长期借款的影响，即分析两个因素不同组合下的结果。这时，用户可利用Excel 2016中的双变量模拟运算表进行分析。

现以长期借款“利率”和“年限”两个因素的变化对“月还款金额”的影响为例，说明长期借款双变量分析模型的设计和使用方法。

【例5-7】华安公司因经营需要，欲向工商银行贷款50万元，利率可在4%～12%中选择，贷款年限可以为6年、7年、8年、9年或10年。请用双变量分析模型分析华安公司在不同条件下的每月还贷金额。

操作步骤如下：

(1) 在“筹资决策”工作簿中新建工作表，命名为“双变量分析模型”，在工作表中设计表格，并录入相关数据，如图5-34所示。

	A	B	C	D	E	F
1	长期借款筹资双变量模拟运算表					
2	贷款本金（元）	500000				
3	贷款年限（年）					
4	贷款利率					
5						
6	借款年利率（%）/借款年限（年）					
7		6	7	8	9	10
8	4%					
9	5%					
10	6%					
11	7%					
12	8%					
13	9%					
14	10%					
15	11%					
16	12%					

图5-34　创建“双变量分析模型”工作表

（2）在单元格B3中输入公式“=B7”，在单元格B4中输入公式“=A8”，在A7单元格中输入函数“=PMT（B4/12，B3*12，-B2）”，如图5-35所示。

A7　fx　=PMT(B4/12,B3*12,-B2)

	A	B	C	D	E	F
1	长期借款筹资双变量模拟运算表					
2	贷款本金（元）	500000				
3	贷款年限（年）	6				
4	贷款利率	4%				
5						
6	借款年利率（%）/借款年限（年）					
7	7,822.59	6	7	8	9	10
8	4%					
9	5%					
10	6%					
11	7%					
12	8%					
13	9%					
14	10%					
15	11%					
16	12%					

图5-35　长期借款筹资双变量模拟运算表

（3）设置一个双变量模拟运算表。用7行的各种借款年限替换第一个变量的值，即替换B3单元格借款年限的值；用A列的各种借款年利率替换第二个变量的值，即替换B4单元格借款年利率的值，与此对应的每期偿还金额将放在B8：F16单元格区域中。

具体操作步骤为：选中A7：F16单元格区域，打开“数据”选项卡，在“预测”组点击“模拟分析”，在下拉菜单中选择“模拟运算表”，弹出“模拟运算表”对话框，在“输入引用行的单元格”栏中单击B3单元格，在“输入引用列的单元格”栏中单击B4单元格，如图5-36所示。单击“确定”，完成模拟运算，如图5-37所示。

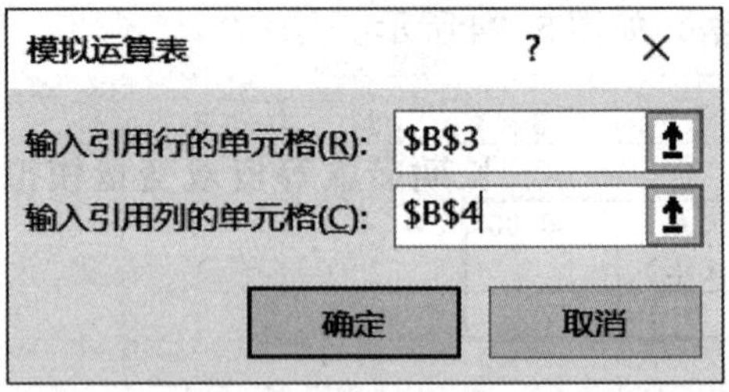

图5-36　键入模拟运算表

	A	B	C	D	E	F	G
1	长期借款筹资双变量模拟运算表						
2	贷款本金（元）	500000					
3	贷款年限（年）	6					
4	贷款利率	4%					
5							
6	借款年利率（%）/借款年限（年）						
7	7,822.59	6	7	8	9	10	
8	4%	7822.59	6834.40	6094.64	5520.48	5062.26	
9	5%	8052.47	7066.95	6329.96	5758.64	5303.28	
10	6%	8286.44	7304.28	6570.72	6002.87	5551.03	
11	7%	8524.50	7546.34	6816.86	6253.14	5805.42	
12	8%	8766.62	7793.11	7068.34	6509.36	6066.38	
13	9%	9012.77	8044.54	7325.10	6771.45	6333.79	
14	10%	9262.92	8300.59	7587.08	7039.34	6607.54	
15	11%	9517.04	8561.22	7854.21	7312.93	6887.50	
16	12%	9775.10	8826.37	8126.42	7592.12	7173.55	
17							
18							

图5-37　完成模拟运算

应用上述长期借款双变量分析模型，用户可以观察在两个因素不同组合下的长期借款分析结果。当长期借款方案发生变化时，用户只需改变第一变量或第二变量所在的行和列的值或者其他因素的值，模型便会立即重新计算显示出双变量分析表中的值。

5.4 租赁筹资分析

5.4.1　租赁筹资的基本概念

租赁是出租人以收取租金为条件，在契约或合同固定期限内，将资产租给承租人使用的一种经济行为。

在租赁筹资分析中，承租企业要按合同规定向租赁公司支付租金。财务管理人员需要对不同的租赁途径、租赁期限、利息率、租金数额、支付方式等因素进行分析，对多个备选方案进行比较后，选择一种当前最适合的方案，为管理者进行租赁筹资决策提供重要依据。

在租赁筹资方式下，承租企业需要按合同规定支付租金。租金的数额和支付方式对承租企业未来财务状况具有直接的影响，因此，租金的大小是租赁筹资决策的极为重要的依据。

支付租金按支付间隔期分为年付、半年付、季付、月付；按在期初和期末支付分为先付和后付；按每次是否等额支付分为等额支付和不等额支付。我国租赁业一般采取后付等额年金法。

5.4.2　租赁筹资分析模型

等额年金法是我国租赁业务中最常用的计算方法，因此，把握这种方法，对企业开展租赁业务、正确地计算租金具有十分重要的现实意义。

等额年金法指运用年金法，使各期租金均等的租金计算方法。等额年金法分为先付和后付两种类型。

1.先付租金的等额年金法

在租金先付的情况下，等额年金法的计算公式为：

$$R = Pv \cdot \frac{i(1+i)^{n-1}}{(1+i)^n - 1}$$

2.后付租金的等额年金法

按照年金法计算的基本原理，后付租金的等额年金法的基本计算公式为：

$$R = Pv \cdot \frac{i(1+i)^n}{(1+i)^n - 1}$$

式中：R为每年支付的租金额；Pv为本金；i为利率；n为租赁期数。

【例5-8】华安公司2021年1月1日从某租赁公司租入一台机床，机床的购置成本为50万元，租期8年，年利率按5%计算。租金支付的方式可以选择每年支付、每半年支付、每季支付、每月支付，租金支付时点可以选择期初支付或者期末支付。请建立该机床每期应支付租金的分析模型。

操作步骤如下：

（1）在“筹资决策”工作簿中新建工作表，命名为“租赁筹资分析模型”，在工作表中设计表格，并录入相关数据，如图5-38所示。

G17

	A	B	C	D	E
1	租赁筹资分析模型			租金支付时点	租金支付方式
2	租赁项目名称	机床		期末	按年支付
3	设备购置成本（万元）	50		期初	按半年支付
4	租金支付时点				按季支付
5	租金支付方式				按月支付
6	租期（年）	8			
7	每年付款次数（次）				
8	总付款次数				
9	租赁年利率	5%			
10	每期应付租金（万元）				
11	应付租金总额（万元）				

图5-38　创建“租赁筹资分析模型”工作表

（2）建立租金支付时点组合框控件。

若要在Excel 2016添加组合框控件，需使用“开发工具”选项卡。如果Excel 2016并未启用“开发工具”选项卡，请按以下步骤完成此操作：

① 单击“文件”选项卡，然后单击“选项”，如图5-39所示。

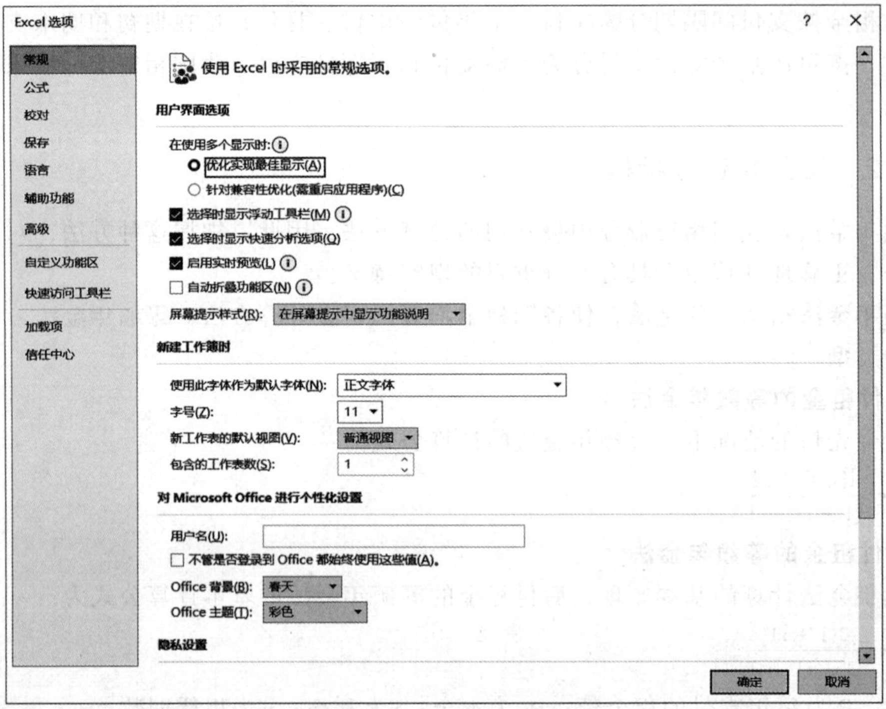

图5-39 “文件”选项卡

② 弹出“Excel选项”对话框后，单击左窗格中的“自定义功能区”，在右侧的“主选项卡”下选中“开发工具”复选框，然后单击“确定”，如图5-40所示。这时在菜单栏就出现了“开发工具”选项卡。

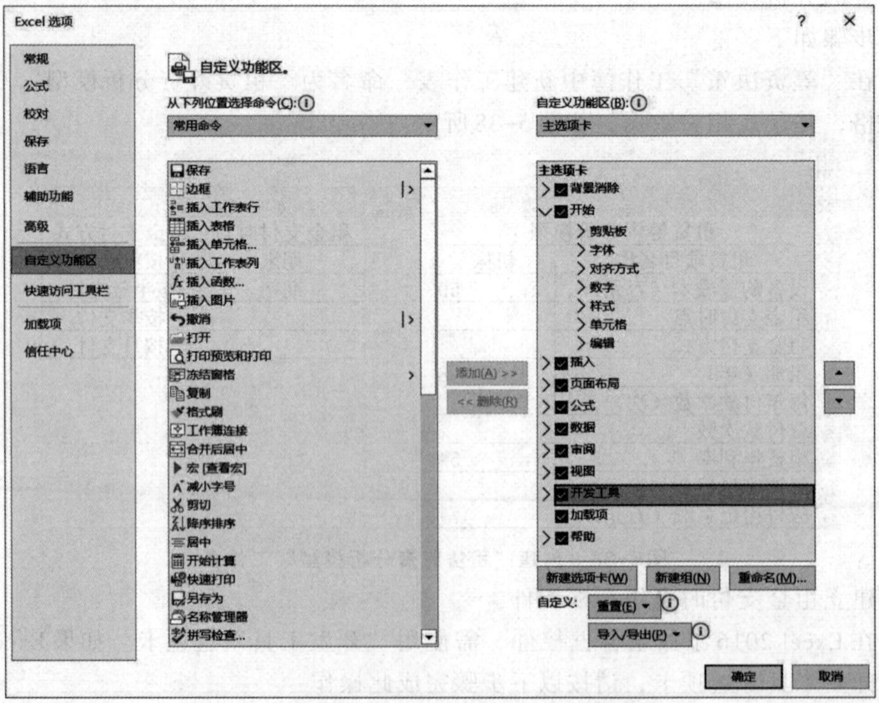

图5-40 “Excel选项”对话框

选择“开发工具”选项卡，单击“控件”组中的“插入”，选择“表单控件”下的“组合框（窗体控件）”，如图5-41所示。出现黑“+”符号，按住鼠标左键在B4单元格中拖动形成一个矩形的组合框控件，如图5-42所示。

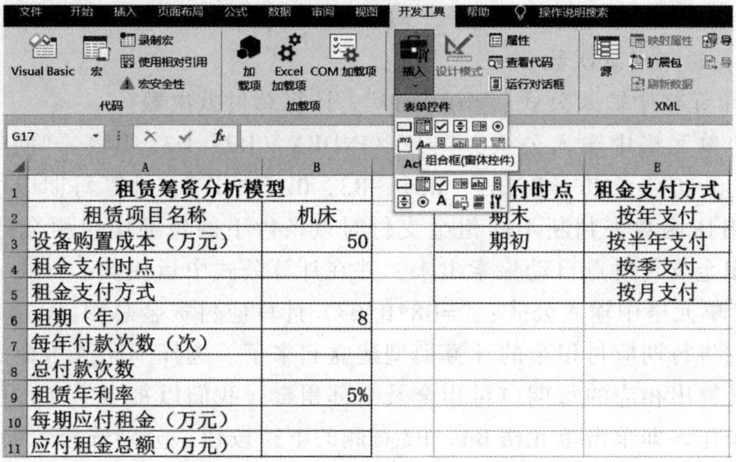

图5-41　选择“组合框（窗体控件）”

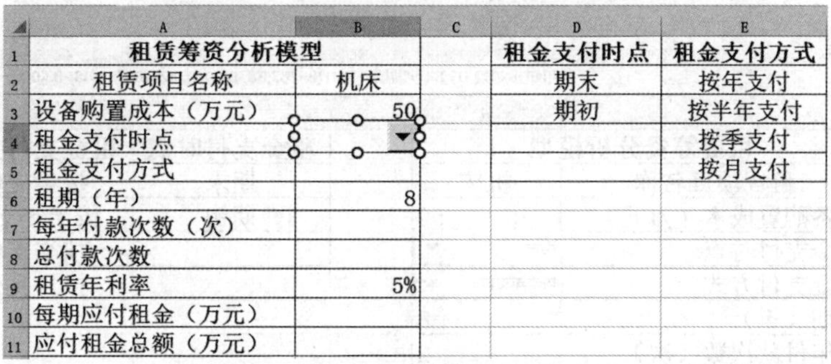

图5-42　建立租金支付时点组合框控件

在B4单元格新建立的组合框控件上单击右键，出现快捷菜单，选择“设置控件格式”，出现“设置对象格式”对话框，选择“控制”选项卡，在“数据源区域”栏中输入“$D$2：$D$3”，在“单元格链接”栏中输入“$B$4”，在“下拉显示项数”栏中输入“2”，表示租金支付时点分别为“期末”和“期初”，如图5-43所示。

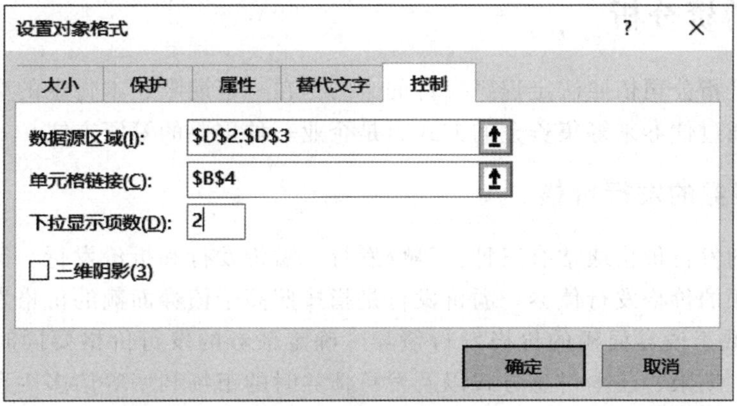

图5-43　设置组合框控件格式

（3）建立租金支付方式组合框控件，步骤同上，但在“数据源区域”栏中输入“$E$2：$E$5”，在“单元格链接”栏中输入“$B$5”，在“下拉显示项数”栏中输入“4”，表示每年有4种可能的租金支付方式。

（4）在B7单元格中输入公式：“=IF（B5=1，1，IF（B5=2，2，IF（B5=3，4，12））））”，计算每年付款次数。

（5）在B8单元格中输入公式：“=B6*B7”，计算总付款次数。

（6）在B10单元格中输入公式：“=IF（INDEX（D2：D3，B4）="期末"，PMT（B9/B7，B8，-B3，0，0），PMT（B9/B7，B8，-B3，0，1）））”，计算每期应付资金。

这里，利用IF函数来判断不同租金支付时点条件下的每期应付租金计算公式，利用INDEX函数将租金支付时点自动检索出来，并在计算公式中运用。

（7）在B11单元格中输入公式：“=B8*B10”，计算应付资金总额。

至此，我们将每期应付租金的计算模型建立起来了。选择不同的租金支付时点及支付方式，就可以计算出相应的每期应付租金及全部租金。我们以每半年支付租金、期末支付租金为例进行操作，即单击单元格B4、B5右侧的下拉按钮，分别选择“期末”“按半年支付”，便可以计算出相对应的每期应付租金为3.83万元及应付租金总额为61.28万元，如图5-44所示。

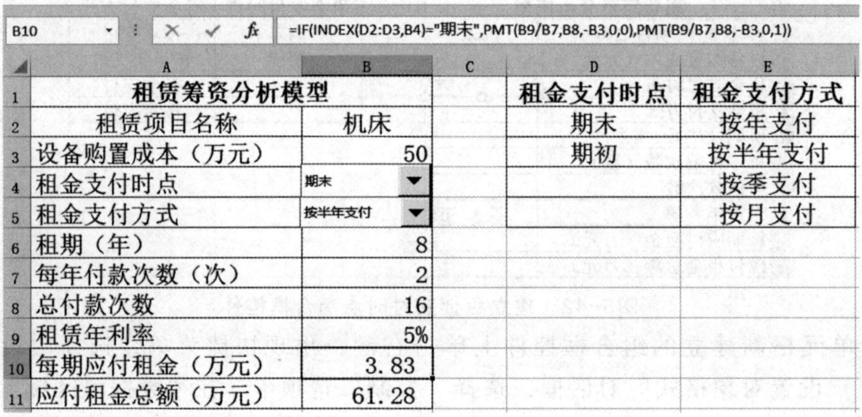
B10 =IF(INDEX(D2:D3,B4)="期末",PMT(B9/B7,B8,-B3,0,0),PMT(B9/B7,B8,-B3,0,1))

	A	B	C	D	E
1	租赁筹资分析模型			租金支付时点	租金支付方式
2	租赁项目名称	机床		期末	按年支付
3	设备购置成本（万元）	50		期初	按半年支付
4	租金支付时点	期末			按季支付
5	租金支付方式	按半年支付			按月支付
6	租期（年）	8			
7	每年付款次数（次）	2			
8	总付款次数	16			
9	租赁年利率	5%			
10	每期应付租金（万元）	3.83			
11	应付租金总额（万元）	61.28			

图5-44 举例计算每期应付租金及应付租金总额

5.5 债券筹资分析

公司债券是指公司依照法定程序发行的、约定在一定期限还本付息的有价证券。债券筹资是指企业通过债券来筹集资金的方式，是企业一种重要的筹资方式。

5.5.1 债券的发行价格

公司债券的发行价格通常有三种：等价发行、溢价发行和折价发行。等价发行是指按照等于债券面额的价格发行债券。溢价发行是指按照高于债券面额的价格发行债券。折价发行是指按照低于债券面额的价格发行债券。确定债券的发行价格要同时考虑债券的面值、票面利率、期限、还本付息方式以及发行债券时的市场利率等诸多因素。

下面将通过实例计算分析债券发行价格。

1.每年付息一次、到期一次还本的债券

投资者购买这种类型的债券以后，每年可获得按债券的面值乘以票面利率所计算的利息，到期可获得按债券面值所偿还的本金。

【例 5-9】华安公司拟发行一批5年期限的债券，债券面值为1 000元，票面利率为10%，每年末付息一次，到期一次还本，则当市场利率为8%、10%和12%时，该债券的价值分别为多少？根据结果对债券发行价格进行分析。

操作步骤如下：

（1）在“筹资决策”工作簿中新建工作表，命名为“债券筹资分析模型”，在工作表中设计表格，并录入相关数据，如图5-45所示。

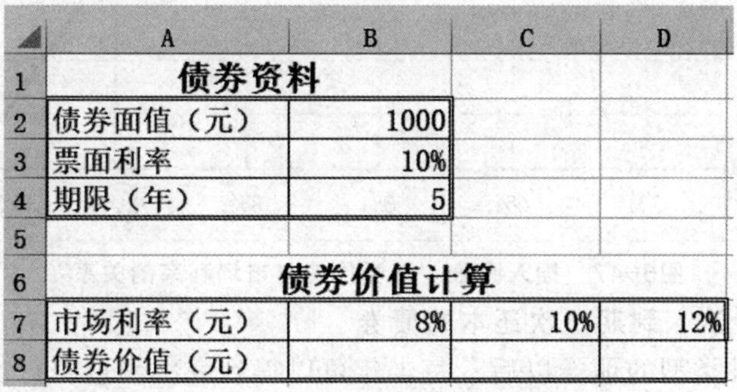

	A	B	C	D
1	债券资料			
2	债券面值（元）	1000		
3	票面利率	10%		
4	期限（年）	5		
5				
6	债券价值计算			
7	市场利率（元）	8%	10%	12%
8	债券价值（元）			

图5-45　创建“债券筹资分析模型”工作表

（2）计算债券在不同市场利率下的价值。在B8单元格中输入公式“=PV（B7，$B$4，-$B$2*$B$3，-$B$2）”，使用填充柄将B8单元格中的公式依次向右填充至D8单元格，如图5-46所示。

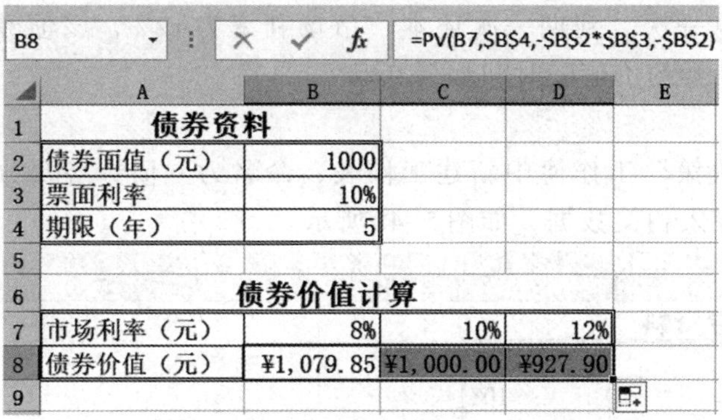

B8　=PV(B7,$B$4,-$B$2*$B$3,-$B$2)

	A	B	C	D	E
1	债券资料				
2	债券面值（元）	1000			
3	票面利率	10%			
4	期限（年）	5			
5					
6	债券价值计算				
7	市场利率（元）	8%	10%	12%	
8	债券价值（元）	¥1,079.85	¥1,000.00	¥927.90	
9					

图5-46　计算不同市场利率下的债券价值

（3）分析债券价值在不同市场利率情况下的变动。选中A7：D8单元格区域，打开“插入”选项卡，在“图表”组点击“散点图”，在下拉菜单中选择“带平滑线和数据标记的散点图”获取图表，并将图表命名为“债券价值与市场利率的关系”，如图5-47所示。

由图5-47可以看出，债券价值与市场利率呈反方向变动，即随着市场利率的升高，债券价值会逐渐降低。当市场利率低于债券票面利率时，债券的价值高于其面值，此时债券应溢价发行；当市场利率等于债券票面利率时，债券的价值等于其面值，此时应等价发行；当市场利率高于债券票面利率时，债券的价值低于其面值，此时应折价发行。

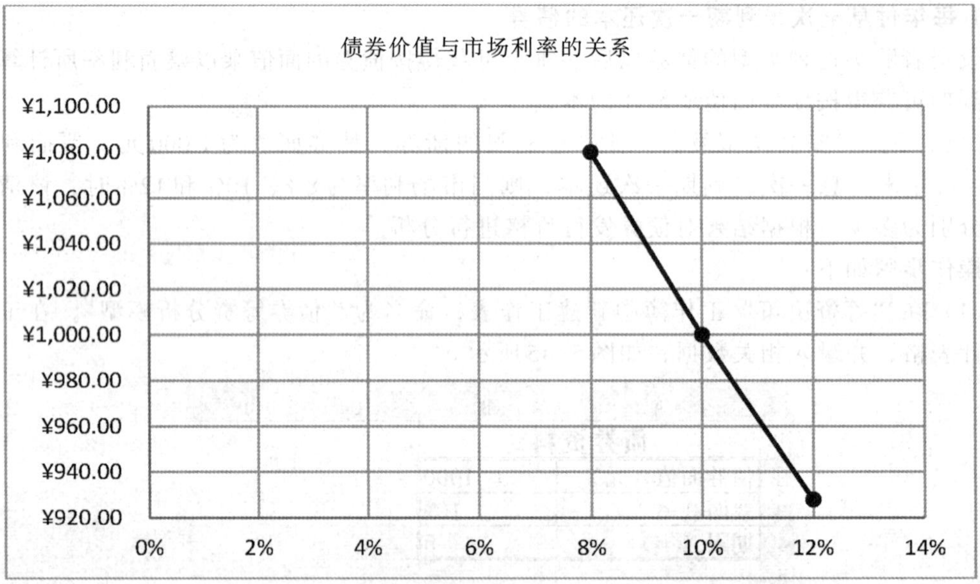

图5-47　插入图表“债券价值与市场利率的关系”

2.每半年付息一次、到期一次还本的债券

投资者购买这种类型的债券以后，每半年可以得到一次利息，每次得到的利息为年利息的一半，即债券的面值乘以票面年利率的一半，到期可得到所偿还的面值。在这种情况下，投资者对债券投资的本息均期望每半年可收回一次进行再投资。因此，计算债券现值时应采用投资者所要求的年投资报酬率的一半，即市场利率的一半作贴现率。

【例5-10】华安公司拟发行一批5年期限的债券，债券面值为1 000元，票面利率为10%，每半年末付息一次，到期一次还本，市场利率为12%，该债券的发行价格应为多少？债券发行后，债券的价值随时间如何变动？

操作步骤如下：

(1) 在“筹资决策”工作簿中新建工作表，命名为“债券筹资分析模型2”，在工作表中设计表格，并录入相关数据，如图5-48所示。

	A	B	C	D	E	F	G
1	**债券资料**						
2	债券面值（元）	1000					
3	票面利率	10%					
4	期限（年）	5					
5	每年付息次数（次）	2					
6	市场利率（元）	12%					
7							
8				**债券价值计算**			
9	举例债券到期时间（年）	5	4	3	2	1	0
10	债券价值（元）						

图5-48　创建“债券筹资分析模型2”工作表

(2) 计算不同到期时间债券的价值。在B10单元格中输入公式“=PV（\$B\$6/\$B\$5，B9*\$B\$5，-\$B\$2*\$B\$3/\$B\$5，-\$B\$2）”，使用填充柄将B10单元格中的公式依次向右填充至G10单元格，如图5-49所示。

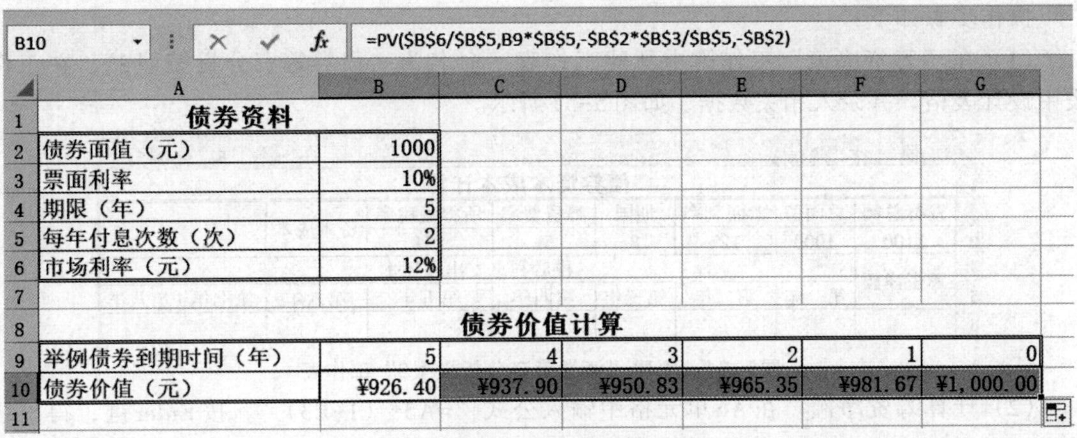

B10　=PV($B$6/$B$5,B9*$B$5,-$B$2*$B$3/$B$5,-$B$2)

	A	B	C	D	E	F	G
1	债券资料						
2	债券面值（元）	1000					
3	票面利率	10%					
4	期限（年）	5					
5	每年付息次数（次）	2					
6	市场利率（元）	12%					
7							
8				债券价值计算			
9	举例债券到期时间（年）	5	4	3	2	1	0
10	债券价值（元）	¥926.40	¥937.90	¥950.83	¥965.35	¥981.67	¥1,000.00
11							

图5-49　计算不同到期时间的债券价值

（3）分析债券价值在不同到期时间的变动。选中A9：G10单元格区域，打开“插入”选项卡，在“图表”组点击“散点图”，在下拉菜单中选择“带平滑线和数据标记的散点图”获取图表，并将图表命名为“债券价值与到期时间的关系”，如图5-50所示。

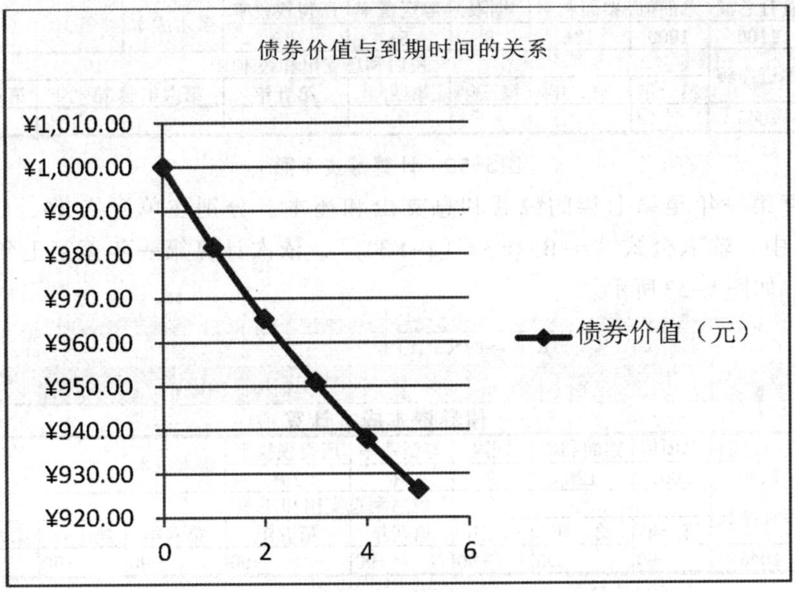

图5-50　插入图表“债券价值与到期时间的关系”

由图5-50可以看出，华安公司应以926.40元的价格折价发行债券。随着时间的推移，该债券价值将逐步升高，直至第五年债券到期，债券价值等于其票面价值。

5.5.2　债券资本成本

债券资本成本是指发行债券的成本，包括债券的利息和筹资费用。下面通过实例计算债券资本成本。

【例5-11】华安公司按折价发行一批价值1 100万元的8年期债券，总面值为1 000万元，票面利率为12%，筹资费率为5%，所得税税率为25%，每年付息一次，到期一次还本，试分析华安公司发行该债券的资本成本。

操作步骤如下：

（1）在“筹资决策”工作簿中新建工作表，命名为“债券筹资分析模型3”，在工作表中设计表格，并录入相关数据，如图5-51所示。

	A	B	C	D	E	F	G	H	I
1	债券资本成本计算								
2	发行总额	总面值	票面利率	期限	筹资费率	所得税税率	资本成本		
3	1100	1000	12%	8	5%	25%			
4	筹资净额	税后利息支出和还本							
5		第一年	第二年	第三年	第四年	第五年	第六年	第七年	第八年
6									

图5-51　创建“债券筹资分析模型3”工作表

（2）计算筹资净额。在A6单元格中输入公式“=A3*（1-E3）”，按Enter键，得出结果，如图5-52所示。

A6　fx　=A3*(1-E3)

	A	B	C	D	E	F	G	H	I
1	债券资本成本计算								
2	发行总额	总面值	票面利率	期限	筹资费率	所得税税率	资本成本		
3	1100	1000	12%	8	5%	25%			
4	筹资净额	税后利息支出和还本							
5		第一年	第二年	第三年	第四年	第五年	第六年	第七年	第八年
6	1045								

图5-52　计算筹资净额

（3）计算第一年至第七年的税后利息支出和还本。分别在单元格B6、C6、D6、E6、F6、G6、H6中，输入公式“=-B3*C3*（1-F3）”，依次计算第一年至第七年的税后利息支出和还本，如图5-53所示。

H6　fx　=-B3*C3*(1-F3)

	A	B	C	D	E	F	G	H	I
1	债券资本成本计算								
2	发行总额	总面值	票面利率	期限	筹资费率	所得税税率	资本成本		
3	1100	1000	12%	8	5%	25%			
4	筹资净额	税后利息支出和还本							
5		第一年	第二年	第三年	第四年	第五年	第六年	第七年	第八年
6	1045	-90	-90	-90	-90	-90	-90	-90	

图5-53　计算第一年至第七年的税后利息支出和还本

（4）计算第八年的税后利息支出和还本。在单元格I6中输入公式“=-B3*C3*（1-F3）-B3”，按Enter键，得出结果，如图5-54所示。

I6　fx　=-B3*C3*(1-F3)-B3

	A	B	C	D	E	F	G	H	I
1	债券资本成本计算								
2	发行总额	总面值	票面利率	期限	筹资费率	所得税税率	资本成本		
3	1100	1000	12%	8	5%	25%			
4	筹资净额	税后利息支出和还本							
5		第一年	第二年	第三年	第四年	第五年	第六年	第七年	第八年
6	1045	-90	-90	-90	-90	-90	-90	-90	-1090

图5-54　计算第八年的税后利息支出和还本

（5）选择H2单元格，插入IRR（）函数计算资金成本，设置IRR函数参数，如图5-55所示。

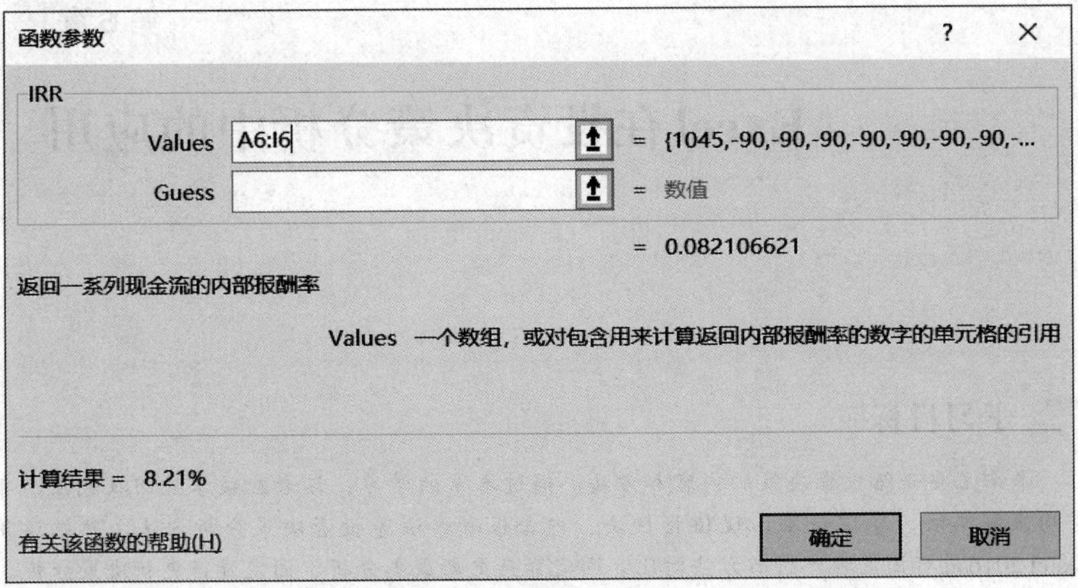

图5-55　设置IRR函数参数

由上述操作可得出，华安公司该债券的资本成本为8.21%，如图5-56所示。

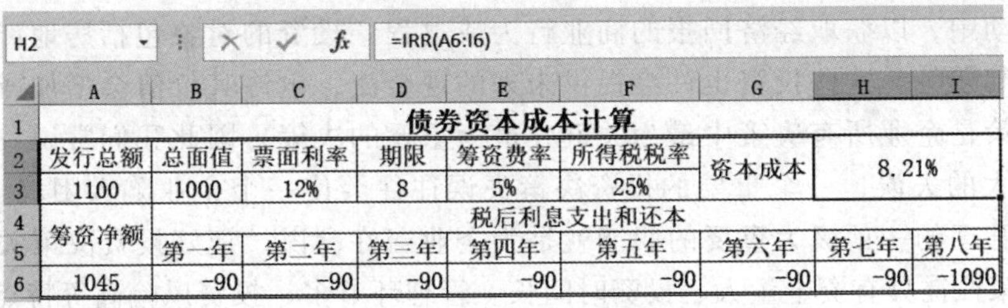

	A	B	C	D	E	F	G	H	I
1	债券资本成本计算								
2	发行总额	总面值	票面利率	期限	筹资费率	所得税税率	资本成本	8.21%	
3	1100	1000	12%	8	5%	25%			
4	筹资净额	税后利息支出和还本							
5		第一年	第二年	第三年	第四年	第五年	第六年	第七年	第八年
6	1045	-90	-90	-90	-90	-90	-90	-90	-1090

图5-56　计算债券资本成本

单元实训

某企业欲借款30万元，借款年限5年，每年还款次数为2次、4次、12次、24次，银行的借款利率分别为4%、6%、8%、10%。试分析该企业应该采用何种方式还款最合适。

第5章单元实训参考答案

第6章

Excel在投资决策分析中的应用

学习目标

本章主要介绍投资决策的内容和方法。通过本章的学习，读者应该掌握回收期法、年平均报酬率法、净现值法、现值指数法、内含报酬率法等投资决策分析方法，熟练运用Excel 2016进行固定资产折旧方法对比、固定资产更新成本分析、固定资产更新决策分析。

投资是指将某种有价值的资产，包括资金、人力、知识产权等，投入到某个企业、项目或经济活动中，以获取经济回报的商业行为或过程。投资的对象包括房地产、证券、黄金、外币、邮票等。这些投资也许会提供未来的现金流，也许其价值会增加或减少。

投资决策是企业所有决策中最为关键、最为重要的决策，因此我们常说：投资决策失误是企业最大的失误，一个重要的投资决策失误往往会使一个企业陷入困境，甚至破产。因此，财务管理的一项极为重要的职能就是为企业当好参谋，把好投资决策关。

投资决策往往具有资金量大、投资时间长、管理环节多、投资风险高等特点，因此，投资不能只考虑创造价值，还要考虑实现价值过程中的风险因素，要树立风险意识，理解风险本质与内涵，掌握风险与收益的关系，合理控制投资风险。同时，投资决策时，应把握科学精神和进取精神、正确的财富观与价值观、风险意识和金融素养、高度社会责任感等原则。

6.1 投资决策分析方法

6.1.1 回收期法

回收期是指投资项目收回原始总投资所需要的时间，即以投资项目经营净现金流量抵偿原始总投资所需要的全部时间。投资回收期法即是用回收期作为项目评价指标的方法，用以衡量项目回收初始投资的速度。

回收期法计算简单、容易理解，可以反映投资资金的回笼速度，可以衡量投资方案的相对风险。但是，回收期法不能具体体现回收期内现金流量特征，不能反映回收期后的现金流量状况，而且基础回收期的确定带有很强的主观性，容易导致投资项目选择的急功近利。所以，回收期法一般作为辅助方法使用。

当经营期各年现金净流量相等时，其计算公式为：

回收期=原始投资额/每年现金净流入

当经营期各年现金净流量不相等时，回收期应按累计现金流入量计算。在这种方法下，累计现金流入量与原始投资额达到相等所需的时间，即为回收期。其计算公式为：

$$\text{投资回收期}=\text{已收回投资的整年年数}+(\text{原投资额}-\text{已收回的整年年数的投资额之和})/\text{已收回的整年年数下一年的投资回收额}$$

【例6-1】华安公司投资15万元购置了一台机床，预计使用5年，预计残值2万元，现金净流量如表6-1所示。

表6-1　现金净流量表　单位：元

年序	年现金净流量	累计现金净流量
1	60 000	60 000
2	50 000	110 000
3	40 000	150 000
4	30 000	180 000
5	20 000	200 000

从表6-1中累计现金净流量可知：

投资回收期=3+（150 000-150 000）/30 000=3（年）

6.1.2　年平均报酬率法

年平均报酬率法，是根据投资方案年平均报酬率的高低进行投资决策的一种方法。年平均报酬率是指投资方案的年平均利润与原始投资额的比率，是反映投资项目的获利能力的一个相对数指标。

相比回收期法，年平均报酬率法考虑了投资方案的寿命期，更为全面，但是使用“利润”概念，受折旧方法影响，且忽略了利润实现的时间性。因此，年平均报酬率法通常作为项目初步评价的手段，而不是最终的依据。

年平均报酬率的计算公式为：

年平均报酬率=年均税后利润/投资总额

进行投资决策时，应将投资方案的年平均报酬率与投资者主观上既定的期望年平均报酬率相比较：

投资方案年平均报酬率>期望年均报酬率，则接受该投资方案；

投资方案年平均报酬率<期望年均报酬率，则拒绝该投资方案。

当有两个或两个以上投资方案可供选择时，则应该选择年平均报酬率高的投资方案。

6.1.3　净现值法

净现值是一项投资所产生的未来现金流的折现值与项目投资成本之间的差值。净现值法是利用净现金效益量的总现值与净现金投资量算出净现值，然后根据净现值的大小来评价投资方案。净现值为正值，投资方案是可以接受的；净现值是负值，投资方案就是不可接受的。净现值越大，投资方案越好。

净现值法考虑了货币时间价值，能反映预计投资收益具体金额的现值，考虑了投资风险的影响，同时与股东财富最大化这一财务管理目标直接联系，是一种比较科学也比较简便的投资方案评价方法，在投资决策分析中被广泛应用。

净现值可采用NPV（）函数进行计算。下面举例说明如何运用Excel 2016计算净现值。

【例6-2】华安公司准备投资开设一家连锁鞋店，投资成本为40万元，并且希望前五年的获利分别为8万元、9.2万元、10万元、12万元和14.5万元。每年的贴现率为6%，求投资的净现值。

操作步骤如下：

（1）创建一个新的工作簿，命名为“投资决策分析模型”，在工作簿中新建工作表，命名为“净现值函数”，在工作表中设计表格，如图6-1所示。

	A	B
1	净现值法	
2	项目	数据
3	贴现率	6%
4	期初投资支出	-400000
5	第一年获利	80000
6	第二年获利	92000
7	第三年获利	100000
8	第四年获利	120000
9	第五年获利	145000
10	净现值	

图6-1　投资决策分析模型

（2）选择B10单元格，单击 f_x 插入函数，弹出“插入函数”对话框，在“或选择类别”下拉列表中选择“财务”，然后在“选择函数”列表框里选择NPV函数，如图6-2所示。

图6-2　插入NPV（）函数

（3）在“函数参数”对话框中，设置NPV（）函数的参数，参数的输入如图6-3所示。

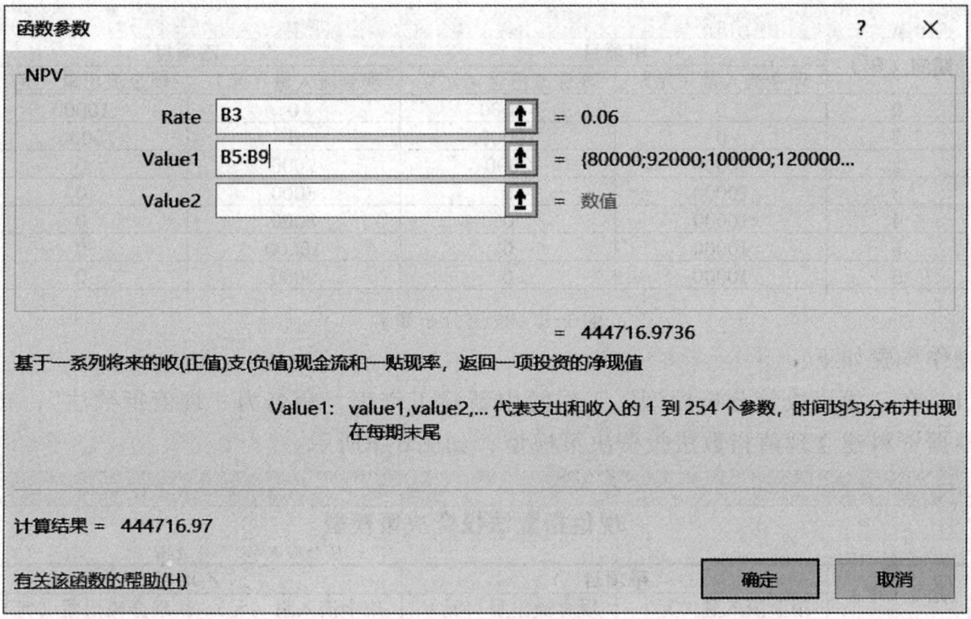

图6-3　设置函数参数

（4）使用NPV（）函数计算出净现值为444 716.97元，如图6-4所示。

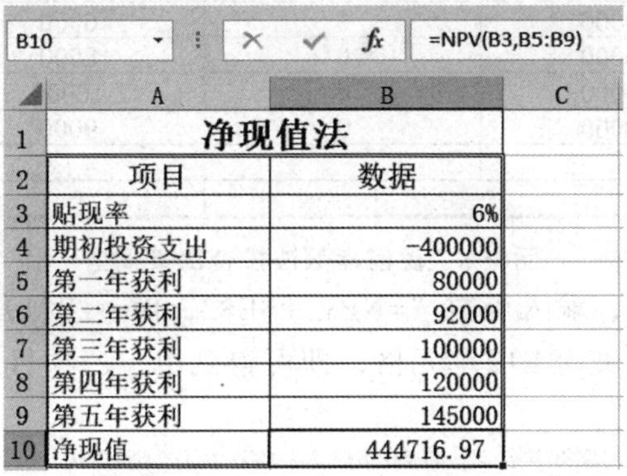

	A	B	C
1	净现值法		
2	项目	数据	
3	贴现率	6%	
4	期初投资支出	-400000	
5	第一年获利	80000	
6	第二年获利	92000	
7	第三年获利	100000	
8	第四年获利	120000	
9	第五年获利	145000	
10	净现值	444716.97	

图6-4　计算净现值

6.1.4　现值指数法

现值指数法又称获利指数法，是指投资项目未来现金流入的现值与未来现金流出的现值之比。它反映了1元现金流出所获得的未来现金流入现值。

对于独立项目，现值指数大于1或等于1，表明项目未来现金流入现值超过或等于现金流出现值，则项目可行，否则为不可行项目。对于互斥项目，在投资规模相同的情况下，应选择现值指数高的项目；对于投资规模不同的项目，则要视资金是否受限制而定。

现值指数是一个标志投资项目获利能力的相对指标，使不同的投资项目具有可比性，因此，现值指数在投资决策分析中具有广泛的适用性。下面举例说明如何运用Excel 2016计算现值指数。

【例6-3】华安公司有甲、乙两个投资项目，有关资料如图6-5所示。假定资金成本率为14%，用现值指数法计算并选择最优方案。

期间（年）	甲项目		乙项目	
	现金流入量（元）	现金流出量（元）	现金流入量（元）	现金流出量（元）
0	0	10000	0	10000
1	0	10000	0	5000
2	10000	2000	7000	0
3	10000	0	6000	0
4	10000	0	8000	0
5	10000	0	10000	0
6	10000	0	9000	0

图6-5　投资分析资料

操作步骤如下：

（1）在“投资决策分析模型”工作簿中新建工作表，命名为“现值指数法”，在工作表中根据资料建立现值指数法投资决策模型，如图6-6所示。

现值指数法投资决策模型				
			资金成本率	14%
期间（年）	甲项目		乙项目	
	现金流入量（元）	现金流出量（元）	现金流入量（元）	现金流出量（元）
0	0	10000	0	10000
1	0	10000	0	5000
2	10000	2000	7000	0
3	10000	0	6000	0
4	10000	0	8000	0
5	10000	0	10000	0
6	10000	0	9000	0
净现值				
现值指数				

图6-6　现值指数法投资决策模型

（2）选择B12单元格，输入函数“=NPV（$E$2，B6：B11）”，使用填充柄将B12单元格中的公式依次向右填充至E12单元格，即可得到甲、乙项目现金流入量与现金流出量的净现值，如图6-7所示。

E12　=NPV($E$2,E6:E11)

现值指数法投资决策模型				
			资金成本率	14%
期间（年）	甲项目		乙项目	
	现金流入量（元）	现金流出量（元）	现金流入量（元）	现金流出量（元）
0	0	10000	0	10000
1	0	10000	0	5000
2	10000	2000	7000	0
3	10000	0	6000	0
4	10000	0	8000	0
5	10000	0	10000	0
6	10000	0	9000	0
净现值	¥30,114.75	¥10,310.86	¥23,46[illegible]1	¥4,385.96
现值指数				

图6-7　计算净现值

(3) 选择B13单元格，输入公式“=B12/C12”；选择D13单元格，输入公式“=D12/E12”，可计算出甲、乙两个项目现值指数，如图6-8所示。

D13　=D12/E12

	A	B	C	D	E
1	现值指数法投资决策模型				
2				资金成本率	14%
3	期间（年）	甲项目		乙项目	
4		现金流入量（元）	现金流出量（元）	现金流入量（元）	现金流出量（元）
5	0	0	10000	0	10000
6	1	0	10000	0	5000
7	2	10000	2000	7000	0
8	3	10000	0	6000	0
9	4	10000	0	8000	0
10	5	10000	0	10000	0
11	6	10000	0	9000	0
12	净现值	¥30,114.75	¥10,310.86	¥23,466.71	¥4,385.96
13	现值指数	2.920680824		5.350409786	

图6-8　计算现值指数

结论：从计算结果可以看出，甲、乙项目的现值指数都大于1，说明甲、乙两项目都可行。乙项目的现值指数明显大于甲项目，因此，乙项目优于甲项目，应优先选择。

6.1.5 内含报酬率法

内含报酬率是使投资项目的净现值等于零的贴现率，即使未来现金流入量现值等于未来现金流出量现值的贴现率。

内含报酬率的计算通常使用“逐步测试法”。首先按照估算的贴现率，计算投资项目的净现值，如果净现值是正数，说明估计的贴现率过低，应调高再进行测试；如果净现值为负数，说明估计的贴现率过高，应调低重新测试，直到净现值为零为止，此时的贴现率即为投资项目本身的内含报酬率。

内含报酬率法考虑了货币的时间价值，计算科学准确。但是在手工方式下，内含报酬率法的计算方法烦琐，计算量大，准确性不高。实务中，我们可以使用Excel 2016中的内含报酬率函数IRR（）计算。下面举例说明如何运用Excel 2016计算内含报酬率。

【例6-4】华安公司有甲、乙两个投资项目，有关资料如图6-9所示。用内含报酬率法比较两个投资项目。

	A	B	C
1	投资方案现金流量		
2			单位：元
3	期间（年）	甲方案现金净流量	乙方案现金净流量
4	0	-10000	-10000
5	1	-10000	-5000
6	2	8000	7000
7	3	10000	6000
8	4	10000	8000
9	5	10000	10000
10	6	10000	9000

图6-9　甲、乙项目现金流量

操作步骤如下：

（1）在“投资决策分析模型”工作簿中新建工作表，命名为“内含报酬率法”，在工作表中根据资料建立内含报酬率法投资决策模型，如图6-10所示。

	A	B	C
1	投资方案现金流量		
2			单位：元
3	期间（年）	甲方案现金净流量	乙方案现金净流量
4	0	-10000	-10000
5	1	-10000	-5000
6	2	8000	7000
7	3	10000	6000
8	4	10000	8000
9	5	10000	10000
10	6	10000	9000
11	分析评价		
12	年份	IRR（甲）	IRR（乙）
13	2		
14	3		
15	4		
16	5		
17	6		

图6-10 建立内含报酬率法投资决策模型

（2）计算甲、乙项目各年回收的内含报酬率：

选择B13单元格，输入函数“=IRR（B4：B6，-10%）”，即得到2年内回收时甲项目的内含报酬率；

选择B14单元格，输入函数“=IRR（B$4：B7）”，即得到3年内回收时甲项目的内含报酬率；

将单元格B14中的公式复制到单元格区域B15：B17，即得到4~6年内回收时甲项目的内含报酬率；

选择B13：B17单元格区域，拖动右下方的填充柄，将公式复制到C13：C17单元格区域，即得到乙项目各年回收的内含报酬率，如图6-11所示。

	A	B	C
1	投资方案现金流量		
2			单位：元
3	期间（年）	甲方案现金净流量	乙方案现金净流量
4	0	-10000	-10000
5	1	-10000	-5000
6	2	8000	7000
7	3	10000	6000
8	4	10000	8000
9	5	10000	10000
10	6	10000	9000
11	分析评价		
12	年份	IRR（甲）	IRR（乙）
13	2	-48%	-38%
14	3	-5%	-7%
15	4	14%	13%
16	5	24%	25%
17	6	30%	31%
18			

图6-11 计算甲、乙项目的内含报酬率

结论：从内含报酬率指标看，乙投资项目要优于甲投资项目，应优先选择。

6.2 固定资产更新决策

固定资产更新是指使用新的资产将不宜继续使用的陈旧资产更换掉，或对原有的资产进行优化改造。固定资产的更新决策需要解决的核心问题是决定是否更新现有资产，采用哪种更新策略。

6.2.1 固定资产折旧分析

固定资产折旧的计算可以采用不同的方法，包括直线折旧法、双倍余额递减法、年数总和法和余额递减法（可变余额递减法和固定余额递减法）。按照不同的折旧方法计算出的折旧额是不相同的。而企业在选择折旧方法时，应对不同折旧方法的折旧额进行对比分析，从而选择最优折旧方法。Excel 2016提供了多种折旧函数，下面将举例对比分析各种固定资产折旧方法。

【例6-5】华安公司有一台设备，原值为68万元，预计使用10年，预计净残值为5万元。试采用不同的折旧方法计算折旧额，进行比较分析。

操作步骤如下：

（1）在“投资决策分析模型”工作簿中新建工作表，命名为“固定资产折旧方法对比”，在工作表中根据资料建立固定资产折旧方法对比分析表格，如图6-12所示。

	A	B	C	D	E	F
1	**固定资产数据资料**					
2	固定资产原值（元）	680000				
3	预计净残值（元）	50000				
4	预计使用年限（年）	10				
5						
6	**折旧方法对比**					
7	**折旧方法 / 适用年限**	**直线折旧法**	**双倍余额递减法**	**年数总和法**	**可变余额递减法**	**固定余额递减法**
8	1					
9	2					
10	3					
11	4					
12	5					
13	6					
14	7					
15	8					
16	9					
17	10					
18	合计					

图6-12　固定资产折旧方法对比分析

（2）选择B8单元格，插入SLN（）函数，在“函数参数”对话框中设置SLN（）函数的参数，参数的输入如图6-13所示。

（3）使用填充柄将B8单元格中的公式依次向下填充至B17单元格，即可得到采用直线折旧法计算的各年固定资产折旧额，如图6-14所示。

（4）选择C8单元格，插入DDB（）函数，在“函数参数”对话框中设置DDB（）函数的参数，参数的输入如图6-15所示。

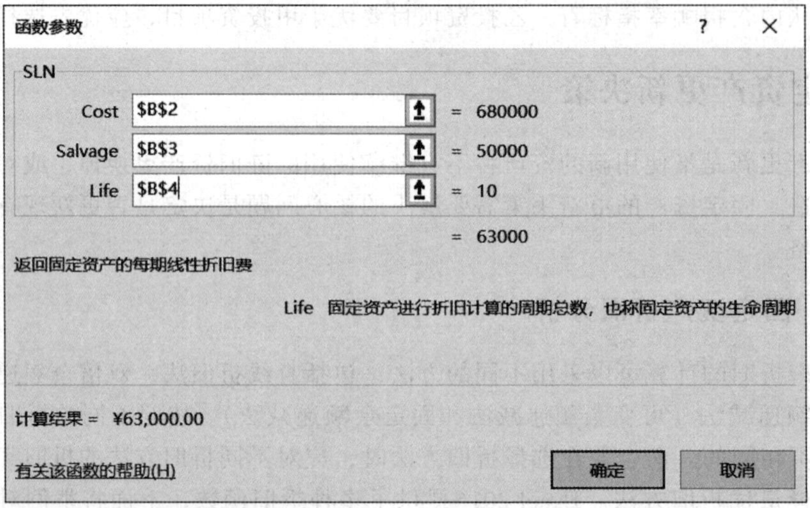

图6-13 设置SLN（）函数的参数

	A	B	C	D	E	F
1	固定资产数据资料					
2	固定资产原值（元）	680000				
3	预计净残值（元）	50000				
4	预计使用年限（年）	10				
5						
6	折旧方法对比					
7	折旧方法 适用年限	直线折旧法	双倍余额递减法	年数总和法	可变余额递减法	固定余额递减法
8	1	¥63,000.00				
9	2	¥63,000.00				
10	3	¥63,000.00				
11	4	¥63,000.00				
12	5	¥63,000.00				
13	6	¥63,000.00				
14	7	¥63,000.00				
15	8	¥63,000.00				
16	9	¥63,000.00				
17	10	¥63,000.00				
18	合计					

图6-14 直线折旧法对应的固定资产折旧额

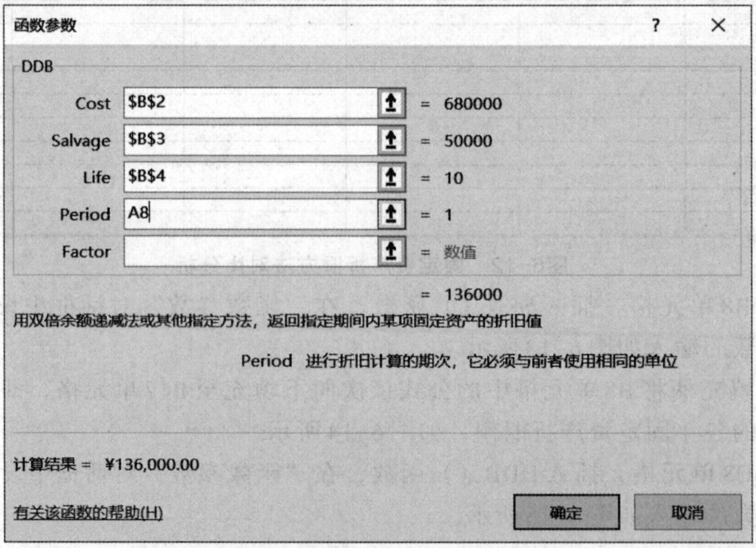

图6-15 设置DDB（）函数的参数

(5) 使用填充柄将C8单元格中的公式依次向下填充至C17单元格，即可得到采用双倍余额递减法计算的各年固定资产折旧额，如图6-16所示。

	A	B	C	D	E	F
1	固定资产数据资料					
2	固定资产原值（元）	680000				
3	预计净残值（元）	50000				
4	预计使用年限（年）	10				
5						
6			折旧方法对比			
7	折旧方法 / 适用年限	直线折旧法	双倍余额递减法	年数总和法	可变余额递减法	固定余额递减法
8	1	¥63,000.00	¥136,000.00			
9	2	¥63,000.00	¥108,800.00			
10	3	¥63,000.00	¥87,040.00			
11	4	¥63,000.00	¥69,632.00			
12	5	¥63,000.00	¥55,705.60			
13	6	¥63,000.00	¥44,564.48			
14	7	¥63,000.00	¥35,651.58			
15	8	¥63,000.00	¥28,521.27			
16	9	¥63,000.00	¥22,817.01			
17	10	¥63,000.00	¥18,253.61			
18	合计					

图6-16　双倍余额递减法对应的固定资产折旧额

(6) 选择D8单元格，插入SYD()函数，在“函数参数”对话框中设置SYD()函数的参数，参数的输入如图6-17所示。

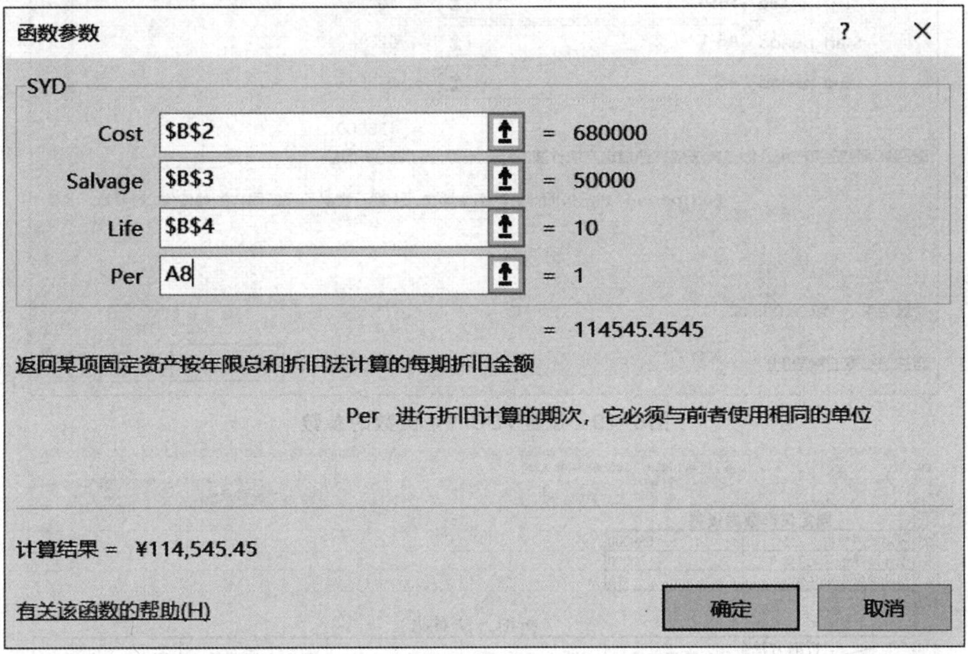

图6-17　设置SYD()函数的参数

(7) 使用填充柄将D8单元格中的公式依次向下填充至D17单元格，即可得到采用年数总和法计算的各年固定资产折旧额，如图6-18所示。

(8) 选择E8单元格，插入VDB()函数，在“函数参数”对话框中设置VDB()函数的参数，参数的输入如图6-19所示。

(9) 使用填充柄将E8单元格中的公式依次向下填充至E17单元格，即可得到采用可变余额递减法计算的各年固定资产折旧额，如图6-20所示。

固定资产数据资料

固定资产原值（元）	680000
预计净残值（元）	50000
预计使用年限（年）	10

折旧方法对比

折旧方法 / 适用年限	直线折旧法	双倍余额递减法	年数总和法	可变余额递减法	固定余额递减法
1	¥63,000.00	¥136,000.00	¥114,545.45		
2	¥63,000.00	¥108,800.00	¥103,090.91		
3	¥63,000.00	¥87,040.00	¥91,636.36		
4	¥63,000.00	¥69,632.00	¥80,181.82		
5	¥63,000.00	¥55,705.60	¥68,727.27		
6	¥63,000.00	¥44,564.48	¥57,272.73		
7	¥63,000.00	¥35,651.58	¥45,818.18		
8	¥63,000.00	¥28,521.27	¥34,363.64		
9	¥63,000.00	¥22,817.01	¥22,909.09		
10	¥63,000.00	¥18,253.61	¥11,454.55		
合计					

图6-18　年数总和法对应的固定资产折旧额

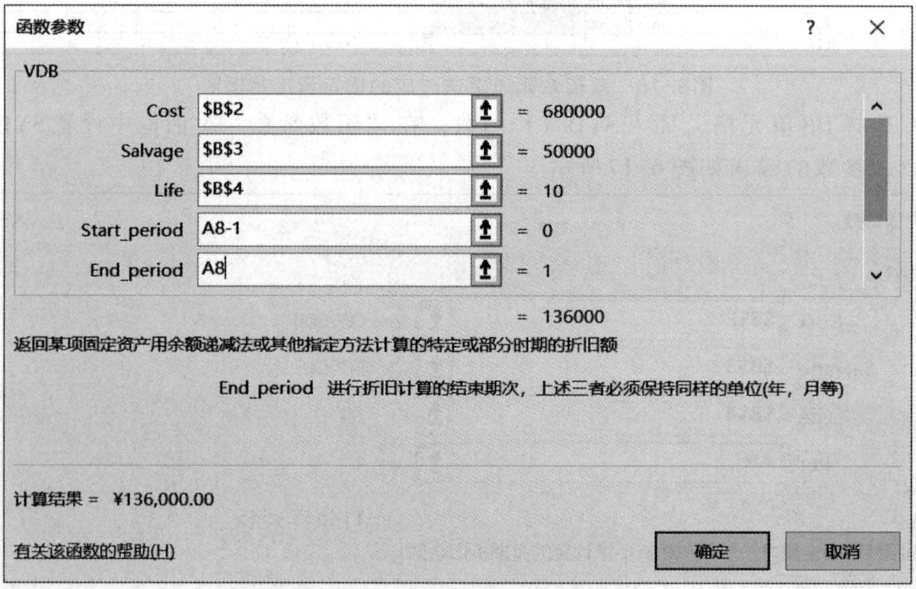

图6-19　设置VDB（）函数的参数

E8　=VDB($B$2,$B$3,$B$4,A8-1,A8)

固定资产数据资料

固定资产原值（元）	680000
预计净残值（元）	50000
预计使用年限（年）	10

折旧方法对比

折旧方法 / 适用年限	直线折旧法	双倍余额递减法	年数总和法	可变余额递减法	固定余额递减法
1	¥63,000.00	¥136,000.00	¥114,545.45	¥136,000.00	
2	¥63,000.00	¥108,800.00	¥103,090.91	¥108,800.00	
3	¥63,000.00	¥87,040.00	¥91,636.36	¥87,040.00	
4	¥63,000.00	¥69,632.00	¥80,181.82	¥69,632.00	
5	¥63,000.00	¥55,705.60	¥68,727.27	¥55,705.60	
6	¥63,000.00	¥44,564.48	¥57,272.73	¥44,564.48	
7	¥63,000.00	¥35,651.58	¥45,818.18	¥35,651.58	
8	¥63,000.00	¥28,521.27	¥34,363.64	¥30,868.78	
9	¥63,000.00	¥22,817.01	¥22,909.09	¥30,868.78	
10	¥63,000.00	¥18,253.61	¥11,454.55	¥30,868.78	
合计					

图6-20　可变余额递减法对应的固定资产折旧额

（10）选择F8单元格，插入DB（）函数，在“函数参数”对话框中设置DB（）函数的参数，参数的输入如图6-21所示。

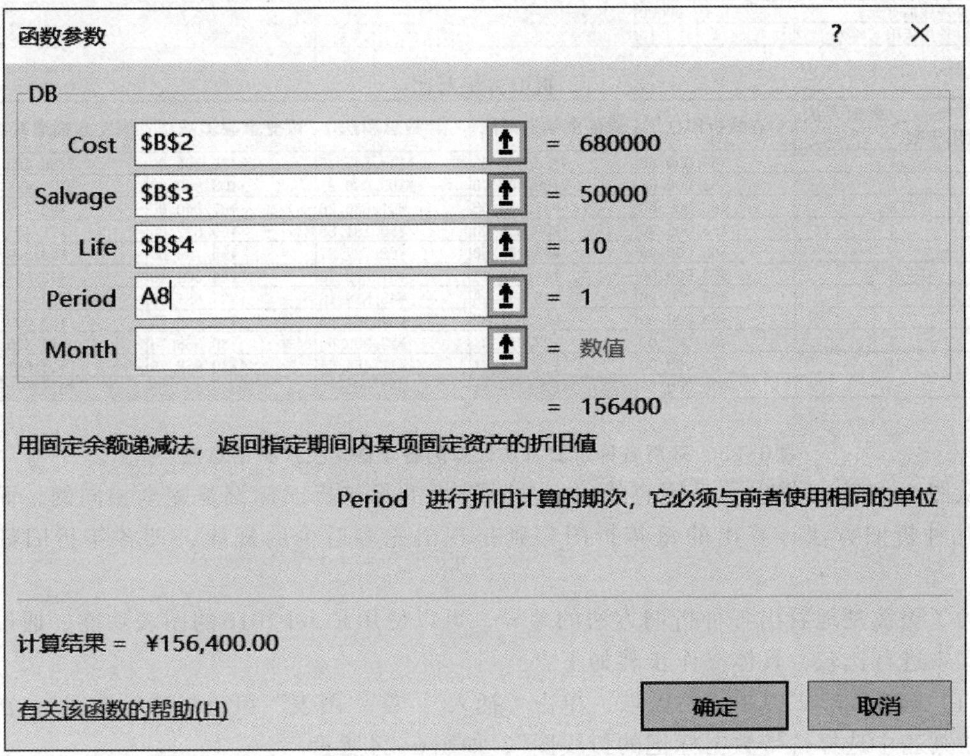

图6-21　设置DB（）函数的参数

（11）使用填充柄将F8单元格中的公式依次向下填充至F17单元格，即可得到采用固定余额递减法计算的各年固定资产折旧额，如图6-22所示。

	A	B	C	D	E	F
1	固定资产数据资料					
2	固定资产原值（元）	680000				
3	预计净残值（元）	50000				
4	预计使用年限（年）	10				
5						
6				折旧方法对比		
7	折旧方法 / 适用年限	直线折旧法	双倍余额递减法	年数总和法	可变余额递减法	固定余额递减法
8	1	¥63,000.00	¥136,000.00	¥114,545.45	¥136,000.00	¥156,400.00
9	2	¥63,000.00	¥108,800.00	¥103,090.91	¥108,800.00	¥120,428.00
10	3	¥63,000.00	¥87,040.00	¥91,636.36	¥87,040.00	¥92,729.56
11	4	¥63,000.00	¥69,632.00	¥80,181.82	¥69,632.00	¥71,401.76
12	5	¥63,000.00	¥55,705.60	¥68,727.27	¥55,705.60	¥54,979.36
13	6	¥63,000.00	¥44,564.48	¥57,272.73	¥44,564.48	¥42,334.10
14	7	¥63,000.00	¥35,651.58	¥45,818.18	¥35,651.58	¥32,597.26
15	8	¥63,000.00	¥28,521.27	¥34,363.64	¥30,868.78	¥25,099.89
16	9	¥63,000.00	¥22,817.01	¥22,909.09	¥30,868.78	¥19,326.92
17	10	¥63,000.00	¥18,253.61	¥11,454.55	¥30,868.78	¥14,881.73
18	合计					

图6-22　固定余额递减法对应的固定资产折旧额

（12）选择B18单元格，输入函数“=SUM（B8：B17）”，即得到采用直线折旧法计算的各年固定资产折旧总额。使用填充柄将B18单元格中的公式依次向右填充至F18单元格，即可得到采用各种折旧方法计算的各年固定资产折旧总额，如图6-23所示。

固定资产数据资料	
固定资产原值（元）	680000
预计净残值（元）	50000
预计使用年限（年）	10

折旧方法对比

折旧方法 / 适用年限	直线折旧法	双倍余额递减法	年数总和法	可变余额递减法	固定余额递减法
1	¥63,000.00	¥136,000.00	¥114,545.45	¥136,000.00	¥156,400.00
2	¥63,000.00	¥108,800.00	¥103,090.91	¥108,800.00	¥120,428.00
3	¥63,000.00	¥87,040.00	¥91,636.36	¥87,040.00	¥92,729.56
4	¥63,000.00	¥69,632.00	¥80,181.82	¥69,632.00	¥71,401.76
5	¥63,000.00	¥55,705.60	¥68,727.27	¥55,705.60	¥54,979.36
6	¥63,000.00	¥44,564.48	¥57,272.73	¥44,564.48	¥42,334.10
7	¥63,000.00	¥35,651.58	¥45,818.18	¥35,651.58	¥32,597.26
8	¥63,000.00	¥28,521.27	¥34,363.64	¥30,868.78	¥25,099.89
9	¥63,000.00	¥22,817.01	¥22,909.09	¥30,868.78	¥19,326.92
10	¥63,000.00	¥18,253.61	¥11,454.55	¥30,868.78	¥14,881.73
合计	¥630,000.00	¥606,985.56	¥630,000.00	¥630,000.00	¥630,178.57

图6-23　采用各种折旧方法计算的各年固定资产折旧总额

从图6-23中可看出，采用直线折旧法计算出的每年折旧额都是完全相同的，而采用其他几种折旧方法计算出的每年折旧额则呈现出先多后少的规律，即各年折旧额逐渐递减。

为了更清楚地看出各种折旧方法的差异，可以使用Excel 2016的图表功能，通过绘制折线图来进行比较，具体操作步骤如下：

（1）选择A7：F17单元格区域，单击“插入”，在“图表”组选择“折线图”，在弹出的下拉列表中选择“带数据标记的折线图”，如图6-24所示。

图6-24　插入“带数据标记的折线图”

（2）生成折线图后，在“图表工具”|“布局”中设置图表标题及坐标轴标题，对折线图有关项目进行调整，以便使图表更加美观大方。

完成的图表如图6-25所示，我们可以更清楚地看出各种不同折旧方法的差异，企业可以根据自身的实际情况采用合适的折旧方法。

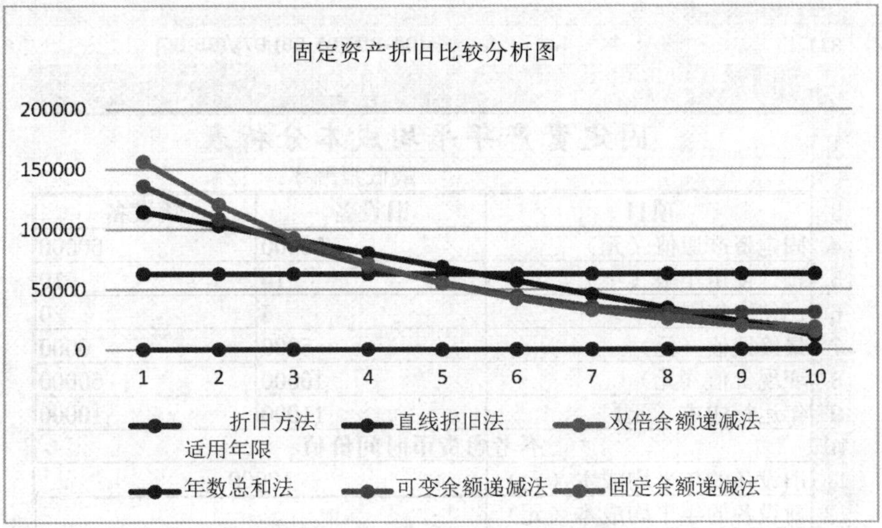

图6-25　固定资产折旧比较分析图

6.2.2　固定资产更新成本分析

固定资产的更新决策需要解决的核心问题是决定是否更新现有资产，采用哪种更新策略。因此，我们要在继续使用和更新现有资产两种方案中进行成本比较分析。

【例6-6】某企业有一台设备，正在考虑是否需要更新，在已知有关数据和企业期望的最低报酬率为12%时，分别在考虑和不考虑时间价值的前提下，计算新旧设备的年平均成本。

操作步骤如下：

(1) 在“投资决策分析模型”工作簿中新建工作表，命名为“固定资产更新成本分析”，在工作表中根据资料建立固定资产年平均成本分析表，如图6-26所示。

	A	B	C
1	**固定资产年平均成本分析表**		
2		最低报酬率：	12%
3	**项目**	**旧设备**	**新设备**
4	固定资产原值（元）	50000	60000
5	预计使用年限（年）	10	10
6	已使用年限（年）	5	0
7	最终残值（元）	5000	6000
8	变现价值（元）	10000	60000
9	年运行成本（元）	11000	10000
10	**不考虑货币时间价值**		
11	旧设备的年平均成本（元）		
12	新设备的年平均成本（元）		
13	**考虑货币时间价值**		
14	旧设备的年平均成本（元）		
15	新设备的年平均成本（元）		

图6-26　固定资产年平均成本分析表

（2）选择B11单元格，输入公式"=（B8+B9*（B5-B6）-B7）/（B5-B6）"，即得到旧设备在不考虑货币时间价值的情况下的年平均成本，如图6-27所示。

B11 =(B8+B9*(B5-B6)-B7)/(B5-B6)

	A	B	C
1	固定资产年平均成本分析表		
2		最低报酬率：	12%
3	项目	旧设备	新设备
4	固定资产原值（元）	50000	60000
5	预计使用年限（年）	10	10
6	已使用年限（年）	5	0
7	最终残值（元）	5000	6000
8	变现价值（元）	10000	60000
9	年运行成本（元）	11000	10000
10	不考虑货币时间价值		
11	旧设备的年平均成本（元）	12000	
12	新设备的年平均成本（元）		
13	考虑货币时间价值		
14	旧设备的年平均成本（元）		
15	新设备的年平均成本（元）		

图6-27 计算旧设备年平均成本（不考虑货币时间价值）

（3）选择B12单元格，输入公式"=C8+（C9*（C5-C6）-C7）/（C5-C6）"，即得到新设备在不考虑货币时间价值的情况下的年平均成本，如图6-28所示。

B12 =C8+(C9*(C5-C6)-C7)/(C5-C6)

	A	B	C
1	固定资产年平均成本分析表		
2		最低报酬率：	12%
3	项目	旧设备	新设备
4	固定资产原值（元）	50000	60000
5	预计使用年限（年）	10	10
6	已使用年限（年）	5	0
7	最终残值（元）	5000	6000
8	变现价值（元）	10000	60000
9	年运行成本（元）	11000	10000
10	不考虑货币时间价值		
11	旧设备的年平均成本（元）	12000	
12	新设备的年平均成本（元）	69400	
13	考虑货币时间价值		
14	旧设备的年平均成本（元）		
15	新设备的年平均成本（元）		

图6-28 计算新设备年平均成本（不考虑货币时间价值）

（4）选择B14单元格，输入公式"=-B8/PV（C2，B5-B6，1）+B9+B7/FV（C2，B5-B6，1）"，即得到旧设备在考虑货币时间价值的情况下的年平均成本，如图6-29所示。

B14　=-B8/PV(C2,B5-B6,1)+B9+B7/FV(C2,B5-B6,1)

	A	B	C
1	固定资产年平均成本分析表		
2		最低报酬率：	12%
3	项目	旧设备	新设备
4	固定资产原值（元）	50000	60000
5	预计使用年限（年）	10	10
6	已使用年限（年）	5	0
7	最终残值（元）	5000	6000
8	变现价值（元）	10000	60000
9	年运行成本（元）	11000	10000
10	不考虑货币时间价值		
11	旧设备的年平均成本（元）	12000	
12	新设备的年平均成本（元）	69400	
13	考虑货币时间价值		
14	旧设备的年平均成本（元）	12987.04866	
15	新设备的年平均成本（元）		

图6-29　计算旧设备年平均成本（考虑货币时间价值）

（5）选择B15单元格，输入公式“=-C8/PV（C2，C5-C6，1）+C9+C7/FV（C2，C5-C6，1）”，即得到新设备在考虑货币时间价值的情况下的年平均成本，如图6-30所示。

B15　=-C8/PV(C2,C5-C6,1)+C9+C7/FV(C2,C5-C6,1)

	A	B	C
1	固定资产年平均成本分析表		
2		最低报酬率：	12%
3	项目	旧设备	新设备
4	固定资产原值（元）	50000	60000
5	预计使用年限（年）	10	10
6	已使用年限（年）	5	0
7	最终残值（元）	5000	6000
8	变现价值（元）	10000	60000
9	年运行成本（元）	11000	10000
10	不考虑货币时间价值		
11	旧设备的年平均成本（元）	12000	
12	新设备的年平均成本（元）	69400	
13	考虑货币时间价值		
14	旧设备的年平均成本（元）	12987.04866	
15	新设备的年平均成本（元）	20277.14486	

图6-30　计算新设备年平均成本（考虑货币时间价值）

结论：由上述计算结果我们可以得出，无论在考虑货币时间价值还是不考虑货币时间价值的情况下，旧设备的年平均成本都低于新设备的年平均成本，因此，该公司应优先考虑继续使用旧设备。

6.2.3 固定资产更新决策分析

1.固定资产基本数据计算

在现实工作中，固定资产是否更新不仅受年平均成本的影响，还会受到所得税税率、折旧额、修理成本等的影响，因此，做好固定资产基本数据计算是做出固定资产是否更新决策的基础。下面举例说明如何用Excel 2016对固定资产的基本数据进行计算。

【例6-7】华安公司打算进行设备更新，新旧设备数据如图6-31所示，试计算相关数据。

	A	B	C	D	E
1	固定资产新旧设备数据				
2	所得税:	30%		贴现率:	12%
3	项目	旧设备		新设备	
4	固定资产原值	100000		50000	
5	税法规定残值	10000		5000	
6	税法规定使用年限	6		4	
7	已使用年限	3		0	
8	尚可使用年限	4		4	
9	每年运行成本	8000		6000	
10	最终残值	15000		150000	
11	目前变现价值	20000		50000	
12	折旧方法	直线法		年数总和法	

图6-31 固定资产新旧设备数据

操作步骤如下：

(1) 在“投资决策分析模型”工作簿中新建工作表，命名为“固定资产数据分析”，在工作表中根据资料建立固定资产新旧设备数据分析表，如图6-32所示。

G24

	A	B	C	D	E
1	固定资产新旧设备数据				
2	所得税:	30%		贴现率:	12%
3	项目	旧设备		新设备	
4	固定资产原值	100000		50000	
5	税法规定残值	10000		5000	
6	税法规定使用年限	6		4	
7	已使用年限	3		0	
8	尚可使用年限	4		4	
9	每年运行成本	8000		6000	
10	最终残值	15000		15000	
11	目前变现价值	20000		50000	
12	折旧方法	直线法		年数总和法	
13	年限	折旧额	修理成本	折旧额	修理成本
14	0				
15	1				
16	2		25000		
17	3				
18	4				
19	5				

图6-32 固定资产新旧设备数据分析表

（2）选择B15单元格，输入函数“=SLN（$B$4，$B$5，$B$6）”，使用填充柄将B15单元格中的公式依次向下填充至B17单元格，即得到旧设备各年限的折旧额，如图6-33所示。

	A	B	C	D	E
1	固定资产新旧设备数据				
2	所得税:	30%		贴现率:	12%
3	项目	旧设备		新设备	
4	固定资产原值	100000		50000	
5	税法规定残值	10000		5000	
6	税法规定使用年限	6		4	
7	已使用年限	3		0	
8	尚可使用年限	4		4	
9	每年运行成本	8000		6000	
10	最终残值	15000		15000	
11	目前变现价值	20000		50000	
12	折旧方法	直线法		年数总和法	
13	年限	折旧额	修理成本	折旧额	修理成本
14	0				
15	1	¥15,000.00			
16	2	¥15,000.00	25000		
17	3	¥15,000.00			
18	4				
19	5				

图6-33　计算旧设备的折旧额

（3）选择D15单元格，输入函数“=SYD（$D$4，$D$5，$D$6，A15）”，使用填充柄将D15单元格中的公式依次向下填充至D18单元格，即得到新设备各年限的折旧额，如图6-34所示。

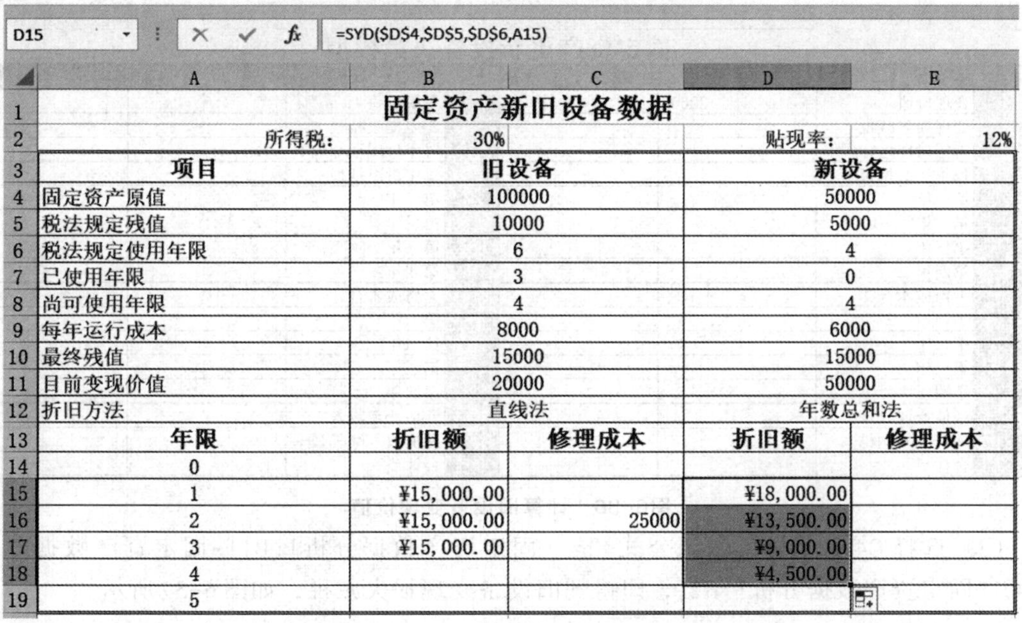

	A	B	C	D	E
1	固定资产新旧设备数据				
2	所得税:	30%		贴现率:	12%
3	项目	旧设备		新设备	
4	固定资产原值	100000		50000	
5	税法规定残值	10000		5000	
6	税法规定使用年限	6		4	
7	已使用年限	3		0	
8	尚可使用年限	4		4	
9	每年运行成本	8000		6000	
10	最终残值	15000		15000	
11	目前变现价值	20000		50000	
12	折旧方法	直线法		年数总和法	
13	年限	折旧额	修理成本	折旧额	修理成本
14	0				
15	1	¥15,000.00		¥18,000.00	
16	2	¥15,000.00	25000	¥13,500.00	
17	3	¥15,000.00		¥9,000.00	
18	4			¥4,500.00	
19	5				

图6-34　计算新设备的折旧额

2.固定资产更新决策分析

我们在固定资产数据分析表的基础上继续加以分析，以分析出是否做出固定资产更新的投资决策。

操作步骤如下：

（1）在“投资决策分析模型”工作簿中新建工作表，命名为“固定资产更新决策分析”，在工作表中根据资料建立固定资产更新投资决策模型，如图6-35所示。

固定资产更新投资决策模型

方案	项目	现金流量	现值	方案	项目	现金流量	现值
使用旧设备	变现价值			使用新设备	变现价值		
	变现损失减税				变现损失减税		
	每年付现运行成本				每年付现运行成本		
	每年折旧抵税				每年折旧抵税		
	第一年				第一年		
	第二年				第二年		
	第三年				第三年		
	第四年				第四年		
	大修成本合计				大修成本合计		
	第一年				第一年		
	第二年				第二年		
	第三年				第三年		
	第四年				第四年		
	残值变现收入				残值变现收入		
	残值收入纳税				残值收入纳税		
	合计				合计		

图6-35　固定资产更新投资决策模型

（2）选择C3单元格，输入公式“=-固定资产数据分析！B11”，即得到旧设备变现价值，如图6-36所示。

C3　=-固定资产数据分析!B11

固定资产更新投资决策模型

方案	项目	现金流量	现值	方案	项目	现金流量	现值
使用旧设备	变现价值	-20000		使用新设备	变现价值		
	变现损失减税				变现损失减税		
	每年付现运行成本				每年付现运行成本		
	每年折旧抵税				每年折旧抵税		
	第一年				第一年		
	第二年				第二年		
	第三年				第三年		
	第四年				第四年		
	大修成本合计				大修成本合计		
	第一年				第一年		
	第二年				第二年		
	第三年				第三年		
	第四年				第四年		
	残值变现收入				残值变现收入		
	残值收入纳税				残值收入纳税		
	合计				合计		

图6-36　计算旧设备变现价值

（3）选择C4单元格，输入公式“=（固定资产数据分析！B11-固定资产数据分析！B14）*固定资产数据分析！B2”，即得到旧设备变现损失减税，如图6-37所示。

C4　=(固定资产数据分析!B11-固定资产数据分析!B14)*固定资产数据分析!B2

固定资产更新投资决策模型

方案	项目	现金流量	现值	方案	项目	现金流量	现值
使用旧设备	变现价值	-20000		使用新设备	变现价值		
	变现损失减税	6000			变现损失减税		
	每年付现运行成本				每年付现运行成本		
	每年折旧抵税				每年折旧抵税		
	第一年				第一年		
	第二年				第二年		
	第三年				第三年		
	第四年				第四年		
	大修成本合计				大修成本合计		
	第一年				第一年		
	第二年				第二年		
	第三年				第三年		
	第四年				第四年		
	残值变现收入				残值变现收入		
	残值收入纳税				残值收入纳税		
	合计				合计		

图6-37　计算旧设备变现损失减税

（4）选择C5单元格，输入公式“=-固定资产数据分析！B9*（1-固定资产数据分析！B2）”，即得到旧设备每年付现运行成本，如图6-38所示。

C5　=-固定资产数据分析!B9*(1-固定资产数据分析!B2)

固定资产更新投资决策模型

方案	项目	现金流量	现值	方案	项目	现金流量	现值
使用旧设备	变现价值	-20000		使用新设备	变现价值		
	变现损失减税	6000			变现损失减税		
	每年付现运行成本	-5600			每年付现运行成本		
	每年折旧抵税				每年折旧抵税		
	第一年				第一年		
	第二年				第二年		
	第三年				第三年		
	第四年				第四年		
	大修成本合计				大修成本合计		
	第一年				第一年		
	第二年				第二年		
	第三年				第三年		
	第四年				第四年		
	残值变现收入				残值变现收入		
	残值收入纳税				残值收入纳税		
	合计				合计		

图6-38　计算旧设备每年付现运行成本

（5）选择C7单元格，输入公式“=固定资产数据分析！B15*固定资产数据分析！$B$2”，使用填充柄将C7单元格中的公式依次向下填充至C10单元格，即得到旧设备每年折旧抵税，如图6-39所示。

（6）选择C12单元格，输入公式“=-固定资产数据分析！C15*（1-固定资产数据分析！$B$2）”，使用填充柄将C12单元格中的公式依次向下填充至C15单元格，即得到旧设备每年大修成本，如图6-40所示。

（7）选择C16单元格，输入公式“=固定资产数据分析！B10”，即得到旧设备残值变现收入，如图6-41所示。

C7　=固定资产数据分析!B15*固定资产数据分析!$B$2

	A	B	C	D	E	F	G	H
1	固定资产更新投资决策模型							
2	方案	项目	现金流量	现值	方案	项目	现金流量	现值
3	使用旧设备	变现价值	-20000		使用新设备	变现价值		
4		变现损失减税	6000			变现损失减税		
5		每年付现运行成本	-5600			每年付现运行成本		
6		每年折旧抵税				每年折旧抵税		
7		第一年	¥4,500.00			第一年		
8		第二年	¥4,500.00			第二年		
9		第三年	¥4,500.00			第三年		
10		第四年	¥0.00			第四年		
11		大修成本合计				大修成本合计		
12		第一年				第一年		
13		第二年				第二年		
14		第三年				第三年		
15		第四年				第四年		
16		残值变现收入				残值变现收入		
17		残值收入纳税				残值收入纳税		
18		合计				合计		

图6-39　计算旧设备每年折旧抵税

C12　=-固定资产数据分析!C15*(1-固定资产数据分析!$B$2)

	A	B	C	D	E	F	G	H
1	固定资产更新投资决策模型							
2	方案	项目	现金流量	现值	方案	项目	现金流量	现值
3	使用旧设备	变现价值	-20000		使用新设备	变现价值		
4		变现损失减税	6000			变现损失减税		
5		每年付现运行成本	-5600			每年付现运行成本		
6		每年折旧抵税				每年折旧抵税		
7		第一年	¥4,500.00			第一年		
8		第二年	¥4,500.00			第二年		
9		第三年	¥4,500.00			第三年		
10		第四年	¥0.00			第四年		
11		大修成本合计				大修成本合计		
12		第一年	0			第一年		
13		第二年	-17500			第二年		
14		第三年	0			第三年		
15		第四年	0			第四年		
16		残值变现收入				残值变现收入		
17		残值收入纳税				残值收入纳税		
18		合计				合计		

图6-40　计算旧设备每年大修成本

C16　=固定资产数据分析!B10

	A	B	C	D	E	F	G	H
1	固定资产更新投资决策模型							
2	方案	项目	现金流量	现值	方案	项目	现金流量	现值
3	使用旧设备	变现价值	-20000		使用新设备	变现价值		
4		变现损失减税	6000			变现损失减税		
5		每年付现运行成本	-5600			每年付现运行成本		
6		每年折旧抵税				每年折旧抵税		
7		第一年	¥4,500.00			第一年		
8		第二年	¥4,500.00			第二年		
9		第三年	¥4,500.00			第三年		
10		第四年	¥0.00			第四年		
11		大修成本合计				大修成本合计		
12		第一年	0			第一年		
13		第二年	-17500			第二年		
14		第三年	0			第三年		
15		第四年	0			第四年		
16		残值变现收入	15000			残值变现收入		
17		残值收入纳税				残值收入纳税		
18		合计				合计		

图6-41　计算旧设备残值变现收入

（8）选择C17单元格，输入公式“=（固定资产数据分析！B5-固定资产数据分析！C16）*固定资产数据分析！B2”，即得到旧设备残值收入纳税，如图6-42所示。

C17　=(固定资产数据分析!B5-固定资产数据分析!C16)*固定资产数据分析!B2

	A	B	C	D	E	F	G	H
1	固定资产更新投资决策模型							
2	方案	项目	现金流量	现值	方案	项目	现金流量	现值
3	使用旧设备	变现价值	-20000		使用新设备	变现价值		
4		变现损失减税	6000			变现损失减税		
5		每年付现运行成本	-5600			每年付现运行成本		
6		每年折旧抵税				每年折旧抵税		
7		第一年	¥4,500.00			第一年		
8		第二年	¥4,500.00			第二年		
9		第三年	¥4,500.00			第三年		
10		第四年	¥0.00			第四年		
11		大修成本合计				大修成本合计		
12		第一年	0			第一年		
13		第二年	-17500			第二年		
14		第三年	0			第三年		
15		第四年	0			第四年		
16		残值变现收入	15000			残值变现收入		
17		残值收入纳税	-4500			残值收入纳税		
18		合计				合计		

图6-42　计算旧设备残值收入纳税

（9）选择D3单元格，输入公式“=C3”；选择D4单元格，输入公式“=C4”，分别计算出旧设备变现价值和变现损失减税的现值，如图6-43所示。

D4　=C4

	A	B	C	D	E	F	G	H
1	固定资产更新投资决策模型							
2	方案	项目	现金流量	现值	方案	项目	现金流量	现值
3	使用旧设备	变现价值	-20000	-20000	使用新设备	变现价值		
4		变现损失减税	6000	6000		变现损失减税		
5		每年付现运行成本	-5600			每年付现运行成本		
6		每年折旧抵税				每年折旧抵税		
7		第一年	¥4,500.00			第一年		
8		第二年	¥4,500.00			第二年		
9		第三年	¥4,500.00			第三年		
10		第四年	¥0.00			第四年		
11		大修成本合计				大修成本合计		
12		第一年	0			第一年		
13		第二年	-17500			第二年		
14		第三年	0			第三年		
15		第四年	0			第四年		
16		残值变现收入	15000			残值变现收入		
17		残值收入纳税	-4500			残值收入纳税		
18		合计				合计		

图6-43　计算旧设备变现价值和变现损失减税的现值

（10）选择D5单元格，输入公式“=-PV（固定资产数据分析！E2，固定资产数据分析！B8，C5）”，即得到旧设备每年付现运行成本的现值，如图6-44所示。

（11）选择D7单元格，输入公式“=-PV（固定资产数据分析！$E$2，固定资产数据分析！A16，C7）”，使用填充柄将D7单元格中的公式依次向下填充至D10单元格，即得到旧设备每年折旧抵税的现值，如图6-45所示。

（12）选择D12单元格，输入公式“=-PV（固定资产数据分析！$E$2，固定资产数据分析！A15，C12）”，使用填充柄将D12单元格中的公式依次向下填充至D15单元格，即得到旧设备每年大修成本的现值，如图6-46所示。

D5　=-PV(固定资产数据分析!E2,固定资产数据分析!B8,C5)

	A	B	C	D	E	F	G	H
1	固定资产更新投资决策模型							
2	方案	项目	现金流量	现值	方案	项目	现金流量	现值
3	使用旧设备	变现价值	-20000	-20000	使用新设备	变现价值		
4		变现损失减税	6000	6000		变现损失减税		
5		每年付现运行成本	-5600	¥-17,009.16		每年付现运行成本		
6		每年折旧抵税				每年折旧抵税		
7		第一年	¥4,500.00			第一年		
8		第二年	¥4,500.00			第二年		
9		第三年	¥4,500.00			第三年		
10		第四年	¥0.00			第四年		
11		大修成本合计				大修成本合计		
12		第一年	0			第一年		
13		第二年	-17500			第二年		
14		第三年	0			第三年		
15		第四年	0			第四年		
16		残值变现收入	15000			残值变现收入		
17		残值收入纳税	-4500			残值收入纳税		
18		合计				合计		

图6-44　计算旧设备每年付现运行成本的现值

D7　=-PV(固定资产数据分析!$E$2,固定资产数据分析!A16,C7)

	A	B	C	D	E	F	G	H
1	固定资产更新投资决策模型							
2	方案	项目	现金流量	现值	方案	项目	现金流量	现值
3	使用旧设备	变现价值	-20000	-20000	使用新设备	变现价值		
4		变现损失减税	6000	6000		变现损失减税		
5		每年付现运行成本	-5600	¥-17,009.16		每年付现运行成本		
6		每年折旧抵税				每年折旧抵税		
7		第一年	¥4,500.00	¥7,605.23		第一年		
8		第二年	¥4,500.00	¥10,808.24		第二年		
9		第三年	¥4,500.00	¥13,668.07		第三年		
10		第四年	¥0.00	¥0.00		第四年		
11		大修成本合计				大修成本合计		
12		第一年	0			第一年		
13		第二年	-17500			第二年		
14		第三年	0			第三年		
15		第四年	0			第四年		
16		残值变现收入	15000			残值变现收入		
17		残值收入纳税	-4500			残值收入纳税		
18		合计				合计		

图6-45　计算旧设备每年折旧抵税的现值

D12　=-PV(固定资产数据分析!$E$2,固定资产数据分析!A15,C12)

	A	B	C	D	E	F	G	H
1	固定资产更新投资决策模型							
2	方案	项目	现金流量	现值	方案	项目	现金流量	现值
3	使用旧设备	变现价值	-20000	-20000	使用新设备	变现价值		
4		变现损失减税	6000	6000		变现损失减税		
5		每年付现运行成本	-5600	¥-17,009.16		每年付现运行成本		
6		每年折旧抵税				每年折旧抵税		
7		第一年	¥4,500.00	¥7,605.23		第一年		
8		第二年	¥4,500.00	¥10,808.24		第二年		
9		第三年	¥4,500.00	¥13,668.07		第三年		
10		第四年	¥0.00	¥0.00		第四年		
11		大修成本合计				大修成本合计		
12		第一年	0	¥0.00		第一年		
13		第二年	-17500	¥-29,575.89		第二年		
14		第三年	0	¥0.00		第三年		
15		第四年	0	¥0.00		第四年		
16		残值变现收入	15000			残值变现收入		
17		残值收入纳税	-4500			残值收入纳税		
18		合计				合计		

图6-46　计算旧设备每年大修成本的现值

（13）选择D16单元格，输入公式“=-PV（固定资产数据分析！E2，固定资产数据分析！B8，C16）”，即得到旧设备残值变现收入的现值，如图6-47所示。

D16　=-PV(固定资产数据分析!E2,固定资产数据分析!B8,C16)

	A	B	C	D	E	F	G	H
1	固定资产更新投资决策模型							
2	方案	项目	现金流量	现值	方案	项目	现金流量	现值
3	使用旧设备	变现价值	-20000	-20000	使用新设备	变现价值		
4		变现损失减税	6000	6000		变现损失减税		
5		每年付现运行成本	-5600	¥-17,009.16		每年付现运行成本		
6		每年折旧抵税				每年折旧抵税		
7		第一年	¥4,500.00	¥7,605.23		第一年		
8		第二年	¥4,500.00	¥10,808.24		第二年		
9		第三年	¥4,500.00	¥13,668.07		第三年		
10		第四年	¥0.00	¥0.00		第四年		
11		大修成本合计				大修成本合计		
12		第一年	0	¥0.00		第一年		
13		第二年	-17500	¥-29,575.89		第二年		
14		第三年	0	¥0.00		第三年		
15		第四年	0	¥0.00		第四年		
16		残值变现收入	15000	¥45,560.24		残值变现收入		
17		残值收入纳税	-4500			残值收入纳税		
18		合计				合计		

图6-47　计算旧设备残值变现收入的现值

（14）选择D17单元格，输入公式“=-PV（固定资产数据分析！E2，固定资产数据分析！B8，C17）”，即得到旧设备残值收入纳税的现值，如图6-48所示。

D17　=-PV(固定资产数据分析!E2,固定资产数据分析!B8,C17)

	A	B	C	D	E	F	G	H
1	固定资产更新投资决策模型							
2	方案	项目	现金流量	现值	方案	项目	现金流量	现值
3	使用旧设备	变现价值	-20000	-20000	使用新设备	变现价值		
4		变现损失减税	6000	6000		变现损失减税		
5		每年付现运行成本	-5600	¥-17,009.16		每年付现运行成本		
6		每年折旧抵税				每年折旧抵税		
7		第一年	¥4,500.00	¥7,605.23		第一年		
8		第二年	¥4,500.00	¥10,808.24		第二年		
9		第三年	¥4,500.00	¥13,668.07		第三年		
10		第四年	¥0.00	¥0.00		第四年		
11		大修成本合计				大修成本合计		
12		第一年	0	¥0.00		第一年		
13		第二年	-17500	¥-29,575.89		第二年		
14		第三年	0	¥0.00		第三年		
15		第四年	0	¥0.00		第四年		
16		残值变现收入	15000	¥45,560.24		残值变现收入		
17		残值收入纳税	-4500	¥-13,668.07		残值收入纳税		
18		合计				合计		

图6-48　计算旧设备残值收入纳税的现值

（15）选择D18单元格，输入函数“=SUM（D3：D17）”，即得到旧设备现值合计值，如图6-49所示。

（16）使用上述相同的方法计算使用新设备的现金流量和现值，如图6-50所示。

结论：由上述计算结果我们可以得出，购买新设备方案计算出的现值为-4 625.50元，而继续使用旧设备方案计算出的现值为3 388.66元，明显大于购买新设备方案中的现金流出的总现值，因此，购买新设备更加合理。

D18 =SUM(D3:D17)

	固定资产更新投资决策模型						
方案	项目	现金流量	现值	方案	项目	现金流量	现值
使用旧设备	变现价值	-20000	-20000	使用新设备	变现价值		
	变现损失减税	6000	6000		变现损失减税		
	每年付现运行成本	-5600	¥-17,009.16		每年付现运行成本		
	每年折旧抵税				每年折旧抵税		
	第一年	¥4,500.00	¥7,605.23		第一年		
	第二年	¥4,500.00	¥10,808.24		第二年		
	第三年	¥4,500.00	¥13,668.07		第三年		
	第四年	¥0.00	¥0.00		第四年		
	大修成本合计				大修成本合计		
	第一年	0	¥0.00		第一年		
	第二年	-17500	¥-29,575.89		第二年		
	第三年	0	¥0.00		第三年		
	第四年	0	¥0.00		第四年		
	残值变现收入	15000	¥45,560.24		残值变现收入		
	残值收入纳税	-4500	¥-13,668.07		残值收入纳税		
	合计		3388.6613		合计		

图6-49 计算旧设备现值合计值

	固定资产更新投资决策模型						
方案	项目	现金流量	现值	方案	项目	现金流量	现值
使用旧设备	变现价值	-20000	-20000	使用新设备	变现价值	-50000	-50000
	变现损失减税	6000	6000		变现损失减税	15000	15000
	每年付现运行成本	-5600	¥-17,009.16		每年付现运行成本	-4200	¥-51,662.75
	每年折旧抵税				每年折旧抵税		
	第一年	¥4,500.00	¥7,605.23		第一年	¥5,400.00	¥9,126.28
	第二年	¥4,500.00	¥10,808.24		第二年	¥4,050.00	¥9,727.42
	第三年	¥4,500.00	¥13,668.07		第三年	¥2,700.00	¥8,200.84
	第四年	¥0.00	¥0.00		第四年	¥1,350.00	¥4,866.45
	大修成本合计				大修成本合计		
	第一年	0	¥0.00		第一年	0	¥0.00
	第二年	-17500	¥-29,575.89		第二年	0	¥0.00
	第三年	0	¥0.00		第三年	0	¥0.00
	第四年	0	¥0.00		第四年	0	¥0.00
	残值变现收入	15000	¥45,560.24		残值变现收入	15000	¥45,560.24
	残值收入纳税	-4500	¥-13,668.07		残值收入纳税	1500	¥4,556.02
	合计		3388.6613		合计		-4625.502424

图6-50 计算使用新设备的现金流量和现值

单元实训

某企业三年前购入一台数控机床，价值32万元，由于当时数控技术不成熟，致使目前维护成本较高，现考虑用一台新机床替代旧机床，以节约运行成本。新、旧机床的有关资料如表6-2所示。

表6-2 新、旧机床的有关资料 金额单位：元

	旧机床	新机床
原值	320 000	400 000
预计使用年限（年）	10	10
已使用年限（年）	3	0
最终报废残值	32 000	40 000
目前变现价值	180 000	400 000
年运行成本	80 000	50 000

假设新、旧设备的生产力相同，企业的资金成本为10%，试分析该企业是否应进行设备更新。

第6章单元实训参考答案

第7章

Excel在成本核算中的应用

学习目标

成本核算是成本会计的基本任务，是企业成本管理工作的重中之重。通过本章的学习，读者能够理解Excel环境下进行成本核算工作的基本思路，掌握品种法、分步法、分批法中如何利用Excel 2016核算产品成本的方法，学会利用函数和公式进行各种费用分配表的编制及月末完工产品和在产品成本分配表的编制，从而对成本核算的具体环节和操作步骤形成更加直观、清晰的认识，作出合理的成本分析。

通过本章的学习，读者尤其应关注中小企业运营中的成本核算与管理，增强职业责任感、使命感，培育经世济民、诚信服务的意识；努力学好专业知识，掌握专业技能，拓展综合能力，培育创新创业精神。

7.1 成本核算概述

成本是指企业为了生产一定的产品所发生的各种生产耗费的货币表现。实际工作中通常将产品成本简称为“成本”，将期间费用简称为“费用”。为了更好地帮助企业进行成本核算管理，需要按照不同标准对产品成本费用进行分类，最基本的是按照经济内容和经济用途分类。按照经济内容可分为外购材料、外购燃料、外购动力、职工薪酬、折旧及摊销费、自制材料和其他支出。按照经济用途可分为计入产品成本的生产费用和不计入产品成本的经营管理费用或称为期间费用。一般情况下，制造企业生产成本可分为直接材料、燃料及动力、直接人工和制造费用四类。

成本核算则是指企业将一定时期的生产耗费按各成本计算对象进行归集，并在完工产品和在产品之间进行分配，以计算各成本核算对象的总成本和单位成本的过程。

成本核算对象是指成本核算和监督的内容，是为计算产品成本而确定的生产费用归集和分配的范围，是被计算成本的客体，是生产费用的归属对象和生产耗费的承担者，是核算产品成本的前提。一般情况下，生产一种或几种产品的，以产品品种为成本核算对象，分批、单件生产的产品，以每批或每件产品为成本核算对象，多步骤连续加工的产品，以每种产品及各生产步骤为成本核算对象，产品规格繁多的，可将产品结构、耗用原材料和工艺过程基本相同的各种产品，适当合并作为成本核算对象。

企业采用何种方法核算产品成本，很大程度上取决于产品的生产类型。生产类型是由企业的生产工艺过程和生产组织特点决定的，不同的生产工艺过程与生产组织特点结合，就形成了不同类型的生产企业。按照企业的生产工艺过程，可将企业的生产分为单步骤生产和多步骤生产；按照企业生产组织的特点，可以将企业的生产分为大量生产、成批生产和单件生产。

成本核算方法，主要取决于生产类型，企业生产类型的不同特点和不同的管理要求决定着产品成本计算对象、成本计算期和生产费用在完工产品与在产品之间的分配方法不同；不同的成本计算对象、成本计算期等组合在一起，形成了产品成本核算的不同方法，企业在计算产品成本时，需将成本核算基本程序和企业的生产类型特点及成本管理要求相结合，有针对性地选择具体的成本核算方法。根据不同的成本核算对象产生了以产品品种为成本核算对象的品种法，以产品批别为成本核算对象的分批法，以产品品种和各步骤半成品为成本核算对象的分步法。在实际工作中，一个企业往往综合应用多种成本核算方法。企业内部不同的生产车间、同一生产车间的不同产品，它们的生产特点和管理要求并不相同，有时企业内部就要采用几种不同的方法，或把几种不同的方法结合起来加以综合应用。此外，为了提高成本核算工作效率，除了运用品种法、分批法、分步法三种基本方法外，还常常采用一些其他的辅助成本核算方法，例如分类法、定额法等辅助方法。企业确保产品成本计算准确，才能更好地对产品进行定价，避免因产品成本计算错误导致产品价格定位错误，从而导致管理层决策错误。

成本管理要求影响成本核算方法的三个方面：第一，影响成本计算对象，成本计算对象是生产费用的承担者，单步骤生产条件下以完工产品作为成本计算对象；多步骤生产条件下，若生产步骤连续且各步骤生产的半成品可直接对外销售，则不仅以完工产品作为成本计算对象，还要计算半成品成本。第二，影响成本计算期，成本计算期是计算成本的时期，在大量或大批生产中，会计报告期就是成本计算期，可能与生产周期不一致，按月计算产品成本；在单件或小批生产中，成本计算期与产品的生产周期一致。第三，影响生产费用在完工产品和月末在产品之间的分配，在单步骤大量大批生产中，生产费用不用在完工产品和月末在产品之间分配；在多步骤大量大批生产中，月末将生产费用在完工产品和在产品之间分配；在多步骤单件小批生产中，生产费用无须在完工产品和在产品之间分配。

成本核算的基本程序就是成本费用归集和分配的过程，包括审查和控制生产费用的支出、划清应计入产品成本和不应计入产品成本的费用，将应计入本期产品成本的费用在各种产品之间进行分配、在本期完工产品与在产品之间进行分配。

当前，我国经济运行中存在困难和挑战，但更充满机遇。党的二十大报告中强调“高质量发展是全面建设社会主义现代化国家的首要任务”，企业作为市场经济的主体，要想在竞争激烈的市场经济环境中站稳脚跟，推动企业高质量发展，唯有主动求变，刀刃向内，持续推进降本增效，重视企业产品成本核算管理，学会为成本做“减法”，为内生动力做“加法”。

此外，随着坚持“绿水青山就是金山银山”的理念深入人心，党的二十大报告中也提到要“全方位、全地域、全过程加强生态环境保护”“绿色、循环、低碳发展迈出坚实步伐”，制造业企业应更加注重“环境成本”，将“环境成本”纳入企业会计核算体系，按照产品和部门构建成本控制系统，考虑产品生产和运行过程中所发生的环境成本，进行有效控制，实现企业环境管理目标，引导企业坚持走绿色发展道路，促进可持续发展，坚持节约优先、保护优先。

本章将围绕品种法、分批法、分步法这三种基本的成本核算方法，在阐述每种方法的定义、适用范围、特点及成本核算一般程序的基础上，利用Excel 2016高效、便捷的操作优势，结合成本核算具体实训资料，分别介绍如何在Excel 2016中进行产品成本的数据核算工作。

7.2 Excel在品种法中的应用

7.2.1 品种法

产品成本核算的品种法，是以产品品种作为成本计算对象来归集生产费用计算产品成本的一种方法。由于无论是何种特点的生产企业，无论是何种类型的产品生产，无论企业的成本管理有何要求，最终都需要按照产品品种计算出产品成本，因此品种法是成本计算方法中最基本的方法，其他各种方法均是在品种法的基础上演化而来的。

品种法主要适用于单步骤大批量生产的产品，如发电、采掘、供水、铸造等企业产品的生产，这类企业通常产品品种稳定，没有自制半成品或其他中间产品。在多步骤大批量生产下，如果生产规模较小，或生产车间是封闭式车间（即从投入原材料到生产出产品的全过程，均在同一车间内进行），管理上不要求按照生产步骤计算产品成本，也可以采用品种法计算产品成本，如糖果厂、小水泥厂、小砖瓦厂等企业。此外，企业的辅助生产车间，如供水、供电车间等也可以采用这种方法计算产品或劳务的成本。

品种法有三个主要特点：一是直接以产品品种作为成本计算对象，按每一种产品设置产品成本明细账，以归集生产过程中所发生的费用。二是按月定期计算产品成本。三是月末计算在产品成本，如果月末没有在产品或数量很少，或月初月末在产品成本稳定，可以简化手续不需要计算在产品成本；如果月末在产品数量较多，或月初月末在产品成本不稳定，那么需要选择合适的方法将本月生产费用在完工产品和在产品之间分配，进而计算出完工产品的总成本和单位成本及月末在产品成本。

品种法是最基本的成本核算方法，因此品种法的成本核算程序也是产品成本核算的一般程序。第一，按产品品种设置“生产成本”明细账，并根据生产过程中发生的各项生产费用的原始凭证和相关资料，编制各种费用分配表；第二，根据各种费用分配表登记“生产成本”明细账、“辅助生产成本”明细账、“制造费用”明细账、“管理费用”明细账等；第三，根据“辅助生产”明细账，结出本期发生额，按先内（辅助生产车间内）后外（辅助生产车间以外的部门）的分配顺序和受益原则，采用适当方法编制“辅助生产成本分配表”，分配给有关受益对象；第四，根据“制造费用”明细账，结出本期发生额，编制“制造费用分配表”，分配给有关成本计算对象，并记入“生产成本”明细账；第五，月末，编制“产品成本计算单”，将归集的全部生产费用在完工产品和在产品之间进行分配，并编制“完工产品成本汇总表”，结转完工产品成本。具体核算程序如图7-1所示。

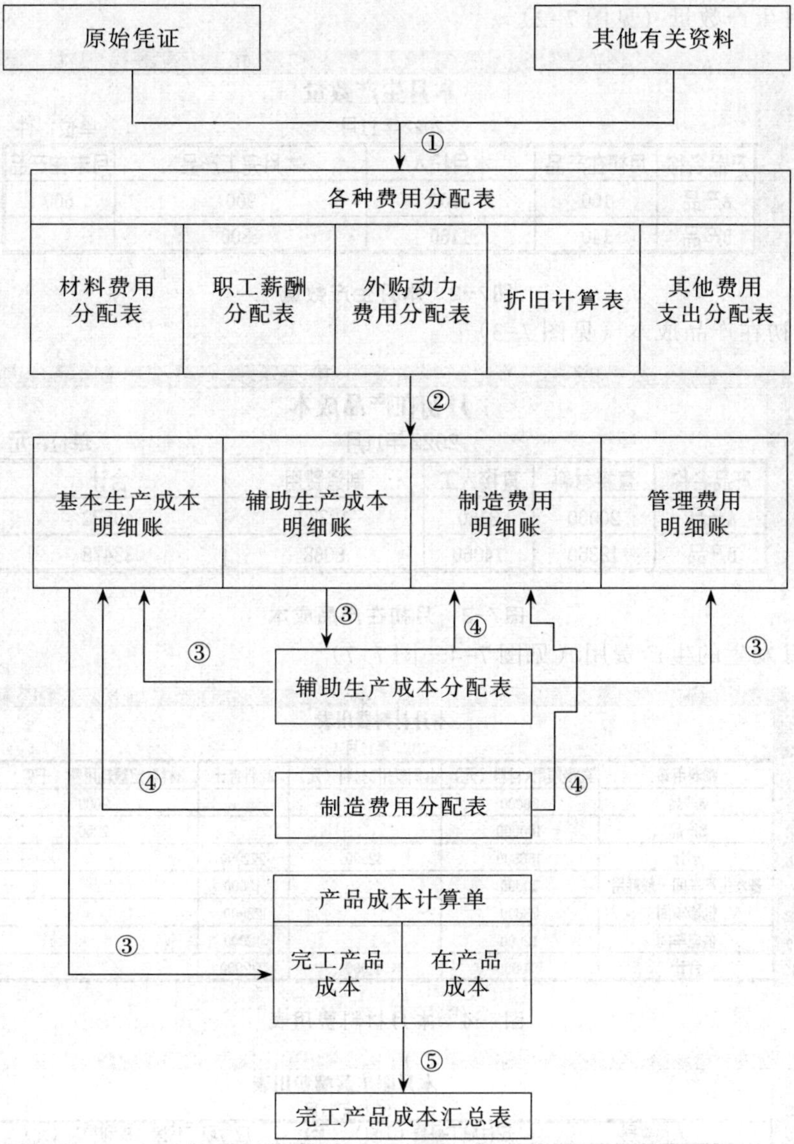

图7-1　品种法的成本核算程序

7.2.2　品种法的应用

【例7-1】大江公司为单步骤简单生产企业，目前规模不大，产品不多，设有一个基本生产车间，生产A、B两种产品，另设供电、机修两个辅助生产车间，为车间部门提供供电和修配劳务。该公司打算利用Excel 2016辅助进行成本核算工作，实现成本核算的计算机处理。该公司2022年11月份成本相关资料如下（职工薪酬仅列示工资和福利费，其余略）：

（1）本月生产数量（见图7-2）

	A	B	C	D	E
1	本月生产数量				
2			2022年11月		单位：件
3	产品名称	月初在产品	本月投入	本月完工产品	月末在产品
4	A产品	100	1400	900	600
5	B产品	140	1160	1300	

图7-2　本月生产数量

（2）月初在产品成本（见图7-3）

	A	B	C	D	E
1	月初在产品成本				
2			2022年11月		单位：元
3	产品名称	直接材料	直接人工	制造费用	合计
4	A产品	20000	8160	12372	40532
5	B产品	18350	14060	6068	38478

图7-3　月初在产品成本

（3）本月发生的生产费用（见图7-4—图7-7）

	A	B	C	D	E
1	本月材料费用表				
2	2022年11月				
3	领料用途	直接领用A材料（元）	共同耗用B材料（元）	耗料合计	B材料定额耗用量（千克）
4	A产品	80000			2000
5	B产品	100000			2200
6	小计	180000	42000	222000	
7	基本生产车间一般耗用	10000		10000	
8	机修车间	28000		28000	
9	供电车间	12000		12000	
10	合计	230000	42000	272000	

图7-4　本月材料费用表

	A	B	C
1	本月职工薪酬费用表		
2	2022年11月		
3	人员类别	应付职工薪酬（工资）（元）	应付职工薪酬（福利费）（元）
4	产品生产工人	34000	4760
5	机修车间	20000	2800
6	供电车间	16000	2240
7	基本生产车间一般耗用	14000	1960
8	合计	84000	11760

图7-5　本月职工薪酬费用表

	A	B
1	折旧费用表	
2	2022年11月	
3	车间名称	金额（元）
4	基本生产车间	20000
5	机修车间	8000
6	供电车间	12000
7	合计	40000

图7-6　折旧费用表

其他费用表						
2022年11月						
车间名称	费用项目（元）					
	低值易耗品摊销	办公费	电费	保险费	其他	合计
基本生产车间	3200	1000	5600	4400	800	15000
机修车间	1600	400	2000	1000	1000	6000
供电车间	1000	800	3600	2400	1200	9000
合计	5800	2200	11200	7800	3000	30000

图7-7　其他费用表

（4）本月生产工时（见图7-8）

本月生产工时	
2022年11月	
产品名称	生产工时（小时）
A产品	8000
B产品	9000

图7-8　本月生产工时表

（5）辅助生产产品及劳务供应量（见图7-9）

辅助生产产品及劳务供应量		
2022年11月		
获益部门	机修车间（小时）	供电车间（度）
供电车间	200	
机修车间		2000
管理部门	100	1000
基本生产车间	6200	58000
合计	6500	61000

图7-9　辅助生产产品及劳务供应量表

（6）费用分配方法

①A、B产品共同耗用的材料费用按定额耗用量比例分配。

②生产工人工资按A、B两产品生产工时比例分配。

③制造费用按A、B两产品生产工时比例分配。

④月末在产品完工程度均为50%，原材料均在生产开始时一次投入。

⑤辅助生产车间之间相互提供的产品和劳务，不互相分配费用。

要求：根据上述资料，以小组为单位在Excel 2016中采用品种法计算A、B两种产品本月完工产品的成本并登记基本生产成本明细账，每个小组将最终实训成果上台展示。

具体解析过程如下：

1.设置账户

依据我国企业会计准则，设置大江公司的成本核算账户，如图7-10所示。

序号	总账科目	二级明细科目	三级明细科目
1	基本生产成本	A产品	直接材料、直接人工、制造费用
2	基本生产成本	B产品	直接材料、直接人工、制造费用
3	辅助生产成本	机修车间	直接材料、工资及福利费、折旧费、其他
4	辅助生产成本	供电车间	直接材料、工资及福利费、折旧费、其他
5	制造费用	基本生产车间	机物料、工资及福利费、折旧费、修理费、电费、其他

图7-10　成本核算账户表

2. 建立Excel表格文件

将题目所给数据分别制作成Excel表格文件，作为基础数据表。

3. 分配原材料费用

原材料费用按照耗用的部门或受益对象进行分配。直接材料的耗用若可以分清受益产品则计入相应产品的直接材料成本，若难以分清受益产品则分配计入相应产品的直接材料成本。车间一般耗用的机物料计入制造费用，月末再转入产品成本。管理部门和销售部门耗用的材料则分别计入管理费用和销售费用。

编制“原材料费用分配表”，如图7-11所示。

原材料费用分配表

年　月

应借账户		成本或费用明细项目	间接计入（B材料）			直接计入（A材料）（元）	合计（元）
			定额用量（千克）	分配率	分配额（元）		
基本生产成本	A产品	直接材料					
	B产品	直接材料					
	小计						
辅助生产成本	供电车间	直接材料					
	机修车间	直接材料					
	小计						
制造费用	基本生产车间	机物料					
合计							

图7-11　原材料费用分配表

设置原材料费用分配表中的计算公式，具体操作步骤如下：

（1）在D6单元格里输入公式“=本月材料费用！E4”，按Enter键返回结果；

（2）在D7单元格里输入公式“=本月材料费用！E5”，按Enter键返回结果；

（3）在D8单元格里输入公式“=SUM（D6：D7）”，按Enter键返回结果；

（4）在E8单元格里输入公式“=本月材料费用！C6/D8”，按Enter键返回结果；

（5）在F6单元格里输入公式“=D6*E8”，按Enter键返回结果；

（6）在F7单元格里输入公式“=D7*E8”，按Enter键返回结果；

（7）在F8单元格里输入公式“=SUM（F6：F7）”，按Enter键返回结果；

（8）在F13单元格里输入公式“=F8+F11+F12”，按Enter键返回结果；

（9）在G6单元格里输入公式“=本月材料费用！B4”，按Enter键返回结果；

（10）在G7单元格里输入公式“=本月材料费用！B5”，按Enter键返回结果；

（11）在G8单元格里输入公式“=SUM（G6：G7）”，按Enter键返回结果；

（12）在G9单元格里输入公式“=本月材料费用！D9”，按Enter键返回结果；

（13）在G10单元格里输入公式“=本月材料费用！D8”，按Enter键返回结果；

（14）在G11单元格里输入公式“=SUM（G9：G10）”，按Enter键返回结果；

（15）在G12单元格里输入公式“=本月材料费用！D7”，按Enter键返回结果；

（16）在G13单元格里输入公式“=G8+G11+G12”，按Enter键返回结果；

（17）在H6单元格里输入公式“=SUM（F6：G6）”，按Enter键返回结果；

（18）在H7单元格里输入公式“=SUM（F7：G7）”，按Enter键返回结果；

（19）在H8单元格里输入公式“=SUM（F8：G8）”，按Enter键返回结果；

（20）在H9单元格里输入公式“=SUM（F9：G9）”，按Enter键返回结果；

（21）在H10单元格里输入公式“=SUM（F10：G10）”，按Enter键返回结果；

（22）在H11单元格里输入公式“=SUM（F11：G11）”，按Enter键返回结果；

（23）在H12单元格里输入公式“=SUM（F12：G12）”，按Enter键返回结果；

（24）在H13单元格里输入公式“=SUM（F13：G13）”，按Enter键返回结果。

根据上述操作计算，得到如图7-12所示的数据。

原材料费用分配表

2022年11月

应借账户		成本或费用明细项目	间接计入（B材料）			直接计入（A材料）（元）	合计（元）
			定额用量（千克）	分配率	分配额（元）		
基本生产成本	A产品	直接材料	2000		20000	80000	100000
	B产品	直接材料	2200		22000	100000	122000
	小计		4200	10	42000	180000	222000
辅助生产成本	供电车间	直接材料				12000	12000
	机修车间	直接材料				28000	28000
	小计					40000	40000
制造费用	基本生产车间	机物料				10000	10000
合计					42000	230000	272000

图7-12　原材料费用分配表

根据图7-12中的数据编制会计分录如下：

借：基本生产成本——A产品（直接材料）　100 000

　　　　　　　——B产品（直接材料）　122 000

　　辅助生产成本——供电车间（直接材料）　12 000

　　　　　　　——机修车间（直接材料）　28 000

　　制造费用——基本生产车间（机物料）　10 000

　贷：原材料　272 000

4.分配人工费用

人工费用的分配是按照员工所在部门或者服务的对象来进行分配的，此外还要进行包括保险、公积金在内的职工福利费用的分配。

编制“人工费用分配表”，如图7-13所示。

人工费用分配表

2022 年 11 月

应借账户		成本或费用明细项目	生产工时（小时）	分配率（工资）	分配率（福利费）	应分配职工工资（元）	应分配职工福利（元）	合计（元）
基本生产成本	A产品	直接人工						
	B产品	直接人工						
	小计							
辅助生产成本	供电车间	直接人工						
	机修车间	直接人工						
	小计							
制造费用	基本生产车间	直接人工						
合计								

图7-13　人工费用分配表

设置人工费用分配表中的公式，具体操作步骤如下：

（1）在D5单元格里输入公式“=本月生产工时！B4”，按Enter键返回结果；

（2）在D6单元格里输入公式“=本月生产工时！B5”，按Enter键返回结果；
（3）在D7单元格里输入公式“=SUM（D5：D6）”，按Enter键返回结果；
（4）在G7单元格里输入公式“=本月职工薪酬费用表！B4”，按Enter键返回结果；
（5）在H7单元格里输入公式“=本月职工薪酬费用表！C4”，按Enter键返回结果；
（6）在E7单元格里输入公式“=G7/D7”，按Enter键返回结果；
（7）在F7单元格里输入公式“=H7/D7”，按Enter键返回结果；
（8）在G5单元格里输入公式“=D5*E7”，按Enter键返回结果；
（9）在G6单元格里输入公式“=D6*E7”，按Enter键返回结果；
（10）在G8单元格里输入公式“=本月职工薪酬费用表！B6”，按Enter键返回结果；
（11）在G9单元格里输入公式“=本月职工薪酬费用表！B5”，按Enter键返回结果；
（12）在G10单元格里输入公式“=SUM（G8：G9）”，按Enter键返回结果；
（13）在G11单元格里输入公式“=本月职工薪酬费用表！B7”，按Enter键返回结果；
（14）在G12单元格里输入公式“=G7+G10+G11”，按Enter键返回结果；
（15）在H5单元格里输入公式“=D5*F7”，按Enter键返回结果；
（16）在H6单元格里输入公式“=D6*F7”，按Enter键返回结果；
（17）在H8单元格里输入公式“=本月职工薪酬费用表！C6”，按Enter键返回结果；
（18）在H9单元格里输入公式“=本月职工薪酬费用表！C5”，按Enter键返回结果；
（19）在H10单元格里输入公式“=SUM（H8：H9）”，按Enter键返回结果；
（20）在H11单元格里输入公式“=本月职工薪酬费用表！C7”，按Enter键返回结果；
（21）在H12单元格里输入公式“=H7+H10+H11”，按Enter键返回结果；
（22）在I5单元格里输入公式“=SUM（G5：H5）”，按Enter键返回结果；
（23）在I6单元格里输入公式“=SUM（G6：H6）”，按Enter键返回结果；
（24）在I7单元格里输入公式“=SUM（G7：H7）”，按Enter键返回结果；
（25）在I8单元格里输入公式“=SUM（G8：H8）”，按Enter键返回结果；
（26）在I9单元格里输入公式“=SUM（G9：H9）”，按Enter键返回结果；
（27）在I10单元格里输入公式“=SUM（G10：H10）”，按Enter键返回结果；
（28）在I11单元格里输入公式“=SUM（G11：H11）”，按Enter键返回结果；
（29）在I12单元格里输入公式“=SUM（G12：H12）”，按Enter键返回结果。

根据上述操作计算，得到如图7-14的数据。

	A	B	C	D	E	F	G	H	I
1	人工费用分配表								
2	2022年11月								
3-4	应借账户		成本或费用明细项目	生产工时（小时）	分配率（工资）	分配率（福利费）	应分配职工工资（元）	应分配职工福利（元）	合计（元）
5	基本生产成本	A产品	直接人工	8000			16000	2240	18240
6		B产品	直接人工	9000			18000	2520	20520
7		小计		17000	2	0.28	34000	4760	38760
8	辅助生产成本	供电车间	直接人工				16000	2240	18240
9		机修车间	直接人工				20000	2800	22800
10		小计					36000	5040	41040
11	制造费用	基本生产车间	直接人工				14000	1960	15960
12	合计						84000	11760	95760

图7-14　人工费用分配表

根据图7-14中的数据编制会计分录如下：

借：基本生产成本——A产品（直接人工）　　18 240
　　　　　　　　——B产品（直接人工）　　20 520
　　辅助生产成本——供电车间（工资及福利费）　　18 240
　　　　　　　　——机修车间（工资及福利费）　　22 800
　　制造费用——基本生产车间（工资及福利费）　　15 960
　贷：应付职工薪酬　　95 760

5.分配折旧费用

折旧费用的分配按照固定资产的使用部门来进行，车间固定资产折旧费计入车间制造费用，月末再转入产品成本；管理部门和销售部门固定资产的折旧费用分别计入管理费用和销售费用。

该公司折旧费用已经按固定资产使用部门进行了归集，故根据“本月折旧费用表”中的数据编制会计分录如下：

借：辅助生产成本——供电车间（折旧费）　　12 000
　　　　　　　　——机修车间（折旧费）　　8 000
　　制造费用——基本生产车间（折旧费）　　20 000
　贷：累计折旧　　40 000

6.分配其他费用

其他费用的分配与折旧费用类似，该公司其他费用已经按使用部门进行了归集，根据“本月其他费用表”中的数据编制会计分录如下：

借：辅助生产成本——供电车间（其他费用）　　9 000
　　　　　　　　——机修车间（其他费用）　　6 000
　　制造费用——基本生产车间（其他费用）　　15 000
　贷：银行存款　　30 000

7.归集并分配辅助生产成本

辅助生产成本需要先归集各生产车间提供服务过程中发生的服务费用，再按照受益部门或受益产品的受益量对归集的费用进行分配。

该公司应该先根据上述有关费用要素分配表，将属于辅助生产车间耗用的费用登记到辅助生产成本明细账，对辅助生产成本进行归集，然后根据归集结果，按照辅助生产车间对外服务的情况来分配辅助生产成本。

（1）归集辅助生产成本。

新建“辅助生产成本明细账”工作表，如图7-15所示。

	A	B	C	D	E	F	G	H	I	J
1						辅助生产成本明细账				
2	车间名称:					2022年11月			单位：元	
3	年		凭证			成本项目				合计
4	月	日	字	号	摘要	直接材料	工资及福利费	折旧费	其他	
5										
6										
7										
8										
9										
10										
11										

图7-15　辅助生产成本明细账

按车间分别登记，具体项目及数额如图7-16和图7-17所示。

辅助生产成本明细账（机修车间）

车间名称：机修车间　　2022年11月　　单位：元

年		凭证		成本项目					合计
月	日	字	号	摘要	直接材料	工资及福利费	折旧费	其他	
				材料费用	28000.00				28000.00
				工资费用		22800.00			22800.00
				折旧费用			8000.00		8000.00
				其他费用				6000.00	6000.00
				本月合计	28000.00	22800.00	8000.00	6000.00	64800.00

图7-16　辅助生产成本明细账（机修车间）

辅助生产成本明细账（供电车间）

车间名称：供电车间　　2022年11月　　单位：元

年		凭证		成本项目					合计
月	日	字	号	摘要	直接材料	工资及福利费	折旧费	其他	
				材料费用	12000.00				12000.00
				工资费用		18240.00			18240.00
				折旧费用			12000.00		12000.00
				其他费用				9000.00	9000.00
				本月合计	12000.00	18240.00	12000.00	9000.00	51240.00

图7-17　辅助生产成本明细账（供电车间）

（2）分配辅助生产成本。

新建“辅助生产成本分配表”，如图7-18所示。

辅助生产成本分配表

2022年11月　　单位：元

项目				机修车间	供电车间	合计
归集的辅助生产成本						
提供给辅助车间以外的劳务量						
辅助生产成本分配率						
应借账户	管理费用	其他	接受劳务量			
			应负担费用			
	制造费用	基本生产车间	接受劳务量			
			应负担费用			
分配辅助生产成本合计						

图7-18　辅助生产成本分配表

设置辅助生产成本分配表的公式，具体操作步骤如下：

（1）在E4单元格里输入公式“=辅助生产成本明细账（机修车间）！J9”，按Enter键返回结果；

（2）在E5单元格里输入公式“=辅助生产产品及劳务供应量！B8-辅助生产产品及劳务供应量！B4”，按Enter键返回结果；

（3）在E6单元格里输入公式“=E4/E5”，按Enter键返回结果；

（4）在E7单元格里输入公式“=辅助生产产品及劳务供应量！B6”，按Enter键返回结果；

（5）在E8单元格里输入公式“=E7*E6”，按Enter键返回结果；

（6）在E9单元格里输入公式“=辅助生产产品及劳务供应量！B7”，按Enter键返回结果；

（7）在E10单元格里输入公式“=E4-E8”，按Enter键返回结果；

（8）在E11单元格里输入公式“=E8+E10”，按Enter键返回结果；

（9）在F4单元格里输入公式“=辅助生产成本明细账（供电车间）！J9”，按Enter键返回结果；

（10）在F5单元格里输入公式“=辅助生产产品及劳务供应量！C8-辅助生产产品及劳务供应量！C5”，按Enter键返回结果；

（11）在F6单元格里输入公式“=F4/F5”，按Enter键返回结果；

（12）在F7单元格里输入公式“=辅助生产产品及劳务供应量！C6”，按Enter键返回结果；

（13）在F8单元格里输入公式“=F7*F6”，按Enter键返回结果；

（14）在F9单元格里输入公式“=辅助生产产品及劳务供应量！C7”，按Enter键返回结果；

（15）在F10单元格里输入公式“=F4-F8”，按Enter键返回结果；

（16）在F11单元格里输入公式“=F8+F10”，按Enter键返回结果；

（17）在G4单元格里输入公式“=SUM（E4：F4）”，按Enter键返回结果；

（18）在G7单元格里输入公式“=SUM（E7：F7）”，按Enter键返回结果；

（19）在G8单元格里输入公式“=SUM（E8：F8）”，按Enter键返回结果；

（20）在G10单元格里输入公式“=SUM（E10：F10）”，按Enter键返回结果；

（21）在G11单元格里输入公式“=G8+G10”，按Enter键返回结果。

经过公式计算，得到如图7-19所示的数据。

	A	B	C	D	E	F	G
1	辅助生产成本分配表						
2		2022年11月				单位：元	
3	项目				机修车间	供电车间	合计
4	归集的辅助生产成本				64800.00	51240.00	116040.00
5	提供给辅助车间以外的劳务量				6300.00	59000.00	
6	辅助生产成本分配率				10.29	0.87	
7	应借账户	管理费用	其他	接受劳务量	100.00	1000.00	1100.00
8				应负担费用	1028.57	868.47	1897.04
9		制造费用	基本生产车间	接受劳务量	6200.00	58000.00	64200.00
10				应负担费用	63771.43	50371.53	114142.96
11	分配辅助生产成本合计				64800.00	51240.00	116040.00

图7-19　辅助生产成本分配表

根据图7-19中的数据编制会计分录如下：

借：管理费用——其他　　1 897.04

　　制造费用——基本生产车间（电费）　　50 371.53

　　　　　　——基本生产车间（修理费）　　63 771.43

　贷：辅助生产成本——供电车间　　51 240

　　　　　　　　　——机修车间　　64 800

8.归集并分配制造费用

制造费用按车间归集，期末再转入各产品的生产成本。如果车间只生产一种产品，那么制造费用直接转入该产品生产成本，如果车间同时生产多种产品，那么制造费用需进行分配后计入各产品生产成本。

该公司生产两种产品，需要先按基本生产车间编制制造费用明细账，归集制造费用，再根据归集结果按照各种产品生产工时标准来编制制造费用分配表，对制造费用进行分配。

（1）归集制造费用。

新建“制造费用明细账”，归集基本生产车间发生的制造费用，如图7-20所示。

制造费用明细账

车间名称：基本生产车间

年		凭证		摘要	借方	贷方	方向	余额	成本项目					
月	日	字	号						机物料	工资及福利费	折旧费	修理费	电费	其他
				材料费	10000.00		借	10000.00	10000.00					
				人工费	15960.00		借	25960.00		15960.00				
				折旧费	20000.00		借	45960.00			20000.00			
				其他费用	15000.00		借	60960.00						15000.00
				修理费	63771.43		借	124731.43				63771.43		
				电费	50371.53		借	175102.96					50371.53	

图7-20　制造费用明细账

（2）分配制造费用。

新建“制造费用分配表”，如图7-21所示。

制造费用分配表

年　　月

应借账户		成本项目	分配标准（工时）	分配率	分配额（元）
总账	明细账户				
基本生产成本	A产品	制造费用			
	B产品	制造费用			
合计					

图7-21　制造费用分配表

设置制造费用分配表的公式，具体操作步骤如下：

（1）在D5单元格里输入公式“=本月生产工时！B4”，按Enter键返回结果；

（2）在D6单元格里输入公式“=本月生产工时！B5”，按Enter键返回结果；

（3）在D7单元格里输入公式“=SUM（D5：D6）”，按Enter键返回结果；

（4）在E7单元格里输入公式“=F7/D7”，按Enter键返回结果；

（5）在F5单元格里输入公式“= D5*E7”，按Enter键返回结果；

（6）在F6单元格里输入公式“= F7-F5”，按Enter键返回结果；

（7）在F7单元格里输入公式“=制造费用明细账！I10”，按Enter键返回结果。

根据上述操作计算，得到如图7-22所示的数据。

制造费用分配表

2022年11月

应借账户		成本项目	分配标准（工时）	分配率	分配额（元）
总账	明细账户				
基本生产成本	A产品	制造费用	8000.00		82401.39
	B产品	制造费用	9000.00		92701.57
合计			17000.00	10.30	175102.96

图7-22 制造费用分配表

根据图7-22中的数据编制会计分录如下：

借：基本生产成本——A产品（制造费用） 82 401.39

——B产品（制造费用） 92 701.57

贷：制造费用——基本生产车间 175 102.96

9.归集基本生产成本并计算完工产品成本

各项生产费用在各种产品之间进行分配和归集后，计入各种产品的生产费用都归集到了相关产品明细账中。由于月末A产品既有完工产品又有在产品，因此要将A产品基本生产成本明细账中归集的生产费用在完工产品和月末在产品之间进行分配。又因为该公司月末在产品完工程度为50%，且没有产品的定额成本及成本计算方法的其他要求，因而适用约当产量法分配。B产品由于没有月末在产品，故基本生产成本明细账中归集的生产费用全部是完工产品成本。

（1）归集基本生产成本。

新建“基本生产成本明细账”，根据所编制的记账凭证，分别登记A、B两种产品的基本生产成本明细账，如图7-23和图7-24所示。

基本生产成本明细账（A产品）

产品：A产品　　单位：元

年		凭证		摘要	产量（件）	成本项目			
月	日	字	号			直接材料	直接人工	制造费用	合计
				月初在产品成本	100	20000	8160	12372	40532
				材料费		100000			100000
				人工费			18240.00		18240.00
				制造费用				82401.39	82401.39

图7-23 基本生产成本明细账（A产品）

（2）计算完工产品成本。

根据A、B两种产品的基本生产成本明细账计算本月完工产品成本。新建“产品成本计算单”，如图7-25所示。

基本生产成本明细账（B产品）

产品：B产品　　单位：元

年		凭证		摘要	产量（件）	成本项目			
月	日	字	号			直接材料	直接人工	制造费用	合计
				月初在产品成本	140	18350	14060	6068	38478
				材料费		122000			122000
				人工费			20520		20520
				制造费用				92701.6	92701.57

图7-24 基本生产成本明细账（B产品）

	A	B	C	D	E
1	产品成本计算单				
2					本月完工：
3					月末在产品：
4	产品名称：		年　月		单位：元
5	成本项目	直接材料	直接人工	制造费用	合计
6	月初在产品成本				
7	本月生产费用				
8	生产费用合计				
9	月末在产品约当产量				
10	约当产量合计				
11	分配率				
12	月末在产品成本				
13	完工产品总成本				

图7-25　产品成本计算单

设置产品成本计算单的公式，具体操作步骤如下：

（1）在B6单元格里输入公式“=基本生产成本明细账（A产品）！G5”，按Enter键返回结果；

（2）在B7单元格里输入公式“=基本生产成本明细账（A产品）！G6”，按Enter键返回结果；

（3）在B8单元格里输入公式“=SUM（B6：B7）”，按Enter键返回结果；

（4）在B9单元格里输入公式“=E3”，按Enter键返回结果；

（5）在B10单元格里输入公式“=B9+E2”，按Enter键返回结果；

（6）在B11单元格里输入公式“=B8/B10”，按Enter键返回结果；

（7）在B12单元格里输入公式“=B9*B11”，按Enter键返回结果；

（8）在B13单元格里输入公式“=E2*B11”，按Enter键返回结果；

（9）在C6单元格里输入公式“=基本生产成本明细账（A产品）！H5”，按Enter键返回结果；

（10）在C7单元格里输入公式“=基本生产成本明细账（A产品）！H7”，按Enter键返回结果；

（11）在C8单元格里输入公式“=SUM（C6：C7）”，按Enter键返回结果；

（12）在C9单元格里输入公式“=E3*50%”，按Enter键返回结果；

（13）在C10单元格里输入公式“=C9+E2”，按Enter键返回结果；

（14）在C11单元格里输入公式“=C8/C10”，按Enter键返回结果；

（15）在C12单元格里输入公式“=C9*C11”，按Enter键返回结果；

（16）在C13单元格里输入公式“=E2*C11”，按Enter键返回结果；

（17）在D6单元格里输入公式“=基本生产成本明细账（A产品）！I5”，按Enter键返回结果；

（18）在D7单元格里输入公式“=基本生产成本明细账（A产品）！I8”，按Enter键返回结果；

（19）在D8单元格里输入公式“=SUM（D6：D7）”，按Enter键返回结果；

（20）在D9单元格里输入公式“=E3*50%”，按Enter键返回结果；
（21）在D10单元格里输入公式“=D9+E2”，按Enter键返回结果；
（22）在D11单元格里输入公式“=D8/D10”，按Enter键返回结果；
（23）在D12单元格里输入公式“=D9*D11”，按Enter键返回结果；
（24）在D13单元格里输入公式“=E2*D11”，按Enter键返回结果；
（25）在E6单元格里输入公式“=SUM（B6：D6）”，按Enter键返回结果；
（26）在E7单元格里输入公式“=SUM（B7：D7）”，按Enter键返回结果；
（27）在E8单元格里输入公式“=SUM（E6：E7）”，按Enter键返回结果；
（28）在E12单元格里输入公式“=SUM（B12：D12）”，按Enter键返回结果；
（29）在E13单元格里输入公式“=SUM（B13：D13）”，按Enter键返回结果。
经过公式计算，得到如图7-26的数据。

	A	B	C	D	E
1			**A产品成本计算单**		
2					本月完工：900
3					月末在产品：600
4	产品名称：A产品		2022年11月		单位：元
5	成本项目	直接材料	直接人工	制造费用	合计
6	月初在产品成本	20000.00	8160.00	12372.00	40532.00
7	本月生产费用	100000.00	18240.00	82401.39	200641.39
8	生产费用合计	120000.00	26400.00	94773.39	241173.39
9	月末在产品约当产量	600.00	300.00	300.00	
10	约当产量合计	1500.00	1200.00	1200.00	
11	分配率	80.00	22.00	78.98	
12	月末在产品成本	48000.00	6600.00	23693.35	78293.35
13	完工产品总成本	72000.00	19800.00	71080.04	162880.04

图7-26　A产品成本计算单

同理可计算出B产品的产品成本，如图7-27所示。

	A	B	C	D	E
1			**B产品成本计算单**		
2					本月完工：1300
3					月末在产品：
4	产品名称：B产品		2022年11月		单位：元
5	成本项目	直接材料	直接人工	制造费用	合计
6	月初在产品成本	18350.00	14060.00	6068.00	38478.00
7	本月生产费用	122000.00	20520.00	92701.57	235221.57
8	生产费用合计	140350.00	34580.00	98769.57	273699.57
9	月末在产品约当产量				
10	约当产量合计				
11	分配率				
12	月末在产品成本				
13	完工产品总成本	140350.00	34580.00	98769.57	273699.57

图7-27　B产品成本计算单

根据图7-26和图7-27中的数据编制会计分录如下：

借：库存商品——A产品　　162 880.04
　　　　　——B产品　　273 699.57
　贷：基本生产成本——A产品　　162 880.04
　　　　　　　——B产品　　273 699.57

10.登记基本生产成本明细账

根据上述资料，登记A、B两种产品的基本生产成本明细账，如图7-28和图7-29所示。

基本生产成本明细账

产品：A产品　　　　单位：元

年		凭证		摘要	产量（件）	成本项目			
月	日	字	号			直接材料	直接人工	制造费用	合计
				月初在产品成本	100	20000	8160	12372	40532
（略）		（略）		材料费	1400	100000			100000
				人工费			18240		18240
				制造费用				82401.39	82401.39
				本月生产费用合计	1500	120000	26400	94773.39	241173.39
				结转完工产品成本	900	720000	19800	71080.04	162880.04
				月末在产品成本	600	48000	6600	23693.35	78293.35

图7-28　基本生产成本明细账（A产品）

基本生产成本明细账

产品：B产品　　　　单位：元

年		凭证		摘要	产量（件）	成本项目			
月	日	字	号			直接材料	直接人工	制造费用	合计
				月初在产品成本	140	18350	14060	6068	38478
				材料费	1160	122000			122000
				人工费			20520		20520
				制造费用				92701.57	92701.57
				本月生产费用合计	1300	140350	34580	98769.57	273699.57
				结转完工产品成本	1300	140350	34580	98769.57	273699.57

图7-29　基本生产成本明细账（B产品）

7.3 Excel在分批法中的应用

7.3.1　分批法

产品成本核算的分批法，是以产品的批别号、订单号等作为成本计算对象来归集生产费用，并计算产品成本的一种方法。分批法一般适用于小批单件生产类型的企业，该种企业产品的品种和批量往往是依据购货方的订单确定的，故按照产品批别计算产品成本就是按照订单计算产品成本，如船舶、重型机械制造企业及精密仪器、专用工具模具、专用设备制造以及新产品的试制等企业。

分批法的特点主要有三个方面：一是以产品批别或订单作为成本计算对象，据以开设生产成本明细账归集生产费用和计算产品成本。二是以产品生产周期作为成本计算期，由于是以产品的批别或订单作为成本计算对象，因而一批产品只要全部完工，就需要进行产品的成本计算，决定了成本计算期与产品生产周期同步，而与会计报告期不一致。三是生产费用一般不需要在月末完工产品与在产品之间分配，在某批产品完工前，生产成本明细账归集的生产费用就是在产品成本，产品完工时，生产成本明细账归集的生产费用就是完工产品成本。但是在批量较大的情况下，同批产品跨月陆续完工，就需要计算完工产品成本，若跨月完工产品不多，完工产品成本可以计划成本或定额成本计算，产品成本计算单中归集的全部费用减去完工产品成本即为该批产品月末在产品成本，等该批产品全部完工时再计算实际总成本；若跨月完工产品较多，则应选择合理的方法分配计算实际成本。

分批法的成本核算程序与品种法的成本核算程序基本相同，不同的是成本明细账是按照产品的批别设置，将每批产品看成一种产品开设生产成本明细账。第一，按产品的批别或订单设置成本明细账、辅助生产成本明细账；第二，根据各生产费用的原始凭证或原始凭证汇总表和其他有关资料，编制各种要素费用分配表，分配各要素费用并登账，注意在各种费用发生时，要在有关的原始凭证上填明批号或订单号，以便费用的整理和归集；第三，月末，根据完工批别产品的完工通知单，将计入已完工的该批产品的成本明细账所归集的生产费用，按成本项目加以汇总，计算出该批完工产品的总成本和单位成本，并转账。具体核算程序如图7-30所示。

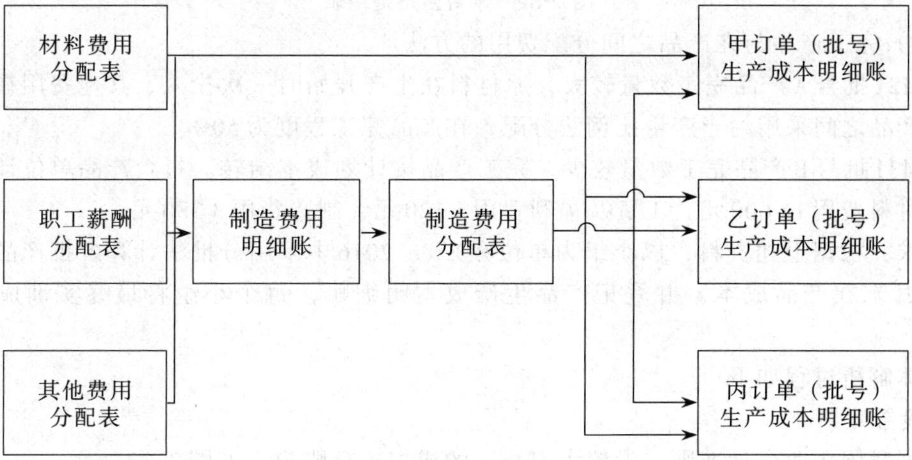

图7-30　分批法成本核算的一般程序

7.3.2　分批法的应用

【例7-2】大河公司是一家小批单件单步骤的船业配件生产企业，根据客户订单组织生产A、B两种配件。2022年8月份的生产情况为：（1）甲船厂订单，批号M11，需要A产品8台，已于6月份投产，本月全部完工；（2）乙船厂订单，批号M21，需要A产品20台，7月份投产，本月完工12台，预计9月份全部完工；（3）丙船厂订单，批号M31，需要B产品16台，本月投产，本月完工4台，预计9月份全部完工。该公司拟利用Excel辅助进行成本核算工作，以提高成本核算岗位的工作效率。2022年8月份成本相关资料如下：

（1）月初在产品费用（见图7-31）

	A	B	C	D	E
1	月初在产品费用				
2			2022年8月		单位：元
3	批号	直接材料	直接人工	制造费用	合计
4	M11	65600	36400	17800	119800
5	M21	25720	11740	7780	45240

图7-31　月初在产品费用表

（2）本月生产费用（见图7-32）

	A	B	C	D	E
1	本月生产费用				
2	2022年8月				单位：元
3	批号	直接材料	直接人工	制造费用	合计
4	M11		29800	9700	39500
5	M21		12240	5460	17700
6	M31	93600	57400	30100	181100
7	合计	93600	99440	45260	238300

图7-32　本月生产费用表

（3）完工产品与在产品之间分配费用的方法

①M21批号A产品完工数量较大，原材料在生产开始时一次投入，其他费用在完工产品与在产品之间采用约当产量比例法分配，在产品完工程度为50%。

②M31批号B产品完工数量较少，完工产品按计划成本结转。每台产品单位计划成本为：原材料费用11 600元，工资及福利费用6 120元，制造费用3 280元。

要求：根据上述资料，以小组为单位在Excel 2016中采用分批法计算各批产品的完工成本和月末在产品成本，并登记产品生产成本明细账，每个小组将最终实训成果上台展示。

具体解析过程如下：

1.设置账户

依据我国企业会计准则，设置大河公司的成本核算账户，如图7-33所示。

	A	B	C	D
1	序号	总账科目	二级明细科目	三级明细科目
2	1	生产成本	M11号A产品	直接材料、直接人工、制造费用
3	2	生产成本	M21号A产品	直接材料、直接人工、制造费用
4	3	生产成本	M31号B产品	直接材料、直接人工、制造费用
5	4	制造费用	基本生产车间	

图7-33　成本核算账户

2.建立Excel表格文件

将题目所给数据分别制作成Excel表格文件，作为基础数据表。

3.核算本月的生产费用

根据题目所给资料，可以直接核算该公司本月的生产费用：

（1）生产领用原材料，编制会计分录如下：

借：生产成本——M31号B产品（直接材料）　　93 600

　贷：原材料　　93 600

（2）分配生产工人工资费用，编制会计分录如下：

借：生产成本——M11号A产品（直接人工）　　66 200

　　　　　　——M21号A产品（直接人工）　　23 980

　　　　　　——M31号B产品（直接人工）　　57 400

贷：应付职工薪酬　　147 580

（3）分配制造费用，编制会计分录如下：

借：生产成本——M11号A产品（制造费用）　　27 500

——M21号A产品（制造费用）　　13 240

——M31号B产品（制造费用）　　30 100

贷：应付职工薪酬　　70 840

4.计算完工产品成本

（1）M11批号完工产品核算。

第一，该公司M11批号A产品本月全部完工，故产品成本计算单中归集的生产费用就是完工产品成本。编制“产品成本计算单”，如图7-34所示。

	A	B	C	D	E
1		产品成本计算单			
2	产品批号：	购货单位：		投产日期：	
3	产品名称：	批量：		完工日期：	
4	年　月	本月完工：			单位：元
5	成本项目	直接材料	直接人工	制造费用	合计
6	月初在产品成本				
7	本月生产费用				
8	生产费用合计				
9	完工产品总成本				
10	完工产品单位成本				

图7-34　产品成本计算单（M11）

第二，设置M11批号A产品完工产品成本计算单公式，具体操作步骤如下：

① 在B6单元格里输入公式“=月初在产品费用！B4”，按Enter键返回结果；

② 在B8单元格里输入公式“=B6”，按Enter键返回结果；

③ 在B9单元格里输入公式“=B8”，按Enter键返回结果；

④ 在B10单元格里输入公式“=B9/C3”，按Enter键返回结果；

⑤ 在C6单元格里输入公式“=月初在产品费用！C4”，按Enter键返回结果；

⑥ 在C7单元格里输入公式“=本月生产费用！C4”，按Enter键返回结果；

⑦ 在C8单元格里输入公式“=C6+C7”，按Enter键返回结果；

⑧ 在C9单元格里输入公式“=C8”，按Enter键返回结果；

⑨ 在C10单元格里输入公式“=C9/C3”，按Enter键返回结果；

⑩ 在D6单元格里输入公式“=月初在产品费用！D4”，按Enter键返回结果；

⑪ 在D7单元格里输入公式“=本月生产费用！D4”，按Enter键返回结果；

⑫ 在D8单元格里输入公式“=D6+D7”，按Enter键返回结果；

⑬ 在D9单元格里输入公式“=D8”，按Enter键返回结果；

⑭ 在D10单元格里输入公式“=D9/C3”，按Enter键返回结果；

⑮ 在E6单元格里输入公式“=B6+C6+D6”，按Enter键返回结果；

⑯ 在E7单元格里输入公式“=C7+D7”，按Enter键返回结果；

⑰ 在E8单元格里输入公式“=E6+E7”，按Enter键返回结果；

⑱ 在E9单元格里输入公式“=E8”，按Enter键返回结果；

⑲ 在E10单元格里输入公式“=B10+C10+D10”，按Enter键返回结果。

第三，通过公式计算，得到M11批号成本计算单中数据，如图7-35所示。

	A	B	C	D	E
1	产品成本计算单				
2	产品批号：M11		购货单位：甲船厂	投产日期：2022年6月	
3	产品名称：A产品		批量：8	完工日期：2022年8月	
4	2022年8 月		本月完工：8		单位：元
5	成本项目	直接材料	直接人工	制造费用	合计
6	月初在产品成本	65600	36400	17800	119800
7	本月生产费用		29800	9700	39500
8	生产费用合计	65600	66200	27500	159300
9	完工产品总成本	65600	66200	27500	159300
10	完工产品单位成本	8200	8275	3437.5	19912.5

图7-35　成本计算单（M11）

根据图7-35中的数据，编制会计分录如下：

借：库存商品——M11号A产品　　159 300

　贷：生产成本——M11号A产品（直接材料）　　65 600

　　　　　　——M11号A产品（直接人工）　　66 200

　　　　　　——M11号A产品（制造费用）　　27 500

（2）M21批号完工产品核算。

第一，该公司M21批号A产品本月完工数量占投产批量比重较大，为保证成本计算的准确性，将归集的生产费用按约当产量比例法在完工产品与在产品之间分配。编制“产品成本计算单”，如图7-36所示。

	A	B	C	D	E
1	产品成本计算单				
2	产品批号：		购货单位：	投产日期：	
3	产品名称：		批量：	完工日期：	
4	年　月		本月完工：		单位：元
5	成本项目	直接材料	直接人工	制造费用	合计
6	月初在产品成本				
7	本月生产费用				
8	生产费用合计				
9	月末在产品约当产量				
10	约当产量合计				
11	分配率				
12	月末在产品成本				
13	完工产品总成本				

图7-36　产品成本计算单（M21）

第二，设置M21批号完工产品成本计算单公式，具体操作步骤如下：

① 在B6单元格里输入公式“=月初在产品费用！B5”，按Enter键返回结果；

② 在B8单元格里输入公式“=B6”，按Enter键返回结果；

③ 在B9单元格里输入公式“=C3-C4”，按Enter键返回结果；

④ 在B10单元格里输入公式“=C3”，按Enter键返回结果；
⑤ 在B11单元格里输入公式“=B8/B10”，按Enter键返回结果；
⑥ 在B12单元格里输入公式“=B11*B9”，按Enter键返回结果；
⑦ 在B13单元格里输入公式“=B8-B12”，按Enter键返回结果；
⑧ 在C6单元格里输入公式“=月初在产品费用！C5”，按Enter键返回结果；
⑨ 在C7单元格里输入公式“=本月生产费用！C5”，按Enter键返回结果；
⑩ 在C8单元格里输入公式“=C6+C7”，按Enter键返回结果；
⑪ 在C9单元格里输入公式“=C4*50%”，按Enter键返回结果；
⑫ 在C10单元格里输入公式“=C4+C9”，按Enter键返回结果；
⑬ 在C11单元格里输入公式“=C8/C10”，按Enter键返回结果；
⑭ 在C12单元格里输入公式“=C11*C9”，按Enter键返回结果；
⑮ 在C13单元格里输入公式“=C8-C12”，按Enter键返回结果；
⑯ 在D6单元格里输入公式“=月初在产品费用！D5”，按Enter键返回结果；
⑰ 在D7单元格里输入公式“=本月生产费用！D5”，按Enter键返回结果；
⑱ 在D8单元格里输入公式“=D6+D7”，按Enter键返回结果；
⑲ 在D9单元格里输入公式“=C4*50%”，按Enter键返回结果；
⑳ 在D10单元格里输入公式“=C4+D9”，按Enter键返回结果；
㉑在D11单元格里输入公式“=D8/D10”，按Enter键返回结果；
㉒在D12单元格里输入公式“=D11*D9”，按Enter键返回结果；
㉓在D13单元格里输入公式“=D8-D12”，按Enter键返回结果；
㉔在E6单元格里输入公式“=B6+C6+D6”，按Enter键返回结果；
㉕在E7单元格里输入公式“=C7+D7”，按Enter键返回结果；
㉖在E8单元格里输入公式“=E6+E7”，按Enter键返回结果；
㉗在E12单元格里输入公式“=B12+C12+D12”，按Enter键返回结果；
㉘在E13单元格里输入公式“=B13+C13+D13”，按Enter键返回结果。

第三，通过公式计算，得到M21批号成本计算单中数据，如图7-37所示。

产品成本计算单

产品批号：M21　　购货单位：乙船厂　　投产日期：2022年7月
产品名称：A产品　　批量：20　　完工日期：2022年9月
2022年 8 月　　本月完工：12　　单位：元

成本项目	直接材料	直接人工	制造费用	合计
月初在产品成本	25720	11740	7780	45240
本月生产费用		12240	5460	17700
生产费用合计	25720	23980	13240	62940
月末在产品约当产量	8	6	6	
约当产量合计	20	18	18	
分配率	1286	1332.22	735.56	
月末在产品成本	10288	7993.32	4413.36	22694.68
完工产品总成本	15432	15986.68	8826.64	40245.32

图7-37　成本计算单（M21）

根据图7-37中的数据，编制会计分录如下：

借：库存商品——M21号A产品　　40 245.32

　贷：生产成本——M21号A产品（直接材料）　　15 432

　　　　　　——M21号A产品（直接人工）　　15 986.68

　　　　　　——M21号A产品（制造费用）　　8 826.64

（3）M31批号完工产品核算。

第一，该公司M31批号B产品本月完工数量占投产批量比重较小，对完工产品可以先按照计划单位成本结转作为完工产品成本，剩余的生产费用即为月末在产品成本。编制“产品成本计算单”，如图7-38所示。

	A	B	C	D	E
1	产品成本计算单				
2	产品批号：	购货单位：		投产日期：	
3	产品名称：	批量：		完工日期：	
4	年　月	本月完工：			单位：元
5	成本项目	直接材料	直接人工	制造费用	合计
6	本月生产费用				
7	单台计划成本				
8	完工产品总成本				
9	月末在产品成本				

图7-38　产品成本计算单（M31）

第二，设置M31批号完工产品成本计算单公式，具体操作步骤如下：

①在B6单元格里输入公式“=本月生产费用！B6”，按Enter键返回结果；

②根据资料输入B7单元格的值“=11600”；

③在B8单元格里输入公式“=B7*C4”，按Enter键返回结果；

④在B9单元格里输入公式“=B6-B8”，按Enter键返回结果；

⑤在C6单元格里输入公式“=本月生产费用！C6”，按Enter键返回结果；

⑥根据资料输入C7单元格的值“=6120”；

⑦在C8单元格里输入公式“=C7*C4”，按Enter键返回结果；

⑧在C9单元格里输入公式“=C6-C8”，按Enter键返回结果；

⑨在D6单元格里输入公式“=本月生产费用！D6”，按Enter键返回结果；

⑩根据资料输入D7单元格的值 “=3280”；

⑪在D8单元格里输入公式“=D7*C4”，按Enter键返回结果；

⑫在D9单元格里输入公式“=D6-D8”，按Enter键返回结果；

⑬在E6单元格里输入公式“=B6+C6+D6”，按Enter键返回结果；

⑭在E7单元格里输入公式“=B7+C7+D7”，按Enter键返回结果；

⑮在E8单元格里输入公式“=B8+C8+D8”，按Enter键返回结果；

⑯在E9单元格里输入公式“=B9+C9+D9”，按Enter键返回结果。

第三，通过公式计算，得到M31批号成本计算单中数据，如图7-39所示。

	A	B	C	D	E
1	产品成本计算单				
2	产品批号：M31		购货单位：丙船厂	投产日期：2022年8月	
3	产品名称：B产品		批量：16	完工日期：2022年9月	
4	2022年8 月		本月完工：4		单位：元
5	成本项目	直接材料	直接人工	制造费用	合计
6	本月生产费用	93600	57400	30100	181100
7	单台计划成本	11600	6120	3280	21000
8	完工产品总成本	46400	24480	13120	84000
9	月末在产品成本	47200	32920	16980	97100

图7-39　成本计算单（M31）

根据图 7-39 中的数据，编制会计分录如下：

借：库存商品——M31 号 B 产品　　84 000

　贷：生产成本——M31 号 B 产品（直接材料）　　46 400

　　　　　　　——M31 号 B 产品（直接人工）　　24 480

　　　　　　　——M31 号 B 产品（制造费用）　　13 120

5.登记生产成本明细账

根据上述资料，分别登记 M11、M21、M31 批号的基本生产成本明细账，如图 7-40、图 7-41 和图 7-42 所示。

	A	B	C	D	E	F	G
1	基本生产成本明细账						
2	产品批号：M11		产品名称：A产品	投产日期：2022年6月		完工日期：2022年8月	
3	产品批量：8台		本月完工：8台	2022年8月			单位：元
4	年	凭证	摘要	成本项目			
5	月 日	字 号		直接材料	直接人工	制造费用	合计
6			月初在产品成本	65600	36400	17800	119800
7	（略）	（略）	材料费用				
8			人工费用		29800		29800
9			制造费用			9700	9700
10			本月生产费用合计	65600	66200	27500	159300
11			结转完工产品成本	65600	66200	27500	159300
12			完工产品单位成本	8200	8275	3437.50	19912.50

图7-40　M11基本生产成本明细账

	A	B	C	D	E	F	G
1	基本生产成本明细账						
2	产品批号：M21		产品名称：A产品	投产日期：2022年7月		完工日期：2022年9月	
3	产品批量：20台		本月完工：12台	2022年8月			单位：元
4	年	凭证	摘要	成本项目			
5	月 日	字 号		直接材料	直接人工	制造费用	合计
6			月初在产品成本	25720	11740	7780	45240
7	（略）	（略）	材料费用				
8			人工费用		12240		12240
9			制造费用			5460	5460
10			本月生产费用合计	25720	23980	13240	62940
11			结转完工产品成本	15432	15986.68	8826.64	40245.32
12			月末在产品成本	10288	7993.32	4413.36	22694.68

图7-41　M21基本生产成本明细账

基本生产成本明细账

产品批号：M31　　产品名称：B产品　　投产日期：2022年8月　　完工日期：2022年9月

产品批量：16台　　本月完工：4台　　2022年8月　　单位：元

年		凭证		摘要	成本项目			
月	日	字	号		直接材料	直接人工	制造费用	合计
（略）		（略）		材料费用	93600			93600
				人工费用		57400		57400
				制造费用			30100	30100
				本月生产费用合计	93600	57400	30100	181100
				每台计划成本	11600	6120	3280	21000
				结转完工产品成本（4台）	46400	24480	13120	84000
				月末在产品成本	47200	32920	16980.00	97100

图7-42　M31基本生产成本明细账

7.4 Excel在分步法中的应用

7.4.1 分步法

产品成本核算的分步法，是按照产品的生产步骤作为成本核算对象来归集生产费用、计算产品成本的一种方法。分步法通常适用于大批量生产并在管理上要求分步骤计算成本的多步骤生产企业，如冶金、纺织、造纸、机械制造、酿酒、砖瓦等企业。这些企业的产品生产可分为若干个生产步骤进行。例如，钢铁企业生产可分为炼铁、炼钢、轧钢等步骤；纺织企业生产可分为纺纱、织布等步骤；造纸企业生产可分为制浆、制纸、包装等步骤。每一个步骤的产品，除了最后一步骤外，都属于半成品，可能用于下一步骤继续加工，也可能直接对外销售。因此，为了满足企业的成本管理要求，既需要按照产品品种计算成本，又需要按照生产步骤计算成本。

分步法的特点主要有三个方面：一是按照生产步骤设置产品成本明细账，并设成本项目专栏，反映各步骤生产费用的发生情况，计算各步骤半成品成本和各种产品成本，如果企业只生产一种产品，成本核算对象就是这种产品及它所经过的各生产步骤，如果企业生产的是多种产品，成本核算对象就是各种产品及其经过的各生产步骤，生产成本明细账应按每一生产步骤的每一种产品开设，各步骤发生的直接材料、直接人工等直接费用应直接记入各种产品成本明细账，对于某步骤发生的间接费用，先按生产步骤归集，后按一定标准在该步骤的各种产品之间分配。二是通常按月定期进行成本计算，成本计算期与会计报告期一致，而与产品生产周期不一致。三是生产费用需要在完工产品与在产品之间进行分配，因为大量大批多步骤生产企业在月末各生产步骤一般都存在一定数量的在产品，所以为了准确计算完工产品成本，需要采用适当的分配方法，在完工产品和在产品之间分配归集的生产费用。

在实际工作中，根据成本管理对各生产步骤的不同要求及简化成本计算工作的需求，各步骤生产成本的结转可以采用不同方法，对于需要计算各步骤半成品成本的生产采用逐步结转分步法，对于不需要计算半成品成本的生产采用平行结转分步法。无论采用哪种方法，每一步的账务处理都关乎最终产品成本核算信息的准确性，必须不急不躁、认真细致地按照生产步骤来归集生产费用。

逐步结转分步法也称顺序分配法，是指按产品加工步骤的先后顺序，逐步计算并结转半成品的成本，前一步骤的半成品成本，随着半成品实物的转移而结转到后一生产步骤的产品成本中，直到最后步骤累计计算出产成品成本的计算方法。逐步结转分步法的成本核算主要包括以下几个程序：第一，按照产品的生产步骤和产品品种设置基本生产成本明细账；第二，各步骤内需要分别归集和分配生产费用，各步的直接费用（直接材料、直接人工及其他直接费用）直接记入各步的基本生产成本明细账（半成品明细账）内，各步的间接费用（制造费用）要先归集，后采用一定的分配方法，在各步内部进行分配，记入各步的基本生产成本明细账（半成品明细账）；第三，依次逐步结转生产费用，先归集第一步生产费用并计算第一步半成品成本，后随半成品实物转入第二步生产成本明细账内，加上第二步发生的直接材料、直接人工、间接制造费用，求得第二步半成品成本，再随其转入第三步，依次逐步结转，直至最后一步计算出产成品成本；第四，各步骤的生产费用需要在本步完工半成品与本步在产品之间分配，月末，各生产步骤成本明细账中归集的各项生产费用（包括所耗用上一步半成品的费用）要在本步完工半成品（最后一步为产成品）与本步在产品之间分配，便于计算出完工半成品（最后一步为产成品）的总成本和单位成本。具体如图7-43所示。

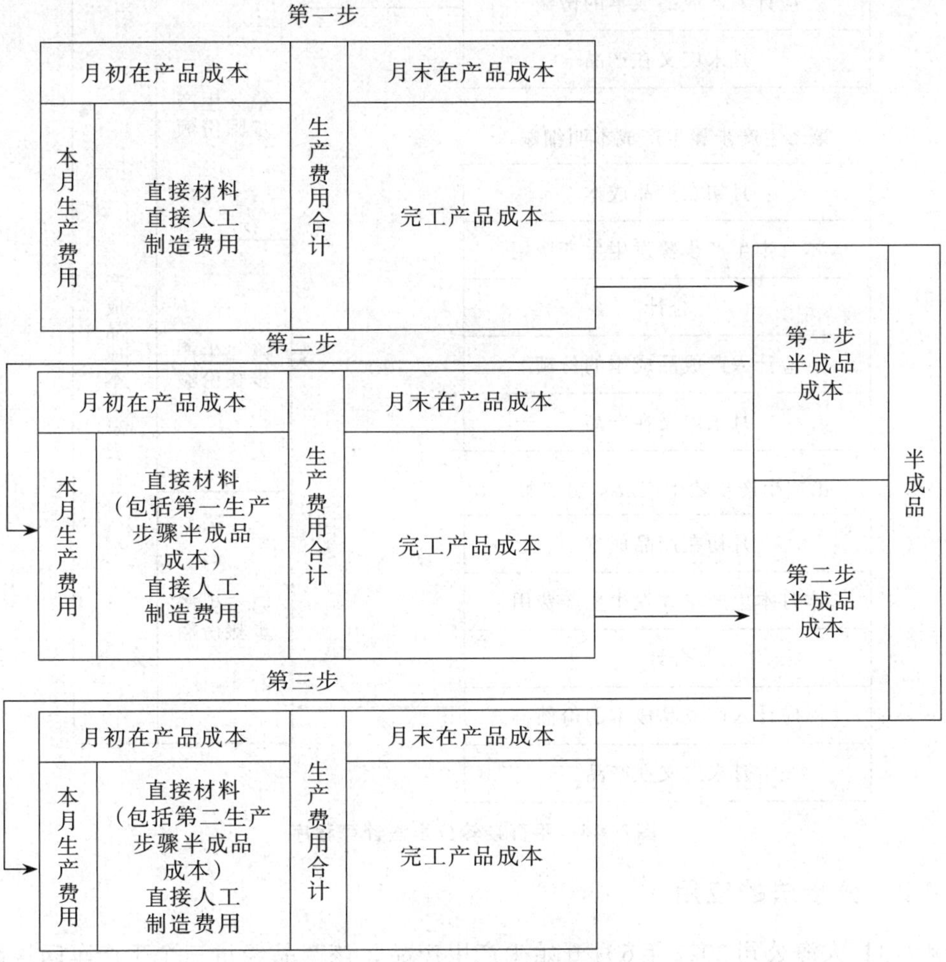

图7-43　逐步结转分步法核算程序

平行结转分步法是指各生产步骤不计算所生产半成品的成本，也不计算各步骤所耗用上一步骤的半成品的成本，而只计算本步骤发生的其他各项费用以及这些费用中应计入产成品成本的份额，再将各步骤应计入同一产品成本的份额经过平行结转汇总来核算出产成品成本的方法。平行结转分步法包括以下几个程序：第一，按产品生产步骤和产品品种设置生产成本明细账，各步骤生产成本明细账只归集本步骤发生的生产费用，不包括耗用上一步骤半成品的成本；第二，月末将各步骤归集的生产费用在完工产成品与广义在产品之间分配，计算各步骤费用应计入产成品成本的"份额"；第三，将各步骤费用应计入产成品成本的"份额"按成本项目进行平行汇总，汇总计算产成品的总成本及单位成本。具体如图7-44所示。

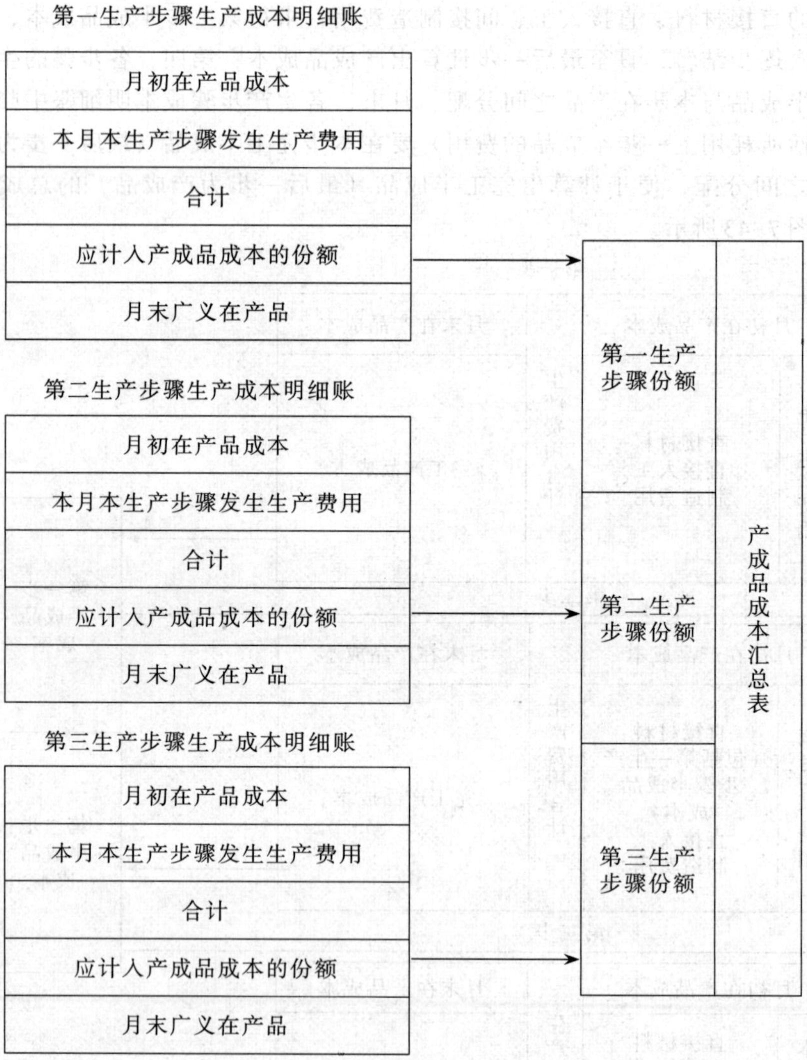

图7-44　平行结转分步法计算程序

7.4.2　分步法的应用

【例7-3】大海公司2022年6月开始生产甲产品，该产品经过三个生产车间连续加工制成。一车间投入原材料加工成A半成品交半成品仓库验收，二车间从仓库领用A半成品加工成B半成品交半成品仓库验收，三车间从仓库领用B半成品加工成甲产品成品。该公司打算利用Excel辅助进行成本核算，实现成本核算的计算机处理。相关资料如下：

（1）各步骤产量记录（见图7-45）

项目	第一车间	第二车间	第三车间
月初在产品	50	100	80
本月投产	450	430	490
本月产成品	430	490	550
月末在产品	70	40	20

各步骤产量记录表　2022年6月　单位：台

图7-45　各步骤产量记录表

（2）各步骤生产成本资料（见图7-46）

成本项目	第一车间		第二车间		第三车间	
	期初在产品成本	本月费用	期初在产品成本	本月费用	期初在产品成本	本月费用
直接材料	16000	162250	26300	—	25700	—
直接人工	1560	13390	10900	21600	9600	4900
制造费用	420	4780	2400	5600	2560	6390
合计	17980	180420	39600	27200	37860	11290

各步骤生产成本资料表　2022年6月　单位：元

图7-46　各步骤生产成本资料表

（3）费用分配方法

①原材料在开始生产时一次性投入，各步骤在产品在本步骤的完工程度均为50%。

②各车间完工半成品与在产品的成本采用约当产量法分配。

③采用成本项目比率法进行成本还原。

要求：根据上述资料，以小组为单位在Excel 2016中采用逐步结转分步法核算本月该公司各车间的生产成本，每个小组将最终实训成果上台展示。

具体解析过程如下：

1.设置账户

依据我国企业会计准则，设置大海公司的成本核算账户，如图7-47所示。

序号	总账科目	二级明细科目	三级明细科目
1	生产成本	第一步骤、第二步骤、第三步骤	直接材料、自制半成品、直接人工、制造费用
2	自制半成品	A半成品、B半成品	
3	库存商品	甲产品	

图7-47　成本核算账户设置表

2.建立Excel表格文件

将题目所给数据分别制作成Excel表格文件，作为基础数据表。

3.核算本月各步骤的生产成本

该公司采用逐步结转分步法核算生产成本，应按各生产步骤分产品品种来计算半成品成本，先计算第一车间半成品成本，再结转到第二车间，第二车间将第一车间转来的半成品成本加上本车间发生的费用，计算出第二车间半成品成本，再将生产成本结转给第三车间。月末将各生产车间归集的生产费用，在完工产品和在产品之间进行分配，计算出各生产车间的半成品成本，逐步结转计算出产成品成本。首先，编制半成品和产品的成本计算单，如图7-48所示。

产品成本计算单

生产步骤：　　　　　　　　　　　　　　　　本月完工：

产品名称：　　　　年　月　　　　　　　　　本月在产：

成本项目	直接材料（半成品）	直接人工	制造费用	合计
月初在产品成本				
本月生产费用（领用上车间半成品）				
生产费合计				
月末在产品约当产量				
约当产量合计				
分配率				
月末在产品成本				
完工产品总成本				

图7-48　编制半成品和产品的成本计算单

（1）第一车间的生产成本核算。

设置第一车间成本计算单的公式，具体操作步骤如下：

①在B5单元格里输入公式“=各步骤生产成本资料表！B5”，按Enter键返回结果；

②在B6单元格里输入公式“=各步骤生产成本资料表！C5”，按Enter键返回结果；

③在B7单元格里输入公式“=B5+B7”，按Enter键返回结果；

④在B8单元格里输入公式“=各步骤产量记录表！B7”，按Enter键返回结果；

⑤在B9单元格里输入公式“=各步骤产量记录表！B6+各步骤产量记录表！B7”，按Enter键返回结果；

⑥在B10单元格里输入公式“=B7/B9”，按Enter键返回结果；

⑦在B11单元格里输入公式“=B10*B8”，按Enter键返回结果；

⑧在B12单元格里输入公式“=B7-B11”，按Enter键返回结果；

⑨在C5单元格里输入公式“=各步骤生产成本资料表！B6”，按Enter键返回结果；

⑩在C6单元格里输入公式“=各步骤生产成本资料表！C6”，按Enter键返回结果；

⑪在C7单元格里输入公式“=C5+C6”，按Enter键返回结果；

⑫在C8单元格里输入公式"=各步骤产量记录表！B7*50%"，按Enter键返回结果；
⑬在C9单元格里输入公式"=各步骤产量记录表！B6+C8"，按Enter键返回结果；
⑭在C10单元格里输入公式"=C7/C9"，按Enter键返回结果；
⑮在C11单元格里输入公式"=C10*C8"，按Enter键返回结果；
⑯在C12单元格里输入公式"=C7-C11"，按Enter键返回结果；
⑰在D5单元格里输入公式"=各步骤生产成本资料表！B7"，按Enter键返回结果；
⑱在D6单元格里输入公式"=各步骤生产成本资料表！C7"，按Enter键返回结果；
⑲在D7单元格里输入公式"=D5+D6"，按Enter键返回结果；
⑳在D8单元格里输入公式"=各步骤产量记录表！B7*50%"，按Enter键返回结果；
㉑在D9单元格里输入公式"=各步骤产量记录表！B6+D8"，按Enter键返回结果；
㉒在D10单元格里输入公式"=D7/D9"，按Enter键返回结果；
㉓在D11单元格里输入公式"=D10*D8"，按Enter键返回结果；
㉔在D12单元格里输入公式"=D7-D11"，按Enter键返回结果；
㉕在E5单元格里输入公式"=B5+C5+D5"，按Enter键返回结果；
㉖在E6单元格里输入公式"=B6+C6+D6"，按Enter键返回结果；
㉗在E7单元格里输入公式"=B7+C7+D7"，按Enter键返回结果；
㉘在E11单元格里输入公式"=B11+C11+D11"，按Enter键返回结果；
㉙在E12单元格里输入公式"=B12+C12+D12"，按Enter键返回结果。

通过公式计算，得到如图7-49所示的数据。

	A	B	C	D	E
1	产品成本计算单				
2	生产步骤：第一步骤				本月完工：430
3	产品名称：A半成品		2022年10月		本月在产：70
4	成本项目	直接材料（半成品）	直接人工	制造费用	合计
5	月初在产品成本	16000	1560	420	17980
6	本月生产费用（领用上车间半成品）	162250	13390	4780	180420
7	生产费合计	178250	14950	5200	198400
8	月末在产品约当产量	70	35	35	
9	约当产量合计	500	465	465	
10	分配率	356.5	32.15	11.18	
11	月末在产品成本	24955	1125.25	391.3	26471.55
12	完工产品总成本	153295	13824.75	4808.7	171928.45

图7-49　产品成本计算单（第一车间）

根据图7-49中的数据，编制A半成品入库的会计分录如下：

借：自制半成品——A半成品　　171 928.45

　贷：生产成本——第一车间　　171 928.45

（2）第二车间的生产成本核算。

参照第一车间的公式设置来设置第二车间成本计算单中的公式。

通过公式计算，得到如图7-50所示的数据。

产品成本计算单

生产步骤：第二步骤　　　　本月完工：490
产品名称：B半成品　　2022年10月　　本月在产：40

成本项目	直接材料（半成品）	直接人工	制造费用	合计
月初在产品成本	26300	10900	2400	39600
本月生产费用（领用上车间半成品）	171928.45	21600	5600	199128.45
生产费合计	198228.45	3250	8000	238728.45
月末在产品约当产量	40	20	20	
约当产量合计	530	510	510	
分配率	374.02	63.73	15.69	
月末在产品成本	14960.80	1274.60	313.80	16549.20
完工产品总成本	183267.65	31225.40	7686.20	222179.25

图7-50　产品成本计算单（第二车间）

根据图7-50中的数据，编制B半成品相关会计分录如下：

领用A半成品：

借：生产成本——第二车间　　171 928.45

　贷：自制半成品——A半成品　　171 928.45

B半成品入库：

借：自制半成品——B半成品　　222 179.25

　贷：生产成本——第二车间　　222 179.25

（3）第三车间的生产成本核算。

参照第一车间的公式设置来设置第三车间成本计算单中的公式。

通过公式计算，得到如图7-51所示的数据。

产品成本计算单

生产步骤：第三步骤　　　　本月完工：550
产品名称：甲产品　　2022年10月　　本月在产：20

成本项目	直接材料（半成品）	直接人工	制造费用	合计
月初在产品成本	25700	9600	2560	37860
本月生产费用（领用上车间半成品）	222179.25	4900	6390	233469.25
生产费合计	247879.25	14500	8950	271329.25
月末在产品约当产量	20	10	10	
约当产量合计	570	560	560	
分配率	434.88	25.89	15.89	
月末在产品成本	8697.60	258.90	159.80	9116.30
完工产品总成本	239181.65	14241.10	8790.20	262212.95

图7-51　产品成本计算单（第三车间）

根据图7-51中的数据，编制甲产品相关会计分录如下：

领用B半成品：

借：生产成本——第三车间　　222 179.25

　贷：自制半成品——B半成品　　222 179.25

甲产品入库：

借：库存商品——甲产品　　262 212.95

　贷：生产成本——第三车间　　262 212.95

4.成本还原

上一步骤计算出的甲产品成本为262 212.95元，是综合成本，产成品成本中的绝大部分费用是“半成品”费用，不能反映出产品成本结构的实际情况，因此需要将产成品成本中的“半成品”综合成本项目进行成本还原，就是将产成品成本中的“半成品”综合成本项目分解为实际的“直接材料”“直接人工”“制造费用”等原始成本项目。

（1）用成本还原比率法制作产品成本还原计算单，如图7-52所示。

产品成本还原计算表

完工产品数量：　　（比率还原法）　　单位：元

	按第二步骤还原					按第一步骤还原				
	直接材料	半成品	直接人工	制造费用	合计	直接材料	半成品	直接人工	制造费用	合计
还原前										
本月半成品										
还原分配率										
半成品还原										
还原后总成本										

图7-52　产品成本还原计算单

（2）设置产品成本还原计算单中的公式，具体操作步骤如下：

① 在B6单元格里输入公式“=产品成本计算单（第二车间）！B12”，按Enter键返回结果；

② 在B7单元格里输入公式“=C5/F6”，按Enter键返回结果；

③ 在B8单元格里输入公式“=B6*B7”，按Enter键返回结果；

④ 在B9单元格里输入公式“=B5+B8”，按Enter键返回结果；

⑤ 在C5单元格里输入公式“=产品成本计算单（第三车间）！B12”，按Enter键返回结果；

⑥ 在D5单元格里输入公式“=产品成本计算单（第三车间）！C12”，按Enter键返回结果；

⑦ 在D6单元格里输入公式“=产品成本计算单（第二车间）！C12”，按Enter键返回结果；

⑧ 在D8单元格里输入公式“=D6*B7”，按Enter键返回结果；

⑨ 在D9单元格里输入公式“=D5+D8”，按Enter键返回结果；

⑩ 在E5单元格里输入公式“=产品成本计算单（第三车间）！D12”，按Enter键返回结果；

⑪ 在E6单元格里输入公式“=产品成本计算单（第二车间）！D12”，按Enter键返回结果；

⑫ 在E8单元格里输入公式“=E6*B7”，按Enter键返回结果；

⑬ 在E9单元格里输入公式“=E5+E8”，按Enter键返回结果；

⑭ 在F5单元格里输入公式“=C5+D5+E5”，按Enter键返回结果；

⑮ 在F6单元格里输入公式“=B6+D6+E6”，按Enter键返回结果；

⑯ 在F8单元格里输入公式“=B8+D8+E8”，按Enter键返回结果；

⑰ 在F9单元格里输入公式“=B9+D9+E9”，按Enter键返回结果；

⑱ 在G7单元格里输入公式“=H5/K6”，按Enter键返回结果；

⑲ 在G8单元格里输入公式“=H6*G7”，按Enter键返回结果；

⑳ 在G9单元格里输入公式“=H6*G7”，按Enter键返回结果；

㉑在H5单元格里输入公式“=B9”，按Enter键返回结果；

㉒在H6单元格里输入公式“=产品成本计算单（第一车间）！B12”，按Enter键返回结果；

㉓在I5单元格里输入公式“=D9”，按Enter键返回结果；

㉔在I6单元格里输入公式“=产品成本计算单（第一车间）！C12”，按Enter键返回结果；

㉕在I8单元格里输入公式“=I6*G7”，按Enter键返回结果；

㉖在I9单元格里输入公式“=I5+I8”，按Enter键返回结果；

㉗在J5单元格里输入公式“=E9”，按Enter键返回结果；

㉘在J6单元格里输入公式“=产品成本计算单（第一车间）！D12”，按Enter键返回结果；

㉙在J8单元格里输入公式“=J6*G7”，按Enter键返回结果；

㉚在J9单元格里输入公式“=J5+J8”，按Enter键返回结果；

㉛在K5单元格里输入公式“=H5+I5+J5”，按Enter键返回结果；

㉜在K6单元格里输入公式“=H6+I6+J6”，按Enter键返回结果；

㉝在K8单元格里输入公式“=G8+I8+J8”，按Enter键返回结果；

㉞在K9单元格里输入公式“=G9+I9+J9”，按Enter键返回结果。

（3）通过公式计算，得到如图7-53所示的数据。

	A	B	C	D	E	F	G	H	I	J	K
1	产品成本还原计算表										
2	完工产品数量：550台										单位：元
3		按第二步骤还原					按第一步骤还原				
4		直接材料	半成品	直接人工	制造费用	合计	直接材料	半成品	直接人工	制造费用	合计
5	还原前		239181.65	14241.10	8790.20	262212.95		197292.32	47856.04	17064.59	262212.95
6	本月半成品	183267.65		31225.40	7686.20	222179.25		153295	13824.75	4808.70	171928.45
7	还原分配率	1.08					1.15				
8	半成品还原	197292.32		33614.94	8274.39	239181.65	175909.95		15864.26	5518.11	197292.32
9	还原后总成本	197292.32		47856.04	17064.59	262212.95	175909.95		63720.30	22582.70	262212.95

图7-53　产品成本还原计算表

降成本是提高企业经济效益的重要途径，这里我们讲一讲火箭发射努力降成本的中国故事。中国的航天行业持续发展，但与此同时，也必须面对火箭高昂的发射成本这一“拦路石”，这也是全世界太空经济面临的普遍问题。资料显示，运载火箭每次发射需要消耗大量的燃料，此外还有设计和制造成本、场地费用、测控费用等。不过，我国已经开始探索降低火箭发射成本的路径。长征系列运载火箭曾因其低发射成本而名声远播，但由于其是一次性火箭，继续降低发射成本的空间有限。长征八号火箭则采用可回收式设计，以实现芯一级和固体助推器的回收，可以极大地降低火箭发射的成本，同时还大大缩短发射周期。事实上，我国航天行业已在采取多种方式来降低成本。一种是较为直接的“降本”，也是响应党的二十大报告中的“强化国家战略科技力量”号召，即研发液体发动机，液体发动机在实现火箭可回收的技术上具有明显的优势，一度被称作可回收火箭的“心脏”。另外一种是间接的“增效”，即为了降低成本，在允许的情况下，一枚运载火箭会尽量多带几枚卫星，尽量“满载起飞”。

单元实训

某公司是一家单步骤中小型工业生产企业，设有一个基本生产车间，大批量生产A、B两种产品。另设供水、机修两个辅助生产车间，为全厂提供产品和劳务。该公司利用Excel辅助进行成本核算工作，2022年8月份的生产情况和成本费用情况如下：

1. 产量资料如图7-54所示。

产量资料

2022年8月　　数量单位：台

产品名称	月初在产品	本月投产	本月完工产品	月末在产品
A产品	300	1700	1440	560
B产品	400	2000	1600	800

图7-54　产量资料表

2. 月初在产品成本如图7-55所示。

月初在产品成本

2022年8月　　单位：元

产品名称	直接材料	直接人工	制造费用	合计
A产品	60000	24000	48000	132000
B产品	50000	36000	20000	106000

图7-55　月初在产品成本表

3. 本月发生生产费用如图7-56、图7-57、图7-58和图7-59所示。

本月材料费用表

2022年8月

领料用途	直接领用甲材料（元）	共同耗用乙材料（元）	耗料合计	乙材料定额耗用量（千克）
A产品	300000			7200
B产品	320000			10800
小计	620000	360000	980000	
基本生产车间一般耗用	40000		40000	
机修车间	130000		130000	
供水车间	36000		36000	
管理部门	12000		12000	
合计	838000	360000	1198000	

图7-56　本月材料费用表

本月职工薪酬费用表			
2022年8月		单位：元	
人员类别	应付职工薪酬（工资）	应付职工薪酬（福利费）	合计
产品生产工人	124000	12400	136400
机修工人	90000	9000	99000
供水工人	52000	5200	57200
基本生产车间管理人员	24000	2400	26400
管理部门人员	76000	7600	83600
合计	366000	36600	402600

图7-57　本月职工薪酬费用表

折旧费用表	
2022年8月	单位：元
车间名称	金额（元）
基本生产车间	36000
机修车间	12000
供水车间	18000
管理部门	15600
合计	81600

图7-58　折旧费用表

其他费用表				
2022年8月				
车间名称	费用项目（元）			
	保险费	办公费	电费	其他
基本生产车间	2400	1600	2400	4400
机修车间	1800	600	1800	3000
供水车间	1400	1000	1700	1400
管理部门	2000	1600	2000	2800
合计	7600	4800	7900	11600

图7-59　其他费用表

4.本月生产工时记录如图7-60所示。

本月生产工时	
2022年8月	
产品名称	生产工时（小时）
A产品	5200
B产品	4800

图7-60　本月生产工时表

5.辅助生产产品及劳务供应量如图7-61所示。

辅助生产产品及劳务供应量		
2022年8月		
获益部门	机修车间（小时）	供水车间（吨）
供水车间	7000	
机修车间		6000
管理部门	2000	2000
基本生产车间	31000	112000
合计	40000	120000

图7-61　辅助生产产品及劳务供应量表

6.有关费用分配方法。

(1) A、B两种产品共同耗用的材料按定额耗用量比例分配;

(2) 生产工人工资按生产工时比例分配;

(3) 制造费用按生产工时比例分配;

(4) 产品成本需要在完工产品和月末在产品之间采用约当产量法分配，原材料均为生产开始时一次投入，月末在产品的完工程度均为50%;

(5) 辅助生产车间生产费用采用直接分配法。

要求：以小组为单位，在Excel 2016中用品种法计算A、B两种产品本月完工产品成本并登记基本生产成本明细账，每个小组将最终实训成果上台展示。

第7章单元实训参考答案

第8章

销售与利润

学习目标

销售利润一直是公司经济活动追求的目标，也是公司管理人员最关心的问题，如何提高产品的销售量，以求利润最大化。利润是指企业销售产品的收入扣除成本和税金后的余额，它是公司生存的根本保证，没有足够的利润，公司就不能发展壮大。本章将介绍使用Excel进行销售与利润的分析操作。通过本章的学习，读者应该掌握一般的销售信息表的处理方法；能够熟练地使用Excel工具通过移动平均法、指数平滑法和回归分析法进行销售预测；学会使用比例预测法、资金利润率法、本量利分析法进行利润预测；熟练掌握本章介绍的确保实现目标利润的三种措施分析操作。

党的二十大报告指出，高质量发展是全面建设社会主义现代化国家的首要任务。发展是党执政兴国的第一要务。没有坚实的物质技术基础，就不可能全面建成社会主义现代化强国。国家富强在于经济，经济繁荣在于企业。完善中国特色现代企业制度，弘扬企业家精神，加快建设世界一流企业至关重要。

8.1 销售管理

销售管理是为了实现各种组织目标，创造、建立和保持与目标市场之间的有益交换和联系而进行的分析、计划、执行、监督和控制。通过计划、执行、监督及控制企业的销售活动，以实现企业的销售目标。销售管理是从市场营销计划的制订开始的，销售管理工作是市场营销战略计划中的一个组成部分，现代企业都很重视销售管理，其根本目的是提高销售额，增加企业盈利。

以习近平新时代中国特色社会主义经济思想为根本指引，转变“利润最大化”为最终目的的传统思维，传承发扬儒商精神，塑造“以社会福祉为根本的利益相关者共赢”的新时代价值理念，增强社会责任感。

本节的任务以销售过程中的销售数据表为中心，利用Excel中的相关方法据此数据对销售活动进行管理与分析。

【例8-1】图8-1为M公司2022年1—3月份的产品销售信息表，请对其进行分类汇总，建立分类汇总信息表。

操作步骤如下：

（1）对产品销售信息表进行排序，选择“数据”|“排序”，选择“产品名称”作为分类字段，如图8-2所示，得到排序信息如图8-3所示。

	A	B	C	D	E	F
1	产品销售信息表					
2	销售日期	客户编码	产品名称	单价（元）	销售数量（台）	销售总价（元）
3	2022/1/14	C002	电视机	￥ 1,200.00	200	￥ 240,000.00
4	2022/1/18	C004	冰箱	￥ 1,520.00	100	￥ 152,000.00
5	2022/1/20	C001	洗衣机	￥ 680.00	50	￥ 34,000.00
6	2022/1/23	C003	洗衣机	￥ 680.00	150	￥ 102,000.00
7	2022/1/25	C002	电视机	￥ 1,200.00	150	￥ 180,000.00
8	2022/1/26	C003	冰箱	￥ 1,520.00	40	￥ 60,800.00
9	2022/2/13	C001	电视机	￥ 1,200.00	400	￥ 480,000.00
10	2022/2/14	C003	冰箱	￥ 1,520.00	80	￥ 121,600.00
11	2022/2/17	C002	冰箱	￥ 1,520.00	20	￥ 30,400.00
12	2022/2/23	C004	洗衣机	￥ 680.00	100	￥ 68,000.00
13	2022/2/24	C001	洗衣机	￥ 680.00	120	￥ 81,600.00
14	2022/2/28	C001	冰箱	￥ 1,520.00	50	￥ 76,000.00
15	2022/3/10	C002	电视机	￥ 1,200.00	250	￥ 300,000.00
16	2022/3/13	C004	洗衣机	￥ 680.00	130	￥ 88,400.00
17	2022/3/16	C004	电视机	￥ 1,200.00	130	￥ 156,000.00
18	2022/3/17	C003	洗衣机	￥ 680.00	110	￥ 74,800.00
19	2022/3/24	C001	冰箱	￥ 1,520.00	150	￥ 228,000.00
20	2022/3/29	C004	冰箱	￥ 1,520.00	50	￥ 76,000.00

图8-1　产品销售信息表

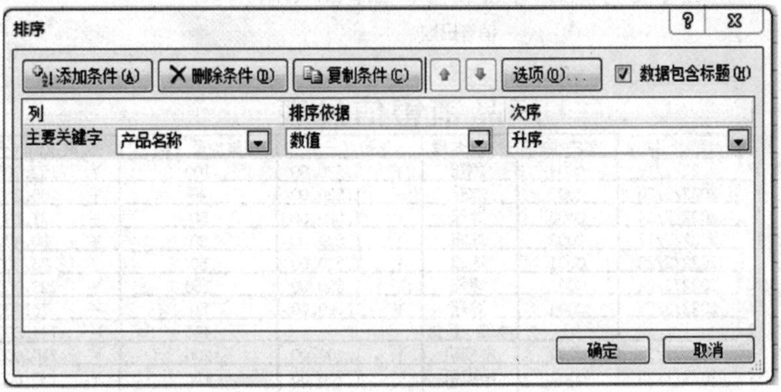

图8-2　数据排序选项卡

	A	B	C	D	E	F
1	产品销售信息表					
2	销售日期	客户编码	产品名称	单价（元）	销售数量（台）	销售总价（元）
3	2022/1/18	C004	冰箱	￥ 1,520.00	100	￥ 152,000.00
4	2022/1/26	C003	冰箱	￥ 1,520.00	40	￥ 60,800.00
5	2022/2/14	C003	冰箱	￥ 1,520.00	80	￥ 121,600.00
6	2022/2/17	C002	冰箱	￥ 1,520.00	20	￥ 30,400.00
7	2022/2/28	C001	冰箱	￥ 1,520.00	50	￥ 76,000.00
8	2022/3/24	C001	冰箱	￥ 1,520.00	150	￥ 228,000.00
9	2022/3/29	C004	冰箱	￥ 1,520.00	50	￥ 76,000.00
10	2022/1/14	C002	电视机	￥ 1,200.00	200	￥ 240,000.00
11	2022/1/25	C002	电视机	￥ 1,200.00	150	￥ 180,000.00
12	2022/2/13	C001	电视机	￥ 1,200.00	400	￥ 480,000.00
13	2022/3/10	C002	电视机	￥ 1,200.00	250	￥ 300,000.00
14	2022/3/16	C004	电视机	￥ 1,200.00	130	￥ 156,000.00
15	2022/1/20	C001	洗衣机	￥ 680.00	50	￥ 34,000.00
16	2022/1/23	C003	洗衣机	￥ 680.00	150	￥ 102,000.00
17	2022/2/23	C004	洗衣机	￥ 680.00	100	￥ 68,000.00
18	2022/2/24	C001	洗衣机	￥ 680.00	120	￥ 81,600.00
19	2022/3/13	C004	洗衣机	￥ 680.00	130	￥ 88,400.00
20	2022/3/17	C003	洗衣机	￥ 680.00	110	￥ 74,800.00

图8-3　按“产品名称”排序后的结果图

（2）对产品销售信息表进行分类汇总，选择“数据”|“分类汇总”，选择“产品名称”作为分类字段，选择“销售数量”和“销售总价”作为汇总项，如图8-4所示。

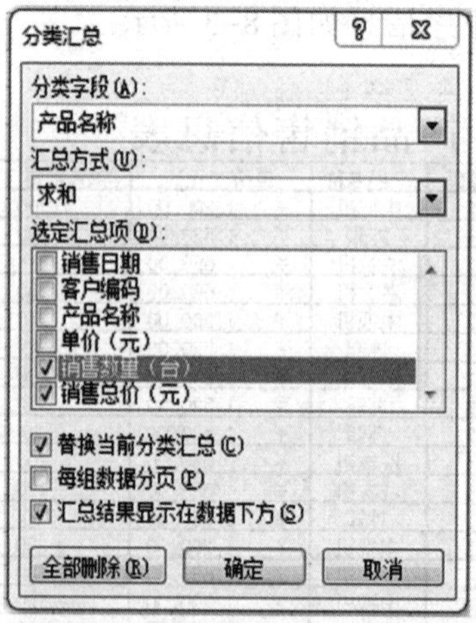

图8-4　分类汇总选项卡

（3）单击“确定”，得到分类汇总结果，如图8-5所示。图8-5中左上角的数字1、2、3为分类级次，单击数字2为隐藏明细数据，如图8-6所示。

A2　　销售日期

	A	B	C	D	E	F
1	产品销售信息表					
2	销售日期	客户编码	产品名称	单价（元）	销售数量（台）	销售总价（元）
3	2022/1/18	C004	冰箱	￥ 1,520.00	100	￥ 152,000.00
4	2022/1/26	C003	冰箱	￥ 1,520.00	40	￥ 60,800.00
5	2022/2/14	C003	冰箱	￥ 1,520.00	80	￥ 121,600.00
6	2022/2/17	C002	冰箱	￥ 1,520.00	20	￥ 30,400.00
7	2022/2/28	C001	冰箱	￥ 1,520.00	50	￥ 76,000.00
8	2022/3/24	C001	冰箱	￥ 1,520.00	150	￥ 228,000.00
9	2022/3/29	C004	冰箱	￥ 1,520.00	50	￥ 76,000.00
10			冰箱 汇总		490	￥ 744,800.00
11	2022/1/14	C002	电视机	￥ 1,200.00	200	￥ 240,000.00
12	2022/1/25	C002	电视机	￥ 1,200.00	150	￥ 180,000.00
13	2022/2/13	C001	电视机	￥ 1,200.00	400	￥ 480,000.00
14	2022/3/10	C002	电视机	￥ 1,200.00	250	￥ 300,000.00
15	2022/3/16	C004	电视机	￥ 1,200.00	130	￥ 156,000.00
16			电视机 汇总		1130	￥ 1,356,000.00
17	2022/1/20	C001	洗衣机	￥ 680.00	50	￥ 34,000.00
18	2022/1/23	C003	洗衣机	￥ 680.00	150	￥ 102,000.00
19	2022/2/23	C004	洗衣机	￥ 680.00	100	￥ 68,000.00
20	2022/2/24	C001	洗衣机	￥ 680.00	120	￥ 81,600.00
21	2022/3/13	C004	洗衣机	￥ 680.00	130	￥ 88,400.00
22	2022/3/17	C003	洗衣机	￥ 680.00	110	￥ 74,800.00
23			洗衣机 汇总		660	￥ 448,800.00
24			总计		2280	￥ 2,549,600.00

图8-5　按“销售数量”和“销售总价”分类汇总后的结果图

A2

	A	B	C	D	E	F
1	产品销售信息表					
2	销售日期	客户编码	产品名称	单价（元）	销售数量（台）	销售总价（元）
10			冰箱 汇总		490	￥ 744,800.00
16			电视机 汇总		1130	￥ 1,356,000.00
23			洗衣机 汇总		660	￥ 448,800.00
24			总计		2280	￥ 2,549,600.00

图8-6　隐藏明细数据后的结果图

图表以图形化方式表示工作表中的内容，是直观显示工作表内容的方式。图表具有较好的视觉效果，方便用户查看数据的差异和预测趋势。下面我们为此公司的销售信息创建一个柱形图并进行编辑。

【例8-2】请依据上述分类汇总结果制作图表。

操作步骤如下：

（1）制作销售数量柱形图，选择“插入”|“图表”，选择“柱形图”，选择数据区为“产品名称”和“销售数量”两列数据，如图8-7所示。

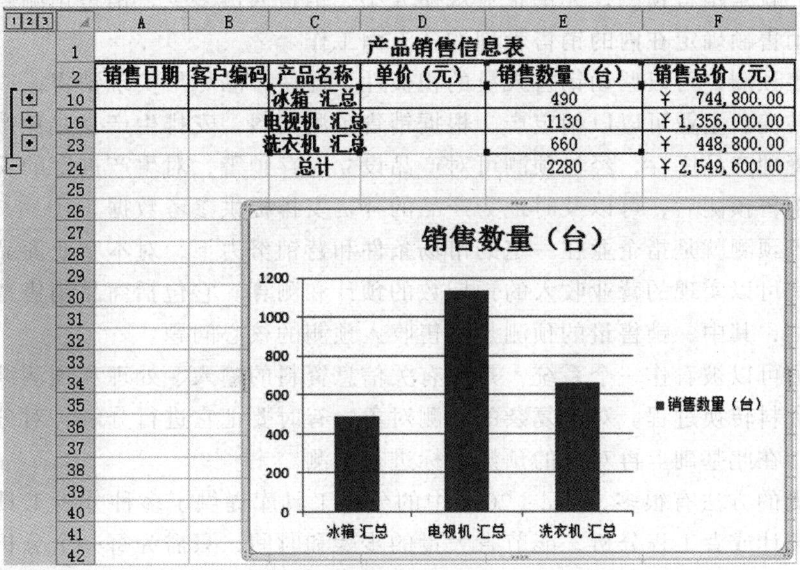

图8-7　销售数量柱形图

（2）制作销售总价柱形图，选择“插入”|“图表”，选择“柱形图”，选择数据区为“产品名称”和“销售总价”两列数据，如图8-8所示。

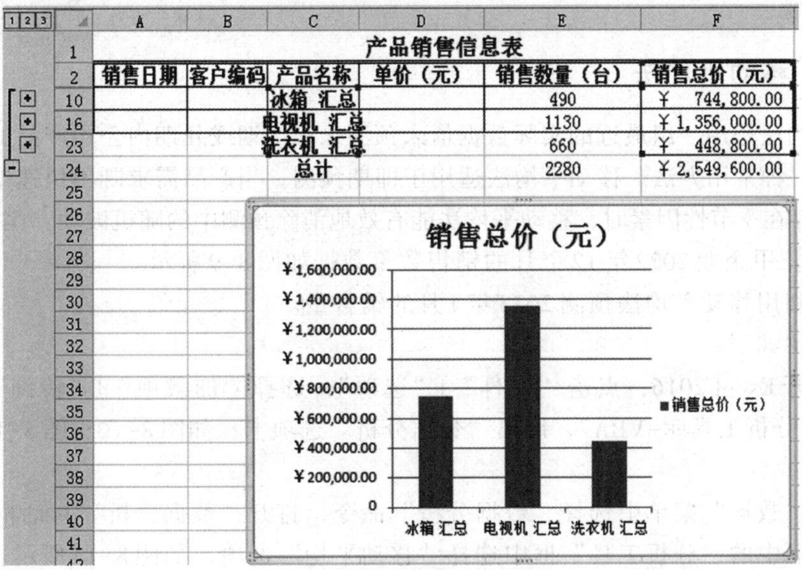

图8-8　销售总价柱形图

8.2 销售预测

销售收入是企业在持续的、主要的经营活动中，因向客户交付商品、提供劳务或进行其他能够满足客户要求的活动而取得的收入。

销售预测是指根据以往的销售情况以及使用系统内部内置或用户自定义的销售预测模型获得的对未来销售情况的预测。销售预测可以直接生成同类型的销售计划。销售计划的中心任务之一就是销售预测，无论企业规模大小、销售人员多少，销售预测影响到包括计划、预算和销售额确定在内的销售管理的各方面工作。

通过销售预测，可以调动销售人员的积极性，促使产品尽早实现销售，以完成使用价值向价值的转变。企业可以以销定产，根据销售预测资料，安排生产，避免产品积压；能合理有效地管理产品库存，经过预测可对产品设立库存预警，对生产进度的安排具有指导意义；经过销售预测后，可以及时地为产品的补货安排提供参考数据。

营业收入预测就是指企业在一定的市场条件和营销努力下，对本企业商品在一定的时间和市场空间可以实现的营业收入的预期数的预计和测算。它包括商品销售量的预测和商品价格的预测，其中，销售量的预测是销售收入预测的核心问题。

销售预测可以被看作一个系统，是由有关信息资料的输入、处理和预测结果的输出所组成的信息资料转换过程。对于复杂的预测对象，有时要把它进行分解，对分解后的子系统进行预测，在此基础上再对总的预测目标进行预测。

销售预测的方法有很多，Excel 2016中的分析工具库提供了多种分析工具，可以用来执行复杂的统计或者工程分析，能节省大量的步骤和时间，只需为每一个分析工具提供数据和参数，该工具就会使用适当的统计或工程宏函数计算出相应的结果并将它们显示在输出表格中，用户可以根据实际情况选择不同的分析工具。

本节介绍三种统计预测分析工具，即移动平均法、指数平滑法和回归分析法，可直接用于销售预测。

8.2.1 移动平均法

移动平均法是用一组最近的实际数据值来预测未来一期或几期内公司产品的销售量、公司产能等的一种常用方法。移动平均法适用于即期预测。当产品需求既不快速增长也不快速下降，且不存在季节性因素时，移动平均法能有效地消除预测中的随机波动，是非常有用的。

【例8-3】甲企业2022年12个月的销售数量数据如图8-9所示。

要求：利用移动平均法预测2023年1月的销售量。

操作步骤如下：

（1）打开Excel 2016，点击“文件”|“选项”，选择“加载项”|“转到”，勾选“分析工具库”“分析工具库-VBA”，调出“数据分析”选项卡，如图8-10、图8-11、图8-12、图8-13所示。

（2）从“数据”菜单中选择“数据分析”命令，打开“数据分析”对话框。在“数据分析”对话框中的“分析工具”框中选择“移动平均”选项，如图8-14所示。

	A	B	C
1	历史数据		预测过程
2	月份	销售量（台）	n=3
3	1	536	
4	2	524	
5	3	885	
6	4	774	
7	5	858	
8	6	852	
9	7	776	
10	8	693	
11	9	745	
12	10	868	
13	11	582	
14	12	885	

图8-9　使用移动平均法预测销售量

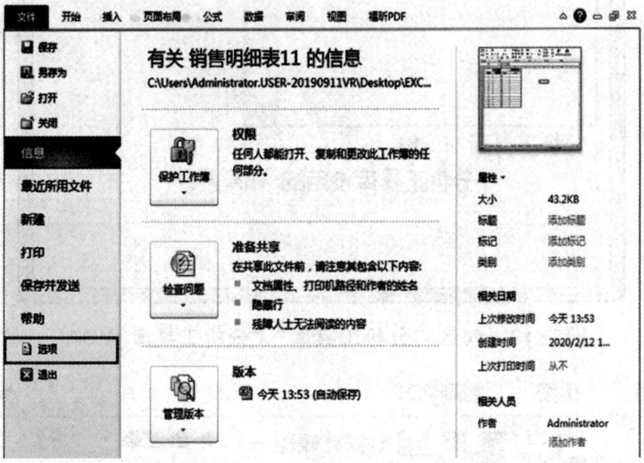

图8-10　打开“文件”|“选项”

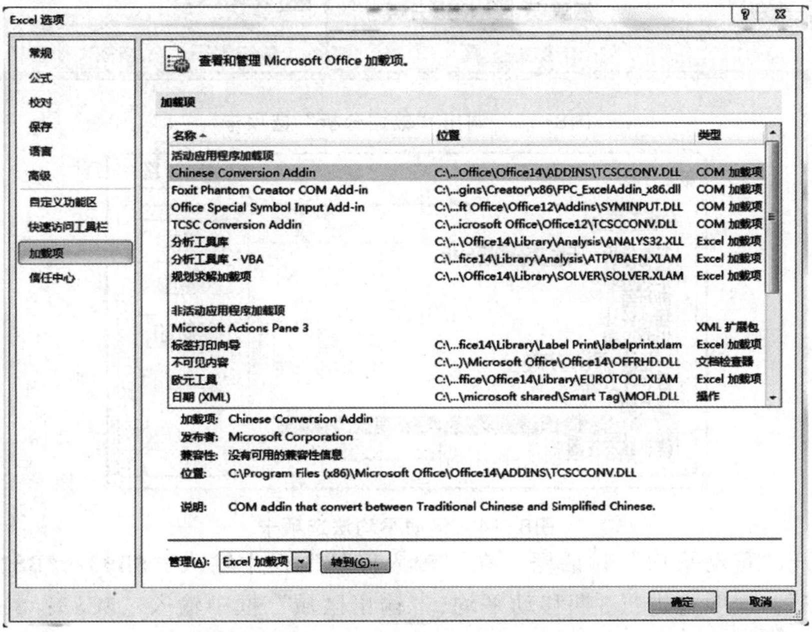

图8-11　打开“加载项”|“转到”

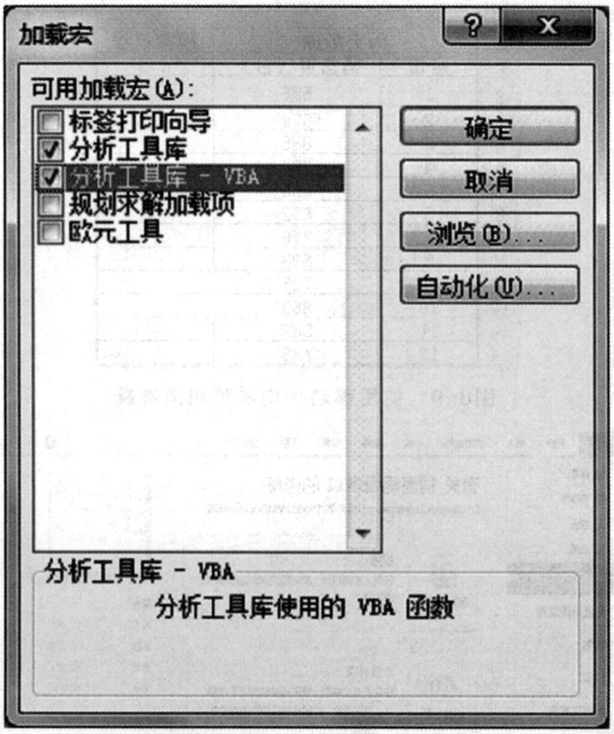

图8-12　勾选“分析工具库”“分析工具库-VBA”

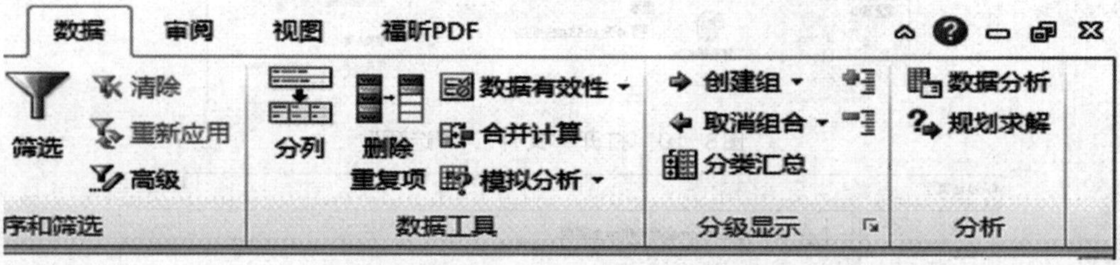

图8-13　调出“数据分析”选项卡

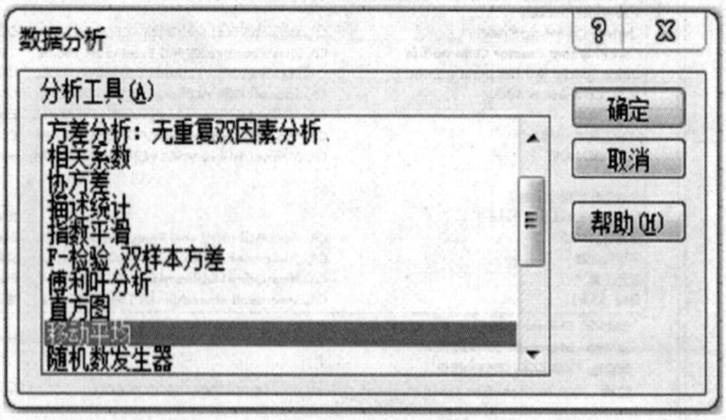

图8-14　移动平均法选项卡

（3）打开“移动平均”对话框，在“输入区域”框中输入“\$B\$3：\$B\$14”，“间隔”框中输入“3”，表明是进行3期移动平均，“输出区域”框中输入“\$C\$3：\$C\$14”，最后选中“图表输出”选项，如图8-15所示。

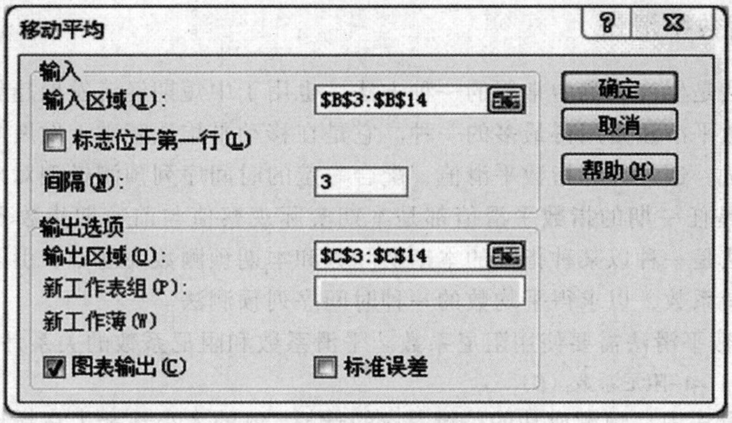

图8-15　设置移动平均法相关参数

（4）单击“确定”按钮，运算结果显示如图8-16所示，同时图表也显示出来，其中单元格C14中的预测数据即为2023年1月的预测值。

	A	B	C	D	E
1	历史数据		预测过程		
2	月份	销售量（台）	n=3		
3	1	536			
4	2	524			
5	3	885	648		
6	4	774	728		
7	5	858	839		
8	6	852	828		
9	7	776	829		
10	8	693	774		
11	9	745	738		
12	10	868	769		
13	11	582	732		
14	12	885	778		

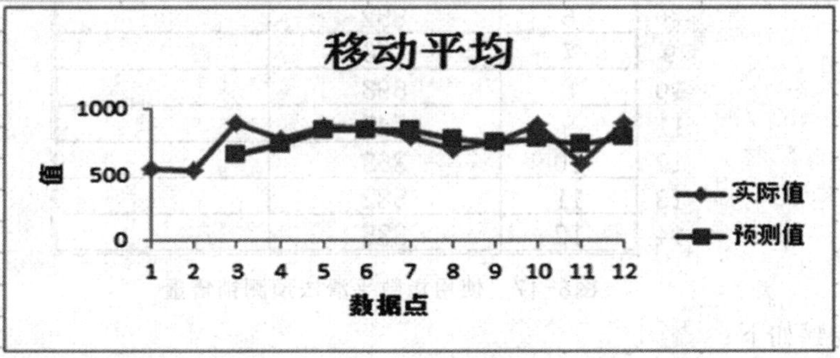

图8-16　销售量的预测结果

在实际工作中，可以分别采用几个不同的期数进行预测分析，从中选择预测误差最小的期数作为移动期数。

8.2.2 指数平滑法

指数平滑法是生产预测中常用的一种方法，也用于中短期经济发展趋势预测，所有预测方法中，指数平滑法是用得最多的一种。它是在移动平均法基础上发展起来的一种时间序列分析预测法，通过计算指数平滑值，配合一定的时间序列预测模型对现象的未来进行预测，其原理是任一期的指数平滑值都是本期实际观察值与前一期指数平滑值的加权平均。指数平滑法是一种以某种指标的本期实际数和本期预测数为基础，引入一个简化的加权因子，即平滑系数，以求得平均数的一种时间序列预测法。

Excel的指数平滑法需要使用阻尼系数。平滑系数和阻尼系数的关系是：

平滑系数（α）=1-阻尼系数（β）

在指数平滑法中，预测成功的关键是α的选择，α的大小规定了在新预测值中新数据和原预测值所占的比例。α值愈大，新数据所占的比重就愈大，原预测值所占比重就愈小，反之亦然。

（1）当时间序列呈稳定的水平趋势时，α应取较小值，如0.1～0.3；

（2）当时间序列波动较大，长期趋势变化的幅度较大时，α应取中间值，如0.3～0.5；

（3）当时间序列具有明显的上升或下降趋势时，α应取较大值，如0.6～0.8。

在实际运用中，可取若干个α值进行试算比较，选择预测误差最小的α值。

【例8-4】甲企业2022年12个月的销售数量数据如图8-17所示，假定阻尼系数为0.8。

要求：利用指数平滑法预测2023年1月的销售量。

	A	B	C
1	历史数据		预测过程
2	月份	销售量（件）	阻尼系数0.8
3	1	536	
4	2	524	
5	3	885	
6	4	774	
7	5	858	
8	6	852	
9	7	776	
10	8	693	
11	9	745	
12	10	868	
13	11	582	
14	12	885	

图8-17 使用指数平滑法预测销售量

操作步骤如下：

（1）从“数据”菜单中选择“数据分析”命令，打开“数据分析”对话框。在“数据分析”对话框中的“分析工具”框中选择“指数平滑”选项，如图8-18所示。

（2）打开“指数平滑”对话框，在“输入区域”框中输入“\$B\$3：\$B\$14”，“阻尼系数”框中输入“0.8”，“输出区域”框中输入“\$C\$3：\$C\$14”，最后选中“图表输出”选项，如图8-19所示。

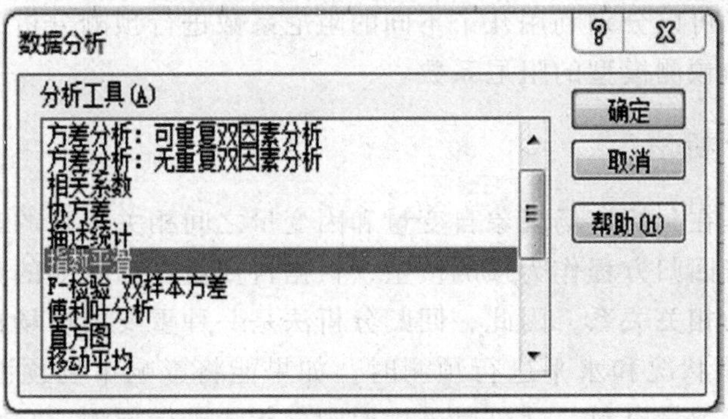

图8-18　指数平滑法选项卡

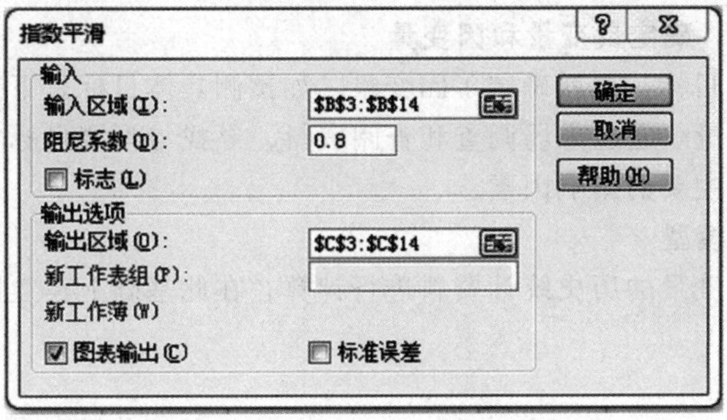

图8-19　设置指数平滑法相关参数

(3) 单击“确定”按钮，运算结果显示如图8-20所示，同时图表也显示出来，其中单元格C14中的预测数据即为2023年1月的预测值。

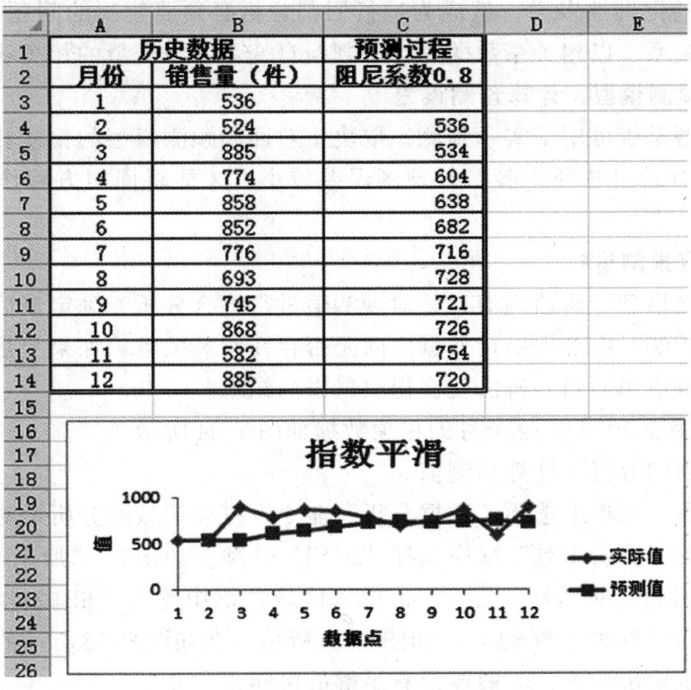

	A	B	C	D	E
1	历史数据		预测过程		
2	月份	销售量（件）	阻尼系数0.8		
3	1	536			
4	2	524	536		
5	3	885	534		
6	4	774	604		
7	5	858	638		
8	6	852	682		
9	7	776	716		
10	8	693	728		
11	9	745	721		
12	10	868	726		
13	11	582	754		
14	12	885	720		

图8-20　销售量的预测结果

在实际预测中，可以分别利用几个不同的阻尼系数进行预测分析，从中选择预测误差最小的阻尼系数作为预测模型的阻尼系数。

8.2.3 回归分析法

回归分析法，是在分析市场现象自变量和因变量之间相关关系的基础上，建立变量之间的回归方程，并将回归方程作为预测模型，根据自变量在预测期的数量变化来预测。因变量关系大多表现为相关关系，因此，回归分析法是一种重要的市场预测方法，当我们在对市场现象未来发展状况和水平进行预测时，如果能将影响市场预测对象的主要因素找到，并且能够取得其数量资料，就可以采用回归分析法进行预测。它是一种具体的、行之有效的、实用价值很高的常用市场预测方法，常用于中短期预测。

1.根据预测目标，确定自变量和因变量

明确预测的具体目标，也就确定了因变量。如预测具体目标是下一年度的销售量，那么销售量Y就是因变量。通过市场调查和查阅资料，寻找与预测目标相关的影响因素，即自变量，并从中选出主要的影响因素。

2.建立回归预测模型

依据自变量和因变量的历史统计资料进行计算，在此基础上建立回归分析方程，即回归分析预测模型。

3.进行相关分析

回归分析是对具有因果关系的影响因素（自变量）和预测对象（因变量）所进行的数理统计分析处理。只有当自变量与因变量确实存在某种关系时，建立的回归方程才有意义。因此，作为自变量的因素与作为因变量的预测对象是否相关，相关程度如何，以及判断这种相关程度的把握性多大，就成为进行回归分析必须要解决的问题。进行相关分析，一般要求出相关关系，以相关系数的大小来判断自变量和因变量的相关程度。

4.检验回归预测模型，计算预测误差

回归预测模型是否可用于实际预测，取决于对回归预测模型的检验和对预测误差的计算。回归方程只有通过各种检验，且预测误差较小，才能将回归方程作为预测模型进行预测。

5.计算并确定预测值

利用回归预测模型计算预测值，并对预测值进行综合分析，确定最后的预测值。

应用回归分析法时应首先确定变量之间是否存在相关关系。如果变量之间不存在相关关系，对这些变量应用回归分析法就会得出错误的结果。

【例8-5】甲企业2022年12个月的相关数据如图8-21所示。

要求：利用回归分析法计算预测值。

（1）从“数据”菜单中选择“数据分析”命令，打开“数据分析”对话框。在“数据分析”对话框中的“分析工具”框中选择“回归”选项，如图8-22所示。

（2）打开“回归”对话框，在“Y值输入区域”框中输入“$B$2：$B$14”，“X值输入区域”框中输入“$C$2：$C$14”，如图8-23所示。在如图8-23所示的方框打勾，然后在输出区域中确定输出位置，一般要留有足够的区间。

	A	B	C
1	历史数据		
2	月份	销售额（万元）	推广费用（万元）
3	1	988	375
4	2	558	254
5	3	866	302
6	4	466	135
7	5	966	366
8	6	685	254
9	7	758	301
10	8	963	452
11	9	763	389
12	10	856	400
13	11	885	425
14	12	756	398

图8-21　使用回归分析法计算预测值

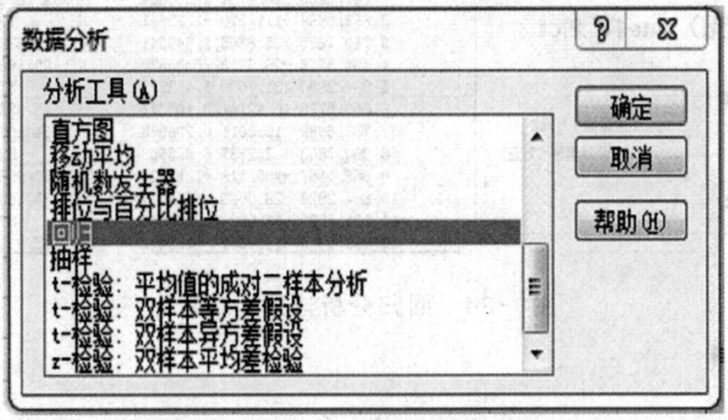

图8-22　回归分析法选项卡

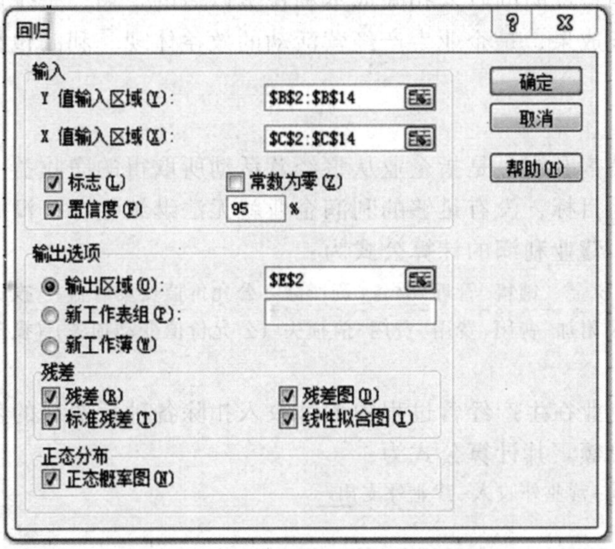

图8-23　设置回归分析法相关参数

（3）最后点击“确定”并得出结果，如图8-24所示。

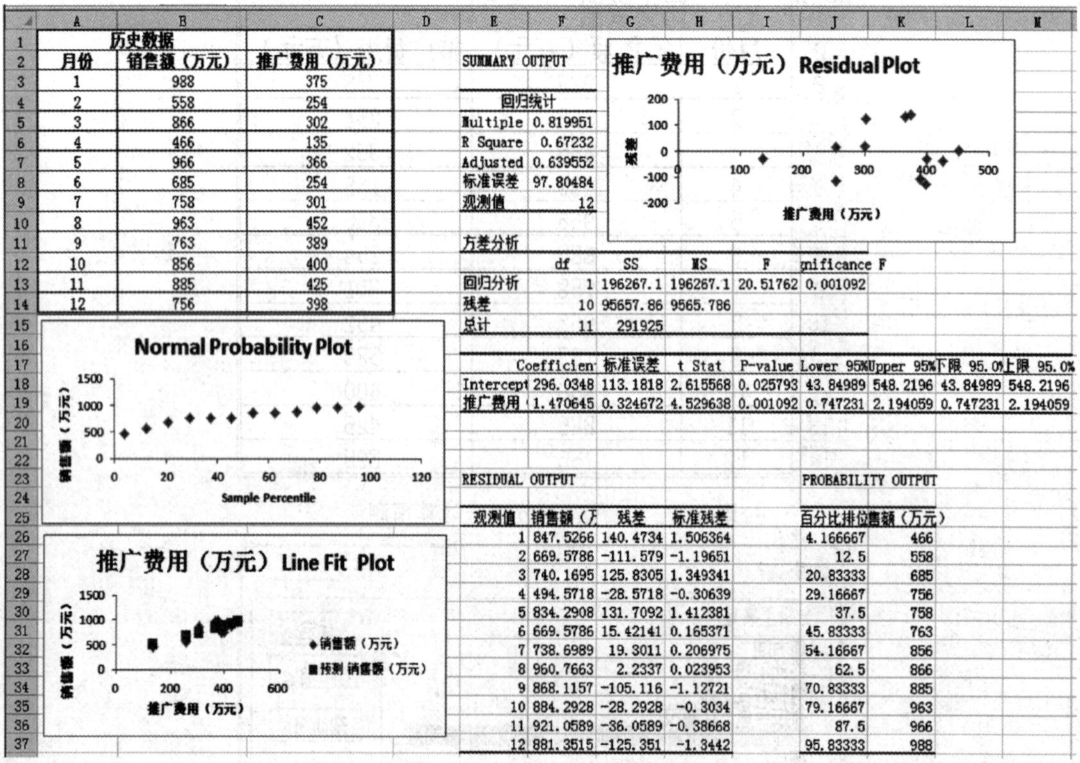

历史数据		
月份	销售额（万元）	推广费用（万元）
1	988	375
2	558	254
3	866	302
4	466	135
5	966	366
6	685	254
7	758	301
8	963	452
9	763	389
10	856	400
11	885	425
12	756	398

SUMMARY OUTPUT

回归统计	
Multiple	0.819951
R Square	0.67232
Adjusted	0.639552
标准误差	97.80484
观测值	12

方差分析

	df	SS	MS	F	gnificance F
回归分析	1	196267.1	196267.1	20.51762	0.001092
残差	10	95657.86	9565.786		
总计	11	291925			

	Coefficien	标准误差	t Stat	P-value	Lower 95%	Upper 95%	下限 95.0%	上限 95.0%
Intercept	296.0348	113.1818	2.615568	0.025793	43.84989	548.2196	43.84989	548.2196
推广费用	1.470645	0.324672	4.529638	0.001092	0.747231	2.194059	0.747231	2.194059

RESIDUAL OUTPUT

观测值	销售额（万	残差	标准残差
1	847.5266	140.4734	1.506364
2	669.5786	-111.579	-1.19651
3	740.1695	125.8305	1.349341
4	494.5718	-28.5718	-0.30639
5	834.2908	131.7092	1.412381
6	669.5786	15.42141	0.165371
7	738.6989	19.3011	0.206975
8	960.7663	2.2337	0.023953
9	868.1157	-105.116	-1.12721
10	884.2928	-28.2928	-0.3034
11	921.0589	-36.0589	-0.38668
12	881.3515	-125.351	-1.3442

PROBABILITY OUTPUT

百分比排位	售额（万元）
4.166667	466
12.5	558
20.83333	685
29.16667	756
37.5	758
45.83333	763
54.16667	856
62.5	866
70.83333	885
79.16667	963
87.5	966
95.83333	988

图8-24　回归分析法预测结果

8.3 利润预测

利润是指企业销售产品的收入扣除成本和税金以后的余额，是企业在一定时期生产经营活动所取得的财务成果，是企业生产经营活动的效益体现。利润包括营业利润、利润总额和净利润。

1.营业利润

营业利润也称销售利润，是指企业从事经营活动所取得的净收益。营业利润永远是商业经济活动中的行为目标，没有足够的利润企业就无法继续生存，没有足够的利润企业就无法继续扩大发展。营业利润的计算公式为：

营业利润=营业收入-营业成本-税金及附加-销售费用-管理费用-财务费用-资产减值损失+公允价值变动收益（公允价值变动损失）+投资收益（投资损失）

2.利润总额

利润总额是指企业在生产经营过程中各种收入扣除各种耗费后的盈余，是企业在一定时期内实现的盈亏总额。其计算公式为：

利润总额=营业利润+营业外收入-营业外支出

3.净利润

净利润又称税后利润，是指企业缴纳所得税后形成的利润，是一家企业经营的最终成果，净利润多，企业的经营效益就好；净利润少，企业的经营效益就差，它是衡量一家企业经营效益的主要指标。其计算公式为：

净利润=利润总额-所得税费用

利润预测是指企业在营业收入预测的基础上，通过对销售商品或提供服务成本、营业费用以及其他对利润发生影响的因素进行分析与研究，进而对企业在未来某一时期内可以实现的利润预期数进行预计和测算。利润预测是提高经济效益的重要手段，是实现企业经营目标的重要环节，是加强利润管理的重要措施。

在计算机科学中，利润预测是指利用公司的有关数据来建立相应的数学模型，用计算机程序来实现对未来某一时期可实现的利润的预计和测算。

本章通过几个案例介绍Excel在利润分析决策中的应用，其中涉及单变量求解分析工具、规划求解分析工具和本量利分析模型。

（1）单变量求解分析工具。

单变量求解分析工具可以解决假定一个公式要取得某一结果值，求出变量引用的单元格应取值为多少的问题。

（2）规划求解分析工具。

规划求解分析工具也称假设分析工具，在约束条件下，通过调整所指定的可更改的单元格（可变单元格）中的值，从目标单元格公式中求得所需的结果。

（3）本量利分析模型。

本量利分析是根据有关产品的产销数量、销售价格、变动成本和固定成本等因素同利润之间的相互关系，通过分析计算而确定企业目标利润的方法。

本量利的基本关系式是：

利润=销售单价×销售量-单位变动成本×产量-固定成本

若考虑所得税，则本量利的关系式是：

税后利润=（销售单价×销售量-单位变动成本×产量-固定成本）×（1-所得税税率）

若产销量一致，则有：

利润=（销售单价-单位变动成本）×销售量-固定成本

利润预测的方法主要有本量利分析法、比率预测法和因素测算法等，下面将介绍两种最常用的利润预测方法：比率预测法、本量利分析法。

8.3.1　比率预测法

比率预测法是根据利润同有关财务指标的比例关系来测算计划期目标利润额的一种方法。所谓目标利润，是指企业未来一定时期内必须而且经过努力能够达到的利润水平，它是企业经营目标的重要组成部分。常用的方法主要有销售额增长比率法和资金利润率法等。

利润=预计销售收入×销售收入利润率

利润=预计平均资金占用额×资金利润率

1.销售额增长比率法

销售额增长比率法是以上年度实际销售利润与下年度预计销售额为依据计算目标利润的方法。其计算公式为：

目标利润总额=（下年度预计销售收入总额/上年度实际销售收入总额）×上年度实际利润

【例 8-6】某企业2022年度实际销售利润为860万元，实际销售收入为1 565万元，2023年度预计销售收入为1 800万元。

要求：利用销售额增长比率法求出2020年的目标利润。

操作步骤如下：

（1）新建“利润决策”工作簿，接着在工作表中创建如图8-25所示的模型。

	A	B	C
1	销售额增长比率法模型		
2	年度	实际销售利润（万元）	实际销售收入（万元）
3			
4	销售额增长比率法预测利润		
5	年度	预计销售收入总额（万元）	目标利润（万元）
6			

图8-25 销售额增长比率法模型

（2）根据企业的实际业务情况在表格中输入数据，如图8-26所示。

	A	B	C
1	销售额增长比率法模型		
2	年度	实际销售利润（万）	实际销售收入（万）
3	2022	860	1565
4	销售额增长比率法预测利润		
5	年度	预计销售收入总额（万）	目标利润（万）
6	2023	1800	

图8-26 输入相关数据

（3）在C6单元格中输入公式“=（B6/C3）*B3”，按Enter键确认，计算出目标利润，如图8-27所示。

C6　fx　=(B6/C3)*B3

	A	B	C
1	销售额增长比率法模型		
2	年度	实际销售利润（万）	实际销售收入（万）
3	2022	860	1565
4	销售额增长比率法预测利润		
5	年度	预计销售收入总额（万）	目标利润（万）
6	2023	1800	989.14

图8-27 销售额增长比率法计算结果

2.资金利润率法

资金利润率法是指企业根据预定的资金利润水平，结合上年度实际资金占用状态与下年度计划投资额，确定下年度目标利润总额的一种方法。其计算公式为：

目标利润总额=（上年度实际占用资金总额+下年度计划投资额）×预计资金利润率

【例 8-7】某企业2022年度实际占用资金总额为800万元，20230年度投资额为1 200万元，资金利润率为15%。

要求：利用资金利润率法求出2023年的目标利润。

操作步骤如下：

（1）在单元格区域制作“资金利润率法模型”，如图8-28所示。

	A	B	C	D
1	资金利润率法模型			
2	年度	实际占用资金总额（万元）		
3				
4	资金利润率法预测目标利润			
5	年度	投资额（万元）	资金利润率	目标利润（万元）
6				

图8-28 资金利润率法模型

（2）根据企业的实际业务情况在表格中输入数据，如图8-29所示。

	A	B	C	D
1	资金利润率法模型			
2	年度	实际占用资金总额（万）		
3	2022	800		
4	资金利润率法预测目标利润			
5	年度	投资额（万）	资金利润率	目标利润（万 ）
6	2023	1200	15%	

图8-29 输入相关数据

（3）选中D6单元格，输入公式“=（B3+B6）*C6”，按Enter键确认，计算出目标利润，如图8-30所示。

D6 fx =(B3+B6)*C6

	A	B	C	D
1	资金利润率法模型			
2	年度	实际占用资金总额（万）		
3	2022	800		
4	资金利润率法预测目标利润			
5	年度	投资额（万）	资金利润率	目标利润（万 ）
6	2023	1200	15%	300

图8-30 资金利润率法计算结果

8.3.2 本量利分析法

本量利分析是指利用成本、业务量和利润三者之间的规律为企业预测、决策、规划提供财务信息，以满足经营管理的需要。本量利分析法全称为“成本-业务量（生产量或销售量）-利润分析法”，也称损益平衡分析法，主要根据成本、业务量和利润三者之间的变化关系，分析某一因素的变化对其他因素的影响，可用于利润预测、成本和业务量预测。

本量利数学模型有：

1.损益方程式

利润=销售收入-总成本=销售收入-变动成本-固定成本

息税前利润=（单价-单位变动成本）×销售量-固定成本

2.边际贡献方程式

边际贡献方程式是在损益方程式中体现出边际贡献的大小，以明确表达本量利之间的数量关系。

边际贡献率是指边际贡献在销售收入中所占的百分比，通常，边际贡献率是指产品边际贡献率，可以理解为每1元销售收入中边际贡献所占的比重，它反映产品为企业作出贡献的能力。边际贡献是指销售收入减去变动成本后的余额，常常被人们通俗地称作毛利，它是管理会计中一个经常使用的十分重要的概念。单位边际贡献是单位产品的销售价格减去产品的单位变动成本的差额。

边际贡献=销售收入-变动成本

=（单价-单位变动成本）×销量

=单位边际贡献×销量

=固定成本+利润

利润=边际贡献-固定成本

边际贡献率=（边际贡献/销售收入）×100%

如果是一种产品，则：

边际贡献率=（单位边际贡献/单价）×100%

如果是多种产品，则：

边际贡献率=$\sum$(每种产品的边际贡献率 × 该产品销售收入占全部销售收入的比重)

与边际贡献率相对应的概念是“变动成本率”，即变动成本在销售收入中所占的百分比。其公式为：

变动成本率=（变动成本/销售收入）×100%

变动成本率与边际贡献率之和为1，即边际贡献率+变动成本率=1，因为变动成本总额与其边际贡献总额之和正好等于销售收入总额。因此，变动成本率通常是指产品变动成本率。

【例8-8】某企业2022年度甲产品的单价为15元，单位变动成本为10元，固定成本为60 000元。

要求：按照本量利分析法模型计算相关数据。

操作步骤如下：

（1）在工作表中创建如图8-31所示的本量利分析法模型。

	A	B	C	D	E
1	本量利分析法模型				
2	年份	产品	单价	单位变动成本	固定成本
3					
4	单位贡献边际				
5	贡献边际				
6	贡献边际率				
7	营业利润				
8	变动成本率				

图8-31　本量利分析法模型

（2）根据企业的实际业务情况在表格中输入数据，如图8-32所示。

	A	B	C	D	E
1	相关指标的计算				
2	年份	产品	单价	单位变动成本	固定成本
3	2022	甲产品	15	10	60000
4	单位贡献边际				
5	贡献边际				
6	贡献边际率				
7	营业利润				
8	变动成本率				

图8-32　输入相关数据

（3）在C4单元格中输入公式“=C3-D3”，按Enter键计算出单位边际贡献。

（4）假设该公司2022年生产经营能力为15 000件，在C5单元格中输入公式“=C4*15 000”，按Enter键计算出边际贡献。

（5）在D6单元格中输入公式“=（C5/225000）*100%”，按Enter键计算出边际贡献率。

（6）在D7单元格中输入公式“=C5-E3”，按Enter键计算出营业利润。

（7）在D8单元格中输入公式“=（D3/C3）*100%”，按Enter键计算出变动成本率，最终如图8-33所示。

	A	B	C	D	E
1	本量利分析法模型				
2	年份	产品	单价	单位变动成本	固定成本
3	2022	甲产品	15	10	60000
4	单位贡献边际		5		
5	贡献边际		75000		
6	贡献边际率		33.33%		
7	营业利润		15000		
8	变动成本率		66.67%		

图8-33　本量利分析法计算结果

8.4　确保实现目标利润的措施分析

目标利润就是指公司计划期内要求达到的利润水平，是本量利分析的核心要素，它既是企业经营的动力和目标，也是本量利分析的中心。正确的目标利润预测，可促使公司为实现目标利润而有效地进行生产经营活动，并根据目标利润对公司经营效果进行考核。目标利润确定后，企业应拟定相关措施，以确保目标利润的实现。

为了保证实现目标利润，应当研究如何利用企业现有资源，合理安排产销、收入和成本支出，以实现特定利润，也就是分析实现目标利润的措施。采取单项措施以实现目标利润，包括减少固定成本、减少单位变动成本、提高价格和增加销售量。在生产经营活动中，影响利润的因素是多方面的，而且各因素之间是相互联系的，因此企业很少采取单项措施来提高利润，多数情况下都采取综合措施，以实现目标利润，主要有：计算降价后实现目标利润所需要的销售量；计算既定销量下实现目标利润所需要的单位变动成本；计算既定产销量和单位变动成本下实现目标利润所需要的固定成本。

在这里，介绍三种确保实现目标利润的措施，包括通过单项措施实现目标利润、通过调整产销结构实现目标利润、通过建立保利模型分析实现目标利润。

8.4.1　通过单项措施实现目标利润

通过采取单项措施实现目标利润，在现实社会中，企业可以采用增加产销量、提高产品售价、降低变动成本、节约固定成本等措施来增加利润。

【例8-9】某企业2022年营业收入为2 000万元，固定费用为400万元，变动费用率为70%，销售费用率为5%，利润总额为100万元。假设2023年的固定费用、变动费用率、销售费用率不变，要想通过单项措施提高营业收入将利润总额增加10%，那么营业收入应该是多少？

操作步骤如下：

（1）在工作簿中插入一张新工作表，接着在工作表中创建如图8-34所示的Excel模型。

	A	B	C
1	单项措施实现目标利润模型		
2	项目	2022	2023
3			10%
4	营业收入		
5	固定费用		
6	变动费用		
7	销售费用		
8	利润总额		
9	其他		
10	2023年目标利润总额		

图8-34　单项措施实现目标利润模型

（2）在表格中输入已知数据，并在B6单元格中输入公式“=B4*0.7”，并按Enter键确认，如图8-35所示。

B6　=B4*0.7

	A	B	C
1	单项措施实现目标利润模型		
2	项目	2022	2023
3			10%
4	营业收入	2000	
5	固定费用	400	
6	变动费用	1400	
7	销售费用		
8	利润总额		
9	其他		
10	2020年目标利润总额		

图8-35　计算变动费用

（3）在B7单元格中输入公式“=B4*0.05”，并按Enter键确认，如图8-36所示。

B7　=B4*0.05

	A	B	C
1	单项措施实现目标利润模型		
2	项目	2022	2023
3			10%
4	营业收入	2000	
5	固定费用	400	
6	变动费用	1400	
7	销售费用	100	
8	利润总额		
9	其他		
10	2023年目标利润总额		

图8-36　计算销售费用

（4）在B8单元格中输入公式“=B4-B5-B6-B7”，并按Enter键确认，计算利润总额，如图8-37所示。

图8-37 计算利润总额

（5）在C10单元格中输入公式“=$B$8*（1+C3）”，按Enter键确认，如图8-38所示。

图8-38 计算2020年目标利润总额

（6）在“数据”选项卡的“数据工具”组中单击“模拟分析”按钮旁边的下三角按钮，从弹出的菜单中选择“单变量求解”命令，如图8-39所示。

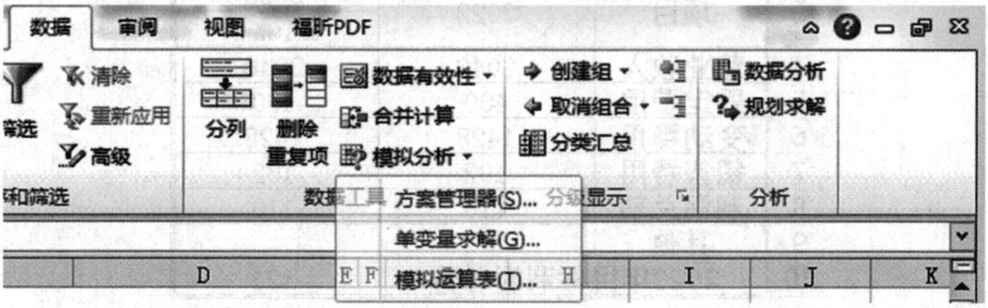

图8-39 选择“单变量求解”命令

（7）弹出“单变量求解”对话框，在“目标单元格”文本框中输入“$B$8”，在“目标值”文本框中输入目标利润总额，这里输入增加10%后的利润总额，在“可变单元格”文本框中输入“$B$4”，再单击“确定”按钮，如图8-40所示。

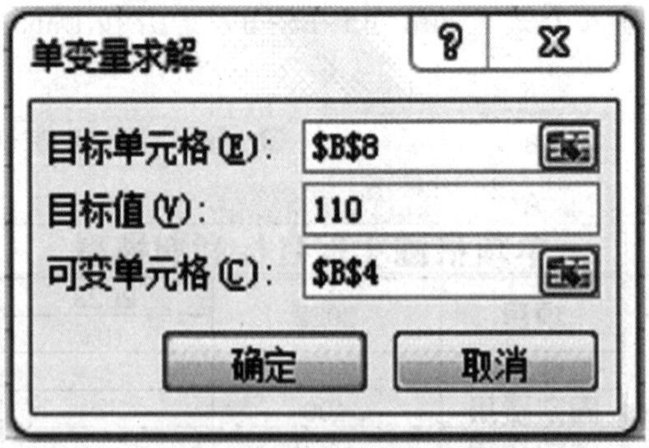

图8-40　设置“单变量求解”相关参数

（8）弹出“单变量求解状态”对话框，查看设置的目标单元格、目标值和可变单元格是否正确，确认无误后单击“确定”按钮，如图8-41所示。

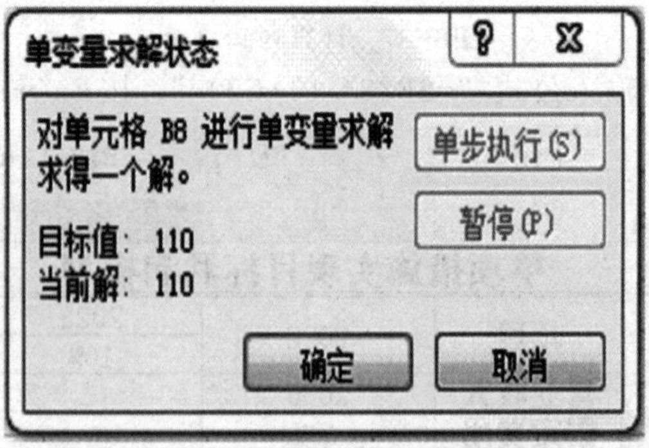

图8-41　单变量求解状态选项卡

（9）求解结束后，即可发现B4单元格中的数据已改变，该值即是单变量求解结果，如图8-42所示。将求解结果输入到C4单元格中，下方显示的即为利润增加10%时对应的变动费用和销售费用数值。

	A	B	C
1	单项措施实现目标利润模型		
2	项目	2022	2023
3			10%
4	营业收入	2040	2040
5	固定费用	400	400
6	变动费用	1428	1428
7	销售费用	102	102
8	利润总额	110	110
9	其他		
10	2023年目标利润总额		121

图8-42　单项措施实现目标利润计算结果

（10）再将B4单元格中的数值修改为原始数据，使用类似方法，使用单变量求解功能求解利润增加11%、12%或其他利润时的营业收入、变动费用和销售费用等数据，如图8-43所示。

	A	B	C
1	单项措施实现目标利润模型		
2	项目	2022	2023
3			10%
4	营业收入	2000	2040
5	固定费用	400	400
6	变动费用	1400	1428
7	销售费用	100	102
8	利润总额	100	110
9	其他		
10	2023年目标利润总额		110

图8-43　2022年数值修改为原始数据

8.4.2　通过调整产销结构实现目标利润

很多企业不只销售一种产品，而是以其中某种产品为主，多种产品共同销售。在这种条件下，假设其他因素不变，可采用增产边际贡献率较高产品的措施来增加利润。在分析过程中会用到综合边际贡献率和确定目标利润综合边际贡献率，其计算公式如下：

综合边际贡献率=$\sum$某种产品的销售比重×该产品边际贡献率

确定目标利润综合边际贡献率=（目标利润+固定成本）/销售收入总额

【例8-10】某企业2022年销售A、B、C三种产品获得营业收入1 650万元，其中，A产品为主推荐产品，销售比重为50%，边际贡献率为38%；B产品的销售比重为20%，边际贡献率为45%；C产品的销售比重为30%，边际贡献率为42%。假设2023年保持固定成本50万元不变，继续销售A、B、C三种产品，若想实现目标利润650万元，该如何调整三种产品的销售结构？

操作步骤如下：

（1）在工作簿中插入一张新工作表，接着在工作表中创建如图8-44所示的Excel模型。

	A	B	C
1	调整产销结构实现目标利润模型		
2	年度	销售收入总额	固定成本总额
3			
4	销售比重		
5	A	B	C
6			
7	边际贡献率		
8	A	B	C
9			
10	2022年全部产品的综合边际贡献率		2023年全部产品实现的利润
11			
12	2023年目标利润		所有产品的综合边际贡献率
13	650		
14	调整产品结构后的销售比重		
15	A	B	C
16			

图8-44　调整产销结构实现目标利润模型

（2）根据问题提供的信息，在表格中填写相应的数据，并设置A6：C6、A9：C9单元格区域的数字格式为“百分比”，小数位数为“2”，结果如图8-45所示。

	A	B	C
1	调整产销结构实现目标利润模型		
2	年度	销售收入总额	固定成本总额
3	2022	1650	50
4		销售比重	
5	A	B	C
6	50.00%	20.00%	30.00%
7		边际贡献率	
8	A	B	C
9	38.00%	45.00%	42.00%
10	2022年全部产品的综合边际贡献率		2023年全部产品实现的利润
11			
12	2023年目标利润		所有产品的综合边际贡献率
13	650		
14	调整产品结构后的销售比重		
15	A	B	C
16			

图8-45 输入相关数据

（3）在A11单元格中输入公式“=A6*A9+B6*B9+C6*C9”，按Enter键计算2022年全部产品的综合边际贡献率，如图8-46所示。

A11 fx =A6*A9+B6*B9+C6*C9

	A	B	C
1	调整产销结构实现目标利润模型		
2	年度	销售收入总额	固定成本总额
3	2022	1650	50
4		销售比重	
5	A	B	C
6	50.00%	20.00%	30.00%
7		边际贡献率	
8	A	B	C
9	38.00%	45.00%	42.00%
10	2022年全部产品的综合边际贡献率		2023年全部产品实现的利润
11	40.60%		
12	2023年目标利润		所有产品的综合边际贡献率
13	650		
14	调整产品结构后的销售比重		
15	A	B	C
16			

图8-46 计算2022年全部产品的综合边际贡献率

（4）在C11单元格中输入公式 “=B3*A11-C3”，按Enter键计算2022年全部产品获得的利润，如图8-47所示。

C11 fx =B3*A11-C3

	A	B	C
1	调整产销结构实现目标利润模型		
2	年度	销售收入总额	固定成本总额
3	2022	1650	50
4	销售比重		
5	A	B	C
6	50.00%	20.00%	30.00%
7	边际贡献率		
8	A	B	C
9	38.00%	45.00%	42.00%
10	2022年全部产品的综合边际贡献率		2023年全部产品实现的利润
11	40.60%		620
12	2023年目标利润		所有产品的综合边际贡献率
13	650		
14	调整产品结构后的销售比重		
15	A	B	C
16			

图8-47 计算2022年全部产品获得的利润

（5）在C13单元格中输入公式“=（A13+C3）/B3”，按Enter键计算2023年所有产品的综合边际贡献率，如图8-48所示。

	A	B	C
1	调整产销结构实现目标利润模型		
2	年度	销售收入总额	固定成本总额
3	2022	1650	50
4	销售比重		
5	A	B	C
6	50.00%	20.00%	30.00%
7	边际贡献率		
8	A	B	C
9	38.00%	45.00%	42.00%
10	2022年全部产品的综合边际贡献率		2023年全部产品实现的利润
11	40.60%		620
12	2023年目标利润		所有产品的综合边际贡献率
13	650		42.42%
14	调整产品结构后的销售比重		
15	A	B	C
16			

图8-48 计算2023年所有产品的综合边际贡献率

（6）点击“文件”|“选项”，选择“加载项”|“转到”，勾选“规划求解加载项”，调出“规划求解”选项卡，如图8-49、图8-50、图8-51所示。

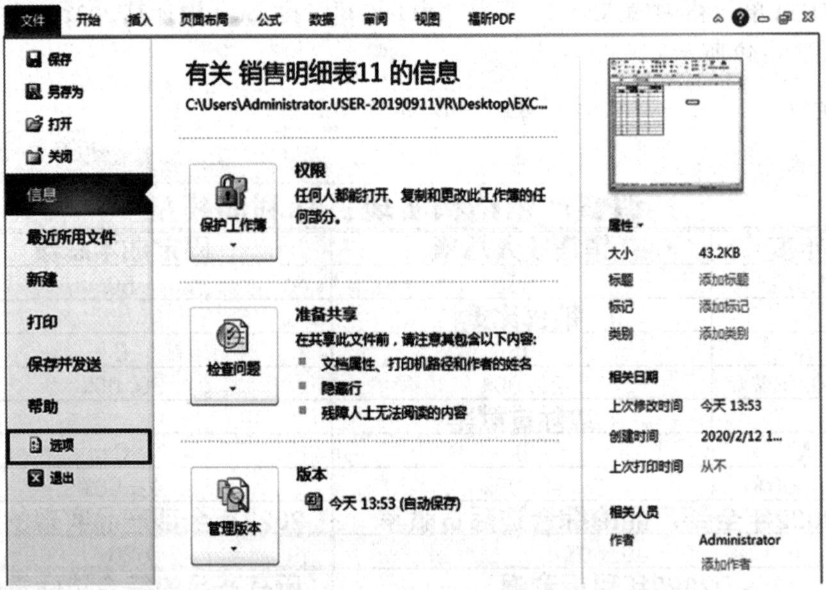

图8-49　点击“文件”|“选项”

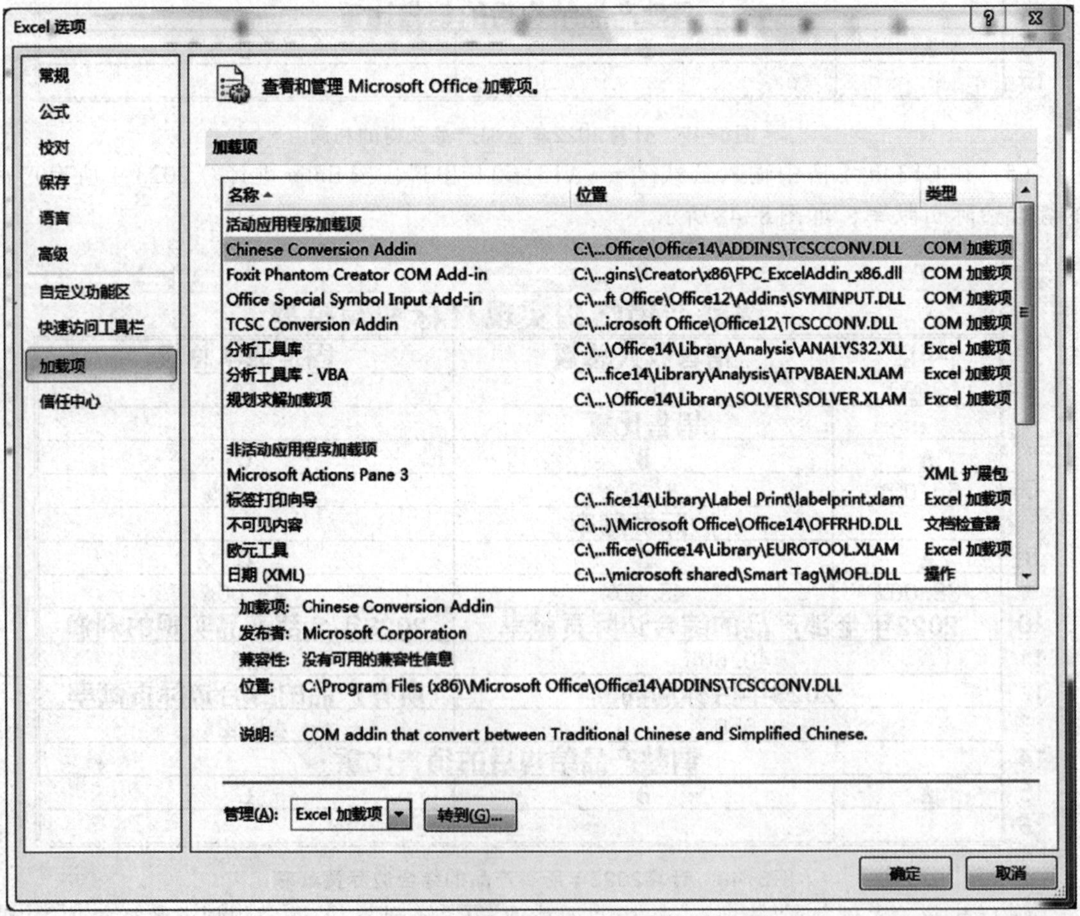

图8-50　选择“加载项”|“转到”

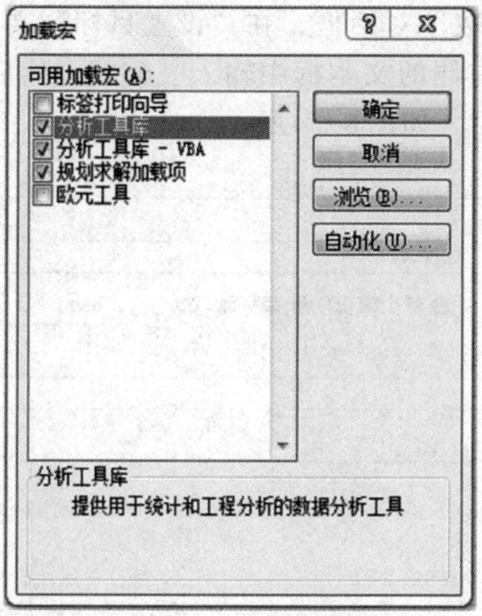

图8-51　勾选“规划求解加载项”

（7）在“数据”选项卡的“分析”组中单击“规划求解”按钮，如图8-52、图8-53所示。

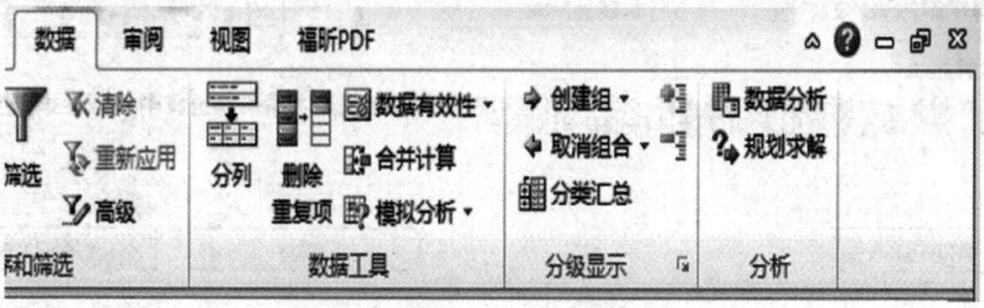

图8-52　调出“规划求解”选项卡

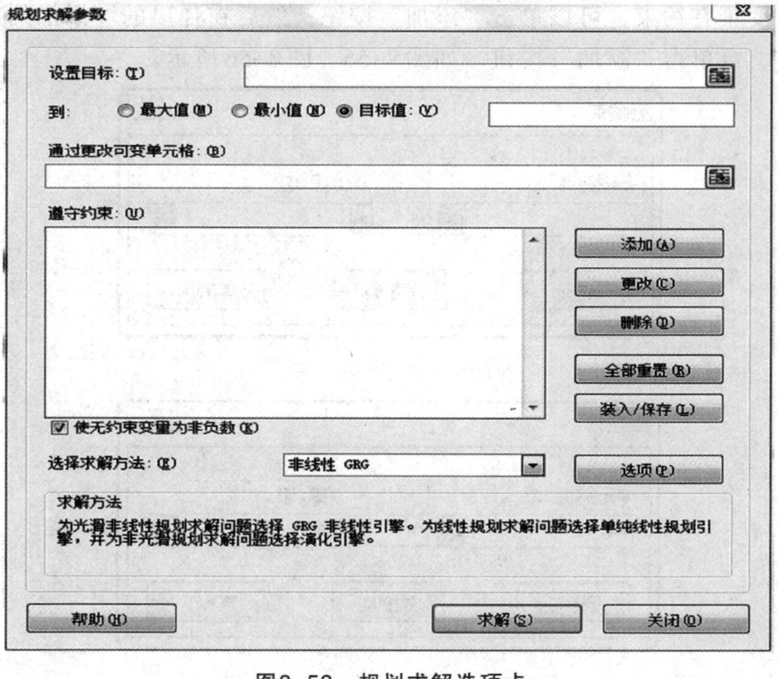

图8-53　规划求解选项卡

（8）弹出“规划求解参数”对话框，在“设置目标”文本框中输入“$C$11”，选中“目标值”单选按钮，并在右侧的文本框中输入“650”，然后在“通过更改可变单元格”文本框中输入“$A$6：$C$6”，如图8-54所示。

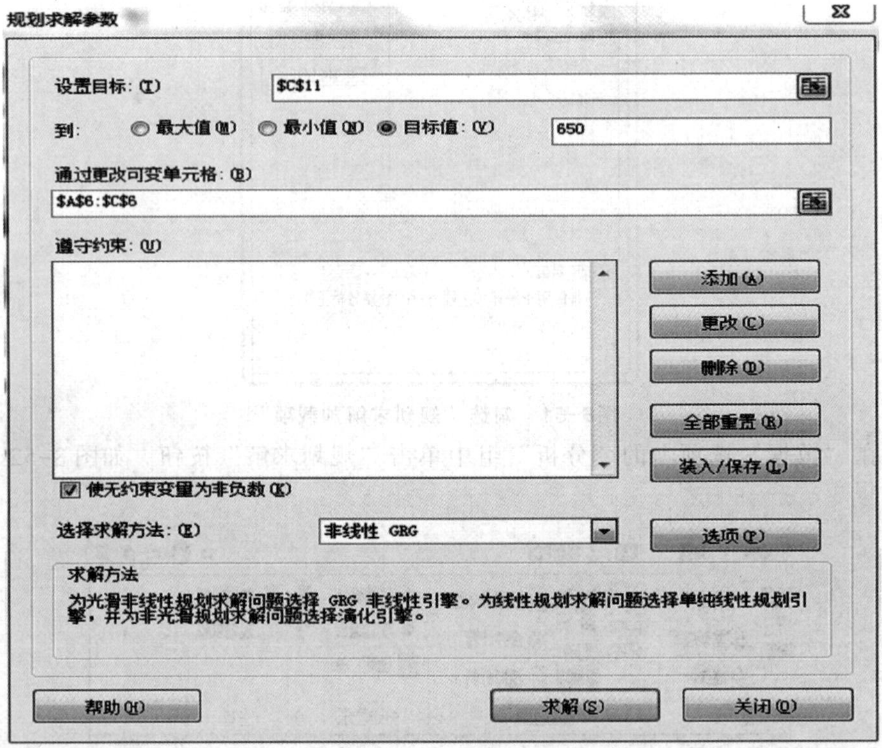

图8-54 设置相关参数

（9）若对变量有约束，可以单击“添加”按钮，然后在弹出的“添加约束”对话框中设置约束条件，再单击“添加”按钮，如图8-55、图8-56所示。

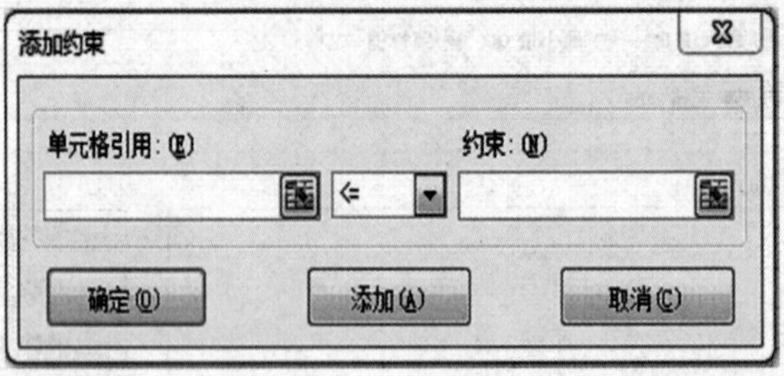

图8-55 添加约束

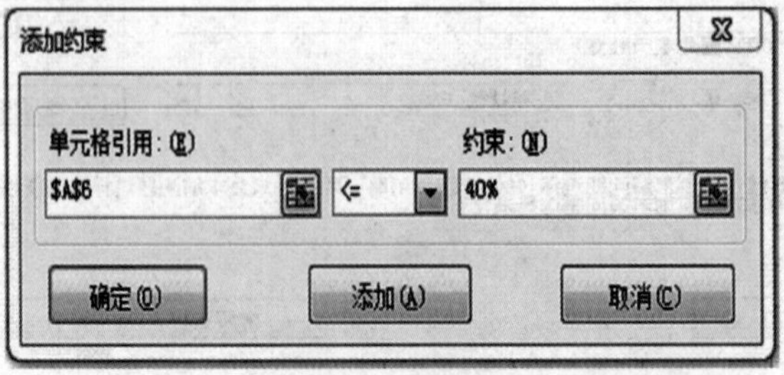

图8-56 设置“添加约束”参数

（10）单击“添加”按钮后，“添加约束”对话框中设置的约束条件将被清空，用户可以继续添加其他约束条件。设置完成后单击“确定”按钮，返回到“规划求解参数”对话框，即可在“遵守约束”列表框中看到添加的约束条件了，再单击“求解”按钮，如图8-57所示。

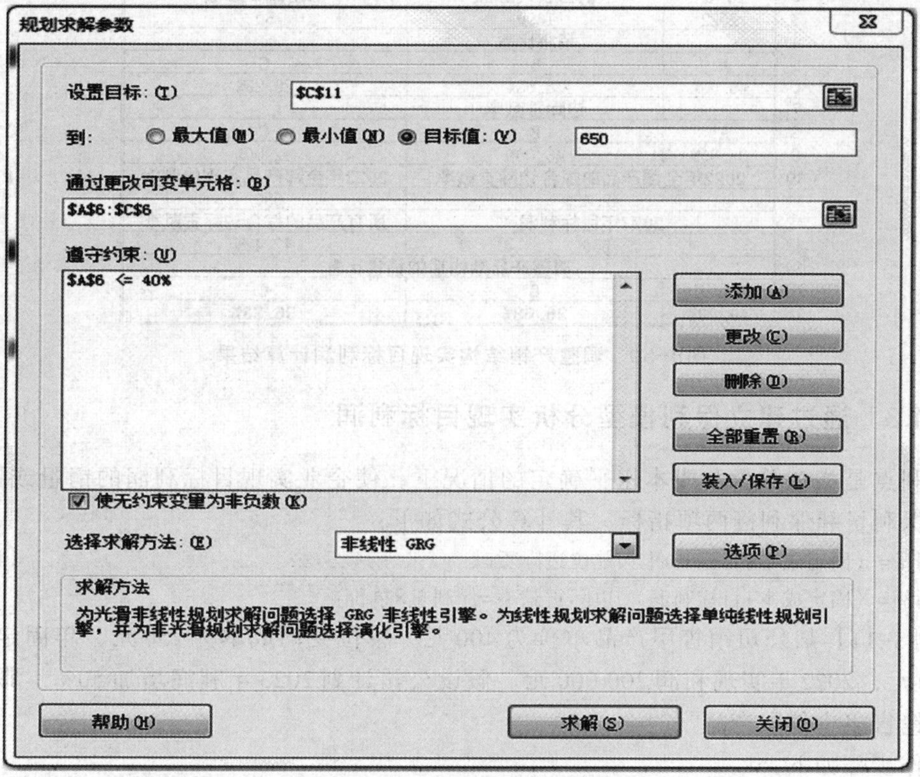

图8-57　规划求解参数设置结果

（11）弹出“规划求解结果”对话框，选中“保留规划求解的解”单选按钮，再单击“确定”按钮，如图8-58所示。

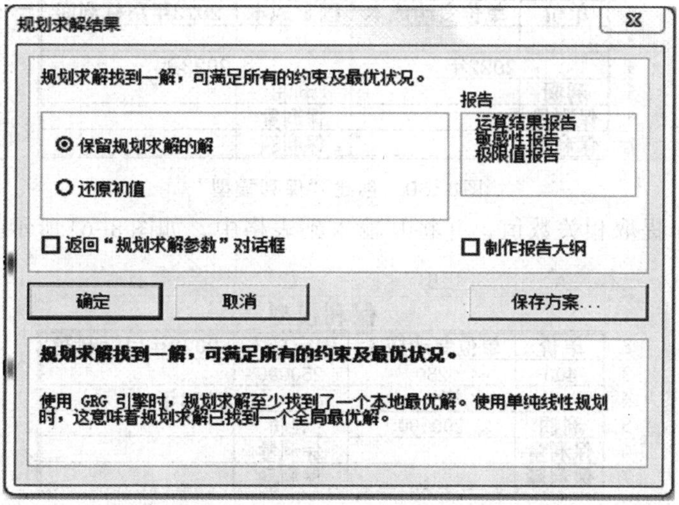

图8-58　规划求解结果选项卡

（12）返回到工作表，即可发现可变单元格A6：C6区域中的数值已经被规划求解结果替代，然后将其复制到A16：C16单元格区域即可，如图8-59所示。

	A	B	C
1	调整产销结构实现目标利润模型		
2	年度	销售收入总额	固定成本总额
3	2022	1650	50
4	销售比重		
5	A	B	C
6	40.00%	26.68%	36.23%
7	边际贡献率		
8	A	B	C
9	38.00%	45.00%	42.00%
10	2022年全部产品的综合边际贡献率		2023年全部产品实现的利润
11	42.42%		650
12	2023年目标利润		所有产品的综合边际贡献率
13	650		42.42%
14	调整产品结构后的销售比重		
15	A	B	C
16	40.00%	26.68%	36.23%

图8-59 调整产销结构实现目标利润计算结果

8.4.3 通过建立保利模型分析实现目标利润

保利点是指在单价和成本水平确定的情况下，使企业实现目标利润的销量或销售额，它包括保利量和保利额两项指标。其计算公式如下：

保利量=（固定成本+目标利润）/单位边际贡献

保利额=（固定成本+目标利润）/边际贡献率=保利量×单价

【例8-11】某公司销售甲产品单价为400元，单位变动成本为250元，年固定成本为250 000元，2022年实现利润200 000元。假设公司计划2023年利润增加50%，那么2023年需要销售多少件甲产品？

操作步骤如下：

（1）在工作簿中新建工作表，接着在工作表中创建如图8-60所示的Excel模型。

	A	B	C	D
1	保利模型			
2	单价	单位变动成本	固定成本	2023年目标利润
3				
4	2022年		2023年	
5	利润		利润	
6	保利量		保利量	
7	保利额		保利额	

图8-60 创建“保利模型”

（2）从题干中提取相关数值，并将其输入到表格中，如图8-61所示。

	A	B	C	D
1	保利模型			
2	单价	单位变动成本	固定成本	2023年目标利润
3	400	250	250000	
4	2022年		2023年	
5	利润	200000	利润	
6	保利量		保利量	
7	保利额		保利额	

图8-61 输入相关数据

（3）在 B6 单元格中输入公式“=（B5+C3）/（A3-B3）”，按 Enter 键计算 2019 年的保利量，如图 8-62 所示。

B6　fx　=(B5+C3)/(A3-B3)

	A	B	C	D
1	保利模型			
2	单价	单位变动成本	固定成本	2023年目标利润
3	400	250	250000	
4	2022年		2023年	
5	利润	200000	利润	
6	保利量	3000	保利量	
7	保利额		保利额	

图8-62　计算2019年的保利量

（4）在 B7 单元格中输入公式“=B6*A3”，按 Enter 键计算 2022 年的保利额，如图 8-63 所示。

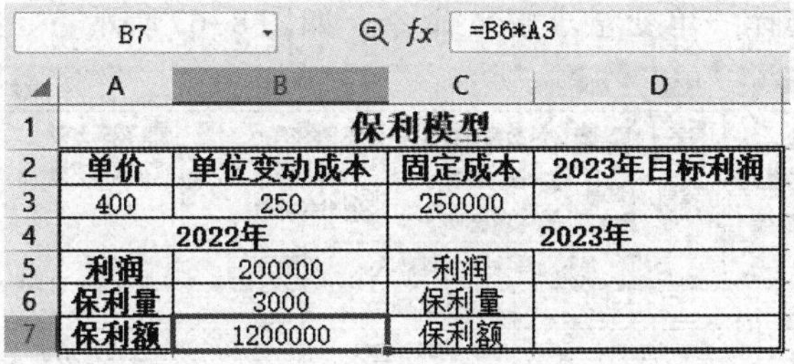
B7　fx　=B6*A3

	A	B	C	D
1	保利模型			
2	单价	单位变动成本	固定成本	2023年目标利润
3	400	250	250000	
4	2022年		2023年	
5	利润	200000	利润	
6	保利量	3000	保利量	
7	保利额	1200000	保利额	

图8-63　计算2019年的保利额

（5）在 D3 单元格中输入公式“=B5*（1+50%）”，按 Enter 键计算 2023 年的目标利润，如图 8-64 所示。

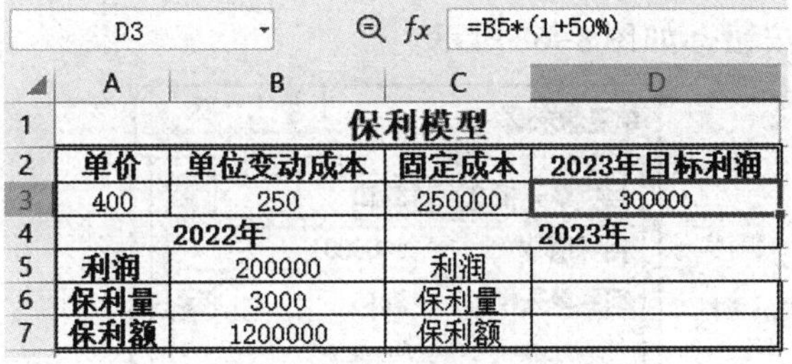
D3　fx　=B5*(1+50%)

	A	B	C	D
1	保利模型			
2	单价	单位变动成本	固定成本	2023年目标利润
3	400	250	250000	300000
4	2022年		2023年	
5	利润	200000	利润	
6	保利量	3000	保利量	
7	保利额	1200000	保利额	

图8-64　计算2020年的目标利润

（6）下面利用单变量求解计算 2023 年的保利量，但是单变量求解的可变单元格必须是数值，故而假设 2023 年的保利量与 2022 年一样，在 D6 单元格中输入“3000”，在 D7 单元格中输入公式“=D6*A3”，如图 8-65 所示。

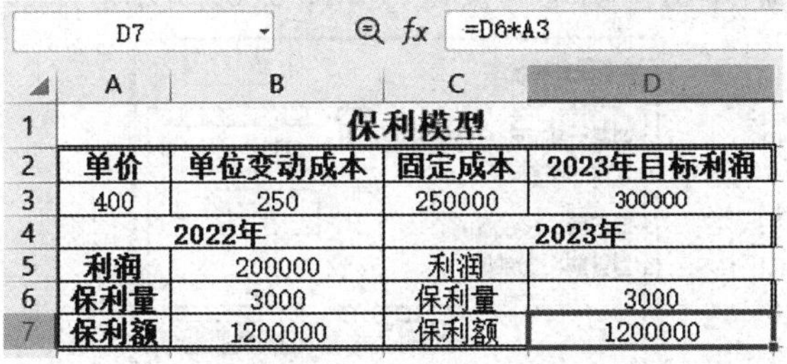
D7　fx　=D6*A3

	A	B	C	D
1	保利模型			
2	单价	单位变动成本	固定成本	2023年目标利润
3	400	250	250000	300000
4	2022年		2023年	
5	利润	200000	利润	
6	保利量	3000	保利量	3000
7	保利额	1200000	保利额	1200000

图8-65　输入2020年保利量

（7）由公式“保利量=（固定成本+目标利润）/单位边际贡献”推演“目标利润=保利量×单位边际贡献-固定成本=保利量×（单价-单位变动成本）-固定成本”，因此在D5单元格中输入公式“=D6*（A3-B3）-C3”，并按Enter键确认，如图8-66所示。

	A	B	C	D
1	保利模型			
2	单价	单位变动成本	固定成本	2023年目标利润
3	400	250	250000	300000
4	2022年		2023年	
5	利润	200000	利润	200000
6	保利量	3000	保利量	3000
7	保利额	1200000	保利额	1200000

图8-66　计算2023年目标利润

（8）在“数据”选项卡的“数据工具”组中单击“模拟分析”按钮旁边的下三角按钮，从弹出的菜单中选择“单变量求解”命令，如图8-67所示。

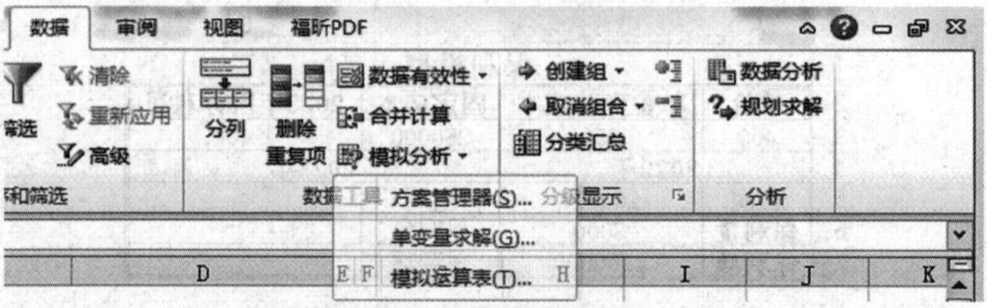

图8-67　选择“单变量求解”命令

（9）弹出“单变量求解”对话框，在“目标单元格”文本框中输入“$D$5”，在“目标值”文本框中输入2023年的目标利润“300000”，在“可变单元格”文本框中输入“$D$6”，再单击“确定”按钮，如图8-68所示。

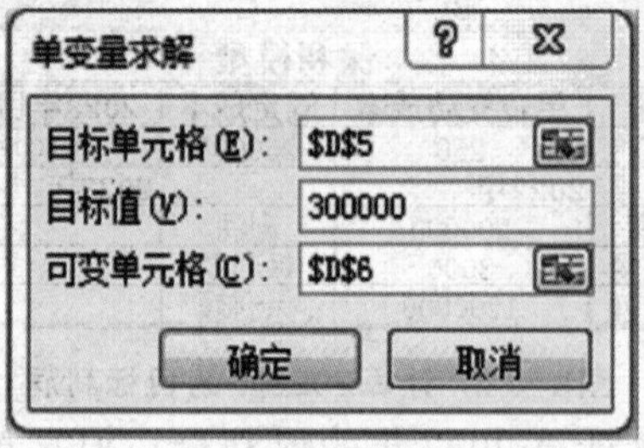

图8-68　单变量求解选项卡

（10）弹出“单变量求解状态”对话框，查看设置的目标单元格、目标值和可变单元格是否正确，确认无误后单击“确定”按钮，如图8-69所示。

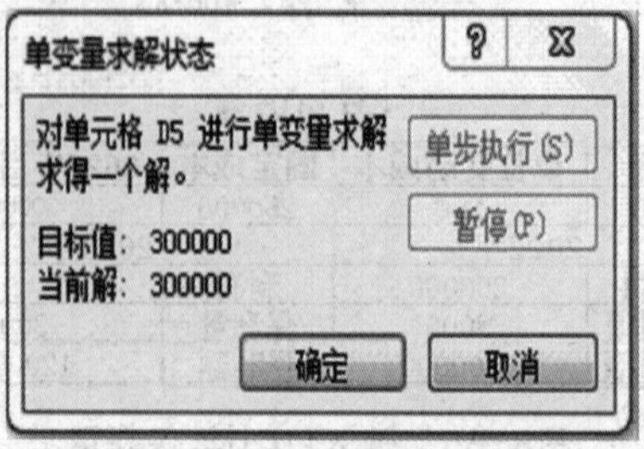

图8-69　单变量求解状态选项卡

（11）返回到工作表，即可发现可变单元格D6中的数据已变成单变量求解结果，如图8-70所示。

	A	B	C	D
1	保利模型			
2	单价	单位变动成本	固定成本	2023年目标利润
3	400	250	250000	300000
4	2022年		2023年	
5	利润	200000	利润	300000
6	保利量	3000	保利量	3666.666667
7	保利额	1200000	保利额	1466666.667

图8-70　通过建立保利模型分析实现目标利润的结果

单元实训

利用Excel 2016的单变量求解功能实现目标利润。

资料：某公司只生产销售一种产品，即A产品，其原定的目标利润为500 000元，销售单价为28元，销售数量为150 000件，固定成本为380 000元，单位变动成本为17元。

要求：假定该公司的目标利润定为600 000元，从单个因素来看，影响目标利润的几个成本要素该作怎样的调整？

第8章单元实训参考答案

第9章

Excel在资产管理中的应用

学习目标

企业资产管理（Asset Management）是以优化资产利用率、降低营运成本为目的，涉及资产密集型企业的信息采集、归纳、提出方案的系统流程，是一种通过信息化手段合理安排资产资源使用的活动。企业的资产由固定资产、存货和无形资产等构成，本章将资产管理分为流动资产管理和固定资产管理，分别阐述它们通过Excel有关技术手段实现财务系统下的资源统筹规划。

通过本章的学习，读者能够基于Excel工具对流动资产和固定资产进行管理分析；借助Excel工具构建现金、应收账款和存货管理模型计算分析流动资产；构建固定资产卡片账并运用财务函数计算折旧。

读者在有关流动资产管理的学习中，应学会以发展的角度看待个人，树立大局观；了解过度消费的危害，培养正确的金钱观。在有关固定资产管理的学习中，学会正确计提折旧，在掌握扎实专业知识的基础上立足国家发展局势和政策，培养战略发展眼光；知法守法，做诚信公民。

9.1 流动资产和Excel的应用

流动资产（Current Assets）是企业在生产经营过程中短期置存的资产，是指企业可以在一年或者超过一年的一个营业周期内变现或者运用的资产，包括货币资金、应收账款、存货等，是企业资产中必不可少的组成部分。

流动资产管理主要涵盖现金管理、应收账款管理和存货管理部分。第一，现金管理主要通过计算货币资金收支的结果以确定货币资金最佳持有量。货币资金，是指企业在生产经营活动中停留在货币形态的那一部分资金，包括现金和各种存款。通过Excel工具分析财务数据确定企业最优资金持有量，能够实现企业闲置资金资源的更优分配。第二，应收账款的管理，主要是核定应收账款成本并编制账龄分析表以预计坏账损失，计算坏账准备金。对应收账款的账龄使用Excel工具进行分析，并通过信用政策模型判断更优的赊销政策，有利于企业的良好运转，合理降低坏账存在的可能性。第三，存货管理，存货是指企业为销售或生产中耗用而储备的物资，包括原材料、外购件、在制品、产成品等。为减少对企业经济效益的影响，存货不能过少也不能超额储备。为此，编制好存货计划，计算最优存货数额，为合理安排储备资金提供依据。对企业的存货进行管理，使用Excel计算确认最优批量存货，实现存货成本最小化，降低运营成本。

9.1.1　现金管理

现金管理是优化现金流，使企业实现可持续发展的活动，目的是使企业既避免出现现金短缺的情况，又使多余现金能够产生尽量多的投资收益。现金管理就是通过有效地规划现金需求，找到合适的投资和变现途径，使企业资金在流动性和收益性之间取得平衡。

1.现金管理理论概述

现金是流动性最强的资产，作为商品交换媒介具有普遍可接受性。在日常活动中，企业可能会面临现金不足和现金过多的问题。若现金持有量过少，则无法满足日常业务开支需求，在可能使企业蒙受风险损失的同时，往往还要付出各种无法估量的潜在成本；现金过多，则不能使闲置资金通过投资扩大生产等活动获得更大的利益，从另一层意义上对企业而言也是一种损失。为了满足交易性、预防性、投机性需求和正常的生产经营需要，企业需要保持一定的现金量。现金的管理主要围绕如何确定最佳现金余额开展。

确定最佳现金持有量的模式主要有成本分析模式、存货管理模式、现金周转模式及随机模式。最常见的方法是利用成本分析模式和存货管理模式来管理现金，本节主要讲解成本分析模式和存货管理模式下Excel的应用。

2.成本分析模式

（1）成本分析模式概述。

成本分析模式是通过分析持有现金的成本，确定现金最佳持有量，将持有现金的总成本最低时的现金持有量作为最佳现金持有量。在成本分析模式中，企业持有现金资产的相关成本包括机会成本、管理成本和短缺成本。

①机会成本。

企业保持一定数额的现金资产，势必会放弃将这些资产用于其他投资机会所获得的收益，持有现金的代价就是它的机会成本。机会成本会随着现金持有额的增加而增加。企业为了日常经营业务必须拥有一定量的现金资产维持运转，因此必然会付出相应的机会成本。

②管理成本。

企业在持有一定量的现金时必然产生一定的管理费用，如管理人员的工资薪酬等。管理成本在一定范围内是一种固定费用，一般不会随现金持有量的变化而变化，即在一定范围内，管理成本与现金持有量之间无明显的变化关系。

③短缺成本。

短缺成本是指企业由于缺乏必要的现金周转不能应付业务开支而使企业蒙受的损失或为获取资金弥补短缺所付出的代价。现金持有量越大，现金的短缺成本就越低，即现金的短缺成本会随着现金持有量的增加而下降。

现金持有的相关总成本、机会成本、管理成本、短缺成本的关系如图9-1所示。

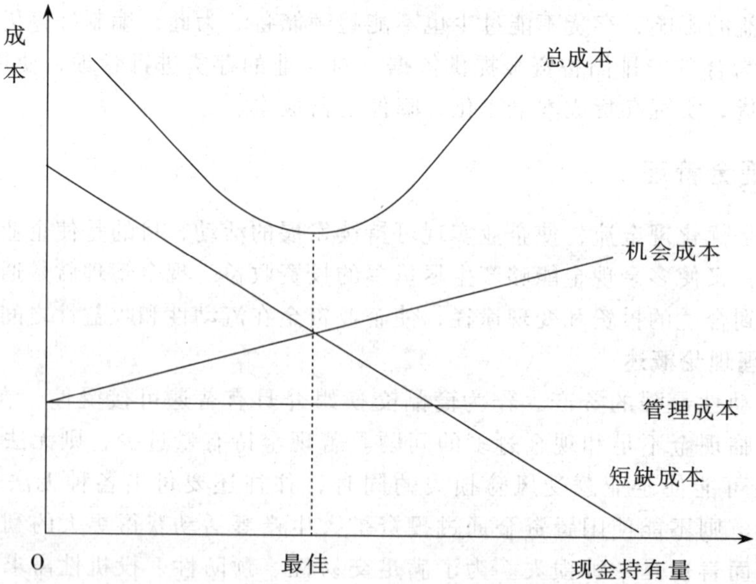

图9-1 成本分析模型

（2）成本分析模式的应用。

运用成本分析模式确定现金最佳持有量时，管理成本是固定不变的，短缺成本会随着现金持有量递减，总成本随现金持有量呈U形变化，所以核算现金最佳持有量时只考虑因持有一定量的现金而产生的机会成本、短缺成本和管理成本，其他成本忽略不计。在这种模式下，分析机会成本、管理成本、短缺成本的总成本，选取总成本最低的方案为最优方案。

【例9-1】已知某企业有4种不同现金持有方案，具体数额见表9-1。

表9-1 现金持有方案

最佳现金持有量分析（成本分析模式）				
项目	方案			
	1	2	3	4
资本成本	15%	15%	15%	15%
现金持有量（元）	250 000	350 000	450 000	600 000
机会成本（元）	37 500	52 500	67 500	90 000
管理成本（元）	45 000	45 000	45 000	45 000
短缺成本（元）	50 000	30 000	20 000	0

下面通过建立Excel分析模型，比较现金持有量各个方案的总成本，总成本最低的方案就是最优方案。操作步骤如下：

（1）建立成本分析模式工作表。在“流动资产管理”工作簿中重命名Sheet1工作表为“成本分析模式”，然后在工作表中创建“最佳现金持有量分析（成本分析模式）”表格，并根据企业实际情况输入相关数据，如图9-2所示。

	A	B	C	D	E
1	最佳现金持有量分析（成本分析模式）				
2	项目	方案			
3		1	2	3	4
4	资本成本	15%	15%	15%	15%
5	现金持有量（元）	250000	350000	450000	600000
6	机会成本（元）	37500	52500	67500	90000
7	管理成本（元）	45000	45000	45000	45000
8	短缺成本（元）	50000	30000	20000	0
9	总成本（元）				
10	最佳成本（元）				
11	最佳现金持有量方案				

图9-2　创建“成本分析模式”工作表

（2）计算总成本。在B9单元格中输入公式“=B6+B7+B8”，并按Enter键确认，然后向右填充公式至E9单元格，计算4个方案的总成本，如图9-3所示。

	A	B	C	D	E
1	最佳现金持有量分析（成本分析模式）				
2	项目	方案			
3		1	2	3	4
4	资本成本	15%	15%	15%	15%
5	现金持有量（元）	250000	350000	450000	600000
6	机会成本（元）	37500	52500	67500	90000
7	管理成本（元）	45000	45000	45000	45000
8	短缺成本（元）	50000	30000	20000	0
9	总成本（元）	132500	127500	132500	135000
10	最佳成本（元）				
11	最佳现金持有量方案				

图9-3　计算4个方案的总成本

（3）使用MIN（）函数计算最小成本。在B10单元格中输入公式“=MIN（B9:E9）”，计算最小成本，如图9-4所示。

	A	B	C	D	E
1	最佳现金持有量分析（成本分析模式）				
2	项目	方案			
3		1	2	3	4
4	资本成本	15%	15%	15%	15%
5	现金持有量（元）	250000	350000	450000	600000
6	机会成本（元）	37500	52500	67500	90000
7	管理成本（元）	45000	45000	45000	45000
8	短缺成本（元）	50000	30000	20000	0
9	总成本（元）	132500	127500	132500	135000
10	最佳成本（元）	127500			
11	最佳现金持有量方案				

图9-4　计算最小成本

（4）使用MATCH（）函数计算最佳方案。在最佳现金持有量方案的B11单元格中输入公式“=MATCH（B10，B9：E9，0）”，选出最佳现金持有量方案，如图9-5所示。

	A	B	C	D	E
1	最佳现金持有量分析（成本分析模式）				
2	项目	方案			
3		1	2	3	4
4	资本成本	15%	15%	15%	15%
5	现金持有量（元）	250000	350000	450000	600000
6	机会成本（元）	37500	52500	67500	90000
7	管理成本（元）	45000	45000	45000	45000
8	短缺成本（元）	50000	30000	20000	0
9	总成本（元）	132500	127500	132500	135000
10	最佳成本（元）	127500			
11	最佳现金持有量方案	2			

图9-5　选出最佳现金持有量方案

经过上述操作，最终在同样占比的资金成本方案中选择2号为最佳现金持有量方案。

3.存货管理模式

（1）存货管理模式概述。

现金持有量的存货管理模式又称鲍莫模型（Baumol Model），是美国经济学家威廉·鲍莫（William Baumol）提出的。他认为，现金的管理与存货的管理是一致的，所以借用了存货的经济批量模型来确定企业最佳现金持有量。存货管理模式将现金视为一项特殊的存货，假定企业的现金流入和流出稳定可预测，在需要现金时可通过有价证券的迅速变现来取得。

存货管理模式的核心在于假定企业多余的现金全部购买有价证券，当需要现金时，出售一定数量的有价证券来满足对现金的需要。在确定最佳现金余额时要考虑持有成本和交易成本两种成本。根据最佳现金持有量分析理论建立模型，可以高效解决现金持有量控制分析问题。

运用存货管理模式确定最佳现金持有量时，是以下列假设为前提的，如果这些条件基本得到满足，企业便可以利用存货管理模式来确定最佳现金持有量：

① 企业所需要的现金可通过证券变现取得，且证券变现的不确定性很小；

② 企业预算期内现金需要总量可预测；

③ 现金的支出过程比较稳定，现金的流入流出是均匀发生的，而且每当现金余额降至零时，均通过部分证券变现得以补足；

④ 证券的利率或报酬率以及每次固定性交易费用可以获悉。

（2）存货管理模式计算。

存货管理模式下，主要考虑持有现金的机会成本和利用证券变现的交易成本。机会成本是指持有现金所放弃的投资收益，通常用有价证券的收益率K表示，与现金持有量成正比。交易成本是指有价证券转换为现金的固定成本，与交易次数成正比。管理成本因其相对稳定并同现金持有量的多少关系不大，将其视为无关成本而不予考虑。由于有价证券可随时转换为现金，无须考虑现金的短缺成本。因此，存货管理模式只考虑持有现金的机会成本和交易成本，最佳现金持有量即指使机会成本和交易成本之和最低的现金持有量，计算公式为：

现金持有总成本=机会成本+交易成本

现金持有总成本=年平均现金持有额×有价证券利率+转换次数×有价证券每次交易成本，即：

$$TC = \frac{C}{2} \times K + \frac{T}{C} \times F$$

式中：TC为现金持有总成本；C为持有现金余额；K为有价证券的收益率；T为一定时期的现金总需求量；F为出售有价证券换回现金的交易成本。

最佳现金持有量即现金持有总成本为最低点时的现金余额C*，使用数学理论求得机会成本和交易成本相等时现金持有总成本最低，可推导得最佳现金持有量公式为：

$$最佳现金持有量C^* = \sqrt{\frac{2 \times T \times F}{K}}$$

$$最小相关总成本=\sqrt{2 \times T \times F \times K}$$

（3）存货管理模式的应用。

在存货管理模式下，最佳现金持有量公式为：

$$最佳现金持有量C^* = \sqrt{\frac{2 \times T \times F}{K}}$$

利用Excel表格，建立最佳现金持有量存货分析模型并加以分析运用。

【例9-2】企业预期在未来一年内的现金需求总额为2 000 000元，计划用有价证券变现取得，每次买卖证券的交易成本为100元，证券市场的年利率为5%，计算最小相关总成本。

操作步骤如下：

（1）创建“存货模式”工作表。在“流动资产管理”工作簿中插入一张新的工作表，并将其重命名为“存货模式”，然后在工作表中创建“最佳现金持有量分析（存货模式）”表格，并根据实际情况输入相关数据，如图9-6所示。

	A	B
1	**最佳现金持有量分析（存货模式）**	
2	公式法	
3	现金总需求量T（元）	2000000
4	每次交易成本F（元）	100
5	有价证券利率K	5%
6	**最佳现金持有里（元）**	
7	**最小相关总成本（元）**	

图9-6　创建“存货模式”工作表

（2）使用SQRT（）函数计算最佳现金持有量。在B6单元格中输入公式“=SQRT（2*B3*B4/B5）”，计算最佳现金持有量。或者在“公式”选项卡下选择“插入函数”，打开插入函数向导，在向导中输入参数，点击确定即可得到计算结果，如图9-7所示。

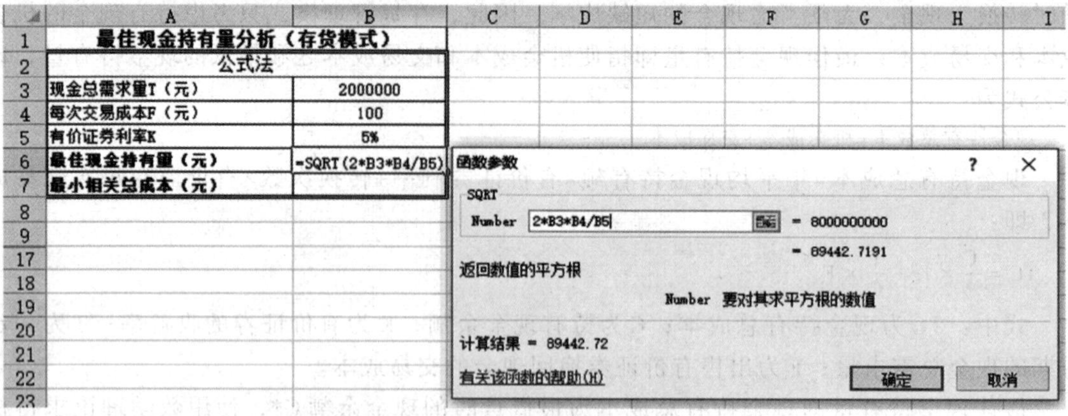

图9-7　计算最佳现金持有量

（3）使用SQRT（）函数计算最小相关总成本。在B7单元格中输入公式“=SQRT（2*B3*B4*B5）”，计算最小相关总成本，并设置保留两位小数。或采用函数向导方式计算亦可（具体参考上一步操作）。结果如图9-8所示。

	A	B
1	最佳现金持有量分析（存货模式）	
2	公式法	
3	现金总需求量T（元）	2000000
4	每次交易成本F（元）	100
5	有价证券利率K	5%
6	最佳现金持有量（元）	89442.72
7	最小相关总成本（元）	4472.14

图9-8　计算最小相关总成本

9.1.2　应收账款管理

应收账款管理（Accounts Receivable Management）是指在赊销业务中，从销售商将货物或服务提供给购买商，债权成立开始，到款项实际收回或作为坏账处理结束，授信企业采用系统的方法和科学的手段，对应收账款回收全过程所进行的管理。其目的是保证足额、及时收回应收账款，降低和避免信用风险。应收账款管理是信用管理的重要组成部分，它属于企业后期信用管理范畴。企业应收账款管理的重点是根据企业的实际经营情况和客户的信誉情况制定合理的信用政策，这是企业财务管理的一个重要组成部分，也是企业为达到应收账款管理目的而必须制定的方针策略。

1.应收账款管理概述

企业发生应收账款的主要原因在于扩大销售，减少存货，不断增强企业竞争力。销售活动引起了大量的产品赊账，带来了可观的利润，同时也增加了其资金成本。如何平衡因为提供信用政策而增加的盈利与增加的成本之间的关系，就成为应收账款管理的核心。

（1）应收账款管理目标。

对于一个企业来讲，应收账款的存在本身就是一个产销的统一体，企业一方面想借助它来促进销售，扩大销售收入，增强竞争能力，同时又希望尽量避免由于应收账款的存在而给企业带来的资金周转困难、坏账损失等弊端。在信用政策所增加的销售盈利和采用这种政策预计要担负的成本之间做出权衡，制定合理的信用政策，强化应收账款管理，是企业应收账款管理的目标。

（2）信用政策。

信用政策包括信用标准、信用期间和现金折扣三部分。

①信用标准。

信用标准是在收集、整理客户的信用资料后，对客户的品质、能力、资本、抵押、条件五个方面评估信用品质，即信用的“5C”系统，在对客户信用状况进行定性分析的基础上，对客户的信用风险进行定量分析。

②信用期间。

信用期间即企业允许客户从购货到付款之间的时间，或者说是企业给予客户的付款期间。信用期过短，不足以吸引顾客，在竞争中会使销售额下降；信用期放长，对销售额增加固然有利，但只顾及销售额增长而盲目放宽信用期间，所得的收益有时会被增长的费用抵销，甚至造成利润减少。企业通过分析信用期间对收入和成本的影响，结合成本和效益综合分析，确定不同信用等级客户的信用期间。若因特殊原因，客户超过信用期未回款，由销售人员提出申请，经相关领导批准后，可适当延长信用期。

③现金折扣。

现金折扣是企业对顾客在商品价格上所做的扣减。向顾客提供这种价格上的优惠，主要目的在于吸引顾客为享受优惠而提前付款，缩短企业的平均收款期。另外，现金折扣也能招揽一些视折扣为减价出售的顾客前来购货，借此扩大销售额。

2.应收账款的账龄分析

在市场经济条件下，赊销成为企业运作的重要手段，但是如果不对赊销所产生的应收账款进行有效管理，不仅不能给企业带来经济利益，反而会使企业蒙受损失，因此对应收账款进行账龄分析，密切关注应收账款的回收情况，是提高应收账款回收效率的重要环节。

账龄分析法是按应收账款拖欠时间的长短，分析判断可收回金额和坏账的一种方法。通常而言，应收账款账龄越长，其所对应坏账损失的可能性越大。

【例9-3】某企业在2019年资产负债表日有应收账款户数14户，应收账款合计金额53 147 201元，如表9-2所示。请根据资料用Excel编制账龄分析表。

表9-2　**某企业2019年资产负债表日往来企业应收账款明细**

序号	客户	应收账款（元）	已收回金额（元）	到期日
1	企业A	1 239 000	1 200 000	2019.12.10
2	企业B	865 000	745 000	2019.10.20
3	企业C	1 047 000	840 000	2019.12.26
4	企业D	740 000	605 000	2019.11.20
5	企业E	592 000	550 000	2019.10.22
6	企业F	30 000 000	28 790 000	2019.11.30

续表

序号	客户	应收账款（元）	已收回金额（元）	到期日
7	企业G	7 340 200	7 300 000	2019.10.26
8	企业H	864 007	524 007	2019.4.17
9	企业I	1 258 000	962 000	2019.6.22
10	企业J	1 940 560	1 760 560	2019.12.30
11	企业K	6 040 825	5 840 825	2019.11.13
12	企业L	239 760	209 760	2019.10.28
13	企业M	554 877	491 877	2018.10.23
14	企业N	425 972	420 972	2018.12.30
15	应收账款合计金额（元）	53 147 201	50 240 001	—

制作应收账款的账龄分析表的步骤如下：

1.计算逾期天数

（1）建立“账款分析”工作表。打开“流动资产管理”Excel表格，并在工作簿中新建一张工作表，将其命名为“账款分析”，并将表9-2中内容录入Excel表中，如图9-9所示。

	A	B	C	D	E
1	应收账款清单				
2					
3	序	客户	应收账款（元）	已收回金额	到期日
4	1	企业A	1239000	1200000	2019/12/10
5	2	企业B	865000	745000	2019/10/20
6	3	企业C	1047000	840000	2019/12/26
7	4	企业D	740000	605000	2019/11/20
8	5	企业E	592000	550000	2019/10/22
9	6	企业F	30000000	28790000	2019/11/30
10	7	企业G	7340200	7300000	2019/10/26
11	8	企业H	864007	524007	2019/4/17
12	9	企业I	1258000	962000	2019/6/22
13	10	企业J	1940560	1760560	2019/12/30
14	11	企业K	6040825	5840825	2019/11/13
15	12	企业L	239760	209760	2019/10/28
16	13	企业M	554877	491877	2018/10/23
17	14	企业N	425972	420972	2018/12/30
18	15	应收账款合计金额（元）	53147201	50240001	—

图9-9　建立“账款分析”工作表

注意：要将表中的日期设置为“日期”格式，例如“2019-10-10”，否则计算可能出错。

（2）计算逾期天数。在“账款分析”工作表右侧建立逾期天数信息，如图9-10所示。

序	客户	应收账款（元）	已收回金额	到期日	0~30天	30~60天	60~90天	90天以上
1	企业A	1239000	1200000	2019/12/10				
2	企业B	865000	745000	2019/10/20				
3	企业C	1047000	840000	2019/12/26				
4	企业D	740000	605000	2019/11/20				
5	企业E	592000	550000	2019/10/22				
6	企业F	30000000	28790000	2019/11/30				
7	企业G	7340200	7300000	2019/10/26				
8	企业H	864007	524007	2019/4/17				
9	企业I	1258000	962000	2019/6/22				
10	企业J	1940560	1760560	2019/12/30				
11	企业K	6040825	5840825	2019/11/13				
12	企业L	239760	209760	2019/10/28				
13	企业M	554877	491877	2018/10/23				
14	企业N	425972	420972	2018/12/30				
15	应收账款合计金额（元）	53147201	50240001	——				

图9-10　在工作表右侧建立逾期天数信息

（3）计算逾期天数在0~30天范围内的企业应收账款额。选中F4单元格，并输入公式“=IF（AND（$H$1-$E4>0，$H$1-$E4<=30），$C4-$D4，0）”，按Enter键即可计算出第一条应收账款的逾期天数是否在“0～30”范围内，如果在此范围内，则计算出应收账款额。选中该单元格，向下拖动填充公式至F17，计算逾期天数在0～30天的所有企业应收账款额，或者通过插入函数向导的方式填写函数，如图9-11所示。

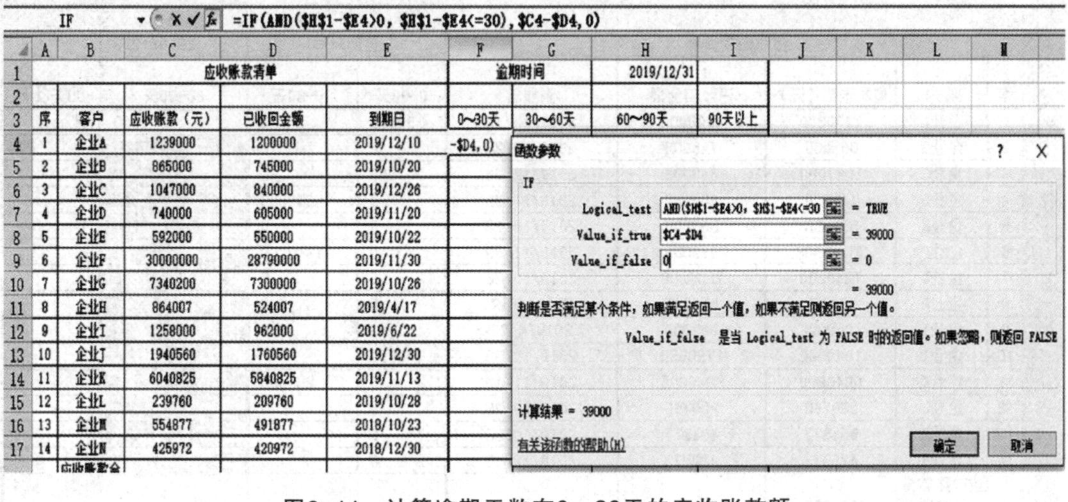

图9-11　计算逾期天数在0～30天的应收账款额

（4）计算逾期天数在30～60天范围内的企业应收账款额。选中G4单元格，并输入公式“=IF（AND（$H$1-$E4>30，$H$1-$E4<=60），$C4-$D4，0）”，按Enter键即可计算出第一条应收账款的逾期天数是否在“30～60”范围内，如果在此范围内，则计算出应收账款额。选中该单元格，向下拖动填充公式至G17，计算逾期天数在30～60天的所有企业应收账款额，或采用函数向导的方式（请参考上一步操作），结果如图9-12所示。

	A	B	C	D	E	F	G	H	I
1	应收账款清单					逾期时间		2019/12/31	
2									
3	序	客户	应收账款（元）	已收回金额	到期日	0~30天	30~60天	60~90天	90天以上
4	1	企业A	1239000	1200000	2019/12/10	39000	0		
5	2	企业B	865000	745000	2019/10/20	0	0		
6	3	企业C	1047000	840000	2019/12/26	207000	0		
7	4	企业D	740000	605000	2019/11/20	0	135000		
8	5	企业E	592000	550000	2019/10/22	0	0		
9	6	企业F	30000000	28790000	2019/11/30	0	1210000		
10	7	企业G	7340200	7300000	2019/10/26	0	0		
11	8	企业H	864007	524007	2019/4/17	0	0		
12	9	企业I	1258000	962000	2019/6/22	0	0		
13	10	企业J	1940560	1760560	2019/12/30	180000	0		
14	11	企业K	6040825	5840825	2019/11/13	0	200000		
15	12	企业L	239760	209760	2019/10/28	0	0		
16	13	企业M	554877	491877	2018/10/23	0	0		
17	14	企业N	425972	420972	2018/12/30	0	0		
18	15	应收账款合计金额（元）	53147201	50240001	—				

图9-12 计算逾期天数在30～60天的应收账款额

（5）计算逾期天数在60～90天范围内的企业应收账款额。选中H4单元格，并输入公式“=IF（AND（$H$1-$E4>60，$H$1-$E4<=90），$C4-$D4，0）”，按Enter键即可计算出第一条应收账款的逾期天数是否在“60～90”范围内，如果在此范围内，则计算出应收账款额。选中该单元格，向下拖动填充公式至H17，计算逾期天数在60～90天的所有企业应收账款额，如图9-13所示。

	A	B	C	D	E	F	G	H	I
1	应收账款清单					逾期时间		2019/12/31	
2									
3	序	客户	应收账款（元）	已收回金额	到期日	0~30天	30~60天	60~90天	90天以上
4	1	企业A	1239000	1200000	2019/12/10	39000	0	0	
5	2	企业B	865000	745000	2019/10/20	0	0	120000	
6	3	企业C	1047000	840000	2019/12/26	207000	0	0	
7	4	企业D	740000	605000	2019/11/20	0	135000	0	
8	5	企业E	592000	550000	2019/10/22	0	0	42000	
9	6	企业F	30000000	28790000	2019/11/30	0	1210000	0	
10	7	企业G	7340200	7300000	2019/10/26	0	0	40200	
11	8	企业H	864007	524007	2019/4/17	0	0	0	
12	9	企业I	1258000	962000	2019/6/22	0	0	0	
13	10	企业J	1940560	1760560	2019/12/30	180000	0	0	
14	11	企业K	6040825	5840825	2019/11/13	0	200000	0	
15	12	企业L	239760	209760	2019/10/28	0	0	30000	
16	13	企业M	554877	491877	2018/10/23	0	0	0	
17	14	企业N	425972	420972	2018/12/30	0	0	0	
18	15	应收账款合计金额（元）	53147201	50240001	—				

图9-13 计算逾期天数在60～90天的应收账款额

（6）计算逾期天数在90天以上的企业应收账款额。选中I4单元格，并输入公式“=IF（AND（$H$1-$E4>90），$C4-$D4，0）”，按Enter键即可计算出第一条应收账款的逾期天数是否在“90天以上”范围内，如果在此范围内，则计算出应收账款额。选中该单元格，向下拖动填充公式至I17，计算逾期天数在90天以上的所有企业应收账款额，如图9-14所示。

	A	B	C	D	E	F	G	H	I
1	应收账款清单					逾期时间		2019/12/31	
2									
3	序	客户	应收账款（元）	已收回金额	到期日	0~30天	30~60天	60~90天	90天以上
4	1	企业A	1239000	1200000	2019/12/10	39000	0	0	0
5	2	企业B	865000	745000	2019/10/20	0	0	120000	0
6	3	企业C	1047000	840000	2019/12/26	207000	0	0	0
7	4	企业D	740000	605000	2019/11/20	0	135000	0	0
8	5	企业E	592000	550000	2019/10/22	0	0	42000	0
9	6	企业F	30000000	28790000	2019/11/30	0	1210000	0	0
10	7	企业G	7340200	7300000	2019/10/26	0	0	40200	0
11	8	企业H	864007	524007	2019/4/17	0	0	0	340000
12	9	企业I	1258000	962000	2019/6/22	0	0	0	296000
13	10	企业J	1940560	1760560	2019/12/30	180000	0	0	0
14	11	企业K	6040825	5840825	2019/11/13	0	200000	0	0
15	12	企业L	239760	209760	2019/10/28	0	0	30000	0
16	13	企业M	554877	491877	2018/10/23	0	0	0	63000
17	14	企业N	425972	420972	2018/12/30	0	0	0	5000
18	15	应收账款合计金额（元）	53147201	50240001	—				

图9-14　计算逾期天数在90天以上的应收账款额

注意：也可以通过分别计算0~30天、30~60天、60~90天及90天以上的第一条数据后，选中F4：I4单元格区域，将鼠标定位在选中区域的右下角，按住鼠标向下拖动即可复制公式，释放鼠标后可显示计算结果，如图9-15所示。

	A	B	C	D	E	F	G	H	I
1	应收账款清单					逾期时间		2019/12/31	
2									
3	序	客户	应收账款（元）	已收回金额	到期日	0~30天	30~60天	60~90天	90天以上
4	1	企业A	1239000	1200000	2019/12/10	39000	0	0	0
5	2	企业B	865000	745000	2019/10/20	0	0	120000	0
6	3	企业C	1047000	840000	2019/12/26	207000	0	0	0
7	4	企业D	740000	605000	2019/11/20	0	135000	0	0
8	5	企业E	592000	550000	2019/10/22	0	0	42000	0
9	6	企业F	30000000	28790000	2019/11/30	0	1210000	0	0
10	7	企业G	7340200	7300000	2019/10/26	0	0	40200	0
11	8	企业H	864007	524007	2019/4/17	0	0	0	340000
12	9	企业I	1258000	962000	2019/6/22	0	0	0	296000
13	10	企业J	1940560	1760560	2019/12/30	180000	0	0	0
14	11	企业K	6040825	5840825	2019/11/13	0	200000	0	0
15	12	企业L	239760	209760	2019/10/28	0	0	30000	0
16	13	企业M	554877	491877	2018/10/23	0	0	0	63000
17	14	企业N	425972	420972	2018/12/30	0	0	0	5000
18	15	应收账款合计金额（元）	53147201	50240001	—				

图9-15　使用公式计算逾期天数

2.建立账龄分析表

根据上述计算出的逾期天数，可建立账龄分析表，步骤如下：

（1）计算各逾期时间段的应收账款总额。选中F18单元格，输入公式“=SUM（F4：F17）”，按Enter键可计算出逾期0～30天的应收账款，选中F18并向右复制公式到I18，分别计算各个时间段的逾期账款总额，如图9-16所示。

	A	B	C	D	E	F	G	H	I
1	应收账款清单					逾期时间		2019/12/31	
2									
3	序	客户	应收账款（元）	已收回金额	到期日	0~30天	30~60天	60~90天	90天以上
4	1	企业A	1239000	1200000	2019/12/10	39000	0	0	0
5	2	企业B	865000	745000	2019/10/20	0	0	120000	0
6	3	企业C	1047000	840000	2019/12/26	207000	0	0	0
7	4	企业D	740000	605000	2019/11/20	0	135000	0	0
8	5	企业E	592000	550000	2019/10/22	0	0	42000	0
9	6	企业F	30000000	28790000	2019/11/30	0	1210000	0	0
10	7	企业G	7340200	7300000	2019/10/26	0	0	40200	0
11	8	企业H	864007	524007	2019/4/17	0	0	0	340000
12	9	企业I	1258000	962000	2019/6/22	0	0	0	296000
13	10	企业J	1940560	1760560	2019/12/30	180000	0	0	0
14	11	企业K	6040825	5840825	2019/11/13	0	200000	0	0
15	12	企业L	239760	209760	2019/10/28	0	0	30000	0
16	13	企业M	554877	491877	2018/10/23	0	0	0	63000
17	14	企业N	425972	420972	2018/12/30	0	0	0	5000
18	15	应收账款合计金额（元）	53147201	50240001	—	426000	1545000	232200	704000

图9-16　计算各个时间段逾期账款总额

（2）建立账龄分析表。单击插入工作表，在“流动资产管理”工作簿中添加一张新的工作表，并将其命名为“账龄分析”，在工作表中建立各项账龄分析的指标，如图9-17所示。由于该例中没有企业是未到期的，故在未到期一行中均填入“0”。

	A	B	C	D
1	应收账款账龄分析			
2	当前日期：	2019/12/31		
3	账龄	企业数量	未收回金额（元）	占应收账款百分比
4	未到期	0	0	0.00%
5	0~30			
6	30~60			
7	60~90			
8	90以上			
9	合计			

图9-17　建立“账龄分析”工作表

（3）统计各个逾期时间段企业数量。在B5单元格中输入公式“=COUNTIF（逾期应收账款分析！F$4：F$17，"<>0"）”，统计出逾期0~30天的企业数量。

在B6单元格中输入公式“=COUNTIF（逾期应收账款分析！G$4：G$17，"<>0"）”，统计出逾期30~60天的企业数量。

在B7单元格中输入公式“=COUNTIF（逾期应收账款分析！H$4：H$17，"<>0"）”，统计出逾期60~90天的企业数量。

在B8单元格中输入公式“=COUNTIF（逾期应收账款分析！I$4：I$17，"<>0"）”，统计出逾期90天以上的企业数量。

在B9单元格中输入公式“=SUM（B4：B8）”，统计出逾期企业数量合计数，如图9-18所示。

	A	B	C	D
1	应收账款账龄分析			
2	当前日期：	2019/12/31		
3	账龄	企业数量	未收回金额（元）	占应收账款百分比
4	未到期	0	0	0.00%
5	0~30	3		
6	30~60	3		
7	60~90	4		
8	90以上	4		
9	合计	14		

图9-18　统计逾期各阶段企业数量

其中："<>0"表达式表示不等于0，使用COUNTIF（）即可统计出不等于0的数量，即逾期企业数量。

（4）计算未回收金额。

在C5单元格中输入公式"=逾期应收账款分析！F18"，将逾期应收账款分析表中的0~30天逾期账款总额引用过来；

在C6单元格中输入公式"=逾期应收账款分析！G18"，将逾期应收账款分析表中的30~60天逾期账款总额引用过来；

在C7单元格中输入公式"=逾期应收账款分析！H18"，将逾期应收账款分析表中的60~90天逾期账款总额引用过来；

在C8单元格中输入公式"=逾期应收账款分析！I18"，将逾期应收账款分析表中的90天以上逾期账款总额引用过来。

在C9单元格中输入公式"=SUM（C5：C8）"，计算各个时间段未回收金额合计数，如图9-19所示。

	A	B	C	D
1	应收账款账龄分析			
2	当前日期：	2019/12/31		
3	账龄	企业数量	未收回金额（元）	占应收账款百分比
4	未到期	0	0	0.00%
5	0~30	3	426000	
6	30~60	3	1545000	
7	60~90	4	232200	
8	90以上	4	704000	
9	合计	14	2907200	

图9-19　计算各个时间段未回收金额

（5）计算各个时间段应收账款额占应收账款总额百分比。选中D5单元格，在其中输入公式"=C5/$C$9"，按下回车键即可。选中该单元格，鼠标放在单元格右下角，当鼠标变成黑色十字形状时，向下拖动单元格至D9，计算其他时间段应收账款额占应收账款总额百分比。将单元格格式设置为百分比，并保留小数点后两位数字即可，如图9-20所示。

	A	B	C	D
1	应收账款账龄分析			
2	当前日期：	2019/12/31		
3	账龄	企业数量	未收回金额（元）	占应收账款百分比
4	未到期	0	0	0
5	0~30	3	426000	14.65%
6	30~60	3	1545000	53.14%
7	60~90	4	232200	7.99%
8	90以上	4	704000	24.22%
9	合计	14	2907200	100.00%

图9-20 计算各时间段应收账款额占应收账款总额百分比

3.建立应收账款账龄分析图

分析出各个时间段逾期应收账款额与各个时间段应收账款额与应收账款总额的百分比之后，可建立图表直观表达数据所表示的含义。

（1）建立应收账款账龄分析饼图。

在“应收账款账龄分析”表中选中A4：A8，按住Ctrl键的同时选中D4：D8区域，然后在“插入”选项卡中的“图表”组中单击“饼图”按钮，从饼图的下拉列表中选择“复合条饼图”选项，制作出复合条饼图，效果如图9-21所示。

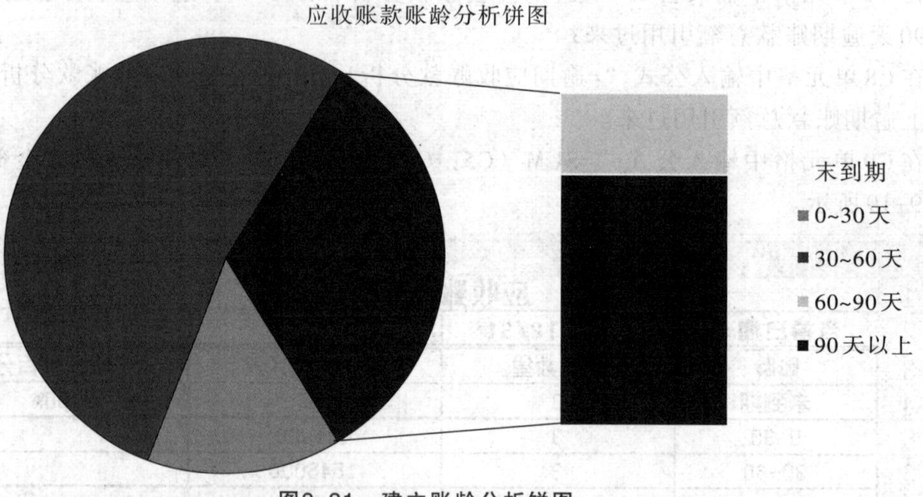

图9-21 建立账龄分析饼图

（2）建立应收账款账龄分析组合图。

由于企业数量、未收金额、占应收账款百分比这三个项目数值相差太大，为了让数据显示得更清晰，我们采用组合图的方式，将数据较大的做成柱状体，数据最小的“占应收账款百分比”作为次坐标轴显示，具体步骤如下：

步骤一：在“应收账款账龄分析”工作表中选中A3：D8单元格区域，单击“插入”，选择“图表”工具组中的“簇状柱状图”，选择“图表布局”，将图表标题放置在图表上方，图例放置在底部显示，并输入图表标题，得到如图9-22所示的柱状图。

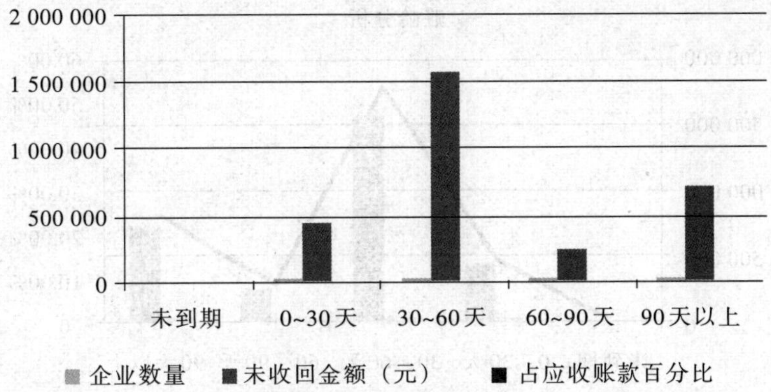

图9-22　建立柱状图

步骤二：选中“占应收账款百分比”数据系列，单击鼠标右键，在弹出的下拉菜单中选择“设置数据系列格式”，在打开的对话框中，勾选“次坐标轴”复选框，将该数据系列设置为“次坐标轴”，如图9-23所示。

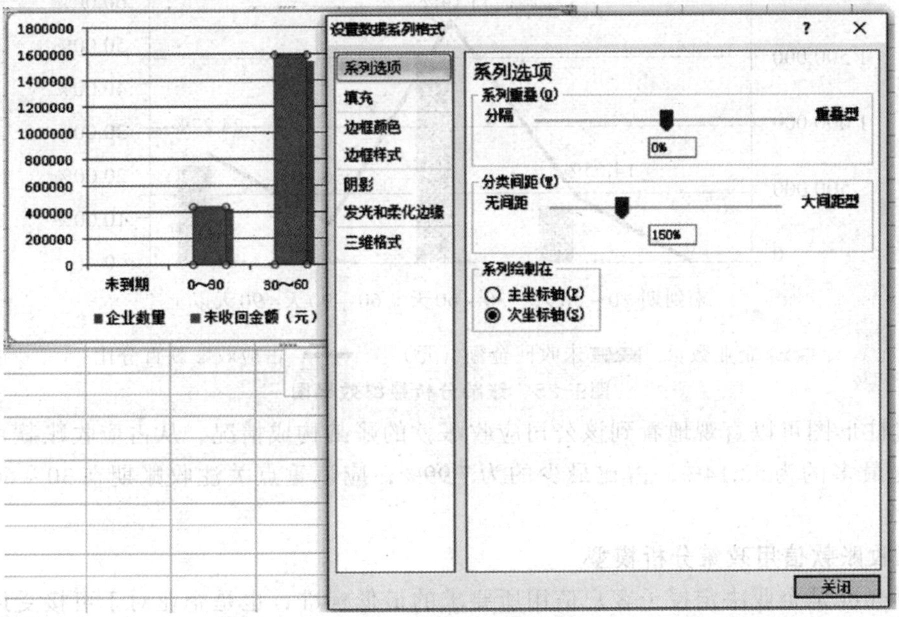

图9-23　设置“占应收账款百分比”数据系列为“次坐标轴”

步骤三：再次选中“占应收账款百分比”数据系列，单击鼠标右键，在弹出的下拉菜单中选择“更改系列图表类型”，在打开的对话框中，将其类型改为“折线图”，点击“确定”按钮，即可生成组合图，如图9-24所示。

步骤四：重新设置“占应收账款百分比”数据系列的线条样式，让折线图显示数据标记，折线图包含数据标记方便数据查看。本例中“占应收账款百分比”数据系列使用的是折线图，但默认未包含数据标记，可添加数据标记。选中“占应收账款百分比”数据系列并单击鼠标右键，选择“设置数据系列格式”命令，打开“设置数据系列格式”对话框。选择“数据标记选项”标签，设置数据标记样式并在下面设置标记大小，完成后可以看到显示的数据标记，如图9-25所示。

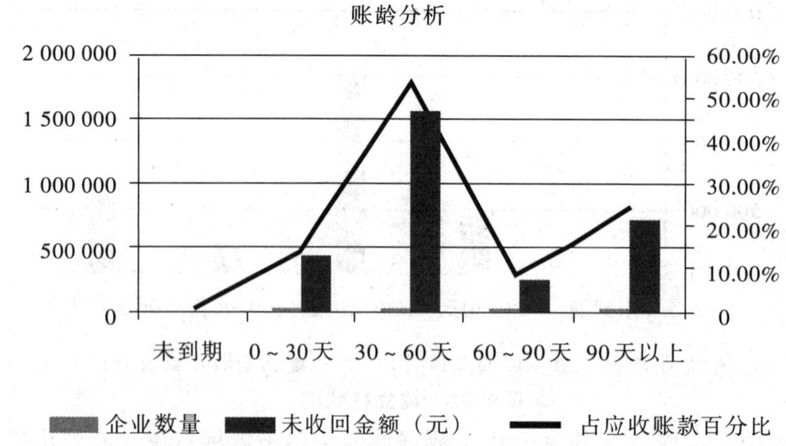

图9-24　设置“占应收账款百分比”图表类型为“折线图”

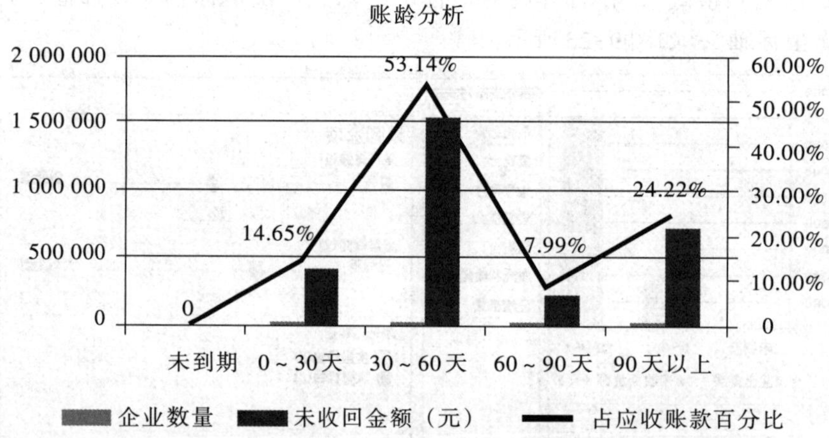

图9-25　账龄分析最终效果图

通过柱形图可以直观地看到该公司应收账款的账龄构成情况，从占应收账款百分比上看，占比最多的为53.14%，占比最少的为7.99%，应该重点关注收账期在30～60天的应收账款。

3.应收账款信用政策分析模型

信用标准是企业决定授予客户信用所要求的最低标准，也是企业对于可接受风险提供的一个基本判别标准。如果信用标准严格，可使企业遭受坏账损失的可能性减小，但会不利于扩大销售；反之，如果信用标准宽松，虽然有利于销售额增长，但有可能会使坏账损失增加而得不偿失。应收账款信用标准合理与否，对企业的收益和风险有很大影响。应收账款信用政策的制定，是企业财务政策的一个重要组成部分。应收账款信用政策分析模型包括赊销策略决策模型和收账政策分析模型。

（1）赊销策略决策模型。

企业的赊销策略包括信用标准和信用条件的确定。

信用标准是指企业同意向客户提供商业信用而提出的基本要求，通常以预期的坏账损失率作为判断标准。信用标准的严格与否，会直接影响到企业的销售情况，并进而影响企业利润。

信用条件是指企业要求客户支付赊销款项的条件，包括信用期限、折扣期限和现金折扣，通常以缩写形式表述，比如当付款条件缩写为“5/10，2/20，n/30”时，则表示企业要求客户在30天内付清货款，若客户在10天之内付款享受5%的货款折扣；超过10天但是在20天范围内付款享受2%的货款折扣；若超过20天则按全额付款。在这个信用条件中，信用期限为30天，折扣期限为20天，现金折扣为5%或者2%。

赊销策略决策，就是从动态角度分析企业在现行方案基础上，由于改变赊销策略可能对企业利润产生的影响，并通过测算赊销策略变化对利润的影响数额，确定对企业有利的赊销政策，以达到增加企业收益的目的。实际工作中通常采用增量分析法进行相关数据分析，公式中数据为正数表示增加值，负数表示减少值。

① 赊销策略变化对利润的影响=新方案销售增减额×销售利润率

② 赊销策略变化对坏账损失的影响=新方案销售增减额×新方案销售增减额的坏账损失率

③ $$\frac{\text{信用标准变化对应收}}{\text{账款机会成本的影响}}=\left[\left(\frac{\text{新方案平均}}{\text{收账期}}-\frac{\text{原方案平均}}{\text{收账期}}\right)/360\times\frac{\text{新方案}}{\text{销售额}}+\frac{\text{新方案平均}}{\text{收账期}}/360\times\frac{\text{新方案销售}}{\text{增减额}}\right]\times\frac{\text{应收账款}}{\text{机会成本}}$$

④ $$\frac{\text{信用标准变化对}}{\text{现金折扣成本的影响}}=\frac{\text{新方案}}{\text{销售额}}\times\frac{\text{现金折扣销售额占}}{\text{销售总额比重}}\times\frac{\text{新方案现金}}{\text{折扣率}}$$

⑤ 信用标准变化带来的增量利润=①-②-③-④

【例9-4】已知某企业目前赊销策略的销售情况和其他相关资料，该企业计划改变目前的赊销策略并制订了两个不同方案，如图9-26所示。请通过比较判断更优方案。

	A	B	C	D
1	基本数据策略			
2		目前方案	方案1	方案2
3	销售额（元 ）	9000000	8000000	12000000
4	销售利润率	24%	24%	24%
5	应收账款机会成本率	10%	10%	10%
6	平均收账期（天）	40	45	30
7	平均坏账损失率	10%	8%	12%
8	信用条件	n/30	n/40	2/10，n/50
9	现金折扣占销售总额比重	0	0	50%
10	现金折扣	0	0	2%

图9-26 某企业赊销策略决策模型分析数据

操作步骤如下：

① 在“流动资产管理”工作簿中新建工作表，命名为“赊销策略决策模型分析”，并输入图9-26中的内容。然后创建赊销策略决策分析区域，定义有关项目并输入单元格，如赊销策略变化对利润的影响等指标。

② 依据上面基本公式建立具体分析模型。在单元格C12、D12中分别输入公式“=C3-B3”“=D3-B3”，按Enter键，计算出结果。

③ 在单元格C13、D13中分别输入公式“=C12*C4”“=D12*D4”，按Enter键，计算出结果。

④ 在单元格C14、D14中分别输入公式“=C3*C7-B3*B7”“=D3*D7-B3*B7”，按

Enter键，计算出结果。

⑤ 在单元格C15、D15中分别输入公式“=（（C6-B6）/360*B3+C6/360*C12）*C5”“=（（D6-B6）/360*B3+D6/360*D12）*D5”，按Enter键，计算出结果。

⑥ 在单元格C16、D16中分别输入公式“=C3*C9*C10”“=D3*D9*D10”，按Enter键，计算出结果。

⑦ 在单元格C17、D17中分别输入公式“=C13-C14-C15-C16”“=D13-D14-D15-D16”，按Enter键，计算出结果，如图9-27所示。

	A	B	C	D
1	基本数据策略			
2		目前方案	方案1	方案2
3	销售额（元 ）	9000000	8000000	12000000
4	销售利润率	24%	24%	24%
5	应收账款机会成本率	10%	10%	10%
6	平均收账期（天）	40	45	30
7	平均坏账损失率	10%	8%	12%
8	信用条件	n/30	n/40	2/10，n/50
9	现金折扣占销售总额比重	0	0	50%
10	现金折扣	0	0	2%
11	决策分析			
12	赊销策略变化对利润的影响		-1000000	3000000
13	赊销策略变化对坏账损失的影响		-240000	720000
14	赊销策略变化增减的坏账成本		-260000	540000
15	信用期限变化增减的坏账成本		0	0
16	信用条件变化增减的现金折扣成本		0	120000
17	赊销策略变化增减的利润		20000	60000

图9-27　赊销策略决策模型分析结果

根据上述分析结果，采用方案2带来的增量利润更多，因此选择采用方案2。

（2）收账政策分析模型。

收账政策是指信用条件被违反时，企业对客户所采取的收取账款的策略。如果企业采用较积极严格的收账政策，将会加大收账费用开支，增加管理成本，但可能会减少应收账款占用额，降低机会成本，减少坏账损失；而实行消极宽松的收账政策，会节约管理成本，但势必会延长收账期，增加机会成本，加大坏账损失发生的可能性。所以，企业应根据具体情况，本着对企业有利的原则，制定合理的收款政策。对于应收账款收账政策的分析主要是通过比较不同收账政策下企业相关成本的高低来确定对企业有利的收账政策。

① 应收账款平均占用率=年销售收入/360×应收账款平均收款期

② 应收账款机会成本=应收账款平均占用额×应收账款机会成本率

③ 坏账损失=年销售收入×坏账损失率

④ 收款政策相关总成本=机会成本+坏账成本+收账成本

【例9-5】已知某企业目前的销售情况，数据如图9-28所示，请确定更优方案。

	A	B	C
1	基本数据		
2	项目	方案1	方案2
3	销售额	9000000	9000000
4	应收账款机会成本	12%	12%
5	收款费用	36000	72000
6	平均收账期（天）	40	30
7	坏账损失率	10%	5%

图9-28　某企业销售情况

操作步骤如下：

① 在“流动资产管理”工作簿中新建工作表，命名为“收账政策分析模型”，并输入图9-28中的内容。然后创建收账政策分析区域，定义有关项目并输入单元格，如应收账款平均占用额等指标。

② 依据上面基本公式建立具体分析模型。在单元格B8、C8中分别输入公式“=B2/360*B5”“=C2/360*C5”，按Enter键，计算出结果。也可通过自动填充的方式计算C8结果（以下步骤同理，不再赘述）。

③ 在单元格B9、C9中分别输入公式“=B8*B3”“=C8*C3”，按Enter键，计算出结果。

④ 在单元格B10、C10中分别输入公式“=B2*B6”“=C2*C6”，按Enter键，计算出结果。

⑤ 在单元格B11、C11中分别输入公式“=B4”“=C4”，按Enter键，计算出结果。

⑥ 在单元格B12、C12中分别输入公式“=B9+B10+B11”“=C9+C10+C11”，按Enter键，计算出结果，如图9-29所示。

	A	B	C
1	基本数据		
2	项目	方案1	方案2
3	销售额	9000000	9000000
4	应收账款机会成本	12%	12%
5	收款费用	36000	72000
6	平均收账期（天）	40	30
7	坏账损失率	10%	5%
8	决策分析		
9	应收账款平均占用额	1000000	750000
10	应收账款机会成本	120000	90000
11	坏账成本	900000	450000
12	收账成本	36000	72000
13	收款政策相关总成本	1056000	612000

图9-29　收账政策分析结果

根据上述分析结果，最终选择方案2，尽管收账费用增加了36 000元，但是在方案2下相关总成本可节省444 000元（使用公式“=B13-C13”可计算出总成本之差），故采用方案2更优。

9.1.3　存货管理——经济订货批量决策模型

存货是指生产经营中为销售或耗用而储备的各种物资，包括原材料、辅助材料、低值易耗品、备品配件、在产品、半成品、产成品、外购商品等。存货在企业的流动资产中通常占较大的比重，也是企业生产经营不可或缺的重要资产。如果存货储备过少，可能会影响企业生产经营，造成经济损失。但存货又是一项收益性较差的资产，过多地采购与储备存货，使大量资金占用在库存资产上，会降低企业的获利能力。因此，企业在对存货进行管理时，就要尽可能在各种存货成本和存货收益之间做出权衡，达到两者的最佳结合。由此形成最佳的存货采购批量，即存货经济订货批量。

1.存货管理概述

存货管理决策是企业流动资产管理的重要组成部分，其最终目的就是通过确定合理的进货批量和进货时间使存货的总成本最低。存货管理决策的成功与否不仅决定着企业短期生产经营资金的周转时间和效率，而且也影响着企业经营的成本与利润。在管理会计领域，采用经济订货方法进行存货决策和控制，经过长期的研究和实践，已经趋于成熟和定型化了，关于经济订货批量的基本公式也被誉为管理会计领域的经典成果。

2.经济订货批量模型

（1）基本经济订货批量模型概述。

经济订货批量（Economic Order Quantity，EOQ）模型是固定订货批量模型的一种，可以用来确定企业一次订货（外购或自制）的数量。当企业按照经济订货批量来订货时，可实现订货成本和储存成本之和最小化。企业购、存库存商品的相关总成本包括购买成本、相关订货费用和相关储存成本之和。存货的相关成本主要是指存货的订货成本和储存成本。

经济订货批量模型的基本假设包括：

① 企业一定时期的进货总量可以较为准确地予以预测；

② 存货的耗用或者销售比较均衡；

③ 存货的价格稳定，且不存在数量折扣，进货日期完全由企业自行决定，并且每当存货量降为零时，下一批存货马上就到；

④ 仓储条件及所需现金不受限制；

⑤ 不允许出现缺货情形；

⑥ 所需存货市场供应充足，不会因买不到所需存货而影响其他方面。

相关总成本=年订货总成本+年储存总成本，即：

$$TC^* = \frac{D}{Q} \times K + \frac{Q}{2} \times C$$

式中：TC为相关总成本；D为年存货需求总量；Q为订货批量；K为每次的订货成本；C为存货的年储存成本。它们的关系如图9-30所示。

根据数学运算推导可得，当相关总成本最低时：

$$Q^* = \sqrt{\frac{2 \times K \times D}{C}}$$

此时：

总成本：$TC^* = \frac{D}{Q} \times K + \frac{Q}{2} \times C$

最佳订货次数：$N^* = \frac{D}{Q}$

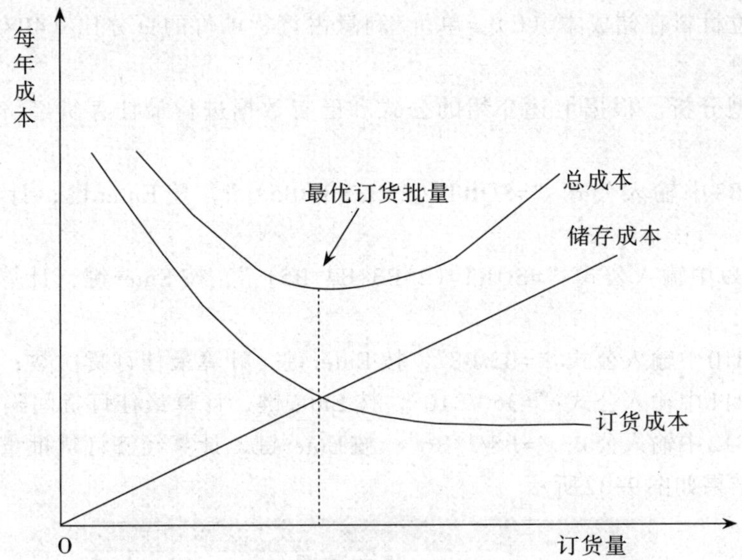

图9-30　经济订货批量模型各要素之间的关系

最佳订货间隔周期：$T^{*}=\frac{360}{N^{*}}$

最佳订货批量占用资金：$W^{*}=\frac{Q^{*}}{2}\times P$（存货单价）

（2）最佳存货经济订货批量模型的应用。

【例9-6】通友公司生产甲产品，每年需消耗100 000个部件A，以单价40元向某供应商购进，每次需花费800元订货成本。每年每单位存储成本主要是存货占用资金的利息，估计为订货单价的25%。要求为该公司做出决策，每次购货批量应为多少，每年应分几批购货，才能保证在这种订货方式下的总成本最小？（假定该公司的实际情况满足经济订货批量模型的所有假设条件）

操作步骤如下：

①建立工作表。根据题目信息提取相关数据，建立工作表。在“流动资产管理”工作簿中新建工作表，命名为“最佳存货经济订货批量模型分析”，并输入题中所给基本数据，然后创建最佳存货经济订货批量模型分析区域，定义有关项目并输入单元格，如经济订货批量等指标，如图9-31所示。

	A	B
1	基本数据	
2	项目	数额
3	全年需要量（D）	100000
4	每次订货成本(K)	800
5	单位材料储存成本(C)	10
6	材料单价(P)	40
7	批量模型分析	
8	经济订货批量	
9	经济进货批量总成本	
10	最佳订货次数	
11	最佳订货间隔期间	
12	经济订货批量占用资金	

图9-31　创建基本数据及分析项目

其中，单位材料存储成本（C）=单价×利息占订货单价的百分比（40×25%），请自行计算并填入表中。

②批量模型分析。根据上述介绍的公式和已有数据进行最佳存货经济订货批量模型分析。

在单元格B8中输入公式“=SQRT（2*B3*B4/B5）”，按Enter键，计算经济订货批量值；

在单元格B9中输入公式“=SQRT（2*B3*B4*B5）”，按Enter键，计算经济进货批量总成本；

在单元格B10中输入公式“=B3/B8”，按Enter键，计算最佳订货次数；

在单元格B11中输入公式“=360/B10”，按Enter键，计算最佳订货间隔期间；

在单元格B12中输入公式“=B8/2*B6”，按Enter键，计算经济订货批量占用资金。

所有计算结果如图9-32所示。

	A	B
1	基本数据	
2	项目	数额
3	全年需要量（D）	100000
4	每次订货成本(K)	800
5	单位材料储存成本(C)	10
6	材料单价(P)	40
7	批量模型分析	
8	经济订货批量	4000
9	经济进货批量总成本	40000
10	最佳订货次数	25
11	最佳订货间隔期间	14.4
12	经济订货批量占用资金	80000

图9-32　最佳存货经济订货批量模型分析结果

9.2 固定资产和Excel的应用

本节主要介绍Excel在固定资产管理中的应用，即如何使用Excel的函数与公式构建固定资产管理表，包括两部分内容：第一部分内容是介绍固定资产卡片账的构建方法；第二部分内容是介绍计提固定资产折旧的几种方法。这两部分内容涉及的固定资产管理相关的函数已在第4章中介绍，此处不再赘述。

固定资产（Fixed Assets）是指企业拥有或控制的使用期限超过一年的房屋、建筑物、机器、机械、运输工具以及其他与生产经营有关的设备、器具、工具等。固定资产在使用过程中都会发生价值损耗，这一部分价值损耗被称为固定资产折旧。固定资产损耗的这部分价值，应当在固定资产的有效使用年限内进行分摊，形成折旧费用，计入各期成本。企业的固定资产是其进行生产经营活动的根本条件，在企业总资产中占有相当大比重。Excel中提供了多个固定资产核算、计提函数，可以帮助财务人员快速准确地计算各种折旧方法下的折旧金额。本章通过几个小案例来介绍几种不同情况下固定资产的折旧分析方法。其中用到SLN、DDB、VDB、DB等折旧函数，具体内容请参照本书的第4章内容。

企业的固定资产种类很多，根据不同的分类标准，可以分成不同的类别。企业应当选择适当的分类标准对固定资产进行分类，并按照不同折旧方法的适用条件进行折旧，以满足经营管理的需要。

1.构建固定资产卡片账

我国的会计实务中，企业对固定资产在日常核算时常采用卡片账形式。卡片账是将账户所需的格式印刷在硬卡上，在卡片账上详细登记固定资产的相关信息。卡片账能够对固定资产进行独立的、详尽的记录，帮助企业加强对固定资产的管理。但是纸质卡片账也存在记录和保存不便的问题，通过Excel对固定资产取得的信息进行记录、查询、修改和删除，比纸质卡片账更加准确、快捷、方便，保管更加安全。

固定资产卡片账是为了加强对固定资产管理，更加详细了解具体信息而设置的辅助账簿，一般建立固定资产卡片账需要包含的内容有：固定资产名称、固定资产编码、固定资产规格型号、固定资产单位及金额、固定资产使用人、固定资产购入日期、固定资产原值、累计折旧（折旧方法）、净值等。随着科学技术的进步，手工账逐渐被计算机电子账所替代。对于小微企业而言，出于成本和财务系统的限制，以Excel为工具进行固定资产卡片账管理仍然是一种经济简便的方法。操作步骤如下：

（1）构建固定资产管理工作表。

①创建工作表。新建“固定资产管理”工作簿，并重命名Sheet1为“固定资产卡片”，接着在工作表中输入如图9-33所示的数据。注意，数据从B列开始输入，A列空白。

	A	B	C	D	E	F	G	H
1		固定资产卡片					卡片编号	
2							归属部门	
3							固定资产	
4							类别	
5		型号		资产编号		资产名称		
6		使用部门		存放地点		使用情况		
7		数量		单件原值		合计金额		
8		增加方式		购置单位		开始使用日期		
9		资产原值		净残值率		净残值		
10		处置方式		处置净损益		处置时间		
11		折旧方法						
12		预计使用期限	年折旧额	年折旧率	月折旧额	月折旧率	累计折旧	账面价值

图9-33　创建“固定资产卡片”工作表

②添加边框。选中B5：H20单元格区域，然后在“开始”选项卡的“字体”组中单击“边框”按钮旁边的下三角按钮，从弹出的菜单中选中“所有框线”命令。

③设置卡片标题格式。选中B1：F4单元格区域，然后在“开始”选项卡的“对齐方式”工具组中单击“合并后居中”按钮，接着设置其字体格式为“字体华文楷体，字号28号，加粗”，效果如图9-34所示。

④按需跨越合并单元格。按住Ctrl键，依次选中G5：H5、G6：H6、G7：H7、G8：H8、G9：H9单元格区域，然后在“开始”选项卡的“对齐方式”工具组中单击“合并后居中”按钮旁边的下三角按钮，从弹出的菜单中选择“跨越合并”命令，即可将多个分散的单元格按照条目进行合并，如图9-35所示。

	A	B	C	D	E	F	G	H
1		固定资产卡片					卡片编号	
2							归属部门	
3							固定资产	
4							类别	
5		型号		资产编号		资产名称		
6		使用部门		存放地点		使用情况		
7		数量		单件原值		合计金额		
8		增加方式		购置单位		开始使用日期		
9		资产原值		净残值率		净残值		
10		处置方式		处置净损益		处置时间		
11		折旧方法						
12		预计使用期限	年折旧额	年折旧率	月折旧额	月折旧率	累计折旧	账面价值
13								
14								
15								
16								
17								
18								
19								
20								

图9-34　设置表格样式及标题格式

	A	B	C	D	E	F	G	H
1		固定资产卡片					卡片编号	
2							归属部门	
3							固定资产	
4							类别	
5		型号		资产编号		资产名称		
6		使用部门		存放地点		使用情况		
7		数量		单件原值		合计金额		
8		增加方式		购置单位		开始使用日期		
9		资产原值		净残值率		净残值		
10		处置方式		处置净损益		处置时间		
11		折旧方法						
12		预计使用期限	年折旧额	年折旧率	月折旧额	月折旧率	累计折旧	账面价值

图9-35　“跨越合并”单元格

⑤设置条目对齐方式。选中文本内容不能充满单元格的单元格，然后打开“设置单元格格式”对话框，并切换到“对齐”选项卡，接着在“水平对齐”下拉列表框中选择“分散对齐（缩进）”选项，再单击“确定”按钮；选中需填写的所有单元格区域，然后在“开始”选项卡的“对其方式”组中单击“居中”按钮，如图9-36所示。

	A	B	C	D	E	F	G	H
1		固定资产卡片					卡 片 编 号	
2							归 属 部 门	
3							固 定 资 产	
4							类　　别	
5		型　　号		资 产 编 号		资 产 名 称		
6		使 用 部 门		存 放 地 点		使 用 情 况		
7		数　　量		单 件 原 值		合 计 金 额		
8		增 加 方 式		购 置 单 位		开始使用日期		
9		资 产 原 值		净 残 值 率		净　残　值		
10		处 置 方 式		处 置 净 损 益		处 置 时 间		

图9-36　调整表格字体格式

⑥设置日期格式。选中G8单元格（需填写开始使用日期的单元格），在“开始”选项

卡的“数字”组中单击“数字格式”文本框右侧的下拉按钮，从弹出的菜单中选择“短日期”命令。

⑦设置数字格式。设置C7（数量）、E7（单件原值）、G7（合计金额）、C9（资产原值）、G9（净残值）、C13：C20（年折旧额）、E13：E20（月折旧额）、G13：G20（累计折旧）单元格区域的数字格式为“数值”，“小数位数”为“2”；设置E9、D13：D20、F13：F20单元格区域的数字格式为“百分比”，“小数位数”为“2”，制作好的固定资产卡片如图9-37所示。

图9-37　固定资产卡片制作效果

（2）设置固定资产卡片样式。

下面应用表格样式来快速美化表格，具体操作步骤如下：

①选中B5：H20单元格区域，然后在“开始”选项卡的“样式”组中单击“套用表格格式”按钮，从弹出的菜单中选择“表样式浅色16”选项，如图9-38所示。

图9-38　快速套用表格样式

②在弹出“套用表格格式”对话框中，选择“表数据的来源”文本框，并设置要应用表格格式的单元格区域地址，并选中“表包含标题”复选框，再单击“确定”按钮。

③在“表格工具”下的“设计”选项卡中单击“工具”组中的“转换为区域”按钮，弹出 Microsoft Excel对话框，单击“是”按钮，确认将表转换为普通区域。

④调整B5：H5单元格区域的字体格式及内容，接着跨越合并G5：H5、G6：H6、G7：H7、G8：H8、G9：H9、G10：H10、B11：H11单元格区域并居中，最终效果如图9-39所示。

	B	C	D	E	F	G	H
1	固定资产卡片					卡片编号	
2						归属部门	
3						固定资产	
4						类别	
5	型号		资产编号		资产名称		
6	使用部门		存放地点		使用情况		
7	数量		单件原值		合计金额		
8	增加方式		购置单位		开始使用日期		
9	资产原值		净残值率		净残值		
10	处置方式		处置净损益		处置时间		
11	折旧方法						
12	预计使用期限	年折旧额	年折旧率	月折旧额	月折旧率	累计折旧	账面价值
13							
14							
15							
16							
17							
18							
19							
20							

图9-39 最终效果

2.登记有关信息

制作好固定资产卡片，即可登记固定资产信息，具体操作如下：

（1）输入固定资产基本信息。在“固定资产卡片”工作表中录入基本信息，如卡片编号、归属部门、资产编号、资产名称、使用部门、存放地点等信息，如图9-40所示。

	B	C	D	E	F	G	H
1	固定资产卡片					卡片编号	DY006
2						归属部门	行政部
3						固定资产	打印机
4						类别	办公设备
5	型号	惠普HP1213NF一体机	资产编号	TY20150326	资产名称	惠普打印一体机	
6	使用部门	行政部	存放地点	行政部206室	使用情况	正常使用	
7	数量	2	单件原值	4000	合计金额	8000	
8	增加方式	外购	购置单位	某公司采购部	开始使用日期	2015/1/10	
9	资产原值	8000	净残值率	4%	净残值		
10	处置方式	—	处置净损益	—	处置时间	—	
11	折旧方法						
12	预计使用期限	年折旧额	年折旧率	月折旧额	月折旧率	累计折旧	账面价值
13							
14							
15							
16							
17							
18							
19							
20							

图9-40 填入固定资产基本信息

（2）计算净残值。在G9单元格中输入公式“=C9*E9”，计算出“净残值”。

（3）使用SLN函数（假定直线折旧法）计算固定资产的年折旧额。输入“预计使用期限”单元格内容，预计使用年限从1到8。然后采用直接输入公式的方法进行计算，在C13单元格中输入公式“=SLN（$C$9，$G$9，$B$20）”，按Enter键计算出年折旧额，复制公式到其他单元格中计算其他年折旧额，得到结果如图9-41所示。

	A	B	C	D	E	F	G	H
1		固定资产卡片					卡片编号	DY006
2							归属部门	行政部
3							固定资产	打印机
4							类别	办公设备
5		型号	惠普HP1213NF一体机	资产编号	TY20150326	资产名称	惠普打印一体机	
6		使用部门	行政部	存放地点	行政部206室	使用情况	正常使用	
7		数量	2	单件原值	4000	合计金额	8000	
8		增加方式	外购	购置单位	某公司采购部	开始使用日期	2015/1/10	
9		资产原值	8000	净残值率	4%	净残值	320	
10		处置方式	—	处置净损益	—	处置时间	—	
11		折旧方法						
12		预计使用期限	年折旧额	年折旧率	月折旧额	月折旧率	累计折旧	账面价值
13		1	¥960.00					
14		2	¥960.00					
15		3	¥960.00					
16		4	¥960.00					
17		5	¥960.00					
18		6	¥960.00					
19		7	¥960.00					
20		8	¥960.00					

图9-41　计算年折旧额

（4）计算年折旧率。在D13单元格中输入公式“=C13/$C$9”，按Enter键计算出年折旧率，复制公式到其他单元格，得到年折旧率计算结果。

（5）计算月折旧额。在E13单元格中输入公式“=C13/12”，按Enter键计算出月折旧额，复制公式到其他单元格，计算出所有月折旧额。

（6）计算月折旧率。在F13单元格中输入公式“=E13/$C$9”，按Enter键计算出月折旧率，复制公式到其他单元格，计算出所有月折旧率。

（7）计算累计折旧额。在G13单元格中输入公式“=C13*B13”，按Enter键计算出累计折旧额，再用鼠标拖动向下填充公式，计算其他使用年限的累计折旧额。

（8）计算账面价值。在H13单元格中输入公式“=$C$9-G13”，按Enter键计算出第一年账面价值，再用鼠标拖动向下填充公式，计算其他使用年限的账面价值。

所有计算结果如图9-42所示。

	B	C	D	E	F	G	H
1	固定资产卡片					卡片编号	DY006
2						归属部门	行政部
3						固定资产	打印机
4						类　　别	办公设备
5	型　号	惠普HP1213NF一体机	资产编号	TY20150326	资产名称	惠普打印一体机	
6	使用部门	行政部	存放地点	行政部206室	使用情况	正常使用	
7	数　量	2	单件原值	4000	合计金额	8000	
8	增加方式	外购	购置单位	某公司采购部	开始使用日期	2015/1/10	
9	资产原值	8000	净残值率	4%	净残值	320	
10	处置方式	—	处置净损益	—	处置时间	—	
11	折旧方法						
12	预计使用期限	年折旧额	年折旧率	月折旧额	月折旧率	累计折旧	账面价值
13	1	¥960.00	12.00%	80	1.00%	960	7040
14	2	¥960.00	12.00%	80	1.00%	1920	6080
15	3	¥960.00	12.00%	80	1.00%	2880	5120
16	4	¥960.00	12.00%	80	1.00%	3840	4160
17	5	¥960.00	12.00%	80	1.00%	4800	3200
18	6	¥960.00	12.00%	80	1.00%	5760	2240
19	7	¥960.00	12.00%	80	1.00%	6720	1280
20	8	¥960.00	12.00%	80	1.00%	7680	320

图9-42　固定资产折旧信息

单元实训

1.某医药配送企业仓库管理视作集中大量采购，企业药品快销售完的时候再集中大量采购，如此循环。该医药配送企业某种药品一年销售10 000箱，每箱进价100元，每箱货的保管费用平均为5元/年，每次供应商送货的手续费为170元。每次采购多少箱才能实现资源最优配置？在此情况下多长时间采购一次？一年的总费用是多少？

2.某企业近年购入大型激光切割设备，购入时账面原值500 000元，预计使用年限为5年，预计净残值为20 000元。

（1）试用直线法计算每年的折旧额及剩余账面价值。

（2）假定5年总工作量为1 000 000件，过去4年的产值分别为190 000件、210 000件、190 000件、220 000件。试用年数总和法计算每年的折旧额及剩余账面价值。

（3）试用双倍余额递减法计算每年的折旧额及剩余账面价值。

第9章单元实训参考答案

第10章

Excel在财务报表分析中的应用

学习目标

财务报表分析是财务会计的最后一个模块，也是财务会计的核心模块，本章的主要内容是介绍如何利用Excel工具来进行财务报表分析的操作，即要求学生掌握利用Excel表格来对“资产负债表”、“利润表”以及“现金流量表”进行数据处理和分析的方法。通过本章的学习，读者应该能够熟练利用Excel进行财务数据分析，包括报表结构分析、对比数据分析、趋势分析、数据比率分析以及综合性财务报表分析。

10.1 财务报表分析概述

财务报表能够全面反映企业的财务状况、经营成果和现金流量情况，但是单纯从财务报表上的数据还不能直接或全面说明企业的财务状况，尤其是不能说明企业经营状况的好坏和经营成果水平的高低，只有将企业的财务指标与有关的数据进行比较才能反映企业生产经营的现状和存在的问题，因此要进行财务报表分析。

10.1.1 财务报表分析的含义和意义

财务报表分析是对企业财务报表所提供的数据进行加工、分析、比较、评价和解释。如果说记账、编表属于会计的反映功能，那么，财务报表分析则属于解释和评价功能。财务报表分析的目的在于，判断企业的财务状况和洞察企业经营管理的得失。财务报表是财务会计最重要的部分，是财务数据的集中体现，因此，财务报表分析对财务人员来说是一项必备的技能。对财务报表的数据进行深入的分析研究，可以判断企业财务状况是否良好，企业的经营管理是否健全，企业业务前景是否光明，同时还可以通过分析，找出企业经营管理的症结，提出解决问题的办法。

好的财务报表分析工作，可以正确评价企业的财务状况、经营成果和现金流量情况，揭示企业未来的报酬和风险；可以检查企业预算完成情况，考核经营管理人员的业绩，为建立健全合理的激励机制提供帮助。但财务报表分析并不仅仅只围绕着资产负债表、利润表和现金流量表这三张表格数据，财务报表最终是作用于财务报表使用者，因此，我们在考虑财务报表分析的时候还必须考虑到财务报表使用者。财务报表使用者牵涉到很多人，包括权益投资人、债权人、经理人员、政府机构和其他与企业有利益关系的人士。他们出于不同目的使用财务报表，需要不同的信息，采用不同的分析程序。

1.债权人

债权人是指借款给企业并得到企业还款承诺的人。债权人可以分为短期债权人和长期债权人。债权人的主要决策依据是企业的信用水平，通过了解企业的信用水平来决定是否需要提前收回债权。因此，债权人进行财务报表分析时最关心的是企业是否具有偿还债务的能力，关心企业能否按时支付利息，并于债权到期时归还本金，以及企业资产能否及时变现的偿还能力。

2.投资人

投资人是指公司的权益投资人，即普通股股东。普通股股东投资于公司的目的是扩大自己的财富。他们不一定会直接参与公司的经营管理，但是他们很关心企业的偿债能力、收益能力、投资风险，还很关心企业资产管理及使用情况以及企业长期发展趋势等。各投资主体都会按各自所需使用与自己经济利益相关联的指标对财务报表进行分析与考核。

3.企业经营管理人员

经营管理人员是指被所有者聘用的、对公司资产和负债进行管理的个人组成的团体，有时称之为“管理当局”。财务报表分析对于经营管理人员来说是十分有用的工具，通过了解生产经营过程反映出来的问题来完善管理制度，并对企业财务状况及经营结果做出准确判断，以实现企业利润最大化。因此，企业经营管理人员最关心公司的财务状况、盈利能力和持续发展的能力。经营管理人员可以获取外部使用人无法得到的内部信息，他们分析报表的主要目的是改善报表。

4.政府监管机构

政府监管机构也是公司财务报表的使用人，包括税务部门、国有企业的管理部门、证券管理机构、会计监管机构和社会保障部门等。国家作为国有企业所有人，要了解企业生产经营情况，即作为投资者要对企业进行财务分析；另外，国家宏观管理机构也要通过对企业进行财务分析来了解国民经济发展方向，考察企业是否合法经营、是否依法纳税。它们使用财务报表的目的是履行自己的监督管理职责。

5.其他人士

财务报表还会牵涉一些其他潜在的利益相关人，包括合作单位、潜在投资方以及个体等。比如，一个潜在的投资者在考虑投资前会仔细评估这个企业的投资潜力，而他评估的数据就来自财务报表。因此，企业在进行财务报表分析的时候，还需要考虑到对这些潜在投资者的影响。

10.1.2 财务报表分析的具体内容和方法

1.财务报表分析的具体内容

财务报表分析针对的主要是财务会计中最常用的几个报表数据，也就是我们常说的资产负债表、利润表和现金流量表。财务报表分析通过对表格中的数据进行加工分析，从而进一步判断企业的组织架构，了解企业的发展情况，以达到对企业的营运能力、偿债能力、盈利能力和发展潜力等进行评估的目的。

2.财务报表分析的方法

财务报表分析的方法，主要有比较分析法和因素分析法两种。

比较分析法可以进一步细分为以下几种分析方法：

（1）趋势分析法；

（2）同行业分析法；

（3）比率分析法；

（4）结构百分比法。

因素分析法也可以进一步细化为以下两种：

（1）比率因素分解法；

（2）差异因素分解法。

需要指出的是，本章关于财务报表分析的方法是通过Excel工具来实现的，因此只采用最简单的趋势分析法和比率分析法。

财务报表分析主要针对的是财务工作岗位的工作人员。在现实社会中，一些财务工作人员粉饰财务报表，存在造假或者侵吞资产等一系列道德败坏行为，这些行为不仅会给企业造成损失，同时也会给投资者带来无法弥补的损失，还会影响到社会的稳定。因此，我们不仅需要培养学生具有扎实的理论知识和精湛的业务能力，还需要培养学生具有高尚的职业道德，形成正确价值理念，做到诚实守信、爱岗敬业、团结协作、勇于创新。

10.2 资产负债表分析模型

资产负债表亦称财务状况表，是表示企业在某一特定日期（通常为各会计期末，如年末、季末、月末）的财务状况（即资产、负债和所有者权益的状况）的主要会计报表。资产负债表是静态报表，利用会计平衡原则，将资产、负债、所有者权益交易科目分为“资产”和“负债及股东权益”两大模块。如石家庄百盛装饰有限公司2022年的资产负债表的格式如图10-1所示。

资产负债表由表头、表体和表尾组成。表头是报表的标志，包括报表名称、编制单位、报表日期和金额单位。表体是报表的主体，是主要构成内容，资产负债表的项目按资产、负债和所有者权益的类别分别列示。表尾主要是对表体内容的补充说明，它提供企业和有关部门需要了解的指标的详细内容。目前，国际上流行的资产负债表主要有账户式和报告式两种基本格式。

我国资产负债表采用账户式结构，根据“资产=负债+所有者权益”的基本公式，报表分为左右两方，左方列示资产账户各项目，反映全部资产的分布及存在形态；右方列示负债和所有者权益各项目，反映全部负债和所有者权益的内容及构成情况。

10.2.1 资产负债表的结构分析模型

资产负债表的结构分析主要是分析资产负债表中的各个项目在总资产中所占的比重，在分析时，以资产负债表中的资产总计为基准，将其他各项目的数据与资产总计相比，求出各个项目在总资产中所占的结构百分比，即可得出资产负债表的结构分析模型，实际上也就是编制一个结构比资产负债表。

	A	B	C	D	E	F
1	资产负债表					
2	2022年12月31日					
3	编制单位：石家庄百盛装饰有限公司					单位：元
4	资　　产	年初数	年末数	负债和所有者权益（或股东权益）	年初数	年末数
5	流动资产：			流动负债：		
6	货币资金	6,332,000.00	6,685,000.00	短期借款	3,648,000.00	2,800,000.00
7	以公允价值计量且其变动计入当期损益的金融资产	0.00	0.00	以公允价值计量且其变动计入当期损益的金融负债	0.00	0.00
8	衍生金融资产	0.00	0.00	衍生金融负债	0.00	0.00
9	应收票据	0.00	0.00	应付票据	0.00	0.00
10	应收账款	29,053,000.00	36,736,000.00	应付账款	20,552,000.00	25,293,000.00
11	预付款项	4,965,000.00	5,933,000.00	预收款项	1,909,000.00	3,667,000.00
12	应收利息	0.00	0.00	应付职工薪酬	107,000.00	149,000.00
13	应收股利	0.00	0.00	应交税费	2,645,000.00	2,459,000.00
14	其他应收款	4,482,000.00	4,245,000.00	应付利息	36,000.00	28,000.00
15	存货	221,000.00	293,000.00	应付股利	0.00	0.00
16	持有待售资产			其他应付款	6,180,000.00	6,840,000.00
17	一年内到期的非流动资产			持有待售负债	0.00	0.00
18	其他流动资产			一年内到期的非流动负债	0.00	0.00
19	流动资产合计	45,053,000.00	53,892,000.00	其他流动负债	0.00	0.00
20	非流动资产：			流动负债合计	35,077,000.00	41,236,000.00
21	可供出售金融资产	0.00	0.00	非流动负债：		
22	持有至到期投资	0.00	0.00	长期借款	0.00	0.00
23	长期应收款	0.00	0.00	应付债券	0.00	0.00
24	长期股权投资	0.00	0.00	其中：优先股	0.00	0.00
25	投资性房地产	0.00	0.00	永续债	0.00	0.00
26	固定资产	7,500,000.00	8,600,000.00	长期应付款	0.00	0.00
27	累计折旧	650,000.00	1,300,000.00	专项应付款	0.00	0.00
28	在建工程	0.00	0.00	预计负债	0.00	0.00
29	工程物资	0.00	0.00	递延收益	0.00	0.00
30	固定资产清理	0.00	0.00	递延所得税负债	0.00	0.00
31	生产性生物资产	0.00	0.00	其他非流动负债	0.00	0.00
32	油气资产	0.00	0.00	非流动负债合计	0.00	0.00
33	无形资产	758,000.00	718,000.00	负债合计	35,077,000.00	41,236,000.00
34	开发支出	0.00	0.00	所有者权益（或股东权益）：		
35	商誉	0.00	0.00	实收资本（或股本）	10,000,000.00	10,000,000.00
36	长期待摊费用	0.00	0.00	其他权益工具		
37	递延所得税资产	0.00	0.00	其中：优先股		
38	其他非流动资产	0.00	0.00	永续债		
39	非流动资产合计	7,608,000.00	8,018,000.00	资本公积		
40				减：库存股		
41				其他综合收益		
42				盈余公积	1,162,000.00	1,899,000.00
43				未分配利润	6,422,000.00	8,775,000.00
44				所有者权益（或股东权益）合计	17,584,000.00	20,674,000.00
45	资产总计	52,661,000.00	61,910,000.00	负债和所有者权益（或股东权益）总计	52,661,000.00	61,910,000.00

图10-1　石家庄百盛装饰有限公司2022年资产负债表

【例10-1】石家庄百盛装饰有限公司2022年的资产负债表如图10-1所示，试对该企业2022年年末的资产负债表进行结构分析。

解析：建立新的工作表“资产负债表结构分析模型”或“结构比资产负债表”。将图10-1中资产负债表的项目和期末数复制到该表中，如图10-2所示。

	A	B	C	D	E	F
1	资产负债表结构分析					
2	编制单位：石家庄百盛装饰有限公司					单位：元
3	资　　产	年末数	结构比	负债和所有者权益（或股东权益）	年末数	结构比
4	流动资产：			流动负债：		
5	货币资金	6,685,000.00		短期借款	2,800,000.00	
6	以公允价值计量且其变动计入当期损益的金融资产	0.00		以公允价值计量且其变动计入当期损益的金融负债	0.00	
7	衍生金融资产	0.00		衍生金融负债	0.00	
8	应收票据	0.00		应付票据	0.00	
9	应收账款	36,736,000.00		应付账款	25,293,000.00	
10	预付款项	5,933,000.00		预收款项	3,667,000.00	
11	应收利息	0.00		应付职工薪酬	149,000.00	
12	应收股利	0.00		应交税费	2,459,000.00	
13	其他应收款	4,245,000.00		应付利息	28,000.00	
14	存货	293,000.00		应付股利	0.00	
15	持有待售资产			其他应付款	6,840,000.00	
16	一年内到期的非流动资产			持有待售负债	0.00	
17	其他流动资产			一年内到期的非流动负债	0.00	
18	流动资产合计	53,892,000.00		其他流动负债	0.00	
19	非流动资产：			流动负债合计	41,236,000.00	
20	可供出售金融资产	0.00		非流动负债：		
21	持有至到期投资	0.00		长期借款	0.00	
22	长期应收款	0.00		应付债券	0.00	
23	长期股权投资	0.00		其中：优先股	0.00	
24	投资性房地产	0.00		永续债	0.00	
25	固定资产	8,600,000.00		长期应付款	0.00	
26	累计折旧	1,300,000.00		专项应付款	0.00	
27	在建工程	0.00		预计负债	0.00	
28	工程物资	0.00		递延收益	0.00	
29	固定资产清理	0.00		递延所得税负债	0.00	
30	生产性生物资产	0.00		其他非流动负债	0.00	
31	油气资产	0.00		非流动负债合计	0.00	
32	无形资产	718,000.00		负债合计	41,236,000.00	
33	开发支出	0.00		所有者权益（或股东权益）：		
34	商誉	0.00		实收资本（或股本）	10,000,000.00	
35	长期待摊费用	0.00		其他权益工具		
36	递延所得税资产	0.00		其中：优先股		
37	其他非流动资产	0.00		永续债		
38	非流动资产合计	8,018,000.00		资本公积		
39				减：库存股		
40				其他综合收益		
41				盈余公积	1,899,000.00	
42				未分配利润	8,775,000.00	
43				所有者权益（或股东权益）合计	20,674,000.00	
44	资产总计	61,910,000.00		负债和所有者权益（或股东权益）总计	61,910,000.00	

图10-2　资产负债表结构分析基本数据

然后在图10-2的表中进行资产负债的结构分析，具体步骤如下：

（1）在单元格C5处输入公式“=B5/B$44”，按Enter键求得结果；

（2）选择自动填充选项，按鼠标由单元格C5拖动至单元格C44处，按Enter键求得结果；

（3）在F5单元格输入公式“=E5/E$44”，按Enter键求得结果；

（4）同理，自动填充单元格F6至单元格F44处；

（5）C列和F列数字部分区域单元格格式设置选择“数字”为“百分比”型，小数位数为2位。

经过上述操作过程，即可得到下面的效果显示，如图10-3所示。

	A	B	C	D	E	F
1	资产负债表结构分析					
2						
3	资　产	年末数	结构比	负债和所有者权益（或股东权益）	年末数	结构比
4	流动资产：			流动负债：		
5	货币资金	6,685,000.00	10.80%	短期借款	2,800,000.00	4.52%
6	以公允价值计量且其变动计入当期损益的金融资产	0.00	0.00%	以公允价值计量且其变动计入当期损益的金融负债	0.00	0.00%
7	衍生金融资产	0.00	0.00%	衍生金融负债	0.00	0.00%
8	应收票据	0.00	0.00%	应付票据	0.00	0.00%
9	应收账款	36,736,000.00	59.34%	应付账款	25,293,000.00	40.85%
10	预付款项	5,933,000.00	9.58%	预收款项	3,667,000.00	5.92%
11	应收利息	0.00	0.00%	应付职工薪酬	149,000.00	0.24%
12	应收股利	0.00	0.00%	应交税费	2,459,000.00	3.97%
13	其他应收款	4,245,000.00	6.86%	应付利息	28,000.00	0.05%
14	存货	293,000.00	0.47%	应付股利	0.00	0.00%
15	持有待售资产		0.00%	其他应付款	6,840,000.00	11.05%
16	一年内到期的非流动资产		0.00%	持有待售负债	0.00	0.00%
17	其他流动资产		0.00%	一年内到期的非流动负债	0.00	0.00%
18	流动资产合计	53,892,000.00	87.05%	其他流动负债	0.00	0.00%
19	非流动资产：		0.00%	流动负债合计	41,236,000.00	66.61%
20	可供出售金融资产	0.00	0.00%	非流动负债：		0.00%
21	持有至到期投资	0.00	0.00%	长期借款	0.00	0.00%
22	长期应收款	0.00	0.00%	应付债券	0.00	0.00%
23	长期股权投资	0.00	0.00%	其中：优先股	0.00	0.00%
24	投资性房地产	0.00	0.00%	永续债	0.00	0.00%
25	固定资产	8,600,000.00	13.89%	长期应付款	0.00	0.00%
26	累计折旧	1,300,000.00	2.10%	专项应付款	0.00	0.00%
27	在建工程	0.00	0.00%	预计负债	0.00	0.00%
28	工程物资	0.00	0.00%	递延收益	0.00	0.00%
29	固定资产清理	0.00	0.00%	递延所得税负债	0.00	0.00%
30	生产性生物资产	0.00	0.00%	其他非流动负债	0.00	0.00%
31	油气资产	0.00	0.00%	非流动负债合计	0.00	0.00%
32	无形资产	718,000.00	1.16%	负债合计	41,236,000.00	66.61%
33	开发支出	0.00	0.00%	所有者权益（或股东权益）：		0.00%
34	商誉	0.00	0.00%	实收资本（或股本）	10,000,000.00	16.15%
35	长期待摊费用	0.00	0.00%	其他权益工具		
36	递延所得税资产	0.00	0.00%	其中：优先股		
37	其他非流动资产	0.00	0.00%	永续债		
38	非流动资产合计	8,018,000.00	12.95%	资本公积		
39				减：库存股		
40				其他综合收益		
41				盈余公积	1,899,000.00	3.07%
42				未分配利润	8,775,000.00	14.17%
43				所有者权益（或股东权益）合计	20,674,000.00	33.39%
44	资产总计	61,910,000.00	100.00%	负债和所有者权益（或股东权益）总计	61,910,000.00	100.00%

图10-3　资产负债表结构分析

根据图10-3显示的结果，可以对企业资产负债表的结构进行分析。

为了更直观地反映企业的总资产结构，还可以从资产的构成和来源两个方面来绘制企业总资产的结构图示，以饼状图表示，数据源的选择及结果如图10-4、图10-5所示。

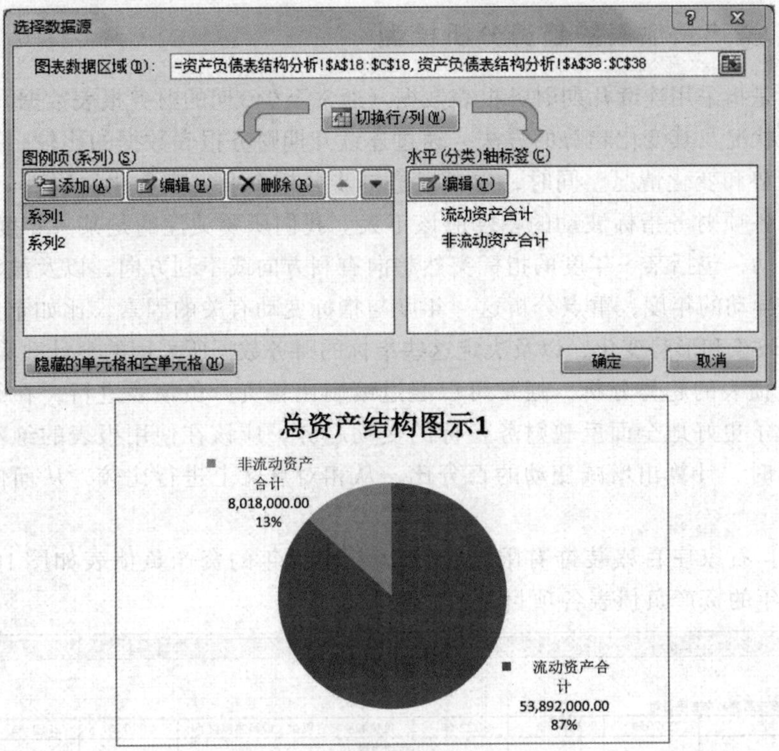

图10-4　总资产结构饼状图（1）

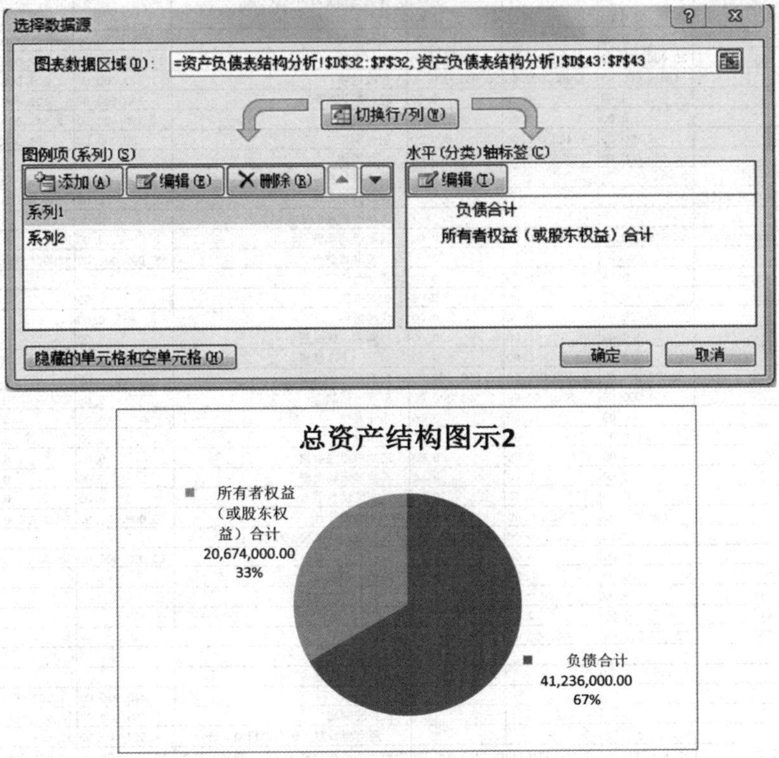

图10-5　总资产结构饼状图（2）

10.2.2 资产负债表的趋势分析模型

趋势分析是指采用连续几期财务报表数据（通常至少3期的财务报表数据），分析财务单位的各期经营状况及其变化趋势的方法。通过连续几期财务报表数据的比较，可以大体了解企业的发展趋势和变化情况。同时，也可以进一步分析企业发生变化的原因。一般情况下，企业各年度的各项财务指标波动的幅度应该不大。我们所要关注的是某一年度异常的变动，这种异常的变动，包括某一年度的指标突然趋向有利方向或不利方向，以及波动幅度突然增大。找出指标异动的年度，重点分析这一年度与指标变动有关的因素，比如企业重大经营决策、宏观经济政策和形势变化，以及决定这些指标的财务数据所采用的会计政策等。

对资产负债表的趋势分析，通常可以通过编制比较资产负债表进行，在编制比较资产负债表时，为了更好地全面反映财务指标的变动趋势，应该在使用报表的绝对数进行增减变动比较的同时，计算出增减变动的百分比，从相对意义上进行比较，从而使得分析更具有实际意义。

【例10-2】石家庄百盛装饰有限公司2020—2022年的资产负债表如图10-6所示，试对该企业近3年的资产负债表各项目进行趋势分析。

	A	B	C	D	E	F	G	H
1	资产负债表							
2	2020-2022年							
3	编制单位：石家庄百盛装饰有限公司							单位：元
4	资　　产	2020年	2021年	2022年	负债和所有者权益（或股东权益）	2020年	2021年	2022年
5	流动资产：				流动负债：			
6	货币资金	6,074,000.00	6,332,000.00	6,685,000.00	短期借款	5,850,000.00	3,648,000.00	2,800,000.00
7	以公允价值计量且其变动计入当期损益的金融资产	0.00	0.00	0.00	以公允价值计量且其变动计入当期损益的金融负债	0.00	0.00	0.00
8	衍生金融资产	0.00	0.00	0.00	衍生金融负债	0.00	0.00	0.00
9	应收票据	0.00	0.00	0.00	应付票据	0.00	0.00	0.00
10	应收账款	20,406,000.00	29,053,000.00	36,736,000.00	应付账款	14,625,000.00	20,552,000.00	25,293,000.00
11	预付款项	4,514,000.00	4,965,000.00	5,933,000.00	预收款项	1,170,000.00	1,909,000.00	3,667,000.00
12	应收利息	0.00	0.00	0.00	应付职工薪酬	140,000.00	107,000.00	149,000.00
13	应收股利	0.00	0.00	0.00	应交税费	2,170,000.00	2,645,000.00	2,459,000.00
14	其他应收款	2,699,000.00	4,482,000.00	4,245,000.00	应付利息	59,000.00	36,000.00	28,000.00
15	存货	185,000.00	221,000.00	293,000.00	应付股利	0.00	0.00	0.00
16	持有待售资产				其他应付款	2,084,000.00	6,180,000.00	6,840,000.00
17	一年内到期的非流动资产				持有待售负债	0.00	0.00	0.00
18	其他流动资产				一年内到期的非流动负债	0.00	0.00	0.00
19	流动资产合计	33,878,000.00	45,053,000.00	53,892,000.00	其他流动负债	0.00	0.00	0.00
20	非流动资产：				流动负债合计	26,098,000.00	35,077,000.00	41,236,000.00
21	可供出售金融资产	0.00	0.00	0.00	非流动负债：			
22	持有至到期投资	0.00	0.00	0.00	长期借款	0.00	0.00	0.00
23	长期应收款	0.00	0.00	0.00	应付债券	0.00	0.00	0.00
24	长期股权投资	0.00	0.00	0.00	其中：优先股	0.00	0.00	0.00
25	投资性房地产	0.00	0.00	0.00	永续债	0.00	0.00	0.00
26	固定资产	5,839,000.00	7,500,000.00	8,600,000.00	长期应付款	0.00	0.00	0.00
27	累计折旧	384,000.00	650,000.00	1,300,000.00	专项应付款	0.00	0.00	0.00
28	在建工程	0.00	0.00	0.00	预计负债	0.00	0.00	0.00
29	工程物资	0.00	0.00	0.00	递延收益	0.00	0.00	0.00
30	固定资产清理	0.00	0.00	0.00	递延所得税负债	0.00	0.00	0.00
31	生产性生物资产	0.00	0.00	0.00	其他非流动负债	0.00	0.00	0.00
32	油气资产	0.00	0.00	0.00	非流动负债合计	0.00	0.00	0.00
33	无形资产	788,000.00	758,000.00	718,000.00	负债合计	26,098,000.00	35,077,000.00	41,236,000.00
34	开发支出	0.00	0.00	0.00	所有者权益（或股东权益）：			
35	商誉	0.00	0.00	0.00	实收资本（或股本）	10,000,000.00	10,000,000.00	10,000,000.00
36	长期待摊费用	0.00	0.00	0.00	其他权益工具			
37	递延所得税资产	0.00	0.00	0.00	其中：优先股			
38	其他非流动资产	0.00	0.00	0.00	永续债			
39	非流动资产合计	6,243,000.00	7,608,000.00	8,018,000.00	资本公积			
40					减：库存股			
41					其他综合收益			
42					盈余公积	440,000.00	1,162,000.00	1,899,000.00
43					未分配利润	3,583,000.00	6,422,000.00	8,775,000.00
44					所有者权益（或股东权益）合计	14,023,000.00	17,584,000.00	20,674,000.00
45	资产总计	40,121,000.00	52,661,000.00	61,910,000.00	负债和所有者权益（或股东权益）总计	40,121,000.00	52,661,000.00	61,910,000.00

图10-6　石家庄百盛装饰有限公司2020—2022年资产负债表

解析：建立新的工作表“资产负债表趋势分析模型”或“比较资产负债表”。根据图10-6中资产负债表的数据，采用环比法计算各项目的增减额和增减的百分比，如图10-7所示。

	A	B	C	D	E	F	G	H	I	J
1	资产负债表趋势分析模型									
2	按环比计算									
3	资　产	2021年		2022年		负债和所有者权益（或股东权益）	2021年		2022年	
4		增减额	%	增减额	%		增减额	%	增减额	%
5	流动资产：					流动负债：				
6	货币资金	258,000.00	4.25%	353,000.00	5.57%	短期借款	-2,202,000.00	-37.64%	-848,000.00	-23.25%
7	以公允价值计量且其变动计入当期损益的金融资产	0.00		0.00		以公允价值计量且其变动计入当期损益的金融负债	0.00		0.00	
8	衍生金融资产	0.00		0.00		衍生金融负债	0.00		0.00	
9	应收票据	0.00		0.00		应付票据	0.00		0.00	
10	应收账款	8,647,000.00	42.37%	7,683,000.00	26.44%	应付账款	5,927,000.00	40.53%	4,741,000.00	23.07%
11	预付款项	451,000.00	9.99%	968,000.00	19.50%	预收款项	739,000.00	63.16%	1,758,000.00	92.09%
12	应收利息	0.00		0.00		应付职工薪酬	-33,000.00	-23.57%	42,000.00	39.25%
13	应收股利	0.00		0.00		应交税费	475,000.00	21.89%	-186,000.00	-7.03%
14	其他应收款	1,783,000.00	66.06%	-237,000.00	-5.29%	应付利息	-23,000.00	-38.98%	-8,000.00	-22.22%
15	存货	36,000.00	19.46%	72,000.00	32.58%	应付股利	0.00		0.00	
16	持有待售资产	0.00		0.00		其他应付款	4,096,000.00	196.55%	660,000.00	10.68%
17	一年内到期的非流动资产	0.00		0.00		持有待售负债	0.00		0.00	
18	其他流动资产	0.00		0.00		一年内到期的非流动负债	0.00		0.00	
19	流动资产合计	11,175,000.00	32.99%	8,839,000.00	19.62%	其他流动负债	0.00		0.00	
20	非流动资产：					流动负债合计	8,979,000.00	34.40%	6,159,000.00	17.56%
21	可供出售金融资产	0.00		0.00		非流动负债：				
22	持有至到期投资	0.00		0.00		长期借款	0.00		0.00	
23	长期应收款	0.00		0.00		应付债券	0.00		0.00	
24	长期股权投资	0.00		0.00		其中：优先股	0.00		0.00	
25	投资性房地产	0.00		0.00		永续债	0.00		0.00	
26	固定资产	1,661,000.00	28.45%	1,100,000.00	14.67%	长期应付款	0.00		0.00	
27	累计折旧	266,000.00	69.27%	650,000.00	100.00%	专项应付款	0.00		0.00	
28	在建工程	0.00		0.00		预计负债	0.00		0.00	
29	工程物资	0.00		0.00		递延收益	0.00		0.00	
30	固定资产清理	0.00		0.00		递延所得税负债	0.00		0.00	
31	生产性生物资产	0.00		0.00		其他非流动负债	0.00		0.00	
32	油气资产	0.00		0.00		非流动负债合计	0.00		0.00	
33	无形资产	-30,000.00	-3.81%	-40,000.00	-5.28%	负债合计	8,979,000.00	34.40%	6,159,000.00	17.56%
34	开发支出	0.00		0.00		所有者权益（或股东权益）：				
35	商誉	0.00		0.00		实收资本（或股本）	0.00		0.00	
36	长期待摊费用	0.00		0.00		其他权益工具				
37	递延所得税资产	0.00		0.00		其中：优先股				
38	其他非流动资产	0.00		0.00		永续债				
39	非流动资产合计	1,365,000.00	21.86%	410,000.00	5.39%	资本公积				
40						减：库存股				
41						其他综合收益				
42						盈余公积	722,000.00	164.09%	737,000.00	63.43%
43						未分配利润	2,839,000.00	79.24%	2,353,000.00	36.64%
44						所有者权益（或股东权益）合计	3,561,000.00	25.39%	3,090,000.00	17.57%
45	资产总计	12,540,000.00	31.26%	9,249,000.00	17.56%	负债和所有者权益（或股东权益）总计	12,540,000.00	31.26%	9,249,000.00	17.56%

图10-7　资产负债表趋势分析模型

具体操作步骤如下：

（1）在单元格B6处输入公式“=2020—2022资产负债表！C6-2020—2022资产负债表！B6”，按Enter键求得数；

（2）选择自动填充选项，按鼠标由单元格B6拖动至单元格B45处，按Enter键求得数；

（3）在单元格C6输入公式“=B6/2020—2022资产负债表！B6”，按Enter键求得数；

（4）按同样道理，自动填充单元格C6至单元格C45处，按Enter键求得数；

（5）在单元格D6输入公式“=2020—2022资产负债表！D6-2020—2022资产负债表！C6”，按Enter键求得数，然后自动填充单元格D7至单元格D45处，在单元格E6输入公式“=D6/2020—2022资产负债表！C6”，求得数，再自动填充该列；

（6）按上述同样方法完成G、H、I、J四列的操作；

（7）将C、E、H、J四列区域单元格格式设置为数字“百分比”型，小数点后位数为2位。

完成上述操作步骤，即可得到如图10-7所示的效果。

另外，还可以根据2020—2022年资产负债表的资料绘制企业资产、负债及所有者权益有关项目的变化图示（折线图或柱状图），折线图如图10-8所示，柱状图如图10-9所示。

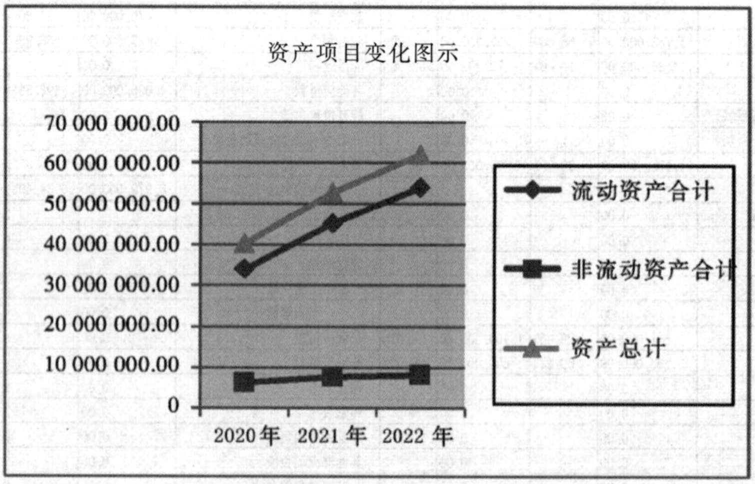

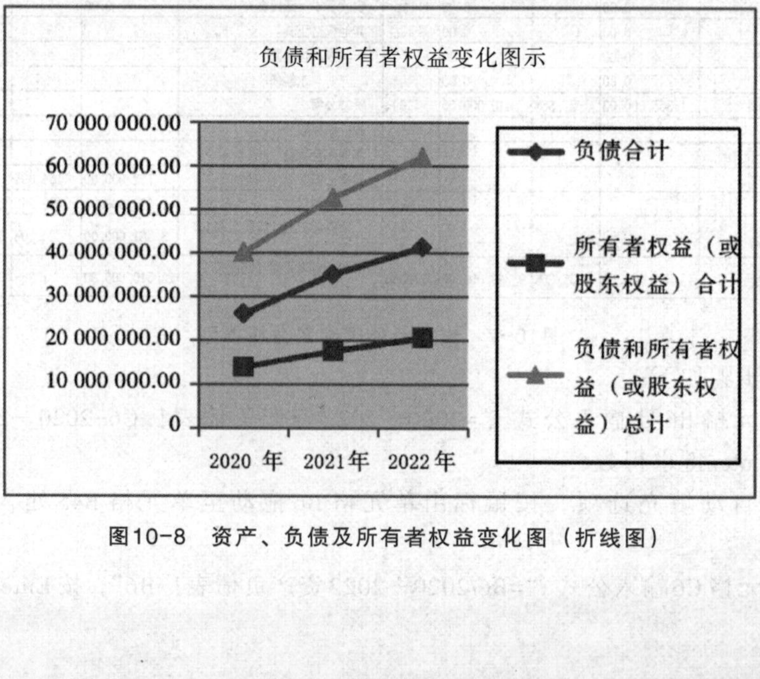

图10-8　资产、负债及所有者权益变化图（折线图）

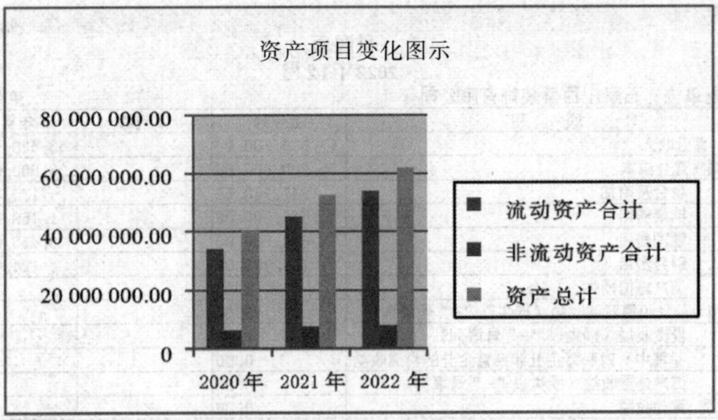

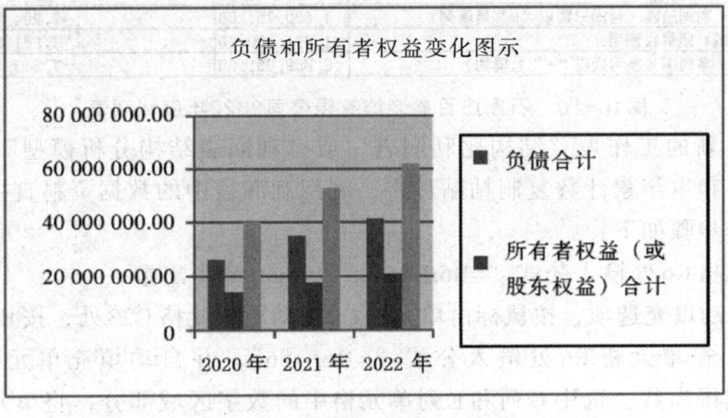

图10-9　资产、负债及所有者权益变化图（柱状图）

10.3　利润表分析模型

利润表是反映企业一定时期内经营成果（利润或亏损）的实际情况的报表。通过利润表，可以揭示企业一定时期内的经营成果，评价企业利润计划的完成情况，分析利润增减变动情况及原因；结合其他资料，可以预测企业的获利能力、偿债能力、营运能力以及企业发展前景等。

对利润表的分析，通常也需要进行结构分析和趋势分析，分析的依据就是企业利润表中的数据资料。

10.3.1　利润表结构分析模型

利润表的结构分析主要将企业主营业务收入作为总体，计算分析其他各主要项目占主营业务收入的比重，通常是通过编制结构比利润表进行的。重点是分析企业成本费用和利润占销售收入的百分比。

【例10-3】石家庄百盛装饰有限公司2022年度利润表如图10-10所示，试对该公司进行利润表结构分析。

	A	B	C	D
1	利润表			
2	2022年12月			
3	编制单位：石家庄百盛装饰有限公司			单位：元
4	项　目	上年数	本月数	本年累计数
5	一、营业收入	47,589,700.00		53,520,500.00
6	减：营业成本	35,200,000.00		38,600,000.00
7	税金及附加	247,948.50		175,561.50
8	销售费用	1,568,000.00		1,756,000.00
9	管理费用	2,814,000.00		3,660,000.00
10	财务费用	129,000.00		124,000.00
11	资产减值损失	0.00		0.00
12	加：公允价值变动收益（损失以“-”号填列）	0.00		0.00
13	投资收益（损失以“-”号填列）	0.00		0.00
14	其中：对联营企业和合营企业的投资收益	0.00		0.00
15	资产处置收益（损失以“-”号填列）	0.00		0.00
16	其他收益	0.00		0.00
17	二、营业利润（亏损以“-”号填列）	7,630,751.50		9,204,938.50
18	加：营业外收入	0.00		0.00
19	减：营业外支出	0.00		0.00
20	三、利润总额（亏损总额以“-”号填列）	7,630,751.50		9,204,938.50
21	减：所得税费用	1,671,700.00		1,961,500.00
22	四、净利润（净亏损以“-”号填列）	5,959,051.50		7,243,438.50

图10-10　石家庄百盛装饰有限公司2022年度利润表

解析：建立新的工作表“结构比利润表”或“利润表结构分析模型”，并将图10-10中利润表的项目和本年累计数复制粘贴过来，利用利润表中的数据资料直接建立模型计算即可。具体操作步骤如下：

（1）在单元格C6处输入公式“=B6/B$6”，按Enter键得出数；

（2）选择自动填充选项，按鼠标由单元格C6拖动至单元格C23处，按Enter键得出数；

（3）同理，在单元格E6处输入公式“=D6/D$6”，并自动填充单元格E7至单元格E23，按Enter键得出数，选中C列和E列单元格中的数字区域部分，将单元格格式设置为数字“百分比”型，小数点后位数为2位。

完成上述操作后，即可得到如图10-11所示的模型。

	A	B	C	D	E
1	利润表				
2	2022年12月				
3				金额单位：元	
4	项　目	上年数		本年累计数	
5		实际数	结构比	实际数	结构比
6	一、营业收入	47,589,700.00	100.00%	53,520,500.00	100.00%
7	减：营业成本	35,200,000.00	73.97%	38,600,000.00	72.12%
8	税金及附加	247,948.50	0.52%	175,561.50	0.33%
9	销售费用	1,568,000.00	3.29%	1,756,000.00	3.28%
10	管理费用	2,814,000.00	5.91%	3,660,000.00	6.84%
11	财务费用	129,000.00	0.27%	124,000.00	0.23%
12	资产减值损失	0.00	0.00%	0.00	0.00%
13	加：公允价值变动收益（损失以“-”号填列）	0.00	0.00%	0.00	0.00%
14	投资收益（损失以“-”号填列）	0.00	0.00%	0.00	0.00%
15	其中：对联营企业和合营企业的投资收益	0.00	0.00%	0.00	0.00%
16	资产处置收益（损失以“-”号填列）	0.00	0.00%	0.00	0.00%
17	其他收益	0.00	0.00%	0.00	0.00%
18	二、营业利润（亏损以“-”号填列）	7,630,751.50	16.03%	9,204,938.50	17.20%
19	加：营业外收入	0.00	0.00%	0.00	0.00%
20	减：营业外支出	0.00	0.00%	0.00	0.00%
21	三、利润总额（亏损总额以“-”号填列）	7,630,751.50	16.03%	9,204,938.50	17.20%
22	减：所得税费用	1,671,700.00	3.51%	1,961,500.00	3.66%
23	四、净利润（净亏损以“-”号填列）	5,959,051.50	12.52%	7,243,438.50	13.53%

图10-11　利润表结构分析模型

也可以在上述模型的基础上，绘制利润表结构分析柱状图，这样能够更直观地显示利润表中各项目占收入的百分比，如图10-12所示。

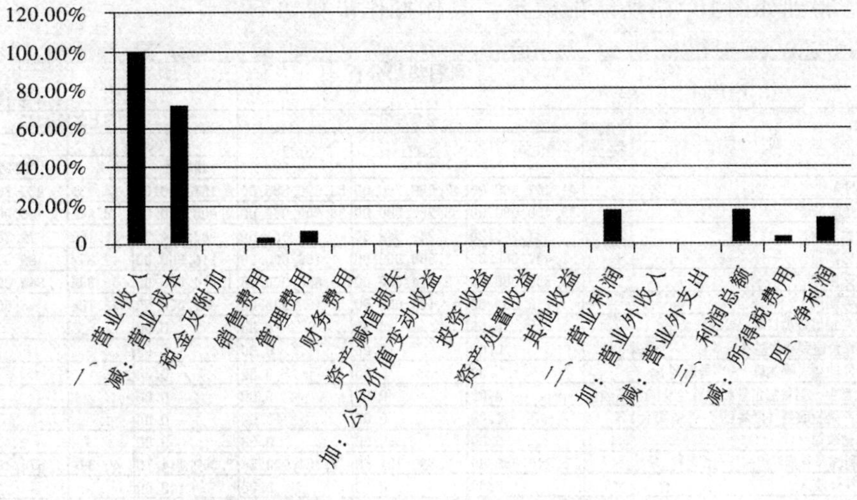

图10-12　利润表结构分析柱状图

10.3.2　利润表趋势分析模型

利润表趋势分析就是利用连续近几期（一般3～5期）利润表中的相关数据资料，通过对比分析企业经营成果状况及变化趋势，并在此基础上进一步分析企业经营成果发生变化的原因，以便企业更好地进行下一个循环的经营决策。

【例10-4】石家庄百盛装饰有限公司2021年和2022年的利润表资料如图10-10所示，2020年和2021年的利润表资料如图10-13所示。利用上述资料进行利润表的趋势分析。

	A	B	C	D
1	利润表			
2	2021年12月			
3	编制单位：石家庄百盛装饰有限公司			单位：元
4	项　　目	上年数	本月数	本年累计数
5	一、营业收入	41,407,900.00		47,589,700.00
6	减：营业成本	32,400,000.00		35,200,000.00
7	税金及附加	331,263.20		247,948.50
8	销售费用	1,452,000.00		1,568,000.00
9	管理费用	1,800,000.00		2,814,000.00
10	财务费用	176,000.00		129,000.00
11	资产减值损失	0.00		0.00
12	加：公允价值变动收益（损失以“-”号填列）	0.00		0.00
13	投资收益（损失以“-”号填列）	0.00		0.00
14	其中：对联营企业和合营企业的投资收益	0.00		0.00
15	资产处置收益（损失以“-”号填列）	0.00		0.00
16	其他收益	0.00		0.00
17	二、营业利润（亏损以“-”号填列）	5,248,636.80		7,630,751.50
18	加：营业外收入	0.00		0.00
19	减：营业外支出	0.00		0.00
20	三、利润总额（亏损总额以“-”号填列）	5,248,636.80		7,630,751.50
21	减：所得税费用	1,467,900.00		1,671,700.00
22	四、净利润（净亏损以“-”号填列）	3,780,736.80		5,959,051.50

图10-13　2020年和2021年的利润表资料

解析：建立新的工作表，命名为“利润表趋势分析模型”或“比较利润表”，将2020年至2022年各年的利润表资料复制到工作表中。然后利用各年利润表中的资料进行计算分析，即可得到如图10-14所示的效果。具体操作步骤如下：

	A	B	C	D	E	F	G	H
1	利润趋势分析							
2							金额单位：元	
3	项　目	分析年份			比上年增（减）			
4		2020	2021	2022	2021		2022	
5					增减额	%	增减额	%
6	一、营业收入	41,407,900.00	47,589,700.00	53,520,500.00	6,181,800.00	14.93%	5,930,800.00	12.46%
7	减：营业成本	32,400,000.00	35,200,000.00	38,600,000.00	2,800,000.00	8.64%	3,400,000.00	9.66%
8	税金及附加	331,263.20	247,948.50	175,561.50	-83,314.70	-25.15%	-72,387.00	-29.19%
9	销售费用	1,452,000.00	1,568,000.00	1,756,000.00	116,000.00	7.99%	188,000.00	11.99%
10	管理费用	1,800,000.00	2,814,000.00	3,660,000.00	1,014,000.00	56.33%	846,000.00	30.06%
11	财务费用	176,000.00	129,000.00	124,000.00	-47,000.00	-26.70%	-5,000.00	-3.88%
12	资产减值损失	0.00	0.00	0.00	0.00		0.00	
13	加：公允价值变动收益（损失以“-”号填列）	0.00	0.00	0.00	0.00		0.00	
14	投资收益（损失以“-”号填列）	0.00	0.00	0.00	0.00		0.00	
15	其中：对联营企业和合营企业的投资收益	0.00	0.00	0.00	0.00		0.00	
16	资产处置收益（损失以“-”号填列）	0.00	0.00	0.00	0.00		0.00	
17	其他收益	0.00	0.00	0.00	0.00		0.00	
18	二、营业利润（亏损以“-”号填列）	5,248,636.80	7,630,751.50	9,204,938.50	2,382,114.70	45.39%	1,574,187.00	20.63%
19	加：营业外收入	0.00	0.00	0.00	0.00		0.00	
20	减：营业外支出	0.00	0.00	0.00	0.00		0.00	
21	三、利润总额（亏损总额以“-”号填列）	5,248,636.80	7,630,751.50	9,204,938.50	2,382,114.70	45.39%	1,574,187.00	20.63%
22	减：所得税费用	1,467,900.00	1,671,700.00	1,961,500.00	203,800.00	13.88%	289,800.00	17.34%
23	四、净利润（净亏损以“-”号填列）	3,780,736.80	5,959,051.50	7,243,438.50	2,178,314.70	57.62%	1,284,387.00	21.55%

图10-14　利润趋势分析

（1）在单元格E6处输入公式“=C6-B6”，按Enter键求得数；

（2）选择自动填充选项，按鼠标由单元格E6拖动至单元格E23处；

（3）在单元格F6处输入公式“=E6/B6”，并自动填充单元格F7至单元格F23；

（4）在单元格G6处输入公式“=D6-C6”，并自动填充单元格G7至单元格G23；

（5）在单元格H6处输入公式“=G6/C6”，并自动填充单元格H7至单元格H23；

（6）选中百分比F和H列的数字区域，将单元格的格式设置为数字“百分比”型，小数点后位数选择2位。

在上述分析的基础上，绘制收入、成本、利润趋势图，如图10-15所示。

10.4 现金流量表分析模型

现金流量表是反映一定时期内（如月度、季度或年度）企业经营活动、投资活动和筹资活动对现金及现金等价物所产生影响的财务报表。现金流量表详细描述了由公司的经营、投资与筹资活动所产生的现金流量。我们在对现金流量表进行分析的时候，其实就是通过建立Excel表格来分析表中数据的变动幅度和波动趋势，通过分析清楚数据的波动趋势和方向，才能进一步掌握企业未来现金流量的发展趋势。在这里，我们主要进行表格构成分析和变动趋势分析。

10.4.1 现金流量表表格构成分析模型

我们在进行现金流量表表格构成分析的时候通常从两个方面来考虑：一个是表格总体结构分析；另一个是具体项目结构分析。

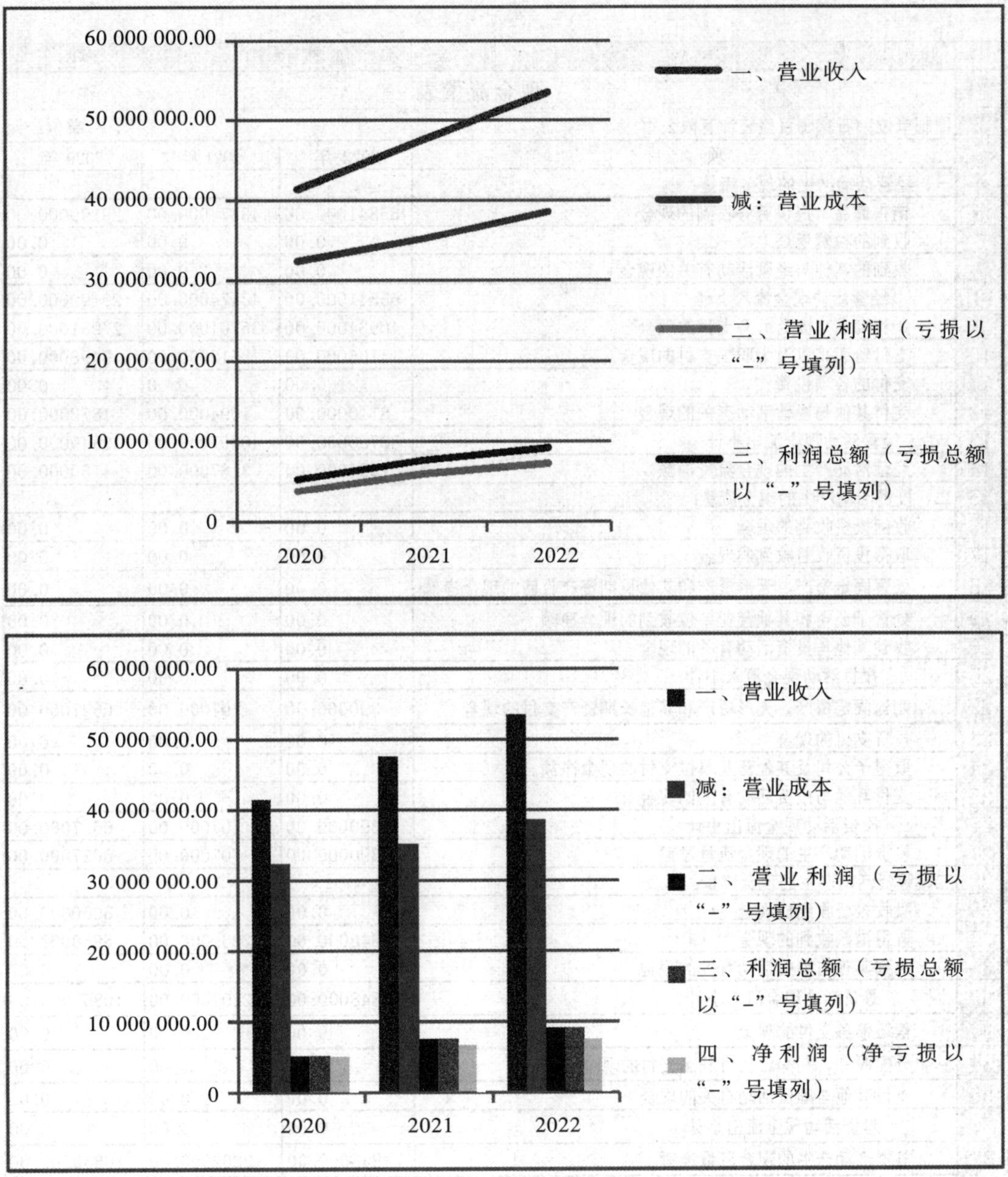

图10-15　收入、成本、利润趋势图

1. 表格总体结构分析

首先我们来看现金流量表的总体结构分析，它是对一定时期内企业现金流量的组成部分进行剖析，判断影响企业现金流量的重要部分。

【例 10-5】石家庄百盛装饰有限公司 2020—2022 年的现金流量表如图 10-16 所示，试建立 Excel 现金流量表总体结构分析模型。

解析：建立新的 Excel 表格，命名为“现金流量表的总体结构分析”，并参照图 10-16 将相关项目名称和数据输入进去，如图 10-17 所示。

	A	B	C	D
1	现金流量表			
2	编制单位：石家庄百盛装饰有限公司			单位：元
3	项　　目	2022 年	2021 年	2020 年
4	一、经营活动产生的现金流量：			
5	销售商品、提供劳务收到的现金	55341000.00	43474000.00	29199000.00
6	收到的税费返还	0.00	0.00	0.00
7	收到的其他与经营活动有关的现金	0.00	0.00	0.00
8	经营活动现金流入小计	55341000.00	43474000.00	29199000.00
9	购买商品、接受劳务支付的现金	40934000.00	35701000.00	27981000.00
10	支付给职工以及为职工支付的现金	4706000.00	3512000.00	3496000.00
11	支付的各项税费	0.00	0.00	0.00
12	支付其他与经营活动有关的现金	8110000.00	1094000.00	1872000.00
13	经营活动现金流出小计	53750000.00	40307000.00	33349000.00
14	经营活动产生的现金流量净额	1591000.00	3167000.00	-4150000.00
15	二、投资活动产生的现金流量：			
16	收回投资收到的现金	0.00	0.00	0.00
17	取得投资收益收到的现金	0.00	0.00	0.00
18	处置固定资产、无形资产和其他长期资产收回的现金净额	0.00	0.00	0.00
19	处置子公司和其他营业单位收到的现金净额	0.00	0.00	0.00
20	收到其他与投资活动有关的现金	0.00	0.00	0.00
21	投资活动现金流入小计	0.00	0.00	0.00
22	购建固定资产、无形资产和其他长期资产支付的现金	390000.00	707000.00	6627000.00
23	投资支付的现金	0.00	0.00	0.00
24	取得子公司及其他营业单位支付的现金净额	0.00	0.00	0.00
25	支付其他与投资活动有关的现金	0.00	0.00	0.00
26	投资活动现金流出小计	390000.00	707000.00	6627000.00
27	投资活动产生的现金流量净额	-390000.00	-707000.00	-6627000.00
28	三、筹资活动产生的现金流量：			
29	吸收投资收到的现金	0.00	0.00	5000000.00
30	取得借款收到的现金	-848000.00	-2202000.00	5850000.00
31	收到其他与筹资活动有关的现金	0.00	0.00	0.00
32	筹资活动现金流入小计	-848000.00	-2202000.00	10850000.00
33	偿还债务支付的现金	0.00	0.00	0.00
34	分配股利、利润或偿付利息支付的现金	0.00	0.00	0.00
35	支付其他与筹资活动有关的现金	0.00	0.00	0.00
36	筹资活动现金流出小计	0.00	0.00	0.00
37	筹资活动产生的现金流量净额	-848000.00	-2202000.00	10850000.00
38	四、现金及现金等价物净增加额	353000.00	258000.00	73000.00
39	加：期初现金及现金等价物余额	6332000.00	6074000.00	6001000.00
40	五、期末现金及现金等价物余额	6685000.00	6332000.00	6074000.00

图10-16　现金流量表

	A	B	C	D	E	F	G	H	I	J
1	现金流量表的总体结构分析									
2	项　目	现金流入构成			现金流出构成			现金净额构成		
3		2022年	2021年	2020年	2022年	2021年	2020年	2022年	2021年	2020年
4	经营活动现金流入小计									
5	经营活动现金流出小计									
6	**经营活动产生的现金流量净额**									
7	投资活动现金流入小计									
8	投资活动现金流出小计									
9	**投资活动产生的现金流量净额**									
10	筹资活动现金流入小计									
11	筹资活动现金流出小计									
12	**筹资活动产生的现金流量净额**									
13	加：期初现金及现金等价物余额									
14	**期末现金及现金等价物余额**									

图10-17　现金流量表的总体结构分析

现在我们来选取表中数据进行计算分析，首先，右击鼠标，将单元格格式设置为数字“百分比”型。详细操作步骤如下（以表格中2022年数字为例）：

（1）在单元格B4中输入公式“=现金流量表！B8/（现金流量表！B8+现金流量表！B21+现金流量表！B32+现金流量表！B39）”，按Enter键得出数；

（2）在单元格B7中输入公式“=现金流量表！B21/（现金流量表！B8+现金流量表！B21+现金流量表！B32+现金流量表！B39）”，按Enter键得出数；

（3）在单元格B10中输入公式“=现金流量表！B32/（现金流量表！B8+现金流量表！B21+现金流量表！B32+现金流量表！B39）”，按Enter键得出数；

（4）在单元格B13中输入公式“=现金流量表！B39/（现金流量表！B8+现金流量表！B21+现金流量表！B32+现金流量表！B39）”，按Enter键得出数；

（5）在单元格B14中输入公式“=B4+B7+B10+B13”，按Enter键得出数。

然后我们选中单元格区域B4：B14，同时将其复制到单元格区域C4：C14和D4：D14，这样我们就直接能得到2021年和2020年的结果。依据相同的操作，我们可以计算出流入额、流出额和净额的构成数据，如图10-18所示。

A	B	C	D	E	F	G	H	I	J
现金流量表的总体结构分析									
项　目	现金流入构成			现金流出构成			现金净额构成		
	2022年	2021年	2020年	2022年	2021年	2020年	2022年	2021年	2020年
经营活动现金流入小计	101.56%	105.34%	72.91%						
经营活动现金流出小计				99.28%	98.28%	83.42%			
经营活动产生的现金流量净额							23.80%	50.02%	-68.32%
投资活动现金流入小计	0.00%	0.00%	0.00%						
投资活动现金流出小计				0.72%	1.72%	16.58%			
投资活动产生的现金流量净额							-5.83%	-11.17%	-109.10%
筹资活动现金流入小计	-1.56%	-5.34%	27.09%						
筹资活动现金流出小计				0.00%	0.00%	0.00%			
筹资活动产生的现金流量净额							-12.69%	-34.78%	178.63%
加：期初现金及现金等价物余额							94.72%	95.93%	98.80%
期末现金及现金等价物余额	100.00%	100.00%	100.00%	100.00%	100.00%	100.00%	100.00%	100.00%	100.00%

图10-18　现金流量表的总体结构分析

此外，我们还可以在上述结构分析模型的基础上进行更深层次的分析，通过Excel可以画出饼状图，如图10-19所示。

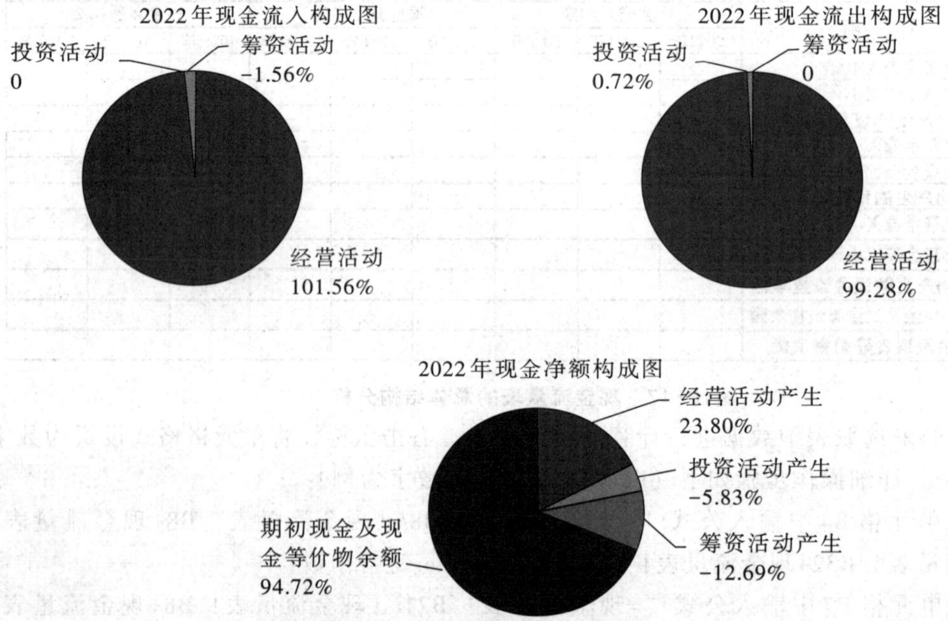

图10-19 现金流量表的总体结构分析饼状图

2.具体项目结构分析

前面我们从现金流量表的整体出发来分析数据走向和变动趋势，既然有总体分析，那么具体分析也是必不可少的。现金流量表的具体项目结构分析是从报表具体项目出发，分析某一具体项目在一定时期内的现金流入和流出情况。

【例10-6】利用图10-16中的数据来建立Excel模型进行数据分析。

解析：因为是具体项目数据分析，所以只需要提取部分数据就可以了，为简化流程，我们先建立一个简化的Excel数据表，命名为“现金流量表具体项目结构分析表”，如图10-20所示。

现在我们来选取表中数字进行计算分析，首先，右击鼠标，将单元格格式设置为数字“百分比”型，接下来：

（1）选中单元格区域B4：B8，输入数组公式“=现金流量表！B4：B8/现金流量表！B8”，按Enter键得出数；

（2）选中单元格区域C9：C13，输入数组公式“=现金流量表！B9：B13/现金流量表！B13”，按Enter键得出数；

（3）选中单元格区域B14：B21，输入数组公式“=现金流量表！B15：B21/现金流量表！B21”，按Enter键得出数；

（4）选中单元格区域C22：C26，输入数组公式“=现金流量表！B22：B26/现金流量表！B26”，按Enter键得出数；

（5）选中单元格区域B28：B32，输入数组公式“=现金流量表！B28：B32/现金流量表！B32”，按Enter键得出数；

(6) 选中单元格区域C33：C36，输入数组公式"=现金流量表！B33：B36现金流量表！B36"，按Enter键得出数。

按照上面步骤操作后，就能得到如图10-21所示的结果。

	A	B	C
1	现金流量表		
2	项　目	现金流入构成	现金流出构成
3		2022年	2022年
4	一、经营活动产生的现金流量：		
5	销售商品、提供劳务收到的现金		
6	收到的税费返还		
7	收到的其他与经营活动有关的现金		
8	经营活动现金流入小计		
9	购买商品接受、劳务支付的现金		
10	支付给职工以及为职工支付的现金		
11	支付的各项税费		
12	支付其他与经营活动有关的现金		
13	经营活动现金流出小计		
14	经营活动产生的现金流量净额		
15	二、投资活动产生的现金流量：		
16	收回投资收到的现金		
17	取得投资收益收到的现金		
18	处置固定资产、无形资产和其他长期资产收回的现金净额		
19	处置子公司和其他营业单位收到的现金净额		
20	收到其他与投资活动有关的现金		
21	投资活动现金流入小计		
22	购建固定资产、无形资产和其他长期资产支付的现金		
23	投资支付的现金		
24	取得子公司及其他营业单位支付的现金净额		
25	支付其他与投资活动有关的现金		
26	投资活动现金流出小计		
27	投资活动产生的现金流量净额		
28	三、筹资活动产生的现金流量：		
29	吸收投资收到的现金		
30	取得借款收到的现金		
31	收到其他与筹资活动有关的现金		
32	筹资活动现金流入小计		
33	偿还债务支付的现金		
34	分配股利、利润或偿付利息支付的现金		
35	支付其他与筹资活动有关的现金		
36	筹资活动现金流出小计		
37	筹资活动产生的现金流量净额		
38	四、现金及现金等价物净增加额		
39	加：期初现金及现金等价物余额		
40	五、期末现金及现金等价物余额		

图10-20　现金流量表具体项目结构分析表

10.4.2　现金流量表变动趋势分析模型

现金流量表的变动趋势分析一般利用企业连续近几期的数据，建立相关的Excel表格，通过表格中的数据进行计算分析，来判断企业现金流量的变动趋势，对寻找变动原因，预测未来现金流量从而规划企业生产安排起到必不可少的作用。

【例10-7】利用前面的现金流量表（图10-16）数据建立模型进行分析。

解析：建立一张新的Excel表格，命名为"现金流量表变动趋势分析"，将项目填充进去，然后根据表格中数据计算分析各年的增减变化幅度。

具体操作步骤如下：

（1）在单元格B4中输入公式“=现金流量表！C4-现金流量表！D4”，按Enter键得出数；

（2）选择自动填充项，按住鼠标由单元格B4拖动至单元格B40，按Enter键得出数；

（3）在单元格C4中输入公式“=B4/现金流量表！D4”，按Enter键得出数；

（4）选择自动填充项，按住鼠标由单元格C4拖动至单元格C40，按Enter键得出数；

（5）在单元格D4中输入公式“=现金流量表！B4-现金流量表！C4”，按Enter键得出数；

（6）选择自动填充项，按住鼠标由单元格D4拖动至单元格D40，按Enter键得出数；

（7）在单元格E4中输入公式“=D4/现金流量表！C4”，按Enter键得出数；

（8）选择自动填充项，按住鼠标由单元格E4拖动至单元格E40，按Enter键得出数；

（9）选定C列和E列数字，将单元格格式设置为数字“百分比”型，小数点后保留2位。

进行上述操作步骤后，即可得到所需表格和数据，如图10-22所示。

	A	B	C
1	现金流量表		
2	项　目	现金流入构成	现金流出构成
3		2022年	2022年
4	一、经营活动产生的现金流量：		
5	销售商品、提供劳务收到的现金	100.00%	
6	收到的税费返还	0	
7	收到的其他与经营活动有关的现金	0	
8	经营活动现金流入小计	100.00%	
9	购买商品接受、劳务支付的现金		76.16%
10	支付给职工以及为职工支付的现金		8.76%
11	支付的各项税费		0.00%
12	支付其他与经营活动有关的现金		15.09%
13	经营活动现金流出小计		100.00%
14	经营活动产生的现金流量净额		
15	二、投资活动产生的现金流量：		
16	收回投资收到的现金	0	
17	取得投资收益收到的现金	0	
18	处置固定资产、无形资产和其他长期资产收回的现金净额	0	
19	处置子公司和其他营业单位收到的现金净额	0	
20	收到其他与投资活动有关的现金	0	
21	投资活动现金流入小计	0	
22	购建固定资产、无形资产和其他长期资产支付的现金		100.00%
23	投资支付的现金		0
24	取得子公司及其他营业单位支付的现金净额		0
25	支付其他与投资活动有关的现金		0
26	投资活动现金流出小计		100.00%
27	投资活动产生的现金流量净额		
28	三、筹资活动产生的现金流量：		
29	吸收投资收到的现金	0	
30	取得借款收到的现金	100.00%	
31	收到其他与筹资活动有关的现金	0	
32	筹资活动现金流入小计	100.00%	
33	偿还债务支付的现金		0
34	分配股利、利润或偿付利息支付的现金		0
35	支付其他与筹资活动有关的现金		0
36	筹资活动现金流出小计		0
37	筹资活动产生的现金流量净额		
38	四、现金及现金等价物净增加额		
39	加：期初现金及现金等价物余额		
40	五、期末现金及现金等价物余额		

图10-21　现金流量表具体项目结构分析表

	A	B	C	D	E
1	现金流量表				
2	项　　目	2022 年（较上年）		2021 年（较上年）	
3		增减额	增减	增减额	增减
4	一、经营活动产生的现金流量：				
5	销售商品、提供劳务收到的现金	14275000.00	48.89%	11867000.00	27.30%
6	收到的税费返还	0.00		0	
7	收到的其他与经营活动有关的现金	0.00		0	
8	经营活动现金流入小计	14275000.00	48.89%	11867000.00	27.30%
9	购买商品接受、劳务支付的现金	7720000.00	27.59%	5233000.00	14.66%
10	支付给职工以及为职工支付的现金	16000.00	0.46%	1194000.00	34.00%
11	支付的各项税费	0.00		0	
12	支付其他与经营活动有关的现金	-778000.00	-41.56%	7016000.00	641.32%
13	经营活动现金流出小计	6958000.00	20.86%	13443000.00	33.35%
14	经营活动产生的现金流量净额	7317000.00	-176.31%	-1576000.00	-49.76%
15	二、投资活动产生的现金流量：				
16	收回投资收到的现金	0		0	
17	取得投资收益收到的现金	0		0	
18	处置固定资产、无形资产和其他长期资产收回的现金净额	0		0	
19	处置子公司和其他营业单位收到的现金净额	0		0	
20	收到其他与投资活动有关的现金	0		0	
21	投资活动现金流入小计	0		0	
22	购建固定资产、无形资产和其他长期资产支付的现金	-5920000.00	-89.33%	-317000.00	-44.84%
23	投资支付的现金	0		0	
24	取得子公司及其他营业单位支付的现金净额	0		0	
25	支付其他与投资活动有关的现金	0		0	
26	投资活动现金流出小计	-5920000.00	-89.33%	-317000.00	-44.84%
27	投资活动产生的现金流量净额	5920000.00	-89.33%	317000.00	-44.84%
28	三、筹资活动产生的现金流量：				
29	吸收投资收到的现金	-5000000.00	-100.00%	0	
30	取得借款收到的现金	-8052000.00	-137.64%	1354000.00	-61.49%
31	收到其他与筹资活动有关的现金	0		0	
32	筹资活动现金流入小计	-13052000.00	-120.29%	1354000.00	-61.49%
33	偿还债务支付的现金	0		0	
34	分配股利、利润或偿付利息支付的现金	0		0	
35	支付其他与筹资活动有关的现金	0		0	
36	筹资活动现金流出小计	0		0	
37	筹资活动产生的现金流量净额	-13052000.00	-120.29%	1354000.00	-61.49%
38	四、现金及现金等价物净增加额	185000.00	253.42%	95000.00	36.82%
39	加：期初现金及现金等价物余额	73000.00	1.22%	258000.00	4.25%
40	五、期末现金及现金等价物余额	258000.00	4.25%	353000.00	5.57%

图10-22　现金流量表变动趋势分析

10.5　财务报表比率分析模型

财务比率分析，也称财务指标分析，它是根据同一时期财务报表中两个或多个项目之间的关系，计算其比率，以评价企业的财务状况和经营成果。人们通常把这种相关比率分析称为“比率分析”。财务比率可以评价某项投资在各年之间收益的变化，消除规模的影响，用来比较不同企业的收益与风险，从而帮助投资者和债权人做出理智的决策。因此，财务比率分析对财务报表分析来说尤为重要。一般来说，我们常用的是从三个方面进行财务报表的比率分析，分别是企业的营运能力、偿债能力和盈利能力，本节主要介绍的是如何建立Excel模型来进行相关财务比率分析。

10.5.1 企业营运能力分析

营运能力是以企业各项资产的周转速度来衡量企业资产利用的效率。周转速度越快，表明企业的各项资产进入生产、销售等经营环节的速度越快，那么其形成收入和利润的周期就越短，经营效率自然就越高。一般来说，它包括以下五个指标：

应收账款周转率=赊销收入净额/应收账款平均余额

存货周转率=销售成本/存货平均余额

流动资产周转率=销售收入净额/流动资产平均余额

固定资产周转率=销售收入净额/固定资产平均净值

总资产周转率=销售收入净额/总资产平均值

我们在进行企业营运能力分析的时候，就是利用以上数据资料，结合资产负债表和利润表中的数据建立Excel表格进行操作。

【例10-8】借助图10-1和图10-10的数据，试对石家庄百盛装饰有限公司的营运能力进行相关分析。

由于营运能力分析是利用已有的资产负债表和利润表资料进行计算分析的，所以在建立分析模型时，需要打开和使用资产负债表和利润表所在的工作簿和工作表，然后进行相关操作。为简便起见，我们假定企业的销售收入均为赊销收入。

解析：建立新的工作表，命名为“财务比率分析模型——营运能力分析”，填写好反映企业营运能力的相关财务比率，因为计算这些财务比率时需要运用相关资产的平均值，所以可以先计算这些资产的平均数，再按公式计算相关财务比率，据此建立的模型如图10-23所示。

	A	B
1	财务比率分析模型——营运能力分析	
2		
3	项　目	数　额
4	存货平均余额	
5	应收账款平均余额	
6	流动资产平均余额	
7	固定资产平均净值	
8	总资产平均值	
9	销售成本	
10	销售收入净额	
11	应收账款周转率	
12	存货周转率	
13	流动资产周转率	
14	固定资产周转率	
15	总资产周转率	

图10-23 营运能力分析

将相关公式输入相对应的单元格，具体操作步骤如下：

（1）在单元格B4处输入公式“=（'［资产负债表分析工作簿.xlsx］2022年资产负债表'！$B$15+'［资产负债表分析工作簿.xlsx］2022年资产负债表'！$C$15）/2”，按Enter键得出数；

（2）在单元格B5处输入公式“=（’［资产负债表分析工作簿.xlsx］2022年资产负债表’！$B$10+’［资产负债表分析工作簿.xlsx］2022年资产负债表’！$C$10）/2”，按Enter键得出数；

（3）在单元格B6处输入公式“=（’［资产负债表分析工作簿.xlsx］2022年资产负债表’！$B$19+’［资产负债表分析工作簿.xlsx］2022年资产负债表’！$C$19）/2”，按Enter键得出数；

（4）在单元格B7处输入公式“=（’［资产负债表分析工作簿.xlsx］2022年资产负债表’！$B$26+’［资产负债表分析工作簿.xlsx］2022年资产负债表’！$C$26）/2”，按Enter键得出数；

（5）在单元格B8处输入公式“=（’［资产负债表分析工作簿.xlsx］2022年资产负债表’！$B$45+’［资产负债表分析工作簿.xlsx］2022年资产负债表’！$C$45）/2”，按Enter键得出数；

（6）在单元格B9处输入公式“=’［利润表分析工作簿.xlsx］2022年利润表’！$D$5”，按Enter键得出数；

（7）在单元格B10处输入公式“=’［利润表分析工作簿.xlsx］2022年利润表’！$D$6”，按Enter键得出数；

（8）在单元格B11处输入公式“=B9/B5”，按Enter键得出数；

（9）在单元格B12处输入公式“=B10/B4”，按Enter键得出数；

（10）在单元格B13处输入公式“=B9/B6”，按Enter键得出数；

（11）在单元格B14处输入公式“=B9/B7”，按Enter键得出数；

（12）在单元格B15处输入公式“=B9/B8”，按Enter键得出数；

（13）将数字区域设置单元格格式为数字“数值”型，小数点后位数选择2位。

完成上述操作过程，即可得到如图10-24所示的效果。

	A	B
1	财务比率分析模型——营运能力分析	
2		
3	项　目	数　额
4	存货平均余额	257000.00
5	应收账款平均余额	32894500.00
6	流动资产平均余额	49472500.00
7	固定资产平均净值	8050000.00
8	总资产平均值	57285500.00
9	销售收入净额	53520500.00
10	销售成本	38600000.00
11	应收账款周转率	1.63
12	存货周转率	150.19
13	流动资产周转率	1.08
14	固定资产周转率	6.65
15	总资产周转率	0.93

图10-24　营运能力分析模型

10.5.2 企业偿债能力分析

企业偿债能力反映的是企业偿还债务的能力，分为短期偿债能力和长期偿债能力两个方面。短期偿债能力指标有：

流动比率=流动资产/流动负债

速动比率=（流动资产-存货-待摊费用）/流动负债

现金比率=（现金+有价证券）/流动负债

相应地，长期偿债能力指标有：

资产负债率=总负债/总资产

产权比率=总负债/所有者权益

利息保障倍数=息税前利润/利息费用

我们在进行企业偿债能力分析的时候，同样也是利用资产负债表和利润表中的数据通过Excel建立模型来进行操作。

【例10-9】仍以前面的资产负债表和利润表的资料为例，试对石家庄百盛装饰有限公司的偿债能力进行分析。

解析：跟相关比率分析一样，仍然需要打开和使用资产负债表和利润表所在的工作簿和工作表，直接调用表中的相关数据，然后进行相关操作。打开一新的工作簿，命名为"财务比率分析"，并建立一新的工作表，命名为"财务比率分析模型——偿债能力分析"，填写好企业偿债能力的财务比率，如图10-25所示。

	A	B
1	财务比率分析模型—偿债能力分析	
2		
3	财务比率名称	财务比率
4	一、短期偿债能力	
5	流动比率	
6	速动比率	
7	现金比率	
8	二、长期偿债能力	
9	资产负债率	
10	产权比率	
11	利息保障倍数	

图10-25 偿债能力分析

将各项财务比率指标的计算公式输入相应的单元格中，具体操作步骤如下：

（1）在单元格B5处输入公式"='[资产负债表分析工作簿.xlsx]2022年资产负债表！$C$19/'[资产负债表分析工作簿.xlsx]2022年资产负债表'！$F$20"，按Enter键得出数；

（2）在单元格B6处输入公式"=('[资产负债表分析工作簿.xlsx]2022年资产负债表！$C$19-'[资产负债表分析工作簿.xlsx]2022年资产负债表'！$C$15)/'[资产负债表分析工作簿.xlsx]2022年资产负债表'！$F$20"，按Enter键得出数；

（3）在单元格B7处输入公式"=('[资产负债表分析工作簿.xlsx]2022年资产负债表'！$B$19+'[资产负债表分析工作簿.xlsx]2022年资产负债表'！$C$19)/2"，按Enter键得出数；

（4）在单元格B9处输入公式"='［资产负债表分析工作簿.xlsx］2022年资产负债表'！$F$33/'［资产负债表分析工作簿.xlsx］2022年资产负债表'！$C$45"，按Enter键得出数；

（5）在单元格B10处输入公式"='［资产负债表分析工作簿.xlsx］2022年资产负债表'！$F$33/'［资产负债表分析工作簿.xlsx］2022年资产负债表'！$F$44"，按Enter键得出数；

（6）在单元格B11处输入公式"=（'［利润表分析工作簿.xlsx］2022年利润表'！$D$20+'［利润表分析工作簿.xlsx］2022年利润表'！$D$10）/'［利润表分析工作簿.xlsx］2022年利润表'！$D$10"，按Enter键得出数；

（7）选择单元格区域B4到B11，设置单元格格式为数字"数值"型，小数点后位数选择2位。

完成上述操作过程，即可得到偿债能力分析模型的最后结果，如图10-26所示。

	A	B
1	财务比率分析模型——偿债能力分析	
2		
3	财务比率名称	财务比率
4	一、短期偿债能力	
5	流动比率	1.31
6	速动比率	1.30
7	现金比率	0.16
8	二、长期偿债能力	
9	资产负债率	0.67
10	产权比率	1.99
11	利息保障倍数	75.23

图10-26　偿债能力分析模型1

当然，为了更直观起见，在创建"财务比率分析模型——偿债能力分析"工作表时，也可以先将偿债能力分析所需要的相关基础数据资料转填到该表上，建立"基本数据区域"，然后再另外建立"偿债能力分析区域"，进行相应的操作，这样就不必在计算过程中打开前面的资产负债表和利润表了。该分析模型如图10-27所示。

	A	B	C	D	E
1	财务比率分析模型				
2					
3	基本数据区域			财务比率名称	财务比率
4	项目	金额		一、短期偿债能力	
5	货币资金	6,685,000.00		流动比率	1.31
6	以公允价值计量且其变动计入当期损益的金融资产	0.00		速动比率	1.30
7	衍生金融资产	0.00		现金比率	0.16
8	存货	293,000.00		二、长期偿债能力	
9	流动资产合计	53,892,000.00		资产负债率	0.67
10	资产总计	61,910,000.00		产权比率	1.99
11	流动负债合计	41,236,000.00		利息保障倍数	75.23
12	负债合计	41,236,000.00			
13	所有者权益（或股东权益）合计	20,674,000.00			
14	财务费用	124,000.00			
15	利润总额	9,204,938.50			

图10-27　偿债能力分析模型2

进行营运能力分析时，同样可以在“财务比率分析模型——营运能力分析”工作表上分别建立基本数据区域和分析区域，这样就不必再从资产负债表和利润表中提取数据了。请读者参照图10-27的模式，创建营运能力分析模型。

10.5.3 企业发展能力分析

企业的发展能力也就是我们通常所说的盈利能力。盈利能力是各方面关心的核心，也是企业成败的关键，只有长期盈利，企业才能真正做到持续经营。因此，无论是投资者还是债权人，都对反映企业盈利能力的比率非常重视。一般用下面几个指标衡量企业的盈利能力：

毛利率=（销售收入-成本）/ 销售收入

营业利润率=营业利润 / 销售收入

=（净利润+所得税+利息费用）/ 销售收入

净利润率= 净利润 / 销售收入

总资产收益率= 净利润 / 总资产

权益净利率 = 净利润 / 所有者权益

我们在进行企业发展能力分析的时候，同样也是利用资产负债表和利润表中的数据通过Excel建立模型来进行操作。

【例10-10】利用前面资产负债表和利润表的数据进行模型构建和数据分析。

解析：由于还是利用前面的资料，我们直接打开资产负债表和利润表，选取需要的数据进行操作即可。新建立一张空白Excel工作表，命名为“财务比率分析模型——盈利能力分析”，填入相关数据，如图10-28所示。

	A	B
1	财务比率分析模型——盈利能力分析	
2		
3	项目	计算结果
4	毛利率	
5	营业利润率	
6	净利率	
7	总资产净利率	
8	权益净利率	

图10-28 财务比率分析模型——盈利能力分析

工作表建立好以后，在相应的单元格内输入数据，具体操作如下：

（1）在单元格B4内输入公式“=（'［利润表分析工作簿.xlsx］2022年利润表'！$D$4-'［利润表分析工作簿.xlsx］2022年利润表'！$D$5/'［利润表分析工作簿.xlsx］2022年利润表'！$D$4）”，按Enter键得出数；

（2）在单元格B5内输入公式“=（'［利润表分析工作簿.xlsx］2022年利润表'！$D$9+'［利润表分析工作簿.xlsx］2022年利润表'！$D$20+'［利润表分析工作簿.xlsx］2022年利润表'！$D$21/'［利润表分析工作簿.xlsx］2022年利润表'！$D$4）”，按Enter键得出数；

（3）在单元格B6内输入公式“=（'［利润表分析工作簿.xlsx］2022年利润表'！$D$21/'［利润表分析工作簿.xlsx］2022年利润表'！$D$4）”，按Enter键得出数；

（4）在单元格B7内输入公式“=（'［利润表分析工作簿.xlsx］2022年利润表'！$D

$21/'［资产负债表分析工作簿.xlsx］2022年资产负债表'！$D$40）"，按Enter键得出数；

（5）在单元格B7内输入公式"=（'［利润表分析工作簿.xlsx］2022年利润表'！$D$21/'［资产负债表分析工作簿.xlsx］2022年资产负债表'！$H$43）"，按Enter键得出数；

（6）选中表格B列，设置单元格格式为数字"百分比"型，小数点后保留2位。

完成上述操作后，便可以得到如图10-29所示结果。

	A	B
1	财务比率分析模型——盈利能力分析	
2		
3	项目	计算结果
4	毛利率	17.20%
5	营业利润率	17.43%
6	净利率	13.53%
7	总资产净利率	11.70%
8	权益净利率	35.04%

图10-29　财务比率分析模型——盈利能力分析

10.5.4　财务报表综合能力分析

通过资产负债表、利润表和现金流量表，我们可以判断企业的营运能力、偿债能力和发展能力，这三个能力是企业独立财务指标的体现，我们可以分别通过这三个指标来判断企业的财务能力，但是当我们需要对企业整体的财务能力进行评估的时候，就需要更综合的判断依据，也就是财务综合分析。常用的财务综合分析方法有很多，比如目前运用比较多的杜邦财务分析体系和沃尔比重法，本节我们重点介绍杜邦财务分析体系模型。

杜邦分析法是一种用来评价公司盈利能力和股东权益回报水平，从财务角度评价企业绩效的一种经典方法。它利用几种主要的财务比率之间的关系来综合地分析企业的财务状况，这种分析方法最早源于美国杜邦公司，因而被称为杜邦分析法。杜邦分析法的核心是净资产净利率，也称净资产收益率。它将净资产净利率分为销售净利率、总资产周转率和权益乘数，分别衡量企业的盈利能力、营运能力和财务杠杆。杜邦财务分析体系具体结构如图10-30所示。

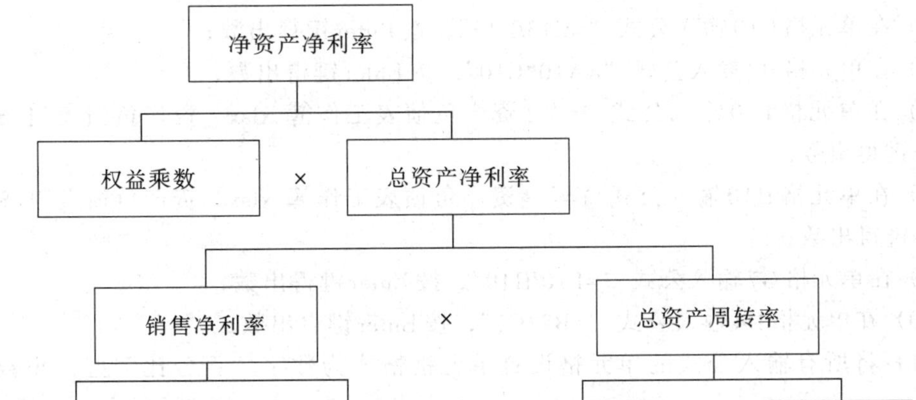

图10-30　杜邦财务分析体系

【例10-11】利用前面的工作表数据来建立Excel模型进行财务分析。首先，我们先根据图10-30的结构图建立新工作表，并选取2022年的利润表数据将项目填充进去，如图10-31所示。

	A	B	C	D	E	F	G	H	I
1	杜邦财务分析体系模型								
2									
3	净资产净利率								
4									
5									
6	总资产净利率					权益乘数			
7									
8									
9	销售净利率		总资产周转率			资产总额		所有者权益总额	
10									
11									
12	净利润	营业收入	营业收入	资产总额					
13									

图10-31　杜邦财务分析体系模型

从结构图我们能看出杜邦财务分析体系是从上到下一步一步分解，但是计算的时候是自下而上一步一步计算。具体操作步骤如下：

（1）在单元格A13输入公式“='［利润表工作簿.xlsx］利润表'！$D$21”，按Enter键得出数；

（2）在单元格B13、C13输入公式“='［利润表工作簿.xlsx］利润表'！$D$4”，按Enter键得出数；

（3）在单元格D13输入公式“='［资产负债表工作簿.xlsx］资产负债表'！$D$44”，按Enter键得出数；

（4）在单元格A10输入公式“=A13/B13”，按Enter键得出数；

（5）在单元格C10输入公式“=C13/D13”，按Enter键得出数；

（6）在单元格B7输入公式“=A10*C10”，按Enter键得出数；

（7）在单元格F10输入公式“='［资产负债表工作簿.xlsx］资产负债表'！$D$44”，按Enter键得出数；

（8）在单元格H10输入公式“='［资产负债表工作簿.xlsx］资产负债表'！$H$43”，按Enter键得出数；

（9）在单元格G7输入公式“=F10/H10”，按Enter键得出数；

（10）在单元格D4输入公式“=B7*G7”，按Enter键得出数；

（11）将所有输入公式的单元格设置单元格格式为数字“百分比”型，小数点后保留2位。

执行完上述操作步骤后，我们就能得到如图10-32所示结果。

	A	B	C	D	E	F	G	H	I
1	杜邦财务分析体系模型								
2									
3				净资产净利率					
4				35.04%					
5									
6		总资产净利率					权益乘数		
7		11.70%					2.994582567		
8									
9	销售净利率		总资产周转率			资产总额		所有者权益总额	
10	13.53%		86.45%			61910000		20674000	
11									
12	净利润	营业收入	营业收入	资产总额					
13	7243438.5	53520500	53520500	61910000					

图10-32　杜邦财务分析体系模型

单元实训

根据图 10-6 和图 10-13 中的表格数据建立 Excel 表格进行企业 2020 年和 2021 年的营运能力分析、盈利能力分析和偿债能力分析，并建立杜邦财务分析体系，计算出相关数据。

第10章单元实训参考答案

主要参考文献

［1］龙马高新教育．Excel 2010中文版完全自学手册［M］．北京：人民邮电出版社，2016.

［2］廖宵，包金凤．Excel 2010财务应用典型实例［M］．北京：清华大学出版社，2015.

［3］文杰书院．Excel 2010电子表格入门与应用［M］．北京：清华大学出版社，2015.

［4］王大海，隋新．Excel在财务管理中的应用［M］．上海：上海财经大学出版社，2015.

［5］崔杰，姬昂，崔婕．Excel财务会计实战应用［M］．5版．北京：清华大学出版社，2018.

［6］黄磊，耿涛，张成．计算机应用基础［M］．合肥：合肥工业大学出版社，2015.

［7］ExcelHome.Excel 在会计中的应用（微课版）［M］．北京：人民邮电出版社，2018.

［8］李纲，贾婷婷，何小丽，等．Excel 2013公式与函数应用完全掌控［M］．北京：电子工业出版社，2015.

［9］张燕．财务达人教你玩转Excel［M］．北京：清华大学出版社，2018.

［10］张礼萍，刘毅华．Excel在财务中的应用［M］．长沙：湖南师范大学出版社，2017.

［11］李洪春．Excel在财务中的应用［M］．2版.北京：中国人民大学出版社，2019.

［12］黄新荣．Excel 2010在会计与财务管理中的应用［M］．5版．北京：人民邮电出版社，2018.

［13］张颖．Excel在财务中的应用［M］．北京：机械工业出版社，2017.

［14］李爱红，宫胜利，刘智．新编Excel在财务中的应用［M］．北京：电子工业出版社，2019.

［15］秦刚，王艳，徐栋．Excel在会计中的应用［M］．北京：清华大学出版社，2017.

［16］李江霞．Excel在财务管理中的应用［M］．修订版．北京：北京邮电大学出版社，2015.

［17］陈文军．成本会计学——理论、实务与案例［M］．北京：电子工业出版社，2017.

［18］徐晓敏，赵文静．成本会计［M］．3版．北京：人民邮电出版社，2018.

［19］张颖．Excel在财务中的应用［M］．2版．北京：机械工业出版社，2024.

［20］衣光臻．Excel在财务会计中的应用［M］．3版．北京：中国人民大学出版社，2024.